KB250831

여성과 정치

Woman and Politics
여성과 정치

비키 랜달 지음
김민정 외 옮김

풀빛

Women and Politics — An International Perspective by Vicky Randall

Copyright © 1982, 1987 by Vicky Randall

이 책의 한국어판 저작권은 저자 및 Macmillan Publishers Ltd.와의 독점계약으로 도서출판 풀빛에 있습니다.

저작권법에 의해 한국 내에서 보호를 받는 저작물이므로 무단전재와 무단복제를 금합니다.

여성과 정치 / 차례

역자 서문

한국 정치학에서 여성에 대해 관심을 가지게 된 것은 최근의 일이다. 1990년대에 들어서면서 몇몇 여성정치학자들이 이 문제를 연구하기 시작하였고 한국여성개발원에서 현실적인 필요에 따라 여성의 정치세력화를 위해서 이 문제에 관심을 지속적으로 가져왔다. 연구가 별로 진행되어 있지 않기 때문에 이 방면의 연구성과물 혹은 출판물은 극히 제한적이다. 몇몇의 단행본 연구서가 출판되었지만 한 분야에만 지나치게 많은 관심이 쏟아져서 다양한 분야를 고루 다룬 균형 잡힌 개설서조차도 찾아보기 힘들다.

이런 상황 속에서 이 역서가 출판된 것은 역자들의 현실에 대한 안타까움과 한편으로는 현실적인 필요 때문이다. 1999년 1학기 연세대학교 대학원 정치학과에서 새로 개설된 '성과 정치' 과목을 가르쳤던 강사와 수강했던 3명의 대학원 박사과정 학생들은 한국의 여성정치학의 현황에 대해서 얘기를 나누던 중, 비키 랜달의 『여성과 정치』(*Women and Politics*, 2nd edition)를 번역하기로 했다. 한국에 여성과 정치 분야를 학문적으로 접근한 교과서가 전무하다시피 하고 이만큼 폭넓게 다양한 주제에 대해 상이한 이론을 소개하면서 다루고 있는 책을 만나기란 쉽지 않기 때문에 번역하여 소개하고 싶은 마음이 생겼다. 게다가 1999년 2학기에 연세대학교 정치외교학과 4학년 전공 선택과목으로 새로 개설된 '성과 정치' 과목을 담당하기로 되어 있던 터라 이 책을 번역·출간하여 교재로 사용하려고 계획하였다. 학기 중에 수업을 위하여 우리는 이 책을 숙독하여서 번역이 그렇게 어렵지 않으리라고 생각하였다. 그러나 별로 어렵지 않으리라고 생각하였던 번역은 생각보다 많은 시간을 필요로 하여서 결국 한 학기를 넘기고 이제야 출판하게 되었다.

이 책은 모두 6장으로 되어 있는데 우선 제1장에서는 논의를 진행하기 위해서 짚고 넘어가야 할 여성의 사회적 지위에 대해서 다루고 있다. 사회적으로 동서고금을 막론하고 남성 지배적인 이유는 무엇일까라는 의문으로부터 출발하여 생물학적 차이, 문화적 설명, 경제적 원인 등을 주장하는 이론들을 섭렵하면서 저자는 남성 지배의 필연성에 대해서 의문을 제기하고 있다. 이와 더불어 최근에 논의되고 있는 여-여간의 차이에 대해서도 언급하고 있다.

제2장에서는 정치학에서 여성에 관하여 가장 많이 다루어왔던 여성의 정치행태에 대해서 설명하고 있다. 그러나 기존의 연구들에서의 설명을 그대로 옮겨놓은 것이 아니라 페미니스트적인 재해석을 시도하고 있다. 즉, 같은 사실로부터 기존의 정치학에서는 여성의 비정치적 성향이라고 해석해왔던 여성의 정치행태를 고도의 정치적인 행태로 재해석하고 있다. 제3장에서는 정치엘리트로서의 여성을 설명하고 있다. 이 장에서는 여러 통계자료를 제시하면서 여성들이 왜 이렇게 소수인지를 다루고 있는데 이 책이 1987년도에 출판된 책이어서 통계자료 역시 1987년 중심이다. 이에 역자들은 IPU의 최근 자료와 유럽의회의 최근 자료를 부록에 첨부하여 보충하였다.

제4장에서는 정치가 여성에게 미치는 영향을 다루었는데 결혼, 육체에 대한 자기 통제, 모성, 수입, 고용, 교육의 6가지 영역으로 나누어서 정치는 여성 삶의 선택에 어떻게 영향을 미쳐왔는지 비교적인 시각에서 설명하고 있다. 영국이나 미국뿐만이 아니라 제3세계국가, 스칸디나비아국가, 심지어 사회주의국가까지 다루고 있는데 여기에서 저자는 국가가 왜 여성의 성성을 통제하는지 의문을 던지고 있다.

제5장은 여성운동사를 제1기 여성운동과 제2기 여성운동으로 나누어서 추적하고 있다. 제6장은 제4장과 대조를 이루면서 정책결정과정에 페미니즘이 어떻게 영향을 미쳤는지를 낙태법 개정과 고용과 임금의 평등문제를 중심으로 살펴보고 있다. 여성의 권리 향상을 위해서 페미니스트들은 무엇보다도 각국의 정책결정과정의 특성에 대해서 정확한 이해를 하며 정치적 기술이 필요함을 역설하고 있다.

제1장과 제2장은 이동윤(연세대학교 대학원 정치학과 박사과정)이, 제3장

은 이중천(연세대학교 대학원 정치학과 박사과정)이, 제4장과 제5장은 김은경(연세대학교 대학원 정치학과 박사과정)이 번역하였다. 나머지 서론과 결론, 제6장은 김민정이 번역하였다. 이동윤과 김민정이 각각의 번역 초고를 나누어서 읽고 교정하였고 김은경과 이중천이 교환하여 교정하였다. 다시 김민정이 전체 초고를 본문과 일일이 대조하여 읽고 잘못된 부분을 수정하였고 2달여의 독회를 거쳐서 함께 수정하였다. 뜻도 모를 단어들이 끊임없이 반복되는 이해할 수 없는 번역서를 만들지 않기 위해서 많은 노력을 기울였으며, 혹시나 있을 오역을 피하기 위하여 가능한 한 관련 서적을 찾아보면서 세심한 주의와 노력을 기울였다.

이 책은 우선 학부의 여성정치학 전공교재로 사용되면 좋을 것 같다. 여성정치학에서 다루어야 할 분야를 고루 접근하고 있고 다양한 시각들을 소개하고 있어서 더 없이 좋은 교재가 될 것이다. 또한 연구자들에게는 많은 아이디어를 제공할 수 있는 좋은 참고서가 되었으면 하는 바램이다. 이 책을 번역하면서 저자의 해박한 지식과 학문적 아이디어에 수없이 탄복하였다. 저자는 제3세계 정치에 많은 관심을 가지고 있기 때문에 한국과 같은 권위주의적 정치권력의 성격이나 복잡한 문제를 가지고 있는 정치제도 하에서의 여성문제, 시장경제와 국가주도의 경제가 혼합된 상황에서의 여성문제 등에 대해서 많은 시사점을 제공해주고 있어서 도움이 될 것이다.

원래 이 책에는 각주가 전혀 없고 인용주만 본문 중에 포함되어 있었다. 역자들은 번역하면서 독자들의 이해를 돕기 위하여 필요한 경우에는 각주를 넣었다. 따라서 모든 각주는 역자주임을 밝혀둔다. 또 뒤의 부록에는 여성정치엘리트의 현황을 볼 수 있는 각국 의회에서의 여성의원들의 현황과 유럽의회에서의 현황을 실었다. 또 제5장과 제6장에는 많은 단체명이 나오는데 독자들의 편의를 위하여 역시 부록에 별도로 첨부하였다.

끝으로 정치학과 전공과목 내에 '성과 정치' 과목이 개설된 학교가 거의 없는 상황에서 '성과 정치' 과목을 개설해준 연세대학교 정외과 학과장 김기정 교수님과 다른 여러 교수님들께 감사드린다. 그 강의의 개설과 이로 인해 정치학과 내에서 여성문제에 대한 관심이 고조되고 연구의 저변이 확대되는 데 기여되었으면 하는 바램이다. 또한 자신의 저서가 한국어로 번역될 수 있도록 허락해준 저자인 비키 랜달과 편집자 스티븐 케네디에게 감사한다. 몇 차례의 편지를 통해서 이들은 한국어 번역판에 많은 관심을 보였고 기쁜 마음으로 번역을 허락해주었다. 이 역서의 출판을 맡아준 풀빛 출판사의 김순진 주간께 지면을 빌려 감사를 표한다. 출판사에 들를 때마다 환한 미소로 맞아주시고 격려해주시던 모습이 기억이 오래 남을 것 같다. 또 생경하던 표현들을 꼼꼼히 다듬어서 읽기 편한 책으로 편집해준 편집부에도 감사를 표한다.

2000년 1월 30일
옮긴이를 대표하여
김민정이 씀

초판 서문

한때의 인습은 정치와 여성을 서로 다른 영역을 가진 상호 배타적인 것으로 정의하려는 경향을 보였다. 정치는 남성에 의해 주도되는 공적 활동으로서 이해되면서 전형적인 남성적 특성을 가진 것으로 생각되었다. 여성은 무엇보다도 가족과 가내생활이라는 사적 세계와 동일시되었다.

19세기와 1960년대초 두 세대의 페미니스트들은 이런 관점에 도전했다. 이들은 여성을 바라보고 대하는 태도에 있어서 중요한 변화를 낳는 데 기여했다. 이들은 여성의 참정권, 낙태, 강간, 동일임금 등과 같은 문제를 공적 토론과 갈등의 장으로 이끌어냈다.

페미니즘은 권력의 자리로부터 여성을 배제하는 정치생활의 구조적인 모습들을 파헤침으로써, 그리고 망각되어져온 여성의 정치활동 개입사를 복원함으로써 정치와 여성 사이의 관계에 대해 새롭게 조명하였다(여기에서 정치활동은 광의로 해석되어서 간접적인 영향력과 비공식적이거나 혹은 '반제도적인' 활동까지도 포함한다). 무엇보다 중요한 것은 정치와 정책이 산아제한금지, 부권(父權)과 부권(夫權)의 인정, 또는 강간으로부터의 여성에 대한 효과적인 보호 혹은 구제의 부재 등을 통해서 직접적으로 혹은 간접적으로 여성들의 삶의 선택에 항상 영향을 미쳐왔다는 것을 페미니즘이 보여주었다는 사실이다.

정치에의 여성 참여, 여성에 대한 정치의 영향, 여성의 사회적 지위의 정치, 페미니즘 정치 등의 주제는 광범위하게 논의되는 주제가 되었고 상당한 분량의 출판물, 그러나 본질적으로 상이한 내용의 출판물의 주제가 되었다. 이들 중 상당수의 출판물이 정치학의 영역 내에 포함될 수 있는데 여성의 정치 참여라는 데 초점을 맞추거나 가끔은 페미니스트적 주제를 다룬 것도 있다. 역사적이거나 인류학적인 출판물도 있다. 때로는 학문적 분류가 곤란한 연구물들도 있고 여러 학문영역에 걸칠 수 있는 연구들도 있다. 가장 최근에 논의되기 시작했고 결과물에서도 가장 적은 연구분야는 아마도 여성운동을 직접적으로 다룬 것일 것이다.

이 책의 첫번째 목적은 독자들에게 이런 다양한 출판물들의 성격과 관심사들을 소개하는 것이다. 또 더 자세히 공부하기 위해 필요한 자료들을 알려주는 것이다. 그렇다고 이 책이 단순한 개관은 아니다. 우선 개관을 하기에는 자료들이 지나치게 방대하고 둘째로 개관이 별로 소용이 없을 수도 있기 때문이다. 그 대신 나는 토론을 형성할 수 있는 중요한 주제들을 골라냈다. 내가 저자들의 논점을 잘못 이해하지 않았기를 바라지만 나는 각 저자들의 논점을 모조리려 하지는 않았다. 나는 이러한 주제들을 설명하고 분명하게 하는 데 도움을 줄 수 있는 이론적 혹은 경험적 분석들에 초점을 맞추었다.

끝으로 내가 하나의 해석을 제공하고 있는 한 나는 내 자신의 관점을 분명히 해야만 한다. 이 책은 페미니스트 관점으로 쓰여졌다. '페미니스트'라는 단어의 다양한 의미는 서론에서 논의될 것이다. 여기에서는 우선 여성 공통의 억압을 공유하고 있다는 신념, 둘째 이런 억압은 사라져야 한다는 데 대한 동의를 의미한다. 이 책이 논쟁적이라기보다는 학문적이기는 하지만, 나는 이 책에서 던져진 질문들이 논쟁하기에 적절했으면 좋겠고 페미니스트 운동에는 전략으로서 적절하게 활용되기를 원하며 정치학과 학생들에게는 적절한 교재가 되었으면 하고 바란다.

많은 사람들이 이 책을 쓰는 데 도움을 주었다. 직접적으로 정보나 조언을 주기도 했고 간접적으로 정신적인 후원을 해주기도 했다. 그러나 특별히 나는 조안나 챔버, 주디스 에반스, 데이비드 어웬스, 제인 홀, 질 힐스, 조니 러벤더스키, 나의 아버지(찰스 맷쥐), 엘리자베스 미한, 준 와이어, 그리고 로빈 티어발드에게 감사를 표시하고 싶다. 특히 자신들의 초고를 나에게 읽도록 허락해준 질 힐스와 엘리자베스 미한에게 특별히 감사하며 타이프를 쳐준 크리스 폴러와 찾아보기를 도와준 조지 오스본, 그리고 참을성 있게 최대한

훌륭하게 편집해준 편집자 스티븐 케네디에게 특별한 감사를 전한다. 그러
나 사실과 해석에 있어서의 어떤 실수라도 그것은 유일하게 나의 책임이다.

1982년 런던에서
비키 랜달

제2판 서문

처음에 나는 『여성과 정치』의 수정판을 쓴다는 것이 얼마만한 일을 수반하는지 잘 알지 못했던 것 같다. 그렇지 않았다면 나는 이런 도전적인 그러나 너무도 벅찬 계획을 세우지는 않았을 것이다. 1982년부터 관련 출판물이 거의 기하급수적으로 늘어난 것 같다. 다른 한편으로 중요한 논쟁들이 훨씬 세련되어갔으며 다른 용어 혹은 심지어 대체하는 용어로 진행되어갔을 뿐만이 아니라 경험적으로 확인할 수 있는 여성의 지위가 계속해서 변화되었고 이에 관련된 보다 많은 정보를 얻을 수 있게 되었다.

초판을 쓸 때보다도 더 심각하게 나는 상당히 두꺼운 책을 쓴다는 것이 불가능하고 바람직하지도 않다고 생각했다. 나는 내게 가장 중요하다고 생각되어지는 것을 추적하는 대신에 '사실상의' 발전과, 분석과 논쟁에 있어서 관련된 발전만을 다루기로 했다. 나는 대체로 내가 원래 가지고 있었던 기본 구조를 유지했다. 그러나 특히 제3세계 여성들의 경험에 관련해서 좀더 광범위한 비교적 관점으로 변경했다. 이것은 이것에 대한 자료가 상당량 구해졌던 덕택이기도 하지만 여성운동에 있어서의 국제적인 의식이 상당히 성장했다는 것을 의미한다.

지난 5년의 기간 동안 여성과 정치영역에서 이루어진 연구의 성과물은 어느 면에서 상당히 고무적이다. 나는 내가 체계적으로 여성의 대표성에 대해서 연구할 때까지는 정상급 정치체에서, 정치의 장에서, 그리고 이를 채우는 유관 직업세계에서 여성들의 대표비율이 비록 그렇게 극적인 진보는 아니었지만 얼마나 꾸준하게 변화해왔는지 충분히 알지 못했었다(영국 하원과 미국 하원은 상당히 충격적이며 명백한 예외로서 여성의원이 4% 혹은 5%밖에

되지 않는다). 또한 페미니스트 활동가들은 어떤 정책 변화를 추구해야 하는지, 이러한 정책 변화를 어떻게 전술적으로 채택되도록 할 수 있는지에 관해서 경험을 통하여 좀더 배우게 되었다. 그리고 우리는 정착된 서구 민주주의의 심장부 밖에서 좀더 견고한 뿌리를 내리고 있는 페미니스트 사고를 볼 수 있다. 그러나 다른 한편으로 1980년대 페미니즘은 경기침체와 정치적 보수화의 조류에 맞서 힘겨운 싸움을 하고 있는 것 같다. 젠더 관계에서 급진적인 변화를 위한 의제를 관철시키기보다는 단지 예비단계라고 생각했던 승리를 지켜내는 데도 정신이 없으며 국가 지원에 의한 아동보호정책과 같은 오래된 이슈로 다시 돌아가고 있다. 나에게 한 가지는 분명하다. 그것은 페미니스트 관점은 적어도 1960년만큼 혹은 5년 전만큼 현재에도 정치를 적합하게 이해하는 도구로서 적절하다는 사실이다. 역으로 페미니스트는 그 어느 때보다도 더욱더 정치학과 정치의 기술을 파악하고 활용해야 할 필요가 있는 것이다.

다시 한번 여러 방면으로 나를 도와준 사람들에게 감사한다. 특히 셸리 케니, 매리 래드키, 조니 러벤더스키, 엘리자베스 미한, 피파 노리스, 준 뉴전트 그리고 도리 스튜드라에게 감사한다.

1987년 런던에서

비키 랜달

서론

　정치학과 페미니즘은 서로에게서 많은 것을 배운다. 정치학은 페미니즘을 통해서 세계인구의 절반이 넘는 여성들에게 좀더 주의 깊은 관심을 가져야 함을 배운다. 개별적인 정치제도에 대한 이해나 정치 그 자체에 대해 이해하는 데 있어서 페미니즘은 정치학에 많은 기여를 하고 있다. 한편 페미니스트들은 여성들과 관련이 있는 공공정치와 국가의 중요성에 대해서 정치학을 통해서 알게 되며 여성과 페미니스트들이 효과적으로 정책결정에 영향을 미칠 수 있는 방법에 대해서도 정치학을 통해서 알게 된다.

　적어도 1960년대 페미니즘이 부활될 때까지 정치학은 여성에 관해서 별로 말하지 않았다. 이렇게 정치학이 여성에 대해서 관심이 없었던 이유 중의 하나는 정치학을 연구하는 직업이 놀라울 정도로 남성 지배적이기 때문이었다. 정치학자 중 남성정치학자의 숫자뿐만 아니라 위계질서 속의 지위에서도 그렇고 결과물에서도 그렇다. 러벤더스키 Lovenduski가 주장하듯이, 이것은 더 나아가서 정치학 분야의 지적인 성격 때문이기도 하다. '과학적인' 경험주의와 규범적인 정치이론 사이의 균열이 점점 부정적으로 발전하여 제2차 세계대전 직후가 되면 더욱 가시화되었다. 여성의 입장에서 더욱 상황을 악화시킨 것은 미국정치학의 팽창과 더불어 경험주의가 정치학의 지배적인 패러다임으로 등장했다는 것이다. 정치의 장(場)에서 관찰될 수 있는 여성의 역할이 제한되어 있음을 생각할 때, 여성들이 투표행태의 영역을 제외하고는 정치학 연구의 대상으로 선택될 가능성이 거의 없어 보였다(Lovenduski 1981). 이 지배적 접근법에는 두 가지의 또 다른 모습이 있는데 이것을 살펴보면 정치학이 여성에 대해서 무관심했던 상황을 다소간 이해할 수 있을 것이다. 재래적이고 심지어 헌법적인 정치적 행동에만 관심을 가지는 연구라는 것과 정치과정의 '산출' 또는 정책에 관한 연구보다는 '입력'에 관심을 두는 연구성향이 그것이다.

페미니스트들의 비판에서 지적되듯이, 정치학자들이 여성에 관해서 논의할 때조차도 그들의 해석이 종종 남녀차별적이다. 정치학에서의 남녀차별주의는 다른 사회과학에서처럼 주로 다음과 같은 형태를 띠게 된다. 첫째로 '인류 humanity', '사람 mankind', '인간 man'과 같은 일반화에 포함되는지는 모르겠지만, 주체로서의 여성이 언급되지 않는 것이다. 둘째는 여성들이 언급되는 경우 그들 자신의 권리를 논의하기 위해서라기보다는 남성에게 그들이 어떤 의미인가라는 점에서 여성에 대해 토론하는 것이다. 마지막으로 남성과 여성의 본성이 다르다는 것과 남성의 본성을 우월하거나 그것이 아니라면 최소한 남성의 본질이 '정상적'이라고 가정하는 것이다.

여성을 무시하는 것은 여성을 전혀 언급하지 않는 정치학자들의 분명한 실수이다. 그러나 남성 정치학자들이 여성의 정치행태에 대해서 신념을 가지고 일반화할 때에도 일반화에 사용되는 논증과 증거는 상당히 제한된 것이다. 외로운, 그러나 명예로운 예외는 아마 모리스 듀베르제 Maurice Duverger가 될 것이다. 그는 1955년에 『여성의 정치적 역할』 The Political Role of Women이라는 여성에게 동정적인 연구성과를 책으로 발표했다. 성차별주의에는 이외에도 두 가지의 다른 면이 있다. 가장 많이 인용되면서 분명히 성차별주의적인 성향을 드러내는 문장은 레인 R. Lane의 『정치적 생활』 Political Life이라는 책에 나온다. 그는 여기에서 다음과 같이 쓰고 있다.

일하는 미혼여성들, 직장 여성들, 그리고 자원봉사자로서 지역공동체에서 활동하는 여성들, 상당한 부수입이 있는 여성들이 자신의 시간과 관심과 능력을 정상적인 관계에서 태어난 자신의 자녀들에게 사랑을 주기 위해 몰두하

는 것을 미국사회에서는 거의 기억하지 않는다. 카디너가 지적하였듯이 청소
년 범죄의 증가(그리고 또 카디너가 지적하기를 동성애의 증가 역시)는 부분
적으로 페미니스트운동에 책임이 있고 페미니스트 운동이 미국의 어머니들
에게 미친 영향 때문이다(Lane 1959, 355).

오늘날 페미니스트들은 1950년대 1960년대의 중요한 정치학 교과서에서
여성을 다루고 있는 방식에 대해서 많은 비판을 하고 있다. 이런 문제는 이
어지는 장들에서 좀더 충분하게 논의될 것이다. 그러나 이 시점에서 성차별
주의가 정치학에서 얼마나 포괄적이고 또한 잠행적으로 존재하고 있었는지
만은 강조해야겠다. 레인의 경우에서처럼 이런 성차별주의가 명백하게 드러
나기도 하지만 때에 따라서 성차별주의를 찾아내는 것이 그렇게 쉽지만은
않은 경우도 많이 있다. 성차별주의의 가정은 주어진 증거들을 왜곡해서 해
석하게 만든다. 예를 들면 유권자로서의 여성들은 변덕부리기 쉽고 정치를
개인화한다는 주장에서 보여지듯이, 주어진 증거들을 편견을 가지고 해석한
다. 이런 가정들은 무의식적일 수도 있다. 그러나 만약 어떤 작가가 자신의
문맥에서 다른 작가들을 인용할 때 때때로 아무 논거 없이 그렇게 하면서
'주(註)를 날조'한다면—부르크와 그로스홀츠의 표현에 의하면—그가 과연
죄가 없는 것일까?(Bourque and Grossholz 1974, 227)
　성차별주의적 전제가 연구방법 속에 스며들게 되면 가장 심각한 일이 발
생하게 된다. 그렇게 되면 여성의 정치적 태도 혹은 행태에 대한 '사실들'은
바로 다른 주장을 펴기 위한 증거로 사용된다. 설문의 문항이 성차별적인 반
응을 조장할 수도 있다. 예를 들면 1936년 갤럽의 유명한 질문이 그것인데
'만약 어떤 여성 후보가 다른 모든 점에서 대통령으로서 자격이 있다면 당신
은 그녀에게 투표할 것입니까?'라는 질문이다(Wells and Smeal 1974, 56). 또는
질문이 알고자하는 태도를 측정하기에 부적절할 수도 있다. 예를 들면 그린
스타인은 남자아이들이 여자아이들보다 정치에 더 관심이 있는지 알아보기
위해서 전쟁에 관한 질문을 던지고 이에 대한 대답을 자신의 주장의 증거로
제시하였다(Greenstein 1965). 질문지에서 보여지는 미묘한 암시는 더욱 은밀
하다. "남성이라는 성 gender을 사용함으로써, 골라서 나열된 사진들을 통해

서, 제시된 보기들이 제한적이고 전형적인 대답들로 구성되어 있어서, 그 질
문지 자체가 이미 정치는 남성만의 세계임을 보여주게 되는 것이다"(Iglitzin
1974, 33).

1960년대말부터 정치학의 성차별적인 편견을 고치려는 시도가 많이 나타
났다. 그것은 2기 페미니즘의 등장에 영향을 받은 여성정치학자들이 이 문
제를 많이 연구했기 때문만은 아니다. 아직도 정치에서 여성에 관한 토론을
구분화시키는 경향—예를 들어 초대강연, 회의에서 분리된 토론회, 소수집
단에 관한 총회에서의 여성분과, 명목뿐인 논문 그리고 여성정치학자들에
의해서 특화되는 연구—이 있기는 하지만 우리는 더 이상 여성의 정치행태
가 별로 다루어지지 않고 있다는 불평할 수는 없다. 제2장과 제3장에서는 이
분야에 관한 많은 문헌을 살펴볼 것이다. 이 연구들을 통해서도 아직 밝혀내
지 못한 많은 질문들이 있기는 하지만 상당한 진전을 나타내고 있는 것은
의심할 수 없는 사실이다.

아직까지도 이러한 문헌들은 주류, 또는 오브리앙 O'Brien(1981)의 표현에
의하면 '남성류 male-stream'의 정치학에 통합되어야만 한다. 그리고 페미니
스트 시각에서 본 정치제도와 정치과정에 대한 일반적인 이해는 대체로 잘
알려져 있지 않다. 예를 들어 이 책의 제2장과 제3장에서 여성의 정치참여를
결정하는 요인들에 대해서 살펴볼 것인데, 러벤더스키와 힐이 주장하듯이
(Lovenduski and Hill 1981b, 4-5), 특별히 우리가 교차문화적인 다양성을 고려
할 때 이 책에서 발견된 지식들은 정치참여 일반이론의 발전에 의미 있는
기여를 할 수 있을 것이다. 비슷한 관점에서 미한은, "이 학문분야의 개혁적
인 경향은 페미니스트적인 시각을 필요로 하고 있고 동시에 페미니스트 시
각을 접목하려고 노력하고 있는 것 같은데 이 경향은 종속적인 계급이나 집
단들이 공식적인 정책결정제도에 접근하지 못하게 막는 비공식적인 과정을
이해하려는 사람들에 의해서 시도되고 있다"(Meehan 1986, 20)고 주장하였다.

보다 근본적으로 페미니즘은, 최소한 급진주의 페미니즘은 정치 그 자체
에 대한 재개념화를 요구한다. 조금 후에 이 책에서는 정치의 의미를 혹은
의미들을 고찰할 것이다. 여기에는 페미니스트에 의해 제공된 의미들도 포
함될 것이다. 급진주의 페미니스트들이 '사적인 것은 정치적인 것이다'라는

주장을 처음으로 한 사람들은 아니라는 것을 나는 지적할 것이다. 그리고 이 개념이 정치에 대해 일반적으로 알려진 개념들을 대체한다고 생각하지는 않는다. 보완한다고 하는 것이 더 적절할 것이다. 페미니스트가 된 여성들은 자신들의 특별한 경험덕택에 탐색적인 질문을 제기할 수 있게 되었는데 그 탐색적인 질문을 통해서 정치가 무엇인지에 대해 우리의 이해를 최소한 좀 더 심화시키고 있는 것이다.

정치학이 성차별적인 왜곡을 교정하기 위해서 페미니스트적인 렌즈를 필요로 한다면 페미니스트들은 '부르주아적이고 남성우월주의적인' 정치학의 지혜를 지나치게 꺼려해서는 안된다. 19세기에는 많은 페미니스트들이 공적 정치의 무례함과 부패를 비난했다. 이런 비난이 부분적으로는 자기 자신들의 참여가 필요하다는 것을 논증하려는 목적에서였다고는 생각할 수 있다. 최근 들어 급진주의 페미니스트들은 극단적인 양면성을 가지고 공공정치의 영역을 바라보았다. 그들이 자신들의 주장을 통해서 은근하게 그리고 최근에는 좀더 분명하게 국가정책에 영향력을 행사할 수 있는 가능성을 모색하고 있음을 인정했지만, 그들은 동시에 재래적인 방법의 정치참여[1]에 대해서 신뢰하지 않고 있다. 그들은 남성 지배적인 엘리트집단에 '흡수 co-option될까봐서, 그리고 조직적인 위계질서의 남성적인 모습에 전염될까봐 두려워하는 것이다. '권력정치'에 대해 페미니스트들은 비판할 뿐만이 아니라 젊은 여성이나 아직 '사회에서 기반을 가지지 못한 less established' 여성들에게 급진주의 페미니스트의 생각을 지속적으로 호소하고 있는 것도 이런 이유 때문일 것이다.

이런 것들을 인정하지만, 내가 생각하기에는 페미니스트들은 직접적인 항의를 통한 의견의 주장과 더불어 재래적인 방법의 정치참여도 활발히 전개해야 한다. 여성들이 공공정책과정에 참여하지 않거나 참여할 수 없어서 공공정책을 수정할 수 없었기 때문에 공공정책에 의해 여성의 이익이 남성과

---

1) 알몬드는 정치 참여를 재래적인 conventional 참여-투표, 정치에 대한 토의 선거운동행위, 집단의 형성과 가입. 공직자와의 개인적 커뮤니케이션-와 비재래적인 참여-시위, 데모, 비폭력무저항운동, 개인에 대한 정치적 폭력행위, 게릴라 전쟁행위와 혁명-로 나누었다. 랜달도 이러한 구분을 따르고 있다(역자주).

국익에 종속되어왔다. 우리는 제4장에서 그 자취를 살펴볼 것이다. 제6장에서는 페미니스트들간에 조정된 실제적인 행동을 통해서 공공정책에 영향을 미쳤고 그래서 무엇을 성취시킬 수 있었는지를 살펴볼 것이다. 그러나 이 말이 지나치게 과장된 의미로 받아들여지지 않도록 하기 위해서 다음을 강조해야 한다. 우리가 살펴보겠지만 여성 정치인들이라고 모두 반드시 페미니스트는 아니기 때문에 보다 많은 여성들이 정치적인 지위를 얻는 것만으로 충분하지는 않다. 역으로 공공정책의 효과적인 시행을 보장하기 위해서 끊임없는 페미니스트의 압력과 감시가 필요하다. 공공정책은 사회 내의 관계들을 바꾸는 수단이기는 하지만 불완전한 수단이다. 그래서 페미니스트들은 그것을 무시할 수 없다. 정치학은 페미니스트들이 이 수단을 최대한으로 활용할 수 있도록 도와줄 것이다.

1. 페미니즘이란 무엇인가

페미니즘의 정의에는 상이한 두 가지 시각이 있다. 하나는 역사적으로 정의하는 것인데 페미니즘 스스로 정의하는 시각이다. 다른 하나는 보다 논쟁적 시각이라 할 수 있는데, 페미니즘의 주된 원칙이 무엇이며 무엇이어야 하는지를 페미니즘 정의의 중심에 두는 시각이다.

처음의 접근법에 의하면 페미니즘은 다양한 방법으로 여성의 사회적 지위를 높이려는 광범위하고 변화하고 있는 운동으로 인식될 수 있다. 이런 관점에서 보면, 옛날부터 언제나 개인적인 페미니스트들이 있어왔고 페미니스트적인 글들이 적어도 중세 프랑스와 17세기 영국까지 거슬러 올라가면서 발견된다. 하지만 조직으로서의 필요한 요건을 갖춘 자의식적인 운동으로서의 페미니즘은 1840년대 미국과 영국에서 나타나기 시작했다. 19세기를 상기시켜주는 것 중의 하나인 페미니즘의 역사는 제5장에서 자세히 보겠지만 상당히 복잡하며 참정권 문제에만 관심이 집중되었던 것은 아니었다. 여성의 참정권 획득(영국에서는 1918년에, 그리고 미국에서는 1920년에)은 역설적으로 페미니즘운동을 약화·분열시켰다는 것은 일반적으로 인정되고 있는 사실이다. 비록 투쟁적인 militant 페미니즘[2])의 세력이 결코 완전하게 사라지지 않았지만, '온건한 페미니즘 reasonable feminism'[3])의 전성기였다. 이들은 주요 전투에서 승리하였으므로 여성들은 이제 그들의 새로운 권리와 평등한 지위를 누릴 수 있게 되었다는 전제에 기반하고 있었다(Wilson 1980). 1950년대에 이르면 여성들의 점증하는 불안감—프리단은 이를 '이름이 없는 문제'라고 명명했다—이 나타나기 시작한다(Friedan 1963, 13). 그러나 제2기 여성운동이라는 일컬어지는 좀더 호전적인 페미니즘이 극적으로 다시 등장하는 것은 1960년대이다. 미국에서는 여성에게 유리한 입법이 이루어지도록 페미니스트 로비조직이 나타나는 1960년대 중반에 제2기 여성운동은 시작되었다. 그렇지만 제2기 여성운동의 진정한 동력과 특징은 1960년대 후반의 급진주의적 페미니즘이 등장하면서 생겨난다. '여성해방'이라는 새로운 구호가 나온 것도 급진주의적 페미니즘으로부터이다. 그들은 여성해방을 위해서 여성이 하나가 되어야 한다고 강조했고 이 구호는 많은 운동단체들에 의해 채택되었다. 급진주의 페미니스트가 제기한 문제로부터, 그리고 이들이 정립한 새로운 관행으로부터 많은 여타의 페미니스트들이 자신들의 입장을 모색하고 재정립하였다. 그렇다고 해서 급진주의 페미니즘 운동이 지배적이었다는 의미는 아니다. 역으로 이렇게 시대적 유형으로 정의된 페미니즘은 다양한 부류의 개인과 단체들을 포괄하는데, 서유럽과 오래된 영연방국가들뿐만 아니라 소위 '제3세계'로 불리는 많은 지역의 국가의 페미니즘 단체들도 포괄한다. 따라서 이런 다양한 개인이나 단체들의 사회적 배경과 실제적인 관심 그리고 이론적인 정향은 사뭇 달라서 사실 충돌을 일으킬 수도 있다.

　이런 상황 때문에 다음과 같은 문제가 제기된다. 그들을 모두 페미니스트로 보아야만 하는가? 아니면 단지 어떤 특정한 기본원칙을 고수하는 사람들만을 페미니즘으로 보는 대안적 정의를 받아들여야만 하는가? 여성 억압의

---

2) 투쟁적 페미니스트는 법 제도상의 변화를 추진하려면 직접 행동이 필요하다고 믿었던 19세기 및 20세기 초기의 여권운동가를 지칭하는 용어이다. 이들은 자신들의 요구가 주목을 끌도록 하기 위해서 투쟁했는데 대중시위나 시민 차원의 반항, 불법적인 행위, 정치연설 방해, 공적·사적 소유물의 파괴 등을 포함하여 광범위한 투쟁을 전개하였다. 주로 영국의 여성운동에서 이 경향이 두드러지게 나타났다(역자주).
3) 개혁적 페미니즘을 의미한다(역자주).

원인과 이를 극복하는 방법에 대한 분석틀에 따라, 이 질문에 대해 다르게 대답할 것이다. 지난 10년에서 15년의 기간 동안 페미니즘이라는 운동은 전체적으로 발전되었지만 페미니즘 내의 다양한 분석들은 점점 더 분화되었다. 다양한 분석들이 사용하는 개념의 상호 교류 혹은 이론의 정교화 등이 있기는 했지만 분화가 가속화되었던 것은 사실이다. 그러나 1960년대 후반 이러한 분화가 처음 나타났을 때로 거슬러 올라가서 이 운동의 3가지 주류를 추적해보면 우리는 현재의 다양함에서 중요한 사실들을 알게 될 것이다 (나는 여기에서 페미니스트들이 자신들의 입장을 어떻게 표현하는지를 묘사하기 위하여 '급진주의 페미니즘', '맑시스트 페미니즘' 등과 같은 용어를 사용할 것이다).

첫번째 경향인 급진주의 페미니즘은 사회의 근본적인 분리는 성 sex이며 사회계급이나 인종 등과 같은 다른 모든 구별은 단지 부차적인 것으로 정의한다. 급진주의 페미니즘은 '모계사회'였던 고대시대를 별도로 하면, 언제나 제도적인 남성 지배 혹은 '가부장제'에 의해 지지되고 강화되는 노동의 성적 분화가 있어왔다고 주장한다. 급진주의 페미니즘은 남성 지배에 대해 다양하게 설명하고 있기는 하지만 이들 중 대부분은 육체적인 차원에서 이루어지고 있는 여성에 대한 남성의 통제를 강조한다. 이 분석으로부터 전략적 차원에서 급진주의 페미니스트의 가장 결정적인 함의가 나온다. 우선, 남성은 여성에 대한 그들의 권력을 기꺼이 포기하지는 않을 적이기 때문에 그들과의 어떤 타협도 있을 수 없다. 남성 지배제도는 혁명에 의해서만 폐지될 수 있다. 개혁을 통해서는 불가능하다. 같은 이유로 남성들을 동맹자로 받아들일 수 없다. 급진주의 페미니즘은 정치적인 '분리주의'를 강조한다. 둘째, 모든 여성들은 기본적인 억압을 공유하고 있기 때문에 잠재적으로 '자매'이다. 급진주의 페미니즘은 낙태나 강간과 같이 남성 지배의 육체적 혹은 성적인 측면으로부터 나온 문제를 주로 다루는 경향이 있다. 따라서 급진주의 페미니즘은 여성의 공유된 경험에 호소하려 하며, 여성을 나누기보다는 통합하려는 경향을 띤다.

급진주의 페미니즘 내에서 서로 충돌하는 여러 분파들은 처음부터 구별되었지만 이런 현상이 점점 뚜렷해지고 있다. 이에 관해서는 제5장에서 충분히 검토하겠지만, 이와 같은 방대한 접근방법 내에서 복잡한 문제들을 중심으로 논쟁과 단체만들기가 이루어졌다. 지나친 단순화의 위험이 있지만, 이들은 대략 세 가지 주된 문제로 집약될 수 있다.

시간의 흐름에 따라 살펴보면 일반적으로 이 가운데 가장 먼저 등장한 문제는 페미니스트 정치와 개인의 성적 행위 사이의 관계에 관한 것이다. 초기에는 상당수의 동성애 여성들이 이 운동에 동참했는데 다른 페미니스트들은 이중감정 ambivalence으로 이들을 바라보았다. 정치적 레지비언이즘 혹은 급진주의적 레지비언이즘 등으로 다양하게 지칭되던 급진주의 페미니즘의 이 분파는 여성 억압의 가장 근본적인 고리가 되는 성적 관계 자체까지로 분리주의를 확대시켜야 한다고 주장했으며 이성애(異性愛)적인 페미니스트들을 '남성화된' male-identified 존재라고 비난했다. 이 노선에 반대하는 페미니스트들은 자신들에 대한 공격을 방어해야 했는데 그들은 여성들이 적극적으로 자신의 성활동 sexuality을 결정하고 선택해야 한다는 점을 강조하였다.

두번째 논쟁은 성차의 본질에 대한 것이었다. 우선 남성과 여성의 차이를 적절하게 설명하는 것이 육체적인 요인인지 아니면 사회적인 요인인지를 둘러싸고 논란의 여지가 있었다면 급진주의적 페미니스트는 성차(性差)라는 것 자체가 잠재적으로 부적절한 생각이라는 데 동의하며, 양성구유(兩性具有)적인 사회를 최소한 암시적으로 미래사회를 위한 모델로서 지지한다. 급진주의 페미니스트들은 함부로 주장되는 성차에 대해 조사하는 과정에서 이러한 성차(역사적으로 야기된 것이든지 원래로부터 있었던 것이든지 간에)가 존재하고 있다는 것에 동의하게 되었다. '여성옹호적인 pro-woman'[4] 입장은 여성이 특별하고 심지어 우월한 자질을 보유하고 있다는 생각으로까지 나아갔다. 회복될 수 있고 구별되는 여성의 본성이라는 개념은 종종 생명을 창조할 수 있는 여성의 성성 sexuality 혹은 여성의 능력과 연결되는데 이것은

---

4) 여성옹호적인 입장은 1969년 레드 스타킹스 Red Stockings가 처음으로 정의내린 정치적 입장으로서 여성 상황에 관한 종래의 정신분석적 설명에 반대하여 여성은 억압되어왔음에 대해 완전히 책임이 없음을 주장했다. 여성의 복종은 세뇌, 우둔함, 정신병 때문이 아니라 남성에 의해 매일 되풀이되는 끊임없는 억압 때문이라고 주장했다. 그래서 여성들은 스스로를 바꿀 필요는 없고 남성이 바뀌어야 여성 억압은 끝이 난다는 견해를 밝혔다.(역자주)

미국과 프랑스에서 특별히 많은 사람들의 관심을 끌었다. 이에 대한 비판은 그것이 가지는 '본질주의' essentialism[5])의 위험을 지적했다.

위의 두 가지 관심사는 정치적 전략과 관련되어 있는 세번째 문제와 연결된다. 분리된 성성과 여성옹호적 정향을 강조하는 경향으로부터 여성들만의 하부문화 혹은 공간을 창출하는 데 관심을 집중시켰다. 그런 노력은 자신들의 삶의 방식일 수도 있고 이론적인 연구일 수도 있다. 이들과는 달리 자신들을 '혁명적 페미니스트'라고 규정하는 일단의 급진주의 페미니스트들은 이것을 '문화적 페미니즘'[6])이 막다른 골목으로 철수하는 것이라고 공격했다. 문화적 페미니즘은 자신들은 혁명적이라고 주장하지만 궁극적으로는 개혁적이며 엘리트적이라는 것이 혁명적 페미니스트들의 주장이다.

두번째 주된 경향은 맑스주의 혹은 사회주의 페미니즘이다. 이 경향은 영국 여성해방운동의 초기부터 특별히 강하게 나타났다. 당시 영국의 사회주의 정당과 사회주의 단체에 속해 있던 여성들은 페미니즘의 부활에 반응을 보였고, 한편으로는 제2기 페미니즘운동 초기에 직접 주도했던 사람들 가운데에는 사회주의 정당이나 단체의 경험을 가진 여성들이 많이 있었다. 맑스주의 페미니즘은 전형적으로 맑스의 전제로부터 출발하고 있다. 그리고 그들은 맑시즘의 전제를 급진주의 페미니즘의 통찰력으로 이론적으로, 그리고 그들의 정치적인 활동 내에서 조정하려 했다. 이들의 기본적인 토대는 다소간 경직되고 전통적인 맑스적인 틀이었고 페미니스트적인 통찰력으로 이것을 재조명했다. 맑스주의 정치이론 자체가 점차 다양화되고 결정론의 강도가 약화됨에 따라 그리고 맑스주의가 여성의 억압을 분석해내는 데 적당하

---

5) 문화적인 요인을 넘어서 그 이전부터 이미 여성에게는 특유의 본성이 있다는 신념이다. 성차별주의와 마찬가지고 또 다른 형태의 성차별적인 신념, 즉 역성차별주의로 인식되기도 한다.(역자주)

6) 여성 고유의 반체제문화로서의 여성문화를 발전시키고자 하는 페미니즘. 엄밀히 말하면 기본적으로 비정치적인 태도를 가진다는 면에서 급진주의 페미니즘과 구별된다. 문화적 페미니즘은 여성정체화한 삶의 방식을 존중하고 생물학적인 성차를 긍정적으로 인정하면 성차로부터 억압의 원인을 찾기보다는 오히려 성차를 미화하고 본질적인 것으로 보는 경향이 있다. 남성에 비해 여성은 원래 태어날 때부터 폭력을 싫어하고 협조를 잘하며 보살피기를 좋아한다고 생각한다. 이런 점에서 문화적 페미니즘은 본질주의이며 여성옹호입장이 문화적 페미니즘의 한 형태이다.(역자주)

지 않다는 것을 스스로 깨닫게 되면서 그들은 두 가지 시각을 적절히 융합할 만한 새로운 토대를 찾아 나서게 되었다. 여전히 계급투쟁의 중요성을 강조하기는 하지만 그들은 성간의 투쟁이 자신들의 변수인 계급투쟁으로 환원될 수 없다는 것, 성간의 투쟁은 그것 자체의 역사가 있다는 것, 그 투쟁은 자본주의의 붕괴와 더불어 자동적으로 사라지지는 않을 것이라는 것 등을 인정했다. 여성의 억압을 설명하기 위해서 그들은 재생산이라는 개념과 이데올로기의 역할과 자율성을 둘러싼 문제들을 탐구했다. 1970년대 중반 페미니즘운동 내부에서 맑스주의 페미니즘은 급진주의 페미니즘에 대해 세력을 잃은 것으로 보인다. 물론 맑스주의 페미니즘은 계속해서 가장 이론적인 분석을 많이 해내고 있기는 하지만 전체적으로 급진주의 페미니즘이 우세한 것 같아 보인다. 경기침체와 더불어 영국과 프랑스에서 좌파가 정치적으로 우세하게 되었는데 이것은 이어서 사회주의 페미니스트 경향의 소생에 고무적이었다. 이 사회주의 페미니즘은 이제 좌파 정당과 노동조합 그리고 자율적인 여성 조직의 역할을 어떻게 가장 잘 조화시킬 것인가 하는 정치적인 전술이라는 긴박한 문제에 많은 관심을 가지고 있다.

급진주의 페미니즘과 맑스주의 페미니즘은 공통으로 '혁명적인' 강령과 자아상을 가지고 있다. 그들도 기존의 '제도' 내에서의 개혁을 완전히 도외시하지도 않고 사실 종종 그것을 옹호하기도 하지만, 그들은 일반적으로 제도 내의 개혁을 변명이라고 혹은 기껏해야 궁극적인 혁명을 위해 여성들에게 커다란 지렛대를 주는 것 정도로밖에 생각하지 않는다. 대조적으로 이 두 경향은 둘 중의 어느 편에도 들지 않는 페미니스트들을 '개혁주의' 혹은 '자유주의' 페미니스트로서 한 덩어리로 묶으려는 경향이 있다. 이것은 서로에게 도움이 되지 않는다. 왜냐하면 이런 페미니스트들 사이의 중요한 차이점들을 덮어 감추기 때문이다. 잔여범주로서의 개혁주의 페미니스트는 자기 자신들이 페미니즘이 가지고 있는 공통의 정향을 공유하고 있다고는 보지 않는다. 미국에서는 자유주의 페미니스트의 시각이 특별히 두드러지고 성공적이었다. 개혁주의 페미니스트 중에는 여성이 '해방되기' 전에 급진적인 사회변화가 필요하다는 인식에 있어서 그리고 여성의 독립적인 조직화를 강조하는 점에 있어서 상당히 혁명적인 입장과 가까운 개혁주의 페미니스트도 있다. 다른 한 극단에 있는 페미니스트는 여성을 단지 작은 그리고 일시적인 장애를 겪고 있는 존재로 파악하고 있으며 대체로 개인적으로 행해지면서 눈에 잘 띄지 않는 로비를 통해서 얻어지는 평등권 입법을 통한 처방을 추구한다. 그러나 이것이 다양함의 유일한 차원은 아니다. 개혁주의 페미니스트는 급진주의 페미니즘과 맑스주의 페미니즘을 분열시킨 바로 그 문제로 분열된다. 맑스주의 페미니즘처럼 개혁주의 페미니스트의 한 일파는 여성 억압의 경제적인 측면을 강조한다. 반면 다른 개혁주의 페미니스트는 급진주의 페미니스트처럼 육체적인 근거를 강조한다. 몇몇의 페미니스트들은 여성 옹호적 입장을 취하기도 하는데, 이 입장은 이에 대한 혁명적인 몰두가 없다면 오히려 보수적인 논증이 될 수도 있다. 그렇게 되면 여성이 돌보는 것과 동정심이라는 '모성애적인' 특별한 자질을 공적 생활에 불어넣을 수 있다는 것을 강조하게 되고, 도덕적이고 돌보는 능력이 증진되고 보존되는 장으로서 가족의 중요성을 재발굴하는 형태로 보수적인 성격을 띠게 될 수도 있다.

그러므로 이 네 가지의 페미니즘 기둥 사이에는 최소한 두 개의 중요한 차원이 있어서 현대 페미니스트들은 그 사이에 서게 된다. 최근에는 페미니즘의 특히 급진주의 페미니즘의 가정이 서구국가의 비백인 소수집단 내 여성들로부터 도전을 받고 있다. 왜냐하면 어디에나 적용되리라고 추정되는 그러나 여성 억압의 다양한 형태를 이해하지 못하고 있는 '보편주의'는 인종주의적인 태도를 취하고 인종주의적 정책을 집행함으로써, 백인여성들이 자신들의 자매로 상정되는 사람들에 대해서 눈을 감아버린 상황을 낳게 만들었기 때문이다. 이런 논증이 하나의 구별된 페미니스트 이론이나 접근법이 되었다고는 아직 말할 수 없지만(Jaggar 1983), 그들을 통해서 인종주의 문제에 대해서 많은 깨달음을 얻게 되었을 뿐만 아니라 여성의 경험에 있어서 역사적이고 문화적인 다양함의 중요성도 새롭게 이해하게 되었다.

이것은 다시 우리의 원래 질문으로 돌아가게 한다. 이 모든 부류들을 페미니스트라고 지칭해야 하는가? 급진주의 페미니스트는 이 명명에 대해서 배타적인 권리를 주장하고 적어도 개혁주의 페미니스트를 그렇게 부르는 데는 반대한다. '급진주의 레지비언'과 '여성옹호적' 급진주의 페미니스트는 오로지 자신들만이 진정한 페미니스트라고 주장한다.

페미니즘의 의미는 그것이 논의되는 맥락에 최종적으로 의존해야만 한다. 이 책은 전체적으로 여성에 관한 것이기 때문에 페미니즘을 광범위하게 그리고 역사적인 의미로 이해할 것이다. 그러나 이것은 확대되어 자기 자신을 페미니스트라고 칭하는 남자들을 포함하지는 않는다. 이 남성들을 제외하고 가장 광의의 정의를 고수해도 우리는 현대 페미니즘 내의 심층적인 분화에 대한 통찰력을 놓쳐서는 안된다. 주의(主義)로서의 페미니즘의 응집력과 운동으로서의 그것의 성공의 의미는 앞으로의 장들에서 다룰 것이다.

2. 정치란 무엇인가

페미니즘에서처럼 정치에서도 모두가 동의하는 정의는 없다. 서로 다른 시기에 상이한 사회에서 심지어는 한 정치사상가로부터 다른 정치사상가에 이르기까지 정치의 본성과 범위를 서로 다르게 보았다. 이런 점에서 울린이 지적했듯이 정치는 '창조되는' 것이지 주어지는 것은 아니다(Wolin 1960, 5). 정치의 개념은 그 개념을 가지고 있는 사람의 가치를 반영한다. 다른 말로 하면 정치의 정의는 그 자체가 불가피하게 정치적이다.

그러나 정치가 발생하는 상황에 대한 공통된 가정들은 대부분의 사람들에게 공유되고 있는 것 같다. 정치는 사회적인 것으로 인식된다는 것이다. 무인도에 혼자 있는 거주자에게는 아무 의미가 없는 것이다. 정치는 자원(이 단어의 가장 광범위한 의미로서)이 제한되어 있는 상황에서 그리고 적어도 잠재적으로 이 자원을 어떻게 분배할 것인가의 문제에 관한 의견이나 이익의 상충이 발생하는 곳에서 발생한다. 최소한 정치는 사람들이 자원의 분배에 어떻게 영향을 주는가에 관한 것이다.

그러나 꽤 넓게 퍼져 있는 이런 동의된 관점을 넘어서서 정치에 대한 해석은 다양하다. 우선 정치가 본질적으로 무엇인지에 대해서 의견을 달리한다. 두 개의 주된 그리고 서로 대조가 되는 견해가 있다고 단순하게 우리는 말할 수 있다. 그 중의 하나는 더 전통적인 견해인데 정치를 하나의 **활동**으로 보는 것이다. 그 활동은 자원이 사람들 사이에서 분배되는 과정에 참여하는 활동인데, 의식적이며 결과까지 심사숙고한 끝에 행해지는 그런 고의적인 활동이다. 다른 견해는 최근에 점점 영향력을 미치고 있는데 정치를 이미 주어진 '권력 구조' 내에서 자신 의견의 표출 articulation 혹은 그 구조 속 관계 내에서의 움직임이라고 생각한다. 맑스 이론은 정치에 관한 시종일관 변함없는 개념을 제공하고 있는데 그것은 비록 계급투쟁에 강조를 두고 있기는 하지만 이 후자의 형태를 띠고 있다(Milliband 1977, 6-7). 그러나 이 접근법이 맑시즘에만 한정되는 것은 아니다. 정치가 사회 내에서의 권력관계의 역학이라면 의식적일 필요도 고의적일 필요도 없다. 그것은 자신의 '조건지어진' 속박을 생각 없이 받아들이는 노예도 포함하고 대통령을 우연히 차로 친 술 취한 운전사도 포함하는 것이다. 그래서 우리들의 첫 질문은 정치를 구별되고 고의적인 행동으로 보아야만 하는지 아니면 좀더 광범위하게 사회적 권력관계 내에서 활동으로 보아야 할 것인지 하는 것이다.

두번째 질문은 '어디에서 정치가 발생하는가?'라는 것이다. 정치를 이론적으로 권력관계 내에서의 의견의 표출이라고 생각하는 사람들에게는 전체로서 사회생활과 정치를 구별하는 경계가 없다고 본다. 정치를 활동으로 보는 사람들은 좀더 분리적이다. 전통적으로 이 견해는 구분된 '공적' 정치영역이 따로 있다고 이해한다. 정치는 공동체―상대적으로 자기충족적인 집단이라는 의미에서―의 구성원들이 공통의, 또는 공적 문제라고 판단한 문제를 결정하는 과정으로 인식된다. 이 공적 정치의 영역은 사적 영역과 대조되는데 사적영역에서는 정의상 정치는 없다. 물론 공적 영역의 범위는 다양하다. 그리고 최근 정부 개입의 확장과 정부의 직접적인 책임의 확대와 더불어 공적 영역은 상당히 증대했다. 그래도 이 견해에 따르면 비정치적인 사적 영역은 남아 있게 된다. 페미니즘에게 가장 결정적인 것은 이런 사적 영역의 중심에는 가족생활이 있는데 이 가족생활은 여전히 대부분의 여성들의 보다 광범위한 사회적 역할을 정해주고 또 사회적 역할을 제한하는 것이기도 한다. 몇몇 정치학자들은 정치를 특별한 공적 영역으로 한정하는 것에는 의문을 제기한다. 왜냐하면 정치는 기업, 대학교 그리고 심지어 가족과 같은 표면상 사적인 제도 내에서도 발견될 수 있기 때문이다.

그러므로 이론적으로 정치를 활동으로 정의하는 정치학자들을 포함하여 많은 정치학자들이 정치를 사실상 편재하는 것으로 본다. 그러나 이런 개방된 견해로부터 오해가 생긴다. 왜냐하면 실제로 이론적인 입장에 관계없이 정치학은 공동체 수준의 정치에 관심을 집중하는 경향이 있기 때문이다. 근대 사회의 맥락에서 보면 이것은 정부나 국가의 작용을 둘러싼 과정을 의미하게 된다. 심지어 정치를 분명한 공적 영역의 개념으로 보지 않는 정치학자들에게도 가족관계에 대해서는 할 말이 별로 없기 때문에 사적인 비정치적 영역 속에서의 정치에 대해서는 관심을 두지 않는 것처럼 보인다.

이것은 이론적 접근의 맥락에서, 그리고 실제적으로 강조하고 있는 것이 무엇인가 하는 점에서 살펴본 것이다. 이것을 중심으로 페미니즘이 정치에 관해 무엇이라고 말해야만 하는지는 다음에 우리가 살펴보아야 한다. 사실 19세기 페미니스트들과 많은 현대 페미니스트들은 사람들 사이에 널리 퍼져 있는 정치에 관한 견해에 대해서 진정으로 의문을 제기하지 않았다. 페미니즘에게는 이것이 중요한 문제라고 인식했던 사람들은 급진주의 페미니스트들이었다. 그리고 그들은 좀더 광범위한 의미에서의 여성운동 내에서 정치에 관한 새로운 생각들이 등장하도록 고무했다.

우선 급진주의 페미니즘은 정치를 활동으로 인식하는 정의를 거부한다. 이 점에서 선구자는 케이트 밀레트Kate Millet이다. 『성의 정치학』Sexual Politics에서 그녀는 정치를 "사람들의 한 집단이 다른 집단에 의해서 통제되는 권력 구조화된 관계 혹은 배치arrangements"(Millet 1972, 23)라고 정의했다. 뒤를 이은 급진주의 페미니스트 작가들은 어떤 명백한 토론도 없이 맹목적으로 이 접근을 따랐다. 왜냐하면 이것이 그들이 경험한 남성 지배의 제도적인 성격에 부합되기 때문이다. 남성 지배가 제도적이라는 것은 그것이 의존하고 있는 토대가 조건지어진다는 의미이며, 그리고 폭력에 대한 확산되어 있는 위협과 고의적인 행동들로 이루어졌다는 의미이다. 그러나 몇몇의 페미니스트 정치이론가들은 정치에 대한 이런 접근에 대해서 동의하지 않았다. 정치를 권력관계로만 배타적으로 파악하게 되면, 정치가 가지는 좀더 고의적이며 앞으로 생기게 될 수도 있는 측면에 대해서는 통찰력을 상실하게 되지 않을까 맥윌리엄즈와 볼스는 경계했다(McWilliams 1974; Boals 1975).

급진주의 페미니스트들이 정치에 대해서 다음으로 이해하는 것은 좀더 중요하며 그것을 적용하는 방법에서 있어서 훨씬 독창적이다. 급진주의 페미니즘은 구분되는 고유한 정치의 영역이라는 개념과 그것과 같이 나타나는 사적·공적 영역의 분리를 공격했다. 이렇게 공격한 이유는 쉽게 이해될 수 있다. 이것은 1960년대 급진적인 학생으로서의 여성들이 얻은 교훈을, 그리고 그것을 그들 자신의 상황에 적용한 교훈을 반영한다. 많은 미국의 급진주의 페미니스트들은 특별히 인권운동과 같은 정치적인 교육으로부터 많은 것을 배웠다. 그들이 '사적인 것은 정치적이다'라는 것을 배운 곳이 바로 여기에서이다. 맥윌리엄즈는 다음과 같이 쓰고 있다.

> '우리는 극복할 것이다 We Shall Overcome' 시대에 우리는 사적인 것이 정치적인 문제로 가장 극적으로 전환되는 것을 보았다. 우리가 버스에 앉아 있는 곳, 우리가 결혼할 사람, 우리가 일하는 직장, 우리가 수영하는 곳, 잠자는 그리고 소변보는 곳이 공공정책의 문제가 되었다.…급진적인 조직에 있는 여성들은 흑인과 관련된 사적인 일에서 정치적인 성격을 찾으려고 한다. 그러나 자기 자신들과 관련해서는 아니었다. 놀랄 것도 없이 여성들은 곧 자신의 문제로 옮겨가게 되었다(McWilliams 1974, 160).

사적 영역의 인습 때문에 흑인들이 집단으로서 억압받고 있는 억압의 정도가 모호하다면, 그리고 그들이 공동의 정치적인 행동을 통해서 자신들의 상황을 어느 정도 바꿀 수 있을지에 대해서도 모호하다면, 인습이 여성들의 종속에 대해서는 얼마나 신비화시키고 있는지 알 수 없다. 그런 까닭에 급진주의 페미니스트들은 '사적인 정치'에 대해서 말할 뿐만이 아니라 '성적인 정치', '가정일의 정치' 등등에 관해서 말하면서 사적 선택의 영역에 놓여 있는 이런 문제들에 대해 일반적으로 옳다고 인정된 할당에 도전했다.

급진주의 페미니즘의 영향을 받은 많은 여성정치학자들은 사적-공적 영역의 구분에 대한 이런 비판을 세련화시켰다. 그들은 이것을 이데올로기적인 근거와 사실에 입각해서 공사영역의 구분을 옳다고 보지 않았다. 예를 들어 엘쉬타인 Elshtain은 여성을 공적 정치로부터 배제시키는 일을 정당화한 방법을 역사적으로 추적해보고 있다. 이렇게 아리스토텔레스는 최고의 선

(善)이 있는 곳으로 공적인 정치영역을 떠받들었다. 여성은 노예나 어린이와 마찬가지로 선과 이성을 이해하는 데 제한된 능력밖에 소유하고 있지 못하다고 그는 믿었기 때문에 여성들은 정치에 참여하기에 부적합하다고 결론지었다. 훨씬 뒤에 정치사상가들은 사적 영역의 순수성과 공적 정치영역의 부도덕성을 대조시키게 되었다. 그러나 다시 여성이 공적 정치의 부패한 영역으로부터 보호될 경우에만 도덕성의 천국인 가정은 보존될 수 있다고 그들은 주장했다. 정치가 도덕적이든 비도덕적이든 논증은 항상 여성을 정치로부터 분리시켜서 사적 세계 속에 가두어두는 것을 지지하는 데 사용되었다 (Elshtain 1981). 동시에 정부는 남성이 자기의 아내를 취급하는 방법에 대해서, 심지어는 자기 아내를 때리거나 강간할 때조차도 국가가 간섭하지 말아야 한다는 데 대한 근거로서 가족의 프라이버시를 인용했다. 달과 스네어는 이것을 '프라이버시라는 억압' coercion of privacy으로 묘사했다(Dahl and Snare, 1978). 공적-사적 영역이라는 이분법은 여성에 대해 억압적인 관행을 정당화하는 데 사용되고, 여성의 공적 생활에의 참여가 있다 하더라도 그것을 하찮게 생각하게 하는 데 사용될 뿐만이 아니라, 사회적 또는 정치적 생활에 관한 여러 사실들과도 반드시 조화를 이루는 것은 아니다. 페미니스트 인류학자들은 많은 원시사회에서는 이런 분화라는 것이 거의 증거가 없다고 주장했는데 사실이 그렇다. 다른 페미니스트들은 진보된 산업사회에서 공적인 영역과 사적인 영역이 점차로 어떻게 융합되고 있는지를 보여주었다. 심지어는 인습이 강하게 지배하고 있는 사회에서도 정부가 피임과 낙태를 위법화해서 여성의 가장 사적인 '선택의 권리'를 거부하도록 막을 필요도 없다. 또한 실타넨과 스톤워스는, "공적 영역을 정치와 동일시하게 되면 직장에서의 성희롱이라든지 심지어는 '자유'로운 시장의 작동과 같은 사적 영역에서 발생하는 많은 문제가 정치적인 것으로 판단되지 못하는 일이 발생하게 되고 암묵적으로 정치의 정책결정에 있어서의 일상적인 공적 부문을 지나치게 과장하는 일이 생기게 된다"(Siltanen and Stanworth 1984)고 주장하였다.

그렇다면 이런 서로 다른 정치에 대한 견해와 이것에 대한 페미니스트들의 비판을 생각하면서 이 책에서는 어떤 접근을 택하고 있는 것일까? 그것은 이 책의 의도에 의해서 결정된다. 이 책은 정치학자들을 위해서 쓰여졌다. 그리고 페미니스트들에게 그들이 주류정치학으로부터 배울 것이 있다는 것을 보여주려고 시도되었다. 이런 점에서 현재 정치학이 강조하고 있는 공공정책 결정과 정부에 대해서 이 책에서는 다룰 것이다. 다른 한편으로 이 책은 정치학이 여성을 다루는 데 있어서의 이론적이고 실제적인 결점을 지적하는 것에 관심이 있기 때문에 무엇이 정치이며 또 정치일 수 있는가라는 광범위한 개념을 또한 포함해야만 한다.

그래서 정치가 우선 활동이라는 점을 강조할 것이다. 그러나 공적 영역에서의 여성의 참여와 정책결정이 여성에게 미치는 영향에 대해서도 강조할 것이다. 한편 여성이 어떻게 자원의 사회적 할당에 영향을 주고 이로부터 영향을 받는지를 설명하기 위해서 우리는 정치를 사회적 권력관계라는 좀더 광범위한 의미로 이해할 필요를 느낀다. 특별히 제1장에서 정치와 여성의 관계를 형성하는 고의적인 활동으로서의 남성 지배제도를 살펴볼 것이다.

두번째로, 페미니스트들의 비판이 설득력이 있음에도 불구하고 나는 공적-사적 영역의 구분을 완전히 포기하지는 않을 것이다. 이분법적인 구분이, 분명히 유감스럽기는 하지만, 정치적 관행에 그리고 특별히 여성과 정치 사이의 관계에 영향을 미치는 인습과 관련이 있기 때문이다. 나는 정치에 대한 이런 개념이 여성들에게 어떤 부정적인 함의를 가지는지를 보여주려고 노력할 것이다. 남성의 지배와, 공적인 권력으로부터의 여성의 배제가 그리고 그 적용에 있어서의 모순들이 정당화되고 강화되는 데 이 개념이 어떻게 사용되어왔는지 하는 것들이다. 또한 실제적으로 공적인 영역과 사적인 영역간의 복잡한 상호의존성뿐만이 아니라 그 구분이 어느 정도 공고한지에 대한 다양한 차이를, 그리고 시간을 넘어서, 서로 다른 사회들간에, 이 두 영역의 상대적인 범위에 대해서 나는 강조할 것이다. 이런 방법으로 사용되는 위의 이분법은 유용한 분석적 도구가 된다. 스테이시와 프라이스는 영국 여성의 정치참여 변화를 설명하면서 이것이 얼마나 유용한 분석도구가 되는지를 잘 보여주었다(Stacey and Price 1981). 동시에 공적 정치에 대해서만 분석하는 것은 충분하지 못하므로, 성 sexuality의 정치학에 관해서, 가족의 정치학에 관해서, '문화'와 경제생활의 정치학에 관해서 이해할 필요가 있다. 이런 '일상생활 속의 정치학'은 우리의 출발점이어야만 하고 이것이 제1장의 주제이다.

제1장

사회에서의 여성 지위

남성의 지배는 보편적인가? 지금까지 우리가 알고 있던 모든 사회 속에서 남성은 여성에게 차별적인 권력을 행사하여왔는가? 많은 페미니스트들은 남성들이 그렇게 하여왔다고 말한다. 그들이 그렇게 생각하는 근거는 부분적으로 직관에 의한 것이다. 그들은 자신을 들여다봄으로써, 특히 의식 변혁의 단계에서 그들 자신의 개인적 경험을 함께 반영함으로써 자신들이 겪어왔던 억압을 발견하였다. 이러한 과정을 거쳐 그들은 다른 맥락들 속에서도 남성의 지배를 발견할 수 있었다. 그들은 또한 연역적인 추론을 통하여 현재의 단계에 도달할 수 있었다. 예를 들어 재생산관계 relations of reproduction 속에서 가부장제의 원인을 찾으려는 파이어스톤의 개념화 작업은 재생산 기술의 급진적인 변화가 없이는 가부장제가 사라질 수 없음을 암시하고 있다(Firestone 1970). 몇몇 페미니즘 반대론자들도 비슷한 의미에서 남성의 지배가 보편적인 것이라고 주장한다. 골드버그는 가부장제가 보편적일 뿐만 아니라 필연적인 것이라고 주장하였다(Goldberg 1979).

일반적으로 남성의 지배라는 명제는, 이것이 페미니스트에 의해 고무되었든지 혹은 반페미니스트에 의해 고무되든지 간에 많은 학자들에 의하여 지지를 받고 있으며, 대부분의 연구들은 인류학적인 것이다. 예를 들어 로잘도와 램퍼는 현대의 인류학적 연구 결과들을 정리하였다. 그들은 "현대의 모든 사회는 어느 정도 남성 지배적이며, 비록 여성의 종속에 대한 범위와 표현은 크게 다르지만 성적 불균형 sexual asymmetry이 인간의 삶 속에서 이미 정해진 보편적인 사실이다"(Rosaldo and Lamphere 1974, 3)라고 결론지었다. 원시 사회에 관한 기록들 속에서 찾아볼 수 있는 역사적 증거들 또한 남성 지배의 보편성을 나타내고 있다. 예를 들어 도바쉬 부부는 영국에 있어서 여성의 지위에 대한 역사를 정리한 바 있다. 간혹 산업자본주의의 출현 이전에 성 평등의 '황금시대' golden age가 성행하였다는 암시가 있으나, 사실상 이 시기는 국가의 출현이 가족 내에서의 가부장제적 권위를 직접적으로 강화하기 시작한 시대였다. 그들에 따르면, "기혼여성의 지위는 16~17세기 동안 최저의 감퇴기에 이르렀다"(Dobash and Dobash 1980, 52)는 것이다. 여성 대부분의 지위는 봉건제 하의 영국에서만 다소 좋아졌는데, 이 시기는 주로 봉건영주에 의하여 거대하게 조직화된 가정(家庭)이 사회를 구성하던 시기였다. 색슨 Saxon 시대에 이르러 여성의 지위는 어느 정도 높아질 수 있으나, 이것은 "가족이 사회의 초석이며 가장 강력한 가부장제의 하나"(Dobash and Dobash 1980, 34)라는 로마시대의 율법이 선행되는 것이었다.

남성 지배의 보편성에 대한 실질적인 증거들은 일견 압도적인 것이지만, 지나치게 무비판적으로 받아들일 수는 없는 것들이다. 이에 대한 반대 논쟁은 주로 두 종류로 이루어졌다. 즉, 이러한 법칙에 대한 명백한 예외들을 인용하는 방법과 남성 지배를 개념화하고 연구하는 방법들에 대하여 보다 많은 비판을 제기하는 방법이 그것이다.

몇몇 저자들은 선사시대에 있어서 여성이 남성의 지배로부터 자유로웠을 뿐만 아니라 여성들 스스로가 지배자였던 사회가 존재하였다고 주장하였다. 이것은 소위 '모권제 사회' matriarchies였다. 최초로 이러한 시각을 체계적으로 연구한 대표자는 19세기 중반의 바코펜 Bachofen이었다. 그는 잔존하는 신화에 대한 자신의 분석에 기초하여 모권제 사회가 모권 mother right, 즉 자녀들에 대한 어머니로서의 권리를 통해 발전하게 되었다고 주장하였다(Bamberger 1974). 보다 최근 들어 이러한 주제는 몇몇 페미니스트 저자들에 의해서도 다루어졌다. 예를 들어 신화적 증거들을 다시 끄집어낸 데이비스는 고대 서머와 크레타, 이집트에서 나타난 모권제적 문명에 대한 설명을 상세히 부연하고 있다(Davis 1971).

우리는 고대 모권제 사회의 가능성을 받아들이는 것이 지적으로 자유로 워지는 것이라는 웹스터의 주장에 동의하게 된다(Webster 1975). 그러나 비록 그 가능성은 사라질 수 없으나, 그것을 지지하는 자료들은 여신 숭배의 신화와 고고학적 증거들 속에서 모권제 사회에 대한 초기 연구들로 구성된 불충분한 것들이다. 오늘날에는 신화가 필연적으로 역사에 기반하는 것은 아니라는 사실이 폭넓게 받아들여지고 있다. 뱀버거는 아마존 지역과 티에라 델 푸에고 Tierra del Fuego 원주민에 대한 조사를 통하여 여성들이 어느 정도 남용하고 있는 이전의 모권제 사회에 관한 신화가 남성 지배의 현 체제를 정당화시키는 데 도움이 될 수 있다고 주장하였다(Bamberger 1974). 이와 유사하게 멀크는 그리스 신화 속에서 아마존인들이 "독립적인 세력으로서가 아니라 아테네 국가를 건설하고 보호했다고 믿어지는 영웅들에 의해 정복된 상대자로서 나타나며, 그 자체의 문화가 가진 근본적인 여성 종속을 정당화시키는 것으로 나타난다"(Merck 1978, 96)고 주장하였다. 비록 여신(女神)에 기반하는 선사시대의 종교들에 대한 중요한 고고학적 증거들이 존재하지만, 이것이 모권제 사회의 증거로서 채택될 수는 없다.

대안적으로 과거와 현재의 몇몇 원시사회 속에서 여성은 남성과 사회적으로 동등한 존재였다는 주장이 제기되고 있다. 예를 들어 오클리는 므부티 피그미 Mbuti Pygmi족에서 "사회적 역할과 지위를 결정하는 요인으로서의 생물학적 성 sex의 역할은 대수롭지 않았던 것으로 보인다"(Oakley 1972, 149)라고 말하고 있다. 드래퍼는 삼림이 우거진 쿵 지역에 있어서 남성과 여성 사이의 느슨하고도 평등주의적인 관계를 묘사하였다(Draper 1975). 브라운에 따르면, "자신들의 사회 속에서 비범한 권위를 행사하였던 이로쿼이 Iroquoi 족의 기혼여성들은 아마도 어느 시기 어느 장소에서도 다른 여성들보다 더한 권위를 향유하였다"(Brown 1975, 243). 이러한 관점의 지지자들은 종종 서로 다른 사회 속에서 남성의 지배를 사유재산의 출현 혹은 새로운 경작방법 등과 같은 특수한 이유 때문인 것으로 설명하고 있다. 그와 같은 설명을 증명하거나 반증한다는 것은 확실히 어려운 일이다. 그러나 보다 최근에 제공된 몇몇 사례들은 이러한 명제에 도전하고 있다. 예를 들어 비록 이로쿼이족 여성들이 실질적인 정치·경제적 권한을 행사하였지만, 남성만이 족장이 될 수 있었다는 점이 지적되고 있다. 이것은 보편적인 남성 지배의 명제에 대하여 보다 근본적인 의문을 제기하게 만들었다. 즉, 남성 지배는 어떻게 정의되고 개념화되는가의 문제가 그것이다.

이러한 인식론적 문제들은 단지 여성은 억압받는다는 페미니스트들의 주장을 반대하기 위하여 인용된 것만은 아니다. 그것들은 보편적인 남성 지배의 명제가 자기 확증적일 수 있으며 이를 통하여 인식을 바꿀 수 있는 기대감을 만들어낼 수도 있지만, 남성 지배는 불가피하며 옳은 것이라고 주장하는 사람들에게 활력을 제공해 줄지도 모른다는 사실을 인식한 많은 페미니스트들에 의해 제기되었다.

첫째로 교차문화적 cross-cultural이고 역사적인 증거의 객관성에 대한 의문이 제기되었다. 예를 들어 머독 Murdock이 자주 인용하고 있는 '인간관계지역파일' Human Relations Area Files에 도움을 준 연구들을 포함하여 다수의 인류학적 연구 결과들은 남성들에 의하여 진행되었다. 이들 남성 인류학자들은 여성의 역할과 지위에 관한 가정(假定)들을 근대 서구사회에서 습득된 자신들의 경험을 통하여 추론하였다. 그들이 세운 가정들은 그 자신이 연구를 수행하는 방법, 특히 그들이 다른 남성들과 나누었던 대부분의 대화 내용들에 의하여 형성되고 강화되었다. 이에 대한 대응으로 자신들을 수정주의자로 묘사하는 몇몇 페미니스트 인류학자들은 의식적으로 남성 지배에 관한 가정에 저항하였으며, 여성의 태도와 경험에 자신들의 연구를 집중하였다. 그 결과 그들은 산업사회 이전에 있어서 여성의 권한은 과소평가되었다고 주장하였다. 특히 가사영역 내에서 여성의 권한은 종종 본질적인 측면에서뿐만 아니라 여성의 권한이 공적 업무에 대하여 그들에게 부여해준 간접적인 영향력의 측면에서도 고려할 만하고 중요한 것이었다(Friedl 1967을 참조).

이것은 남성의 지배가 너무 조잡하게 개념화되었다는 두번째 비판을 가져오게 하였다. 물리적 자원에 대한 통제 혹은 강제력의 실질적 사용으로부터 비실질적이고 정신적이며 신비하기조차 한 영향력에 이르기까지 개인이나 집단이 다른 사람들에게 권력을 행사할 수 있는 방법은 수없이 많다. 이러한 방법들 중 몇몇이, 그리고 가장 중요한 방법이 남성의 특권이라는 사실에는 거의 의문이 제기되지 않고 있다. 로잘도는 현대사회 속에서 '문화적으로 합법화된 권위'는 여성보다는 남성에게 귀착된다고 지적한 바 있다(Rosaldo 1974, 21). 이와 유사하게 가부장제가 "계층제 내에서 압도적인 숫자의 상위 지위가 남성에 의하여 점유되는 조직의 (정치적·경제적·산업적·재정적·종교적 혹은 사회적) 어떤 체제"(Goldberg 1979, 26)로서 정의된다면, 가부장제는 보편적이라고 주장하는 골드버그에게 반론을 제기하기 어려워진다. 부분적으로 남성 권위의 결과로서 "소중한 가치는 항상 남성의 활동에 귀착된다"(Mead 1935, 302). 이것이 여성들이 그들 자신에 대한 이러한 평가를 스스로 내면화하는 것을 의미하는지 혹은 권위적인 남성들이 여성의 보다 높은 자기 평가를 도외시하는 것을 의미하는지를 판단하기란 어렵다. 급진주의 페미니스트들도 남성이 가족을 포함하는 사회 속에서 물리력의 정당성과 불법적 사용을 독점한다고 주장하는데, 이것은 아마도 옳은 것이다.

이러한 모든 것들에 대하여 여성은 무기력하지 않다. 여성들은 권력을 행사하는 자기 자신의 방법, 예를 들어 때때로 자기 자신의 매력을 포함하여 성성 sexuality, 재생산에서의 근본적인 역할, 자녀에 대한 영향력, 그리고 다양한 가내 기술 등을 갖고 있다. 수많은 맥락 속에서 여성들은 친족관계의 연계, 상호 연대성 혹은 경제적 공헌 등을 사용할 수도 있다. 마찬가지로 경제적 생산에 대한 통제력, 가계(家系)의 의사결정에서 여성이 갖는 발언권, 재산권의 범위, 성 자율성 sexual autonomy, 공공의 존중, 공적 권위 등과 같이 많은 다양한 국면들이 여성의 지위에 존재한다. 화이트는 이러한 것들이 필연적으로 모두 함께 변화하는 것은 아니라는 점을 우리에게 상기시키고 있다. 그의 교차문화적 분석에 의하면, 주어진 사회 속에서 여성이 어떤 것들에 종속될 때 동시에 다른 점에서는 지배적일 수 있다(Whyte 1978, 168-169). 세번째 제한조건은 페미니스트들이 더 더욱 인정하고 있는데, 그것은 여성들이 분명히 특별한 계급, 인종, 신분 혹은 다른 엘리트집단 구성원으로서의 우월한 사회적 지위 때문에 다른 여성들과 남성들을 억압한다는 것이다.

나의 관점에서 이러한 모든 제한조건들은 남성 지배라는 명제를 의미 없는 것으로 만들지는 못하지만, 주의를 갖고 조심스럽게 사용되어야 함을 암시하고 있다고 하겠다. 우리는 지나치게 역사와 무관한 혹은 역사를 초월한 남성 지배의 개념을 피해야 할 것이며, 대신에 각각의 사회에서 이것이 보여지고 있는 유형을 명확히 하도록 노력해야만 한다.

1. 남성 지배 혹은 가부장제?

가부장제라는 용어가 '남성 지배'와 교환될 수 있는 것처럼, 이 용어가 사용되는 것에 대해 제기되는 의문은 정확성 precision에 대한 것이다. 이것은 전적으로 의미론상의 문제는 아니다. 현대 페미니스트들의 분석에 있어서 가부장제가 그 중심에 있다면, 그 자체의 기원과 의미를 간략하게 살펴볼 만한 가치가 충분히 있는 것이다.

가부장제라는 용어는 '부족의 수장'을 의미하는 그리스의 '원로(元老)'로부터 기원하는 것이었다. 구약성서에 의하면 본래 원로는 부족의 수장이었다. 이후 이 용어는 교황을 포함하여 기독교 교회의 가장 뛰어난 주교들 중 몇몇 사람을 지칭하게 되었다. 17세기 영국의 보수적 정치이론가인 로버트 필머 Robert Filmer는 왕의 탁월한 권한이 가정 내에서 아버지의 권위로서 반영되고 강화되어지는 지배체제를 의미하는 것으로서의 가부장제를 옹호하였다. 맥도너와 해리슨은, 맑스도 이와 비슷하게 가장(家長)이 생산의 수단을 소유하고 통제하며 그 구성원들의 노동을 조직하는 가내 생산의 특수한 관계를 의미하는 가부장제 개념을 취하였다고 주장하였다(McDonagh and Harrison 1978, 28-29). 베버 또한 아버지가 광범위한 혈연관계의 다른 구성원들을 지배하고 가정의 경제적 생산을 통제하는 가정조직의 특별한 유형을 묘사하기 위하여 이 용어를 사용하였다(Barrett 1980, 10).

이렇게 용어의 사용이 일치되지 않는 반면, 그들은 공통적으로 그 자체의 대가족 혹은 핵가족 형태 내에서 가족 내 남성 수장의 권위에 초점을 맞추었다. 페미니스트들, 특히 급진주의 페미니스트들은 1960년대 후반부터 이 용어를 채택하였는데, 이 용어는 그들의 분석에서 중심이 되었으며 페미니즘 연구 자체의 범위를 크게 확장시켰다. 비록 조금 더 구체적인 정의는 서로 다른 이론적 접근법에 따라 다르게 나타났지만, 이것은 '남성에 의한 지배'

rule by men를 의미하는 것이었다. 이러한 새로운 용어 사용의 초기 대표주자들 중 하나인 밀레트는 "가부장제의 원리는 남성이 여성을 지배할 것이며, 나이든 남성이 젊은이들을 지배할 것이라는 두 가지 종류로 나타났다"(Millett 1972, 25)고 기술한 바 있다. 파이어스톤은 비록 가부장제를 정의내리지는 않았지만, 가부장제는 여성에 대한 남성의 통제가 가족 내에서 부인과 자녀들에 대한 남성의 권한에 기초하는 사회조직 체계라는 점을 암시하였다. 이후 아이젠스타인은 아버지의 권위를 별로 강조하지는 않았지만, 대체로 가부장제를 어떤 형태로든지 간에 남성의 우월성과 동일시하였다(Eisen-stein 1979). 용어의 엄밀한 정의에 대해 동의가 이루어지지 않았다고 하여 용어 자체를 포기해야 할 근거가 될 수는 없다. 반대로 이것은 비취가 가부장제 이론을 재검토하면서 주장한 바와 같이 "정치적이고 이론적인 실제 문제들을 숙고하려고 할 때 이러한 개념이 사용된다는 사실을 의미한다"(Beechey 1979, 68).

문제가 되는 것은, 가부장제가 '남성 지배' 혹은 '남성의 우월성'이라는 표현으로 대신 사용될 때에도 근본적인 의미에서 이러한 용어를 사용하는 것이 불가피하다는 것이다. 루빈이 주장한 바와 같이, 우리가 만약 가부장제를 보다 협의(狹義)로 정의하고, 가장의 권위에 기초한 남성 지배의 한 가지 유형이라는 전통적 의미를 고수하게 된다면, 이것은 남성 지배가 취할 수 있는 각기 다른 유형들을 구별하는 데 도움이 될 수 있다(Rubin 1975). 따라서 이 책에서 '남성의 지배'는 여성에 대한 남성의 권한을 언급하는 용어가 되며, '가부장제'는 아버지 혹은 남성 가장의 권위로부터 나타나는 남성 권력의 유형으로 구분되어 사용될 것이다.

남성 지배, 남성의 우월성 혹은 가부장제 등 우리가 어떤 용어를 사용하든지 간에 이것은 보다 폭넓은 여성의 사회적 종속을 의미하게 된다. 여성의 종속은 어떻게 발생하였는가? 루빈이 명시한 바와 같이, "이러한 의문은 이에 대한 답변이 미래에 대한 우리의 전망과 성적으로 평등한 사회를 위한 희망이 현실화될 수 있을지에 대한 우리의 평가를 결정하게 만들기 때문에 사소한 것이 아니다"(Rubin 1975, 157). 또한 페미니스트들이 그와 같은 사회를 달성하기 위해 취하게 되는 전략들은 이러한 답변에 달려 있다.

여성의 종속은 페미니스트들에 의하여 혹은 그 반대론자들에 의하여 매우 다양한 방법들로 설명되어진다. 이러한 설명들은 종종 다중요소적인데, 서로 다른 인과관계 수준의 동시적인 작용을 지적하고 있다. 몇몇 학자들은 인간의 생물학 혹은 경제적 생산구조에 기초하여 여성의 억압을 강조하는 유물론적 연구에 치중하고 있다. 다른 학자들은 사회적이고 문화적인 의무로서의 역할을 강조한다. 그러나 이러한 요소들이 명확하게 구분될 수 있는 것은 아니다. 예를 들어 가장 교조적인 경제적 결정론자들만이 문화와 경제 사이의 경계가 명확하다고 주장할 뿐이다. 맑스주의자들도 알고 있듯이 경제구조만이 사회에 강력한 영향을 미치는 것이 아니라 경제적 행위 또한 필연적으로 그 자체의 문화적 맥락을 반영한다는 것이다. 분류상에 있어서 아직도 수정의 여지가 다소 덜한 것은 프로이트 Freud에 의해 발견되고 분석되어진 인간의 무의식 unconscious인데, 이는 생물학의 직접적인 산물도 아니고 사회적 현실이 개인의 영혼 속으로 단순하게 확장된 것도 아닌 그 자체의 복잡한 삶을 포함하는 영역이다(Rose 1983). 따라서 비록 나는 남성 지배의 설명들에 대한 다음의 논의들을 생물학과 문화, 경제체제 등을 강조하는 것으로 나누고 있으나, 이것은 이해를 돕기 위한 것일 뿐이며 그들 요소들이 쉽게 구별될 수 있다거나 각각이 독립적이라는 것을 의미하려는 의도는 아니다.

2. 숙명으로서의 해부학[1]

여성의 억압에 대한 가장 오래되고 명백한 설명은 남성과 여성 사이의 생물학적 차이이다. 이러한 경향을 취하는 반페미니스트들은 남성의 지배가 자연스러운 것이며 필연적이라고 주장하는 경향이 있는데, 최근 들어 이러한 주장들은 수많은 페미니스트 사회과학자들로부터 도전을 받고 있다. 동시에 다른 페미니스트들, 특히 급진주의 페미니스들은 남성 지배의 물리적

---

[1] 프로이트는 '해부학은 숙명'이라고 논의한 바 있다. Sigmund Freud, "The Passing of Oedipus Complex," Philip Rieff(ed.), *Sexuality and the Psychology of Love*, New York: Collier, 1963, p.181(역자주).

차원을 강조하며, 그것을 극복하려고 한다. 세이어즈 Sayers의 유용한 저서인 『생물학적 정치』 Biological Politics(1982)는 이러한 다양한 논쟁들을 요약하고 있다. 그녀가 확립하고자 하는 한 가지 시사점은 생물학적 논쟁이 특수한 사회적 혹은 정치적 맥락과 고립되어 생산된 것은 결코 아니라는 것이다. 예를 들어 두개골 계측과 뇌 측정의 '과학'은 19세기초 식민지 정책과 연관되어 발달하였다. 페미니스트들이 여성을 위한 교육규정의 변화를 가장 현저하게 강조하였던 1860년대 후반에 이르러서야 비로소 남녀 사이의 불평등을 설명하고 정당화하려는 시도가 나타났다.

세이어즈는 또한 이러한 수많은 생물학적 논쟁들의 명백한 부조화를 명시하였는데, 근본적으로 이러한 논쟁들이 항상 반페미니스트들에 의하여 사용되었던 것만은 아니다. 에너지 보존의 법칙에 힘입어 미국 심리학의 창시자로 알려진 스탠리 홀 Stanley Hall은 "10대 중반과 후반의 중요한 시기 동안 두뇌의 과도한 활동은 일반적으로 인생의 완전한 성숙을 위해 필수적인 유방의 힘 power과 그 기능상의 발달을 저해할 수 있다"고 단언하였다(Sayers 1982, 10에서 재인용). 월경의 피는 그들의 생식능력을 없애고 곤충을 죽게 하며, 정원의 꽃과 풀들을 시들게 하고 가지로부터 열매가 지는 원인이 되며, 면도날을 무디게 한다는 플리니 Pliny의 묘사로 되돌아가 본다면, 월경에 대한 신념, 보다 정확한 의미에서 신화는 진정으로 엉뚱한 것이었다(Sayers 1982, 111). 월경은 일련의 직업으로부터 여성의 배제를 정당화하는 데 사용되었지만, 다른 한편으로 몇몇 급진주의 페미니스트들은 자연의 주기적 변화와 연계시켜 주는 것으로서, 그리고 심지어 상징적 '수혈' Bleed-in을 하고 있는 집단 내에서 서로를 연결시켜주는 것으로서 월경을 찬양하였다. 이러한 모든 것들이 나타내는 바는 여성의 지위에 관한 생물학적 논쟁들이 객관적이고 과학적으로 뒷받침되고 있다는 주장에 세심한 주의를 기울여야 한다는 것이다.

그럼에도 불구하고 남녀간의 자연스러운 육체적 차이는 아리스토텔레스 이전부터 여성의 열등한 사회적 지위를 설명하고 정당화하는 데 이용되었다. 아주 최근까지도 이와 같은 논쟁들은 여성 특유의 재생산 역할뿐만 아니라 이러한 재생산 역할과 남성의 보다 강력한 힘의 결과로서 나타나는 여성의 육체적 취약성, 그리고 때때로 여성의 보다 작은 두뇌 크기 등을 강조하는 형태로 나타났다. 19세기의 몇몇 페미니스트들조차도 이러한 육체적 특징들 때문에 필연적으로 여성들은 사회적으로 열등하게 되며 여성의 개성과 잠재력은 제한받게 된다고 생각했었다.

　1930년대 후반부터 새로운 자료들이 나타나 성에 따르는 중요한 생물학적 차이가 존재한다는 주장 혹은 그러한 것들이 묘사된 결론들에 대하여 의문을 제기하기 시작하였다. 출산이 필연적으로 여성의 노동생활을 중단시키는 것은 아니며 육아가 항상 여성의 의무만은 아니라는 사실을 보여주기 위하여 인류학적 증거들이 수집되었다. 육체적 힘에 의해서 나타나는 성차는 문화적으로 변하기 쉽다는 사실이 발견되었다. "발리에서는 남성이 과중한 노동을 거의 하지 않았으며, 남성과 여성의 신체 크기와 외양이 비슷하였다. 그러나 유럽의 식민지 감독 하에서 갑판일꾼 노동을 하게 된 발리 남성들은 우리가 남성의 특징이라고 생각하는 강한 근육조직을 발달시키게 되었다"(Oakley 1972, 143). 어쨌든지 간에 기술적 발전이 육체적 힘에 있어서 그와 같은 차이를 점진적으로 무의미하게 만들 수 있다는 논쟁이 오래도록 지속되었다.

　이러한 연구를 통하여 여성이 남성에 비해 덜 우월하다고 생각케 하는 지적 능력과 연관된 것은 절대적인 뇌의 크기이기보다는 차라리 신체의 크기와 연관된다는 사실이 지적되었다. 그러나 1970년대에 이르러 성적 불평등과 뇌를 연관시키는 논쟁들이 뇌가 어떻게 조직되어 있는지에 대한 연구의 맥락에서 다시 나타났다. 이러한 연구들은 남성에게 있어서 좌뇌 left hemisphere는 언어능력에 특화되어 있고 우뇌는 공지각능력으로 특화되어 있는데 반하여 여성의 좌뇌는 언어능력과 공지각능력 모두를 처리해야만 한다고 주장하였다. 나에게 있어서도 이러한 명제 뒤에 숨어 있는 논리들은 의문스러운 것인데, 이로부터 추론된 결론들에 대하여 페미니스트들은 반박을 시도하였다. 그들은 이러한 차이가 원인이기보다는 오히려 교육적 경험의 차이를 반영하는 것일지도 모른다고 지적하였다. 그러나 이것은 최근에도 생물학적 환원주의자들에게 있어서 가장 최신의 변수이며, 학문적으로도 신뢰할 만한 변수로 남아 있다(Sayers 1982, 97-103 참조).

최근 몇 년간 남성 지배에 대한 또 다른 생물학적 설명들은 정신분석적 해석이나 사회생물학의 형태로 나타나는 경향이 있다. 프로이트 자신은 노골적인 생물학적 환원주의자는 아니었다. 그에게 있어서 가장 결정적인 것은 남녀간의 실질적인 차이가 아니라 정신적인 구조였던 것이다. 그는 소년·소녀들이 유아기에는 남성과 여성의 고유한 특성들을 공유하는데, 양자는 근본적으로 어머니에게 애착을 갖게 된다고 주장하였다. 어머니에 대한 소년의 남근 중심적 phallus-centred 욕구는 오이디푸스 콤플렉스 Oedipus complex를 만들어냈는데, 이것은 오직 이러한 욕망을 억제함으로써 그리고 다른 한편으로 자신의 생식기를 거세하려는 아버지와 자기 자신을 동일시함으로써 해결될 수 있다는 것이다. 다른 한편으로 소녀는 거세당한 상태로 태어나고, '남근 선망' penis envy으로부터 고통받는다고 결론지었다. 다음으로 이어지는 여성의 정신발달은 이것이 어떻게 해소되느냐에 달려 있다. '정상적인' 여성관을 획득하기 위하여 소녀는 자신의 애착을 어머니로부터 아버지에게로 이전해야 하며, 남근 선망의 욕구를 자신의 자녀들로 대체시켜야 한다. 그러나 다른 가능성들도 존재한다. 예를 들어 지속적인 남근 선망과 어머니의 역할을 거부하는 것은 '남성 콤플렉스' masculinity complex의 결과일 수 있다는 것이다.

프로이트는 생물학적 결정주의와 연관되는 것을 꺼려했지만, 미국에서 그의 많은 추종자들은 그렇지 못하였다. 우리가 살펴보겠지만, 페미니스트들은 두 가지 서로 다른 방법을 통하여 이에 대응한다. 남근 선망의 중요성과 프로이트의 논리들 중 몇 가지 연구 결과들을 논박하는 일부 페미니스트들은 남성이 여성의 출산능력을 선망한다고 주장한다. 다른 페미니스트들은 프로이트가 여성의 잠재의식을 정확하게 유추하였으나 그것은 원인이기보다는 남성 지배라는 외부적 사회체제의 결과이며, 그가 이러한 지속적인 메커니즘을 인식하는 데 실패하였다는 입장을 취하고 있다.

남성 지배에 대한 사회생물학적 설명은 결국 사회적 행위가 생물학적 진화의 과정으로부터 발생한다고 설명하는데, 이러한 설명은 1970년대에 이르러 점진적으로 대중적이고 영향력 있는 것이 되었다. 이러한 논리는 왜 진화의 단계에서 자녀들에게 책임을 지는 여성과 자녀수의 극대화를 위하여 여성의 뒤를 쫓아다니는 전략을 추구하는 남성이 필연적인가를 보여주기 위하여 채택되었다. 보다 적절한 표현으로 남성 지배는 종족의 보존을 추구하는 남성의 선천적인 특징들에 기인한다는 것이다. 예를 들어 타이거는 생존을 위하여 수렵에 의존하는 원시사회 속에서 자연적인 선택의 과정은 남성이 계서적으로 묶여진 집단을 형성토록 하는 선천적으로 유전적인 경향을 강화시켰다고 주장하였다. 비록 그와 같은 남성의 결합력 male-bonding은 오늘날 사회적으로 그렇게 필연적인 것은 아니지만, 모든 여성들을 권위적인 지위로부터 배제시키면서 공동체 사회에서 지속적으로 그들의 "척수 spinal column …상호의존성, 구조, 사회적 응집력, 그리고 임무의 지속성"(Tiger 1969, 60) 등을 제공하였다. 다른 저자들은 오히려 남성의 결합력보다 남성의 선천적인 공격성에 초점을 맞추었다. 골드버그는 이러한 주제에 대하여 특별히 단호한 표현을 쓰고 있다. 비록 그는 남성 지배가 성과 관련된 내분비 호르몬의 차이와 환경적 암시의 상호작용을 반영하는 것이라는 점을 받아들였지만, 남성이 내분비적 성품을 통하여 단순하게 특정 사회 속에서 양자적인 dyadic 혹은 사회적인 지배를 성취하려는 공격적 혹은 지배적인 어떤 특별한 종류의 행태가 아니라 지배를 위해 필요한 어떠한 행태라도 쉽게 행하도록 만들어졌다고 주장하였다. 모든 사회가 어떤 식으로든 계서화된 이래 남성적인 내분비적 호르몬을 갖고 있다는 것은 사회 그 자체 내에 가부장제를 필요로 하는 환경이 내재되어 있으며, 가부장제는 필요불가결한 것이라는 의미이다(Goldberg 1979, 85).

세이어즈가 지적한 바와 같이, 남성 지배를 위한 사회생물학적 정당화는 새로워질 필요가 있지만, 이러한 정당화는 19세기의 사회 진화론자들이 제공한 유사한 합리화 rationalisation로부터 직접적으로 이어져 내려오고 있다. 또한 그들의 과학적 입장은 원시사회 속에서 수렵의 중요성, 영장류의 행태를 관찰함으로써 빈번하게 유추되는 부적당한 추론, 고고학적 증거의 주관적인 사용, 그리고 종종 순환적인 인과관계 등 그들의 가정(假定)에 대한 페미니스트들의 효과적인 비판에 의하여 의문을 제기받게 되었다(Leibowitz, 1975; Slocum 1975; Sayers 1982). 오클리는 남성이 선천적으로 여성보다 공격적이라는 가능성을 배제하지는 않았지만, 인간에게 있어서 내분비 호르몬과

행태 사이의 관계는 매우 복잡하다는 점을 지적하였다. 비록 그러한 차이점 들은 "내분비 호르몬의 수준에서뿐만 아니라 중추신경체계의 내분비적 민 감성에서도 검증되었지만,…이것은 남성과 여성이라는 두 가지 현저한 유형 들을 만들어내는 것이 아니라 다른 변수들로도 구분되어지는 개인들에 대하 여 '진정한 남성' very male으로부터 '진정한 여성' very female에 이르기까지의 전체적인 범위를 만들어내는 것이다." 그리고 행태에 대한 그와 같은 차이점 들의 효과는 아직도 "학습과정에 대한 인류의 광범위한 의존"(Oakley 1972, 191)이라는 논쟁을 불러일으키게 한다.

지금까지 이러한 논쟁을 언급한 페미니스트들은 여성의 억압이 생물학에 근거한다는 사실을 강력하게 부인하였다. 이들의 반대는 당연한 것인데, 자 연스러운 것을 좋은 것과 연계시키려는 경향이 폭넓게 나타나면서부터 남성 지배의 자연적 기원을 받아들이는 것은 곧 남성 지배 그 자체를 너무 쉽게 인정하는 것으로 보여지기 때문이다. 초기 급진주의 페미니스트인 밀레트는 그와 같은 근거들에 대한 생물학적 설명들을 부정하였다. 비록 생물학적 역 할에 대한 그녀의 논의는 이것이 비록 그녀 자신이 허용했던 것들보다 더 복잡한 문제라는 것을 인정하였지만, 그녀는 여성의 억압이 생물학에서 기 원한다는 증거는 불충분하며 남녀 사이의 생물학적 차이가 여성을 남성의 지배 하에서 활동하도록 강조하는 오늘날의 남성 지배와는 아마도 무관할 것이라고 주장하였다(Millett 1972).

그러나 다른 페미니스트들, 특히 급진주의 페미니스트들은 더 많은 비중 을 두고 생물학을 인정하였다. 남녀 사이의 생물학적 차이에 비중을 둔 남성 지배의 개척자적 분석은 파이어스톤의 『성의 변증법』Dialectic of Sex에 의하 여 제공되었다. 그녀는 맑스에 의하여 규정된 변증법적 유물론을 분석적 방 법으로 적용하여 보았으나, 맑스는 남성이기 때문에 그 심원한 의미를 찾 을 수 없었다고 주장하였다. 그녀는 생산이 아닌 재생산의 관계에 기초하여 역사에 대한 유물론을 만들어냈다. 사실 그녀는 성의 불평등한 분업이 자연 스러운 것이라고 주장하는 남성 지배의 공론가들에게 동의하기에 이르렀다. 비록 성차 그 자체가 불평등을 의미하는 것은 아니지만, 널리 보급된 기술적 수준 하에서 종족의 재생산은 선천적으로 불평등한 '생물학적 가족'

biological family 혹은 남녀 유아의 기본적인 재생산 단위를 필연적으로 요구하게 된다는 것이다. 우선 여성은 월경과 관련된 생물학적 취약성, 폐경기와 다른 여성병, 지속적인 출산의 고통, 유아에 대한 수유와 육아 때문에 남성에게 의존하게 된다. 다음으로 인간의 유아가 성장에 오랜 시간이 걸리게 된 이래 성인에 대한 그들의 의존이 연장되었다. 특히 여성 심리의 형성에 도움이 된 어머니와 자녀의 강한 상호의존관계가 발달되었다. 마지막으로 이러한 재생산적 차이는 노동과 권력의 성적 분업을 강조하였다. 오늘날 "비록 남성은 점진적으로 그 자신이 여성과 자녀들에 대한 압제를 창출하는 생물학적 환경으로부터 자유스러워졌으나, 그 자체의 수혜자로서 이러한 압제를 포기할 이유를 갖고 있지 않다"(Firestone 1970, 18).

파이어스톤은 남성 지배의 생물학적 결정요인을 강조하였다. 비록 어머니로서의 감정 혹은 남성의 권력 향유와 같은 심리적 요인들이 그녀의 설명에 포함되어 있지만, 그러한 것들은 확실히 남녀 사이의 생물학적 차이에 근거하는 것이며 생물학적 차이 없이는 존재할 수 없다는 것이다. 그러나 그녀는 남성이 우월하다거나 남성의 지배가 필연적이고 옳다고 결론짓지는 않았다. 반대로 그녀는 "인간 사회는 자연에 거스른다는 의미에서 생리에 반하는 것 antiphysis이다. 이것은 자연의 존재에 수동적으로 복종하는 것이 아니라 오히려 자기 자신을 위하여 자연의 통제를 대신하는 것이다"(Firestone 1970, 18)라고 얘기하는 보부아르 Beauvoir의 말을 인용하였다. 그러나 남성 지배는 쉽게 끝나지 않을 것이다. 재생산관계에 기초한 주어진 틀을 생각한다면, 이것은 오직 혁명에 의해서만 전복될 수 있다. 파이어스톤은 맑스를 의식적으로 인용하면서 여성이 남성 지배뿐만 아니라 성 sex의 구분 자체를 파괴시킬 목적을 가지고 재생산의 수단을 통제해야 한다고 주장하였다.

다른 급진주의 페미니스트들은 여성의 억압 속에 존재하는 물리적 폭력의 역할에 관심을 가졌다. 『우리의 의지에 반하여』Against Our Will를 통하여 수잔 브라운밀러는 성적 강간이 보다 근본적인 영역에서 행하여지고 있다고 간주하였다. 그녀는 강간과 그 자체에 대한 위험, 그리고 실질적인 관념 등이 개인의 예외적 행위라기보다는 "오히려 모든 남성들이 모든 여성들을 공포의 상황 속에 놓이게 하는 다소 의도적인 위협의 과정이었다"

(Brownmiller 1975, 15)고 주장하였다.『부인과의학』*Gyn/Ecology*(1978)에서 마리 달리 Mary Daly는 남성이 여성을 물리적으로 공격하는 다양한 방법들에 대하여 보다 뛰어난 설명력을 제공하였다. 즉, 인도에서의 미망인 순장과 화장, 중국의 전족(纏足), 아프리카에서 여성의 음핵 절제를 통한 생식기 절단 혹은 질 봉합과 정조대, 그리고 근대 과학이라는 외양으로 나타나는 현대 부인과의학 및 '치료법' 등이 그것이다.

　브라운밀러는 근본적으로 인간의 성교에 대한 해부학적 분석을 통하여 강간과 남성 지배를 설명하였다. 남성은 보다 지속적으로 성적 욕구를 느끼게 되며, 인간의 생식기구조는 신체적으로 여성의 저항을 정복할 수 있게 되어 있다는 것이다. 그러나 달리는 남성이 생명을 창조하는 여성의 능력과 이에 동반하는 심리적 창조성을 빼앗고자 하는 선망과 충동에 의하여 조종된다고 지적하였다. 여기서 그녀는 여성 생물학과 이에 의해 발전된 여성 특유의 본성에 대한 긍정적인 평가를 내리는 최근의 경향을 대표하고 있다.

　이와 같이 '여성옹호적'인 생각의 중요한 원천은 후기 프로이트학파의 분석가로 이름이 널리 알려진 카렌 호네이 Karen Horney와 같은 사람이다. 호네이는 남근 선망이 여성의 심리를 결정한다는 남근 중심의 가정에 대하여 문제를 제기하고, 대신에 그 출발점으로부터 어린 소녀의 서로 다른 생리학적 구조가 여성의 구분적인 심리적 발달을 가져온다고 주장하였다. 이러한 가능성이 결정론의 수준에서 담론과 상징을 중심으로 한 지적인 전통의 맥락 속에서 추구되었던 프랑스에서는 일반적으로 어떤 단순한 형태 속에서의 생물학적 환원주의도 허용되지 않았다. 그럼에도 불구하고 이리가라이 Irigaray와 식수Cixous 같은 저자들은 여성의 성성 nature of female sexuality으로부터 여성성 femininity을 끌어내려고 하였다. 그들은 "여성이 하나의 성 기관만을 가진 것은 아니다. 여성은 단일하게 개념화될 수 없는 최소 두 개의 성 기관을 지니고 있다. 실질적으로 여성은 그보다 더 많은 것들을 지니고 있다. 항상 최소 두 가지인 여성의 성성은 다중적·복합적 plural/multiple이다" (Irigaray, Duchen 1986, 90에서 재인용)라고 하면서 여성의 성감 sexual sensation에 대한 다중심성을 대비하였다. 단일하게 통제되는 것과 대비되는 그 자체로써 변화에 민감한 여성의 특성은 남성의 성 충동을 방해하였다(Duchen

1986, 90-92의 도움되는 논의를 참조).

미국에서는 보다 큰 관심이 여성의 육아 역할에 기울여졌는데, 예를 들어 아드리안 리치 Adrienne Rich의 『여성의 탄생에 대하여』 *Of Woman Born*가 그것이다. 여기서 그녀는 모성과 출산의 고통, 어머니의 취약성에 대하여 부정적인 연구 결과를 제시한 파이어스톤에게 문제를 제기하였다. 대신에 그녀는 남성의 여성 지배를 통해 모성을 강조하는 제도와 여성에게 강렬하고 훌륭하게 그녀의 육체·창조성·감정에 대한 접촉을 가져다주는 모성의 경험 사이를 구분해야 한다고 제안하였다. 남성은 여성이 어머니로서 갖게 되는 거대한 힘을 두려워하고 여성의 출산능력을 선망하기 때문에 여성에 대한 지배를 추구하게 되었다는 것이다. 모성제도를 통하여 그들은 여성을 억압하고 통제하며 여성의 창조력을 전유할 수 있게 되었다.

파이어스톤, 브라운밀러, 리치 등과 같이 여성 억압의 심리적 특성을 부정하지 않는 급진주의 페미니스트들은 아직까지도 궁극적으로 남녀 사이의 생물학적 차이에 그 기원을 두고 있다. 그와 같은 접근법에 대한 페미니스트들의 한 가지 오랜 비판은 남성의 지배를 정당화하기 위하여 인용된 것이 바로 이러한 차이점들이라는 것이다. 이것은 본질적이며 생물학에 근거한 여성의 본성을 지지하는 주장에는 확실히 위험스러운 가능성이 있다. '서로 다르지만 평등하다'는 주장은 항상 한 집단의 압도적인 힘을 뛰어넘기 어렵다. 그러나 기술이 원시적이었을 때의 재생산관계가 남성에게 여성에 대한 권력을 부여하였다고 말하는 것은 과거의 남성 지배를 결코 정당화하는 것이 아니며, 현재의 그것을 묵과하는 것도 아니다. 리차드가 지적한 바와 같이, 남성이 만약 그들의 내분비 호르몬적 재능 때문에 자연스럽게 지배를 형성하게 되었다고 할지라도 이것은 남성에게 지배를 위한 권리를 부여하는 것이 아니기 때문에 그 자체를 부정할 필요는 없다. "당위 ought는 존재 is로부터 나오는 것은 아니다"(Richards 1980, 44). 만약 남성의 지배가 실질적으로 우리가 알고 있는 모든 사회의 특성이라면, 남성을 여성과 구별하는 것은 궁극적으로 제외하더라도 우리는 이것을 어떻게 설명할 수 있을까? 이것은 어쨌든 성을 구분하는 것이 분리된 '근본적' essential인 특성에 기초하여 형성된다는 주장으로 연결되지는 않는다. 내가 보기에 인정되어야 하는 것은, '객관적인' 생물학적 자료의 주관성에 따른 경고에도 불구하고, 여성의 재생산 역할이 근본적으로 여성을 남성에 대하여 취약하게 만들기도 하고, 남성들에게 필요한 존재가 되도록 하기도 한다는 것이다. 우리가 살펴보게 되듯이, 페미니즘은 여성의 억압에 대한 어떤 충분한 설명도, 특히 여성해방의 탄생에 대한 어떤 합당한 이해도, 그리고 어떤 효율적인 페미니스트들의 전략도 이러한 점을 고려해야만 한다.

3. 문화와 이데올로기를 강조하는 설명들

남성 지배에 대한 설명에 있어서 두번째 유형은 그것이 생물학적이든지 경제적이든지 간에 '물질적인' 요인들을 이해하면서 사회적 관습과 신념의 폭넓은 의미에서 문화에 커다란 비중을 두는 경향이 있다. 이것은 다시 페미니스트들과 반페미니스트들에 의하여 서로 비슷하게 사용되어졌다.

우선적이고 가장 합리적인 단계는 생물학적 성 sex과 사회·문화적 성 gender을 구분하는 것이다. 오클리에게서 인용되었듯이, "'성' sex이란 눈에 보이는 생식기의 차이나 생식기능과 관련된 차이 등 남성과 여성 사이의 생물학적 차이와 관련된 용어이다. 그러나 '성' gender은 문화의 문제이다. 이것은 '남성' masculine과 '여성' feminine의 사회적 구분과 관련되어 있다" (Oakley 1972, 16). 비록 개인의 생물학적 성은 일반적으로 그들의 사회·문화적 성을 결정짓지만, 예외적으로 우리의 사회 속에서 그리고 다른 사회 속에서 양자는 보다 빈번하게 연관되지 않는다. 더욱이 '남성'과 '여성'에 의해 이해되는 것은 교차문화적 다양성에 따라 다르게 귀속된다. 여성의 사회적 정체성은 그녀의 성 역할 gender에 기반하는 것이며, 그녀의 성 sex에 직접적으로 기반하는 것은 아니다.

그러나 문화 유형에 대한 설명은 이것보다 많은 의미를 지니고 있다. 첫째로 그것은 남성 지배에 기반하는 것으로 보여지는 노동의 성적 분업을 설명하기 위하여 사용된다. 거의 모든 사람들은 우리가 살펴보았듯이 므부티 피그미족의 경우에서 나타나는 가능성을 제외하고는 성에 기초한, 보다 엄격하게 말하여 성 역할에 기초한 노동의 분업에 동의한다. 남성과 여성의 역할에 대한 실질적인 내용들은 매우 다양하다. 몇몇 사회에서 여성은 남성의 것으로 개념화된 수렵과 전투 등과 같은 활동에 종사하였다. 마가렛 미드 Margaret Mead의 연구는 아라페쉬 Arapesh와 트로브리안드 Trobriand 섬에서 남성이 나이 어린 자녀들을 돌본다는 사실을 보여주기 위하여 인용되었다. 오클리는 그와 같은 발견으로부터 여성 역할의 다양성을 주장한다.

> 사회적 역할을 결정함에 있어서 생물학적 성 sex의 중요성은 다른 구분들이 조직화될 수 있도록 보편적이고 명백한 분리를 제공하는 데 있다. 어떤 활동이 각각의 범주에 속하게 되는가를 결정함에 있어서 중요한 요소는 문화이다. …서로 다른 문화들은 우리가 갖고 있는 것과는 상당히 다른 성 역할을 발전시켰다(Oakley 1972, 156).

그러나 이러한 상대론은 과장될 수 있다. 수많은 페미니스트 인류학자들이 그들의 연구내용에서 교차문화적 다양성에도 불구하고 성 역할이 중요한 지속성을 보여주고 있다는 의견을 견지하고 있다. 특히 현대 사회 속에서 여성은 가족제도라는 맥락에서 근본적으로 육아의 책임을 지니고 있다.

우리는 에드호름이 지적한 바와 같이 이러한 제도들이 부모관계의 특성, 근친상간의 금기, 양자결연이라는 폭넓게 퍼진 관습, 결혼의 정의(定義), 그리고 가정 사이의 유동성 형태 등을 서로 다르게 이해하는 인류학적 증거들을 취할 때, 이러한 유형의 거대한 다양성을 다시 한번 인식해야만 한다(Edholm 1982). 우리가 아직도 "경제적인 측면에서, 그리고 자녀 교육에 있어서 협력하거나 또는 공동의 거주지를 공유하는 결혼한 한 쌍 혹은 성인들의 혈족집단"(Gough 1975, 52)이라고 단순하게 정의된 고프의 가족에 대한 정의를 받아들인다면, 이것은 거의 보편적인 것임에 틀림이 없다. 여성은 자녀들에 대하여 더 책임을 지고 그녀들의 활동은 남성보다 더 가족 중심적이며, 이것들은 여성의 사회적 역할에 있어서 다른 국면을 형성한다는 것이다.

이러한 지속성의 요소들이 어떻게 설명될 수 있는가? 한 가지 설명은 여성이 자연적으로 육아에 적합하다거나 또는 오랜 기간 동안의 남성에 대한 육체적 의존이 여성에게 적은 기회를 제공하게 되었다는 생물학적 설명이다. 그러나 이것 또한 문화적 요인들에 기인하는 것이다.

다른 한편으로 반페미니스트들은 성 sex에 기초한 노동의 분업이 적절하고 안정적인 사회적 질서라는 의미에서 기능적이라고 주장하였다. 오킨은 아리스토텔레스로부터 탈코트 파슨스의 기능주의 사회학에 이르기까지 이러한 주제들을 추적하였다. 비록 파슨스는 남녀 사이의 생물학적 차이가 노동의 성적 분업을 위한 논리적 기반을 제공한다고 주장하면서도, 근본적으로 사회에 대한 근대 핵가족의 전제조건으로서 노동의 성적 분업을 설명하고 정당화하였다. 한편 이러한 근대 핵가족의 사회에 대한 기여는 없어서는 안될 중요한 것이다. 가족은 특히 그 자체의 사회화 기능을 통하여 사회의 안정성과 지속성을 촉진하고, 다음으로 가족의 안정성은 도구적이고 남성적인 가치에 대비되는 육아와 가사노동, 그리고 표현적 기능의 표출 articulation of expressive로 특화되는 부인들의 역할을 필요로 한다. 파슨스는 역할의 분할과 같은 심리적 긴장이 남성과 여성, 특히 여성에게 강요된다는 사실을 인정하였으나, 이것은 가족의 유지를 위해 필요한 대가라고 보았다(Okin 1980, 241-246 참조).

이와 같은 주장은 물론 페미니스트들에게 받아들여질 수 없는 것이다. 그럼에도 불구하고 많은 학자들이 노동의 성적 분업을 설명하기 위하여 문화를 주장하였다. 그들은 단지 여성이 자녀를 출산하였다는 것이 왜 여성이 주로 자녀들을 양육하게 되었는지에 대한 논리적 이유는 아니라는 사실을 지적한다. 문화는 이러한 논리적 허점을 보충하기 위해서 도입된다. 그러나 다양하게 변화하는, 그리고 또 다른 누구에게 여성의 자녀양육을 부여하는 문화 혹은 문화들이 무엇인지에 대해서는 한 번도 명확하게 설명되지 않았다.

문화적 설명의 또 다른 측면은 여성의 입장에서 사적 영역과 공적 영역 사이의 분화에 따르는 중요성을 강조하였다. 로잘도는 이러한 접근법의 좋은 실례를 제공하였다. 그녀는 이러한 분화가 "가장 전통적인 사회에서 성인 여성의 대부분 생활이 출산과 육아에 소비된다는 사실에 기인한다"(Rosaldo 1974, 23)고 생각하였다. 이러한 맥락에서 그녀는 가사영역 domestic sphere을 "하나 또는 그 이상의 어머니와 그들 자녀들을 중심으로 긴밀하게 조직된 최소화된 제도와 활동양식"으로 정의한 반면, 공적 영역 public sphere은 "연계관계와 등급이 특별한 모자 mother-child 집단을 조직하거나 포함하는 모임의 활동·제도·유형들"(Rosaldo 1974, 23)로 정의하였다. 로잘도는 여성의 어머니 역할이 생물학적인 장애만큼이나 조직화된 장애를 반영하며, 여성의 정치·경제적 활동을 제한하고, 여성의 관심을 가사영역에만 집중시키도록 한다고 주장하였다. 다른 한편으로 남성은 여성과 자녀들 사이의 관계와 같이 참고, 시간을 소비하며, 감정적으로 강요당하는 것과 같은 혼자만의 책임을 갖지 않기 때문에 우리가 사회라고 부르는 거대한 군집으로부터 자유로워질 수 있었다(Rosaldo 1974, 24). 로잘도는 이와 같은 주관적인 구분이 물론 객관적인 상호의존을 배제하지는 못하였지만 남성 지배를 조장하였다고 주장하였다. 이것은 우선 남성을 그의 가족으로부터 거리를 두게 함으로써 공적 영역과 사적 영역의 분리가 그 자체 내에서 남성에게 더 많은 권위를 주게 되었다는 사실을 의미하는 것이다. 남성은 또한 여성의 역할을 평가하는 공적 문화를 형성할 수 있는 더 많은 시간과 기회를 갖게 되었다.

오트너는 이러한 논의의 흥미로운 발전을 제공하였다. 그녀는 여성의 역할이 일반적으로 부차적인 것으로 보여지는 중요한 이유는 이것이 여성의 재생산적 기능뿐만 아니라 그 자체의 가내적 환경으로 인하여 문화와 반대되는 특성과 연계되기 때문이라고 주장하였다. 문화는 그 자체를 유지할 필요성을 갖는 한 여성의 역할을 초월하려는 특성을 평가절하하게 된다. 이것은 문화를 자연과 반대되는 것으로서 파악케 하였으며, 다음으로 남성을 여성과 반대되는 것으로 쉽게 전환시켜놓았다. 따라서 문화는 자연과 동일시되기 때문에 여성의 종속을 요구하게 된다(Ortner 1974).

많은 페미니스트들은 공적 영역과 사적 영역 사이의 구분에 근거한 여성의 종속에 대한 분석을 비판하였으며, 같은 이유로 그들은 여성의 종속을 특정한 공적 영역 내에 머무르게 하는 정치의 개념을 거부하였다. 프리들은 또한 이러한 접근법이 많은 사회 속에서 남성이 지배하는 '공적' 영역의 중요성을 과장하게 될 것이라고 주장하였다. 그녀는 그리스 촌락에 있어서 남성과 여성에게 각각 귀속된 권력이 진정한 중요성을 갖는 영역은 사적 부문이지 공적 부문은 아니라고 언급하였다. 더욱이 이러한 사적 영역 내에서 여성은 비공식적으로 가정의 경제와 그들 자녀의 미래에 대하여 상당한 권한을 갖는다(Friedl 1967, 97).

다른 한편으로 이러한 접근은 유감스럽게도 생물학적 차이를 과소평가한 반면, 여성의 삶에 있어서 실질적인 국면을 강조하였다. 사실 가사영역과 공적 영역의 관념적 분리는 종종 공간적으로 차별화된 사용에 의하여 보장되었다. 레이터는 프로방스의 한 촌락에서 여성이 촌락 내부에서 남성보다 더 많은 시간을 소비할 뿐만 아니라 교회와 촌락 뒷길의 세 군데 상점들을 제외하고 공적인 장소에서는 최소의 시간을 소비한다는 '성적 지리학' sexual geography을 발견하였다(Reiter 1975). 이러한 접근법은 또한 여성의 지위 속에서 나타나는 다양성을 설명하는 데 도움이 된다. 로잘도는 "여성의 지위는 공적 영역과 사적 영역 사이에 있어서 활동의 차이가 엄격하고, 여성이 다른 사람들로부터 고립되어 있으며, 가정에서 단일한 남성의 권위 하에 놓이게 되는 사회 속에서 가장 낮아지게 될 것"(Rosaldo 1974, 36)이라고 주장하였다.

만약 인용된 문화적 해석이 '자유주의' 페미니스트들에 의하여 보다 더 많은 지지를 받는 경향이 있다면, 언어이론 및 인류학에 대한 정신분석적 통찰력과 연계된 다음의 세번째 접근법은 일반적으로 그들 자신을 반개혁주의자 anti-reformist로 보는 저자들에 의하여 연구되었다. 그러나 그들은 공통적인 접근법을 공유하지는 못하였다. 게다가 그들의 접근법은 특히 난해한 이론적 형체를 그려냄으로써 종종 이해하기 어려웠으며, 최대한의 명확성을 표현해내지 못하였다. 이런 식으로 그들을 한 덩어리로 묶는 것은 현재의 목적을 위해 단지 그들을 살펴보기 쉽게 만들기 위한 것이다.

여성의 경험을 설명함에 있어서는 불충분하지만, 생산의 물질적 관계가 문화와 이데올로기의 '상부구조' 영역을 결정한다는 '전통적' 맑스주의 접근법을 찾아낸 맑스주의 페미니스트들은 이데올로기의 상대적 자율성과 여성 역할의 이데올로기적 구성을 이론화하기 위한 새로운 방법을 추구하였다. 프랑스의 매우 영향력 있는 신맑스주의자로서 이데올로기 문제에 상당한 관심을 기울였던 루이 알뛰세르 Louis Althusser의 연구를 통하여 맑스주의 페미니스트들은 정신분석적 이론가들로 묘사되었는데, 그들 중 자크 라캉 Jacques Lacan은 프로이트에 의해 묘사된 유아기에 있어서 정신적 발달의 과정을 가부장제적 사회질서가 그 자체를 재생산하는 방법으로서 이해하였다. 라캉 자신은 인류학자인 레비-스트로스 Claude Lévi-Strauss의 상징적 질서 Symbolic Order 개념—언어로써 표현된 기호체계로, 이를 통해 사회적 관계가 의미를 획득하는데, 이는 사회구성원들에 의해 내면화된다—에 의하여 영향을 받았 다. 라캉에게 있어서 상징적 질서의 중심적 원리는 부성의 법칙 Law of Father 이었는데, 그는 이것을 오이디푸스 콤플렉스의 해소를 통하여 개인에게 내 면화되는 것으로 보았다.

라캉이 직접적으로 여성에 관하여 서술한 것은 별로 없다. 그의 분석을 남성 지배에 대한 의문으로 적용한 첫번째 시도는 줄리엣 미첼 Juliet Mitchell 의 야심찬 연구인『정신분석과 페미니즘』Psychoanalysis and Feminism(1974)이었 다. 미첼은 여성의 정신 발달이 남성의 권력을 실질적으로 형상화하고 상징 화하는 남근 중심성을 반영한다는 프로이트와 라캉의 가정을 받아들였다. 그녀는 남성 지배의 직접적인 인과관계와 메커니즘이 이것의 내면화 과정이 라는 사실을 암시하였다. 비록 남성 지배체제의 기원을 밝혀낼 수 있을지에 대해서는 의문이 뒤따랐지만, 그녀는 잠재의식 속의 증후군 syndrom이 우선 적으로 개인들이 혈족체계 속으로 통합되는 방법으로서의 잠재적 충동을 나 타낸다는 라캉의 주장을 받아들였다. 혈족은 성 활동은 물론이고 정치·경제 ·의식적 활동을 조직하는 사회적 상호작용의 특성을 구성함으로써 원시사 회 속에서 결정적인 중요성을 갖는다(Rubin 1975, 169). 미첼의 주장은 원시 사회의 규범과 제도 속에서 신비스러운 다양성을 설명하는 모든 혈족관계에 기초하여 그 근본적인 원리는 결혼을 통하여 남성들 사이에서 여성을 교환 하는 것이라는 레비-스트로스의 주장을 연상시킨다. 생물학적 가족은 다른 생물학적 가족들을 함께 연계시키는 보다 폭넓은 사회를 창조하게 된다. 그 녀는 근친상간의 금기와 남성의 우월성 혹은 좀더 정확하게는 (죽은) 아버지 의 권위와 더불어 오이디푸스 콤플렉스가 여성의 교환을 필연적이게 만든다 고 생각하였다.

미첼은 계속하여 근대 자본주의사회에서 혈족과 이에 따르는 여성 교환 의 역할이 보다 직접적인 교환을 통한 경제적인 유형들에 의하여 광범위하 게 대체되었다고 지적하였다. 그러나 자본주의의 재생산 속에서 아직도 중요한 생물학적 핵가족은 동시적으로 그 자체를 심화시키고 원동력을 공급하는 오이디푸스 증후군의 새로운 문제를 야기시켰다. "당신이 욕망을 가져서는 안되는 어머니와 여자형제 혹은 아버지와 남자형제 또한 당신이 사랑해야 할 사람이다"(Mitchell 1974, 378).

루빈의 주장은 이와 유사하지만, 인류학자로서 그녀는 지나치게 융통성 없는 여성의 교환 개념에 대한 해석을 경고하였다. 많은 원시사회 속에서 그와 같은 교환은 단지 은밀하거나 간신히 인지될 수 있었다는 것이다. 대신에 그녀는 우리가 "남성은 자신의 여성 혈족에 대하여 특정한 권리를 갖고 있지만, 여성은 그들 자신이나 남성 혈족에 대하여 비슷한 권리를 갖지 못하는 혈족체계의 사회적 관계를 표현하기 위한 속기 shorthand"의 개념으로서 그것을 사용했다고 주장하였다. 이러한 권리들은 여성의 성성 sexuality에 대한 궁극적인 통제에 기반하는 것이었으며 보다 폭넓은 것이었다(Rubin 1975, 177).

미첼과 루빈은 그와 같은 체계의 궁극적인 기원에 대하여 생각하면서 여성의 정신적 발달에 대한 남근 중심적 설명들을 받아들이고, 이것을 세련화하였다. 그런데 프랑스에서는 여성에 대한 잘못된 개념으로 해석되고 어쩌면 진정한 여성성을 억압하게 되는 남근 중심적 담론의 연구방법에 관심을 집중하였다. 두첸이 지적한 바와 같이, 이러한 연구방법을 추구하는 프랑스 페미니스트들은 권력, 언어, 그리고 '지식' 사이의 관계를 제시하는 방대한 지적 전통, 보다 직접적으로는 언어가 어떻게 의미를 창출하는가에 대한 자크 데리다 Jacques Derrida와 라캉의 논의를 계승하였다Duchen(1986). 크리스테바 Kristeva, 이리가라이, 식수 등과 같은 저자들에게 있어서 여성을 억압하는 가부장제의 근본적인 수단은 언어와 그 자체의 남근 중심성, 제한적인 이중적 논리와 의미로서의 계서제 등을 통한 것들이었다. 프랑스 페미니스트들은 그것들의 억압된 의미를 폭로하기 위하여 그 자체의 텍스트를 파괴하고, 그들 자신이 언어의 중립적인 규범을 정의함으로써 이러한 담론을 파괴해야만 했다.

남성 지배가 문화적으로 광범위하게 결정된다는 주장은 아마도 지금까지 인용된 저작들 속에서 가장 명백하고 정교한 공식이었을 것이다. 그러나 주류를 형성하는 대다수의 페미니스트 저자들은 남성 지배가 근본적으로 문화적 현상이라는 사실을 암시하고 있다. 그들은 '사회화'의 역할, 특히 자녀들이 개념화와 내면화 등 모방과정을 통하여 성 역할에 동화되는 방법들을 강조하였다(Oakley 1972, 179-180).

가족은 사회화의 중요한 장으로 비추어진다. 더욱이 자녀들은 아버지보다는 어머니와 많은 시간을 지내기 때문에, 역설적으로 딸들이 성 역할 gender을 습득함에 있어서는 어머니가 단일하고 가장 강력한 기관이라는 것이다. 현대 사회에서 두번째로 중요한 사회화 역할을 수행하는 것은 학교 교육이다. 영국과 미국의 수많은 연구들이 교육정책, 소녀들에게 개방된 교육주제들의 범위, 남성 지배적인 교직원들의 계층구조, 교사들의 억측 등으로부터 나타난 성차별주의를 기록하고 있다(Byrne 1978; Lobban 1978 참조). 비록 가정(假定)적이고 경험적으로는 덜 검증된 것이지만, 공식적이고 '숨겨진' 교과과정의 이러한 특징들이 독립적으로 학생들의 성 정체성에 영향을 미치게 된다. 또한 페미니스트들은 점진적으로 성 역할과 성차에 관한 가정(假定)을 지속시키는 언어의 역할을 강조하고 있다(Spender 1980 참조).

남성 지배의 지속성에 대한 사회화의 역할을 부정하는 것은 바보 같은 일일 것이다. 그러나 이것이 중심적인 설명이 될 수 있는가? 여성들은 자신들의 억압을 묵인하고 공모하고 있다. 단기적인 차원에서 이것이 만약 전적으로 사회화에 기인한다면, 우리는 아직도 사회화가 왜 이러한 형태를 취하게 되느냐고 질문할 수 있다. 이것은 그 자체만으로 설명될 수 없다. 두번째로 여성의 외관상 협조는 단지 조정(調整)이나 잘못된 인식의 결과인가 혹은 일종의 합리성을 반영하는 것인가? 사피로가 지적한 바와 같이, 여성이 억압받는다는 사실과 억압 그 자체는 단순히 여성에 대한 남성의 직접적인 권력을 의미하는 것이 아니라 여성이 열등하게 느끼고 삶의 대안적 방법을 찾지 못하도록 만드는 남성의 간접적인 능력을 의미하는 것이다. 비록 그렇다고 하더라도, 사피로는 그러한 제한들 속에서 여성은 필연적으로 합리적이라고 지적하였다. 그녀는 게임이론을 통하여 여성이 손실의 위험을 최소화하는 전략을 추구한다고 주장하였다(Sapiro 1979). 최소한으로 가능성이 있는 주장은, 많은 여성들이 가족과 그 자신들의 전통적 역할을 적극적으로 옹호하는 것은 이러한 것들이 자신들이 고생하여 획득한 기술과 권력, 자존심 등으로 형성되었기 때문이라는 것이다. 남성의 세계로 들어가는 것은 보상적 지위나 또 다른 세계에서의 보장 없이 여성들이 어렵게 벌어들인 혜택들을 잃을 위험이 있다.

따라서 사회화와 문화 및 이념의 자율성을 지나치게 크게 강조하는 것은 위험스러운 일이다. 이러한 것들은 그들이 어떻게 존속되고 변화하는가를 설명하기보다 남성 지배의 구조와 가치가 어떻게 지속되는가를 설명하는 데 보다 합당하다.

4. 남성 지배와 경제

이제 우리는 남성 지배를 결정하는 경제적 요인들을 강조하는 세번째 유형의 설명들로 들어가게 된다. 비록 경제는 생산의 물질적 관계로 단순하게 환원될 수 없지만, 이와 같은 접근법은 남녀 사이의 생물학적 차이에 관심을 갖는 접근법처럼 우리들의 두번째 유형의 설명들보다 확실히 보다 더 유물론적인데, 일반적으로 이러한 연구의 대표자들은 맑스주의자들이다.

페미니즘적 입장을 가진 사람이라면 누구라도 이러한 주제들에 관한 맑스의 공헌을 전적으로 부인하지는 못할 것이다. 맥도너와 해리슨은 이러한 공헌을 다음과 같이 요약하였다. 즉, 맑스는 욕구를 충족시키기 위한 수단의 생산, 새로운 욕구의 창출, 종(種)의 재생산이라는 사회활동의 세 가지 기본적인 국면을 개념화하였다. 그는 이들 중 세번째 국면을 자연적이고 아무런 문제가 없는 것으로 보았다. 따라서 맑스와 엥겔스는 『독일 이데올로기』 *The German Ideology*에서 경제적 잉여의 출현보다 선행되는 분업을 자연스럽고 평등한 것으로 파악하였다. 초기 자본주의에 대한 문맥 속에서도 맑스는 특별한 분석을 요하는 재생산을 고려하지 않았다. 그 대신에 그는 우리가 살펴본 바와 같이 가부장제를 아버지가 지배하는 가정의 생산체계로서 이해하였다. 그는 가부장제를 (생물학적) 재생산이 아닌 단순한 생산의 관점에서 개념화하였기 때문에, 이것이 사유재산제도와 함께 나타났다는 논리적 설명을 제시하였다. 그는 자본주의의 충분한 발전과 병행하여 적어도 재산이 없는 프롤레타리아트 사이에서 가부장제의 해체를 가져올 것이라고 예측하였다.

그러나 자본주의제도 하에서 오랜 가족 연대의 해체가 무섭고 지긋지긋하게 나타났으며, 그럼에도 불구하고 가정이 가사영역 밖의 생산과정에서 중요한 역할을 담당하게 되면서 근대산업은 여성과 젊은이, 그리고 남녀 자녀들에게도 적절한 일을 배분함으로써 가족과 남녀관계의 발전된 형태로의 진화를 위한 경제적 토대를 창출하였다(McDonagh and Harrison 1978).

맑스는 재생산의 정치경제를 간과하였다는 비판을 받았다. 그러나 그의 공헌 중에서 중요한 결점은 그것이 너무 불충분하다는 것이다. 비록 엥겔스는 그러한 문제를 살펴보려고 계획하고 있었다고 주장하고 있으나, 맑스는 자신의 논문 속에서 여성의 문제에 대하여 충분한 관심을 기울이지 못하였다. 이것은 또한 서로 다른 저자들이 맑스가 논의한 것에 대하여 오히려 서로 다른 해석을 할 수밖에 없었다는 사실을 의미한다.

남성 지배에 대한 맑스의 관점을 보다 충실하게 추구하려는 저서들로는 우선 엥겔스의『가족, 사유재산, 그리고 국가의 기원』*Origin of the Family, Private Property, and the State*을 들 수 있는데, 이 책은 그러한 문제에 대하여 집중적인 관심을 기울였다. 인류학자인 모간Morgan에게 강력한 영향을 받은 엥겔스는 가족 형태의 발전이 연속적인 단계들을 갖게 된다고 생각하였는데, 이러한 변천은 생산기술 및 생산관계의 변화와 크게 관련되어 있다고 단정 지었다. 그는 원시 공산주의 시대에는 군혼(群婚)의 형태가 우세하였다고 주장하였다. 이것은 '매음굴' brothel eyes과 같은 성적 타락의 제도화를 전제하는 것이 아니라 여성의 상당한 성적 자유를 허용하는 것이었다. 이러한 체제 내에서 자녀들은 아버지가 아니라 생물학적 어머니에게 속하게 된다. 다음 단계로 씨족의 생존을 위해서뿐만 아니라 여성 자신들이 원하였기 때문에 '짝짓기 가족' pairing family으로의 점진적인 변화가 이루어졌다. 이것은 여성 지위의 쇠퇴를 동반하는 것은 아니다. 비록 자연스러운 분업은 여성 활동이 주로 가정에서 이루어지고 남성은 가정 밖에서 음식을 조달하는 것이었지만, 여성은 남성과 같이 성적 자유를 갖고 있었으며, 모권을 유지하고 있었고 모권제 사회의 일정한 유형을 관장할 수 있었다. 가부장제의 기원은 "가축 사육과 금속 채굴, 직조, 농지 경작, 경제적 잉여 등의 도입을 통해 다음 단계에서 출현하였다"(Engels 1972, 66). 성적 분업이 이루어졌기 때문에 남성은 이러한 잉여에 적합한 최상의 지위를 점하게 되었다. 이제 그들은 자신의 것이라고 알게 된 것들을 그들의 자손들에게 물려주기를 원하였으며, 그들의 새로운 경제적 권력은 그들에게 그렇게 할 수 있는 방법을 제공하여주었다. '여성의 세계사적 좌절'을 통하여 모권은 부권에 의하여 대체되었으며 가부장제적 가정이 탄생되었다.

만약 엥겔스가 성적 분업은 근본적으로 자연스럽고 평등한 것이라는 그의 가정에 대한 비판뿐만 아니라 그의 많은 실질적 부정확성에 대한 비판에 개방되어 있다면, 그의 가정은 아직도 남성 지배의 첫번째 동정적인 분석들 중 하나이며, 통상 생산관계와 재생산 사이의 연계를 만들어내는 것이다. 몇몇 맑스주의 페미니스트들은 맑스의 분석에 기초하여 직접적으로 이론을 구축하기 시작하였다. 아마도 가장 정교하고 야심찬 시도는 에브린 리드의 『여성의 진화』 *Woman's Evolution*일 것이다. 그녀는 인류의 원시시대는 '모권제 사회'였다는 사실을 주장하기 위하여 풍부한 인류학적 증거들을 재해석하였다. 이러한 재해석에 근거하여 그녀는 여성이 지배당했던 것이 아니라(사실 성적 평등주의가 널리 행해졌다) 기본적인 사회단위 혹은 씨족이 모권 혹은 집단적 여성 혈족집단을 둘러싸고 공존하여왔다는 결과를 도출하였다. 사실 여성은 혈족 사이에서 성적 관계에 대한 금기를 도입함으로써 '종 species을 인본화'시켰다. 인류학자들은 이것을 근친상간의 금기로 잘못 이해하였으나 실질적으로는 식인 풍습에 대한 금기였으며 여성을 둘러싼 남성 혈족들 사이의 갈등을 방지하는 것이었다. 이러한 금기는 남성들로 하여금 다른 씨족의 구성원들 중에서 배우자를 찾도록 하고 자신의 씨족에 머물게 의무화함으로써 모권제 사회를 유지케 하였다. 특히 남성들은 재생산 속에서 그들의 역할을 완전하게 이해하지 못하였기 때문에 남편으로서 혹은 아버지로서의 권리를 거의 갖지 못하였다(Reed 1975).

모권제 사회에 대한 리드의 이러한 재구성은 적어도 그럴 듯하게는 보였지만, 가부장제 사회로의 전환이 왜 어떻게 발생하였는지를 정확하게 설명함에 있어서 엥겔스보다 더 많은 것들을 설명하지는 못하였다. 그녀는 사회를 구성하는 데 도움이 되고 남편이 그의 부인과 자녀들을 그가 지불한 재산으로써 간주하게 만드는 신부대금 bride-price 제도가 경제적 잉여의 출현에 따른 한 가지 결과였다고 주장하였다. 그러나 그녀는 왜 남성이 다른 방법들 대신에 여성을 사오게 되었는지를 설명하지 못하였다.

남성 지배의 기원에 관심을 갖고 있던 다른 맑스주의 페미니스트들은 엥겔스에 대한 직접적인 관심보다는 프랑스의 알튀세르 학파에 의해 주도되었던 자본주의 이전의 사회 형성에 대한 논쟁에 관심을 기울였다. 이들은 그와 같은 사회에서 아직까지 사유재산이나 계급 형성의 토대는 마련되지 않았으나 이미 경제적 잉여가 나타났다고 생각하였으며, 이것은 생산뿐만 아니라 재생산 수단에 대한 남성 연장자의 통제가 점증된 것과 관련이 있다고 주장하였다. 이러한 접근법을 통하여 맑스주의 페미니스트들은 생산에 대한 전통적 맑스주의의 강조로부터 벗어나 여성의 억압과 보다 직접적으로 관련이 있을 수 있는 재생산의 관계를 연구하는 계기를 갖게 되었다. 에드호름 등이 지적한 바와 같이, 불행하게도 이러한 분석은 이 글의 맥락에서 사회적 재생산 혹은 생산의 총체적 조건들의 재생산, 노동력의 재생산, 생물학적 재생산이라는 세 가지 상이한 재생산을 의미하는 개념들을 사용함으로써 방해를 받았다(Edholm et al., 1977).

오로프린은 이러한 접근법을 차드의 므부 크포 Mbu Kpau 사람들에 대한 자신의 연구에 적용하였다. 그들의 생산과 재생산 조직에 대한 세부적인 설명을 통하여 그녀는 남성 지배의 확실하고도 의례적인 형태가 단순히 생물학적 차이로부터 기인하는 것은 아니라고 결론지었다. 이것은 기술적으로 결정된 성적 분업을 반영하지도 않았다. 왜냐하면 전체로서의 생산 내에서 가사영역을 제외하고는 성적으로 할당된 역할이 거의 없고 남녀 성(性)의 기여가 공평하기 때문이다. 대신에 남성의 지배는 경제적 잉여의 출현과 관련된 생산과 재생산 관계로부터 발생하였다. 법률적인 것은 아니더라도, 실제로 남성 연장자는 마치 종자씨와 농기구 등과 같이 생산을 재생산하는 물질적 수단들을 통제하고, 또한 출산과 양육이라는 여성의 재생산기능을 통제하였다(O'Laughlin 1974, 306). 만약 이러한 종류의 불평등이 사유재산의 출현에 선행하여 존재한 것이라면, 이것이 왜 그렇게 되었는지에 대한 의문이 남는다. 한 가지 가능한 대답은 노동집약적 생산과 잉여의 가능성이 노동력을 보다 가치 있는 것으로 만듦으로써 인구률 통제의 중요성이 점진적으로 증가하였다는 것이다. 그러나 에드호름 등이 지적한 바와 같이, 이러한 설명에는 수많은 논리적 문제점들이 나타난다(Edholm et al., 1977).

이러한 연구들은 여성 억압의 경제적 기원에 대하여 초점을 맞추었다. 동시에 맑스주의 페미니스트들은 남성의 지배가 상이한 생산양식들을, 특히 선진 자본주의를 얼마나 어떤 방법으로 필요로 하는가에 대한 의문을 제기하였다. 우리가 살펴보았던 바와 같이 맑스와 엥겔스는 자본주의의 발전이 재산이 없는 프롤레타리아를 확장시키고 여성을 공공의 노동력 안으로 복귀시킴으로써 성적 불평등을 잠식시키기 시작하였다고 믿고 있었다. 최종적으로 사유재산을 제거하고 육아와 이전의 다른 가사기능을 집단화할 수 있도록 구성함으로써 자본주의를 제거할 수 있는 것은 오직 사회주의뿐이었다. 그러나 맑스주의 페미니스트들은 현대 자본주의 하에서 여성해방이 갖는 한계를 설명하고 이것을 강조하려는 경향이 있다.

첫번째로 그들은 공적인 생산 속에서 여성의 역할을 고려하였다. 공적인 고용에 있어서 성인여성의 비율이 1980년까지 착실하게 증가하는 동안 영국의 여성들은 노동력의 39.4%(비록 그들 중 2/5는 시간제 직업이지만)를 형성하였으나, 그녀들의 직업과 임금수준은 지속적으로 남성에 비해 현저하게 낮은 수준에 머물고 있다. 초기 설명들 중 하나는 속박받는 여성들이 그녀들에게 부여된 가사책임과 이와 더불어 진행되는 이데올로기적 제한에 의하여 '노동예비군'으로 부풀려지고, 그래서 노동비용을 감퇴시킴으로써 자본주의에 공헌하고 있다는 것이다(Beechey 1977). 결과적으로 여성 노동자들은 남성들과 직접적으로 경쟁하지 않는 특별한 직업에 집중되고, 이러한 직업으로 분리되는 경향이 있다고 인식되어지고 있으나, 그럼에도 불구하고 여성들이 값싸고 탄력적인 노동자원의 원천을 제공하고 있다고 주장되어질 수 있다(Breugel 1979).

두번째로, 그리고 대체로 전통적 맑스주의적인 분석틀의 제약 내에서 저자들은 다시금 자본주의에 대한 소비자로서 여성의 공헌을 크게 강조하였다. 베인바움과 브리지스는 소비가 노동으로 합산된다고 주장하였는데, 그것은 구매욕구를 창출하는 과정에서 가정주부들이 "사회적으로 결정된 수요와 이윤을 위한 생산을 일치시키기 때문이다"(Weinbaum and Bridges 1979, 199).

가장 광범위하고 원초적인 논쟁은 선진 자본주의와 여성의 가사노동 사이의 관계이다. 1979년 글에서 모리뇌는, 이러한 논쟁들이 50여편의 논문들을 탄생시켰다고 평가하였다(Molyneux 1979a). 특히 이 논문들은 여성의 가사노동이 현대 자본주의에 어떻게 어떤 방법으로 필요한가에 관한 것들이었다. 이 질문의 한 가지 측면은 가정주부로서 생산에 대한 여성의 공헌이다. 맑스와 엥겔스는 자본주의 하에서 가사노동을 비생산적인 것으로 묘사하였는데, 이것은 가사노동이 교환을 위한 상품을 생산하지 않으며, 자본가들을 위한 잉여가치를 산출하지 않는다는 의미이다. 제2기 페미니즘의 출현과 함께 이러한 공식은 불충분한 것이 되었다. 벤스톤은, 자본주의 하에서 여성 억압의 원인은 정확하게 그들의 가사노동에 대한 경제적 필요성 때문이라고 주장함으로써 가사노동에 대한 논쟁이 시작되는 데 도움을 주었다. 그녀는 비록 가사에 의해 창조되는 사용가치가 경제체제를 유지하는 데 필수적이라고 주장하였지만, 결국 또 다른 생산적 노동을 구분함으로써 맑스의 논리를 따르게 되었다. 사실 그녀는 비록 자본주의 이전의 생산형태인 가내생산양식이 보조적이고 의존적이지만 분리된 것이었다고 주장하였다(Benston 1969).

세콤브는 여성의 가사노동에 대한 사회적 필요성을 지적한 벤스톤의 뒤를 이었다. 그는 가사노동이 구분된 생산양식을 구성한다는 주장에 반대하였으며, 가사노동의 비효율성을 보다 강조하였다. 가사노동은 자본주의 시장의 직접적인 영향으로부터 벗어남으로써 자본주의에 있어서 가치의 법칙과 자본주의의 이윤창출 혁신을 위한 냉혹한 추진력에 귀속되지 못하였다. 사실 이것은 "자본주의 내에서 가장 효율성이 떨어지는 노동과정의 조직이었다"(Seccombe 1974, 17). 많은 페미니스트들이 이러한 결론에 대하여 문제를 제기하였다. 특히 코스타와 제임스는 여성의 가사노동이 궁극적으로 가사노동을 해야 할 필요성으로부터 남성을 자유롭게 하고, 그들이 임금노동을 할 수 있게끔 함으로써 잉여가치에 공헌하였다고 주장하였다. 부수적으로 이런 종류의 분석은 단편적인 것이었지만, 1970년대 중반에 강력하게 추구되었던 '가사노동에 대한 임금' Wages for Housework을 요구하는 토대를 형성하였다(Costa and James 1972). 여성의 가사노동이 잉여가치를 창출한다는 주장으로부터 지금까지 얻어지는 것은 이론적으로나 페미니스트들의 입장에서나 은밀하고 제한적으로 나타나는 것이었다. 가디너 등이 주장한 바와 같이, 지난 한 세기 반 동안 많은 유형의 가사노동들이 자동세탁과 인스턴트 음식, 교육, 보건 등과 같이 시장 혹은 국가로부터 제공되는 재화와 용역에 의하여 대체되었으나, 그러한 것들이 가족 내부보다는 가족 외부로부터 보다 값싸고 효율적으로 공급되지는 못하였다(Gardiner et al. 1980, 248). 그리고 여성의 가사노동에 대하여 임금이 지불되어야 한다는 정치적 요구는 성적 분업의 확대를 묵인하게 만들었다.

보다 유용한 설명은 자본주의의 재생산과정 속에서 가사노동의 역할에 대한 것이다. 예를 들어 세콤브는 노동력의 재생산과 생산관계의 재생산을 중심으로 연구하였다. 그는 가사노동이 매일매일 그리고 동시에 세대적 기반에 입각하여 노동력을 재생산하였다고 주장하였다. "전자는 임금노동자가 매일 아침에 공장의 문을 지남으로써 얻어지는 것이며, 후자는 임금노동력과 가사노동력 모두를 위해 다음 세대를 재생산하는 것이다"(Seccombe 1974, 14). 노동력의 재생산은 육체적 지속성뿐만 아니라 기분을 안정시키고 가족의 조화를 진작시키며, 성적 서비스를 제공하는 심리적인 투입을 필요로 한다. 생산관계의 재생산 속에서 여성의 가사노동 역할은 주로 이데올로기적인 것이다. 모든 것들 중 가장 중요한 것은 자녀들의 초기 사회화과정에서 그들이 부르주아 사회에 적합한 역할을 가질 수 있도록 하는 태도와 인식을 일깨워주는 어머니의 역할이다. 바레트는 가족 내에서 가정주부가 남성이 생계부양자로서 일하기 위한 동기를 제공해주고, 노동력의 소외감으로부터 남성을 완화시켜줌으로써 규범적으로 꼭 필요한 역할을 수행한다는 주장을 덧붙였다(Barrett 1980, 174).

여성의 가사노동이 자본주의의 사회적 재생산에 필수적이라는 주장은 생산에 대한 가사노동의 기여를 주장하는 것보다 더 그럴 듯하다. 확실히 현대 자본주의 사회의 맥락 속에서 경제체제의 사회적 재생산에 대한 가사노동의 기여를 부인하기는 힘들다. 그러나 바레트와 모리뉴와 같은 맑스주의 페미니스트들은 최근 들어 자신들의 추론에 대하여 한계를 지적하였다. 산업자본주의 하에서 임금과 가사노동의 분리가 전제된다면, 이것은 남성이 특정 노동과 연관되고 여성은 왜 다른 노동에 연관되는지를 설명할 수 없다는 것이다. 여성은 어떻게 가사노동자가 되었는가? 바레트가 지적한 바와 같이, 비록 이러한 문제점이 무시된다고 할지라도, 자본주의자의 주장대로 노동의 재생산이 현재 조직되어 있는 노동방법에 의하여 최상으로 수행된다는 사실은 불분명하다. "우리가 이것을 이주노동자가 대략 외진 곳에서 태어나 그들의 재생산 비용을 가지고 실질적으로는 막사에서 살고 있는 체제와 비교한다면, 현 체제를 통하여 노동자 계급이 재생산되는데 드는 전체 비용이 그들이 예상한 것만큼이나 그렇게 낮지 않다는 사실을 알 수 있다"(Barrett 1980, 221). 마지막으로 바레트는 전형적인 핵가족 내에서 여성의 가사노동에 대한 구체적인 현실성이 생산관계를 재생산하는 과정 속에서 맥킨토시 McIntosh가 이름붙인 '가족-가계' family-household 체제보다 덜 중요한 역할을 수행한다고 주장하였다. 이것은 근본적으로 부르주아지 핵가족에 기초한 '가족주의'의 이상(理想)과 가계 유형의 폭넓은 다양성이라는 현실 사이의 결합이다. '가족-가계' 체제는 그 구성원들을 자본주의에 순응하도록 사회화하며, 동시에 여성의 종속을 유지시킨다. 이것은 물론 가족-가계 체제가 단지 선진 자본주의 하에서만 그와 같은 역할을 하는 것인지 혹은 산업화된 국가의 현 사회주의 사회의 경우에서도 보여지는 것과 같이 전체 산업국가 내에서 사회적 안정에도 공헌하는 것인지에 대한 의문을 제기케 한다.

요약하자면, 그리고 많은 맑스주의 페미니스트들이 인용한 바와 같이, 여성의 억압은 단순히 자본주의를 위한 그 자체의 기능성만으로 설명될 수는 없다. 다른 한편으로 자본주의는 성 역할 gender 속에서 이미 존재하는 구분을 구축하고 재구성하였으며, 어떤 국면에서는—반드시 경제적인 필요는 없지만—현재의 이러한 구분에 의존하고 있는지도 모른다.

여기서 간략하게 프랑스의 페미니스트인 크리스틴 델피가 경제적 용어를 통하여 제시한 남성의 지배를 다르게 설명하려는 시도를 언급해본다(Delphy

1977). 그녀는 자신의 연구방법을 맑스주의적인 것이라고 묘사하였으나, 여성은 분리된 계급을 형성한다는 그녀의 주장에 따르면 실질적으로는 급진주의 페미니즘적인 것이었다. 벤스톤을 뒤이어 그녀는 가족을 가부장제의 착취에 기초한 독특한 생산양식으로 보았으나, 이것을 함께 공존하는 자본주의의 산업화된 생산양식으로 보는 것은 거부하였다. 비록 어떤 측면에서 이러한 견해는 매력적인 것이었지만, 그 접근법에 대한 명백한 문제점들이 나타났다. 예를 들어 델피는 모든 주부들이 설령 한두 명의 시종을 두었을 때조차도 착취를 당하였다고 주장하면서, 다른 의견을 제시하였다. 보다 근본적으로 잘못된 것은 그녀가 가족경제와 자본주의 사이의 관계를 설명하는데 실패하였다는 것이다(Barrett and McIntosh 1979).

비록 경제적 필요성이 여성해방의 가능성만큼이나 억압의 정도와 유형을 설명하는 데 주요한 결정요인이 될 수 있지만, 남성 지배의 기원과 지속성을 설명하는 데 있어서 생물학이나 문화보다 더 유용하지는 못하다는 주장도 제기되었다. 실증적으로 적합한 설명은 세 가지 인과적 요소들을 모두 그려내야만 하는 것이다.

또한 이러한 논의과정 속에서 남성 지배에 대한 의문이 상이한 방법으로 자리잡을 수 있다는 사실이 명백해졌다. 우리는 그 자체의 기원과 현재의 원인, 전제조건 혹은 영속적인 메커니즘에 관심을 가져야만 하는가? 미첼이 기술한 바와 같이 "설명의 모든 유형들은 다소간 몇몇 진실들을 포함하고 있다." 문제는 "대답이 질문보다 더 정확하다는 것이다"(Mitchell 1974, 364). 나에게 있어서 이것은 아마도 남성이 그들의 재생산 능력 때문에 여성을 지배하려는 동기를 부여받게 되었고, 그들은 육체적으로 보다 강하고 아마도 선천적으로 공격적이기 때문에 그렇게 할 수 있었다는 의미에서 생물학적 차이가 남성 지배를 가져온 것으로 보인다. 현재에도 남성이 여성을 계속해서 종속시킬 수 있도록 하는 것은 특히 여성의 재생산 역할이다. 아직도 이러한 성차가 성에 기초한 노동의 분할 혹은 성 역할의 불평등한 평가를 필수적이게 하거나 정당화하지는 못하였다. 가족제도, 가족 내에서 여성의 어머니 역할 등은 특히 정신적 내면화과정, 가사영역과 공적 영역의 분리, 남성 지배 체제 등을 통하여 반영되고 강화되어지는 문화적 현상이다. 다음으로 문화는 경제력에 의하여 결정된다. 경제적 잉여의 출현은 다른 남성에 대한 지배 만큼이나 여성에 대한 남성의 체계적 지배를 용이하게 만들었다. 산업화와 선진 자본주의의 필요성은 남성 지배의 국면을 강화시켰으며, 반면 다른 방법으로 그 자체를 침식시키는 경향이 있다.

5. 여성의 지위: 변화와 다양성

이와 같은 논의의 범위를 초월하여 더 이상 논의하는 것은 별 소득이 없을 것이다. 우리가 현재 논의하고 있는 이러한 의문점들에 있어서 분명해진 것은 여성 억압의 공통적인 요소들이 존재한다 하더라도 여성 억압의 살아있는 경험들이 상당히 다양하다는 것이다. 여성의 지위는 역사의 한 시대로부터 다른 시대로 변화할 뿐만 아니라 현대 사회의 내부에서도 상이하게 존재한다.

1960년대부터 새로운 페미니즘 연구들은 그 자체가 여성에 관한 정보의 체계적 수집에 있어서 촉매제가 되었으며, 그럼으로써 역설적으로 여성들 사이의 차이에 대한 우리의 인식을 더욱 강화시켰다. 사실 풍부한 새로운 자료들은 거의 압도적이어서 보다 큰 전문성을 요구하는 것들이고, 주요한 통합적 시도들에 도전하는 것들이다. 동시에 이러한 자료들은 불완전할 뿐만 아니라 종종 의심스러운 개념적 외피로 싸여진 상태라는 사실을 기억해야 한다. 예를 들어 영국에서조차 여성의 경제활동과 직업 혹은 계급결연 비율을 보여주는 공식적인 통계는 가족 내부에 있어서 여성의 역할에 대한 시대착오적인 가정들로 조명된 것들이다(Allin and Hunt 1982). 그러나 이와 같은 가정들은 제3세계 국가들 내에서 여성의 경제적 공헌과 수입에 대한 통계에 적용될 때 가장 치명적이다.

첫번째로, 그리고 명백하게 여성의 지위는 시간의 경과에 따라 변화하였다. 영국에 있어서 임금을 받는 여성의 취업은 1950년대부터 임금노동력의 41.5%를 구성하는 1985년까지 서서히 증가하였다. 동시에 시간제 직업, 낮은 임금과 열등한 직업, 노조의 보호를 거의 받지 못하는 상황의 직업에 기혼여성들이 고용되는 것이 이러한 증가의 대부분을 차지하고 있다. 그리고 어떤 의미 있는 방법들도 성 분리적인 직업구조를 침식시키지 못하였다. 제2기 페미니즘이 시작된 것도 바로 점증하는 여성 고용이라는 배경에 상응하여 나타난 것이다.

1970년대 중반부터, 특히 1979년부터 보수당 정부의 경기침체 하에서 합리화와 이와 관련된 정부정책들은 여성의 유급 취업과 가사책임에 영향을 미쳤는데, 아직까지도 정부정책이 취한 방법은 완전히 명확하지는 않다. 비록 여성의 실질적인 실업률을 측정하는 데 문제가 있기는 하지만, 여성은 특히 제조업 분야에서 남성보다 더 빠르게 그들의 직업을 잃게 되었다. 1985년 당시 정부통계는 약 100만명을 기록하고 있는데, 실업 혜택의 자격이 없는 많은 기혼여성들을 포함한다면 최소 30만명이 추가되어야 한다고 추정된다. 그러나 여성은 또한 남성들보다 빠른 비율로 새로운 직업을 갖게 되었는데, 이것은 서비스 분야에서 시간제의 낮은 숙련도를 요구하는 직업이었다. 공공분야에서의 고용 감축과 새로운 기술의 영향력이 주어진 상태에서 이러한 형태가 지속될 수 있을지는 의심스럽다.

동시에 여성은 점진적으로 가족의 생계부양자가 되거나 적어도 근본적으로 가족수입에 기여하게 되는 경향이 나타났다. 1983년에는 전체 가정의 단지 11.3%만이 일하는 남편과 경제적으로 활동하지 않는 주부, 그리고 부양자녀들로 구성되어 있었다. 현재에는 약 100만명에 달하는 편친 single-parent 가정이 존재하고 있으며, 1983년에는 이들의 거의 90%에 달하는 거대한 다수가 여성 가장에 의하여 이끌어졌다. 이러한 맥락에서 이미 빈약한 국가보육원 시설, 학교급식, 노약자를 위한 제도적 보호 등에 있어서 지원 감축이 여성에게 주는 충격은 단지 추측만 할 수 있다. 여성에 대한 페미니즘운동과 정책을 위한 이러한 변화들의 심각한 의미는 다음 장에서 다루어질 것이다.

그러나 두번째로 어떤 시기에도 여성의 살아 있는 경험 속에서 거대한 다양성이 나타난다. 일반적으로 이러한 현상은 유럽경제공동체 EEC 국가들 사이에서도 현실적으로 나타났다. 1980년대 초반을 기준으로 한다면, 전체 성인여성 인구의 38%가 임금을 받는 직장에 취업하고 있으며, 개별 국가들의 비율은 덴마크의 58%와 영국의 50%로부터 아일랜드공화국, 이탈리아, 그리스의 각각 28%, 25%, 15%에 이르기까지 다양한 범위를 형성하고 있다. 이러한 차이를 설명하는 요인들 중에는 경제발전의 수준뿐만 아니라 조직화된 종교가 존재하는 장소를 포함하는 문화적 특징도 존재한다. 선사시대 이래 지난 과거 동안 모든 세계적 종교들은 그 취지에 입각하여, 그리고 종파적 예외가 무엇이든지 간에 남성과 여성의 특성에 대한 관습적 이해를 구체화하고 강화하는 경향이 있다. 이것은 아직도 로마-카톨릭의 실례에서도 충분히 그러하다. 이것은 특히 역사적인 이유로 영국의 지배권이 행사되는 것을 반대하는 아일랜드에서 뚜렷하게 나타나고 있는데, 종교는 현대적인 도전에 직면하였지만 국가 업무에 비할 바 없는 도덕적 패권을 유지하고 있다. 1981년 설문조사에 따르면 아일랜드공화국의 전체 성인인구 중 90% 이상이 그 자신을 카톨릭 신자라고 표현하고 있는데, 그들 중 86%가 1주일에 최소 한 번씩 교회에 나가고 있다. 전통적 카톨릭은 비록 근래 들어 감소하는 경향이 나타나기 시작하였지만, 유럽에서 최고의 출산율을 유지하도록 하는 데 중요하게 기여하는 요소이다. 근래 들어 피임은 입법을 통하여 보다 광범위하게 확산되었지만, 아직까지도 어떠한 이유에서 낙태는 허용되지 않고 있으며(보다 자세한 논의는 제6장 참조), 또한 1986년 국민투표에 따라 일반시민들의 이혼권도 인정되지 않고 있다.

사회 내에서 여성은 또한 다양한 방법으로 구분되어 있다. 가장 서구적으로 민주화되어 있는 영국과 같은 국가에서의 구분은 근본적으로 사회적 계급에 의한 것이다. 공식적인 설문조사에서 여성의 직업은 남성보다 덜 정교하게 분화되어 있으며, 기혼여성은 그들 남편의 사회적 계급에 따라 구분되었다. 노동자계급 여성의 경험은 중산층 여성의 경험과 대조되어 많은 차이를 나타내고 있는데, 예를 들어 유급 고용에 대한 고려를 들 수 있다. 그들은 공식적인 교육 혹은 전문화된 훈련과 접할 수 있는 기회가 덜 하였기 때문에 아직까지도 남성과의 경쟁에서 가내적이고 유동적인 제약에 의하여 보다 많은 구속을 받고 있으며, 여성의 능력과 적합한 지위에 있어서도 보다 완고한 노동시장과 접해야 하고, 직업 선택에 있어서도 일반적으로 많은 제약에 직면하게 된다. 자동차 조립공장의 조립과정이나 담배공장의 숙련된 기술이 필요 없는 작업에서 여성의 노동을 고찰한 사례들을 읽어보면(Beechey 1983),

여성의 유급고용이 어떤 의미에서 해방을 제공하였는지를 이해하기 어렵다 (여성의 유급 고용과 정치의식, 정치참여 사이의 관계는 다음 장에서 보다 충분하게 논의될 것이다).

비록 논의에서 빗나가기는 하지만, 서구사회에 대한 많은 연구들은 빈곤이 불균형적으로 여성에게 집중되어 있다고 지적하고 있다. 최근 들어 미국에서는 '빈곤의 여성화' feminisation of poverty에 대한 많은 논의들이 나타나고 있으며, 이것은 여성이 남성보다 더욱 빈곤하다는 사실뿐만 아니라 빈곤을 부담하는 여성들이 더욱 증가하고 있다는 사실을 나타내고 있다(Nelson 1984). 스칸디나비아 국가들에 있어서조차, 헤르네스가 저술한 바와 같이, "만약 빈곤이 존재한다면…이것은 여성에게, 특히 가정을 책임지는 여성에게 집중되어 있다"(Hernes 1984, 27).

사회적 계급과 수입의 차이 이외에도 여성은 종족이나 인종에 기반하여 분리되어진다. 영국에서 인종적으로 소수인 여성은 특히 아프리카계 카리브인 Afro-Caribbean이거나 아시아계인데, 이들은 차별주의나 인종주의라는 또 다른 문제에 직면해 있다. 인종차별적인 이민정책과 물리적 공격에 직면하여 그들은 점진적으로 백인 페미니스트들의 가정(假定)과 우월성에 의문을 제기하고 있다. 예를 들어 그들은 핍박당하는 도시 내부의 저소득층 지역에 대한 '밤길 되찾기' reclaim the night 운동의 행진이 잠재적인 인종차별주의자로서 흑인 남성에 대한 진부한 시각을 묵인하고 있다고 주장하였다. 보다 이론적인 수준에서 그들은 여성 억압의 중심인 가족에 대한 페미니스트들의 비판이 가족이 때때로 그들의 단결과 안전에 대한 유일한 원천이 될 수 있다는 사실을 인식하지 못하였다고 주장한다(Bhavnani and Coulson 1986).

서구 산업국가들(사회주의 국가들의 사회는 제4장에서 논의된다) 사이의 차이를 넘어서면, 매우 폭넓은 지역에 대한 일반화가 정당하다고 여기지는 한, 이러한 차이는 서구사회 여성들의 경험과 제3세계 여성들의 경험 사이를 대조함으로써 보다 뚜렷하게 나타난다. 우선 식민지 이전의 사회에서 여성의 지위는 상이한 사회에서 상당한 다양성을 보여준다. 초기 개척자적인 연구에서 보세럽은 이러한 차이를 여성의 농경문화적 역할과 연계시켰다 (Boserup 1970). 아직까지도 아프리카의 일부 지역에서 발견되는 것과 같이,

이동경작이 보편적으로 행하여지는 인구밀도가 적은 지역에서는 여성이 경작의 많은 일들을 담당하고 있으며, 이에 따라 성 역할은 상대적으로 평등하였다. 인구 증가가 쟁기 등을 사용한 보다 집약적인 농업을 요구하게 됨에 따라 경작활동에 있어서 여성의 역할은 감소하게 되었으며 그들의 지위도 쇠퇴하게 되었다. 그러나 이집트와 중국, 인도의 일부 지역에서와 같이 아직도 거대한 인구의 압박 때문에 보다 노동집약적인 농사방법을 필요로 하는 곳에서는 여성들이 농사 현장으로 다시 투입되고 있다. 식민지 이전 사회 내에서 여성의 지위에 대한 결정요인이 무엇이었든지 간에(보다 세부적인 분석은 Tinker 1976; Etienne and Leacock 1980 참조) 식민지 정책은, 비록 여성의 희생이 반드시 나타나는 것은 아니지만, 일반적으로 여성 지위의 하락과 관련되어 있다. 이러한 정책들은 제4장에서 보다 충분하게 논의될 것이다.

다음으로 개발정책 역시 남성과 여성의 역할에 대한 식민지 시대의 가정들을 반영하였다. 예를 들어 1973년 미국 노동부는 아프리카에서 단지 5%의 여성들만이 노동에 종사한다고 보고한 바 있다(Tinker 1976, 23에서 인용). 그러나 아직도 여성은 아프라카와 아시아에서 농업 인력의 60~80%를, 라틴 아메리카에서 40% 이상을 형성하면서 가장 어려운 농사일을 수행하고 있다고 알려져 있다. 근래 들어 다국적기업의 '국외' runaway 상점에서는 젊고 독신인 여성을 고용하는 추세이지만, 산업이 발전된 곳에서 여성은 19세기 유럽에서와 같이 공장일을 하면서 가족에 대한 책임을 함께 부담하는 어려움을 겪고 있는 것으로 알려지고 있다. 내쉬는 제3세계 여성의 특수한 취약성이 이들 국가들의 서구 대도시 경제에 대한 의존 때문이라고 생각하였는데 (Nash 1977), 반면 이와 같은 분석은 지나치게 단순화된 것일 수도 있으나 그와 같은 여성들이 착취의 최종적인 연결고리라는 사실을 의미한다.

서구보다 악화된 제3세계 여성의 상황은 또한 전통적인 종교적 가치에 의하여 형성된 것이다. 제4장에서는 여성에게 있어서 이슬람교의 언명과 전통적 가족관계가 주축이 되는 지역에서의 몇 가지 사회적 결과들을 살펴볼 것이다. 여성 할례나 베일 착용의 강화를 반대하는 여성들을 포함하여 제3세계 여성들은 그같은 상황이 발생하는 상황적 맥락을 인식하고, 제3세계 사회에서 현재와 같은 특징들을 만들어내는 데 서구 자체가 중요한 기여를 하였다는 사실을 인식하지 못하는 서구 여성들을 깊이 원망하고 있다. 더욱이 그들은 여성들 사이의 대화 폭이 넓어짐에 따라 그 차이와 갈등을 더욱더 인식하게 되었다. 다음 장에서는 페미니즘의 운동으로서의 의미를 살펴볼 것이다.

이러한 것들은 즉각적으로 우리들을 남성 지배의 이론적 구조로 복귀시 켰다. 어떠한 페미니스트도 남성과 여성 사이의 차이를 제외하고 사회 속에 차이가 존재한다는 사실을 부인할 수 없다. 지난 10년간 맑스주의 페미니스 트들은 '성-성 역할' sex-gender의 구분에 근거한 분석과 계급분석의 결합을 시도하였다. 페미니스트 단체들 내부와 외부에서 여성들의 이면에 형성된 고도로 정치적인 태도들에 상응하여 흑인 여성들의 정치적 위상이 상당히 높아지는 것을 바라본 몇몇 페미니스트들은 종족적·인종적 분할을 이러한 분석에 통합시키려는 방법을 고려하기 시작하였다. 남성 지배가 계급적 맥 락 속에서 발생한다는 사실을 이미 인식하고, 근본적인 구분이 어느 시점까 지는 계급 분리와 더불어 발생한다면, 이러한 시도를 하고 있는 사람들은 급 진주의 페미니스트보다 이런 작업을 하기에 보다 유리한 위치를 점하고 있 을지도 모른다. 다른 한편으로 바레트와 맥킨토시가 솔직하게 지적한 바와 같이, "맑스주의 이론에 있어서 제3의 제도를 도입하는 것은 페미니즘과의 결합에서 이미 삐걱거리고 있는 분석을 필연적으로 붕괴시킬 수 있는 위험 이 있다"(Barrett and McIntosh 1985, 41).

근본적인 의문은 이러한 차이를 초월하여 여성들이 아직까지도 공동의 억압을 의미 있게 공유하고 있는지의 여부이다. 리즈 Lees는 여성으로서 여 성의 억압은 다른 유형들보다 반드시 더 '현실적'이고 '기본적'인 것은 아니 며, 정치적 관심과 같이 자동적으로 우선권을 갖게 되는 것도 아니라고 주장 하였다. 그러나 이것은 가장 흔하게 편재되어 있는 유형이며, 근본적으로 가 장 중요한 유형으로서 노동의 사회적 분업 속에 배태되어 있는 것이다. "계 급·인종·종교에 기반한 억압은 억압받는 자의 입장에서 단결과 저항의 행태 로서 가족과 공동체에 의존하며…사실상 이것을 강화시킬 수 있는 능력을 지니고 있다. 그러나 성적 억압은 바로 이러한 다양한 제도들 내부에 존재하 고 있다"(Randall 1986, 95). 이것은 바로 여성의 억압이 왜 살펴보기 어려우며, 여성은 왜 쉽게 분리될 수 있는가의 이유가 된다. 리즈가 말한 바와 같이 이것은 여성들이 그들 사이에서 투쟁의 기초가 되는 기존의 사회적 제도들을 갖지 못하였다는 의미이며, 다른 한편으로 성적 불평등의 제거는 기존의 모든 사회적 제도들의 광범위한 전복을 요구한다는 의미이다.

6. 지배의 불가피성?

남성의 지배가 실질적으로 보편적이라는 주장은 이것이 불가피하다는 것을 의미하는 것은 아니다. 이 책 자체는 페미니즘의 주장에 의해 나타난 원대한 영향력의 단지 한 가지 징후이다. 다음으로 페미니즘은 사회적 공백 속에서 나타난 것이 아니라 산업주의와 연관된 변화하는 주변 환경과 기회에 대한 반응으로서 나타난 것이다.

여러 세력들이 사회 속에서 남성 지배체제를 무너뜨리는 데 도움이 되도록 움직이고 있다. 그러나 페미니스트들은 공공의 정치영역 속으로 이러한 문제들을 끌어들임으로써 그들의 영향력을 가속화시키고 강화해야 할 필요가 있다. 이어지는 장들은 공공정책과 국가가 여성의 억압을 유지시키는 데 어떻게 부차적인 역할을 담당하고 있는지를 보여줄 것이다. 다른 한편으로 여성은 자신들의 이익을 위하여 공공정치를 활용할 수 있다. 여성의 정치참여는 제3장과 제4장에서 다루어질 것이다. 제3장은 정당과 운동, 집단형성 등의 '풀뿌리' grass-roots 수준에서 나타나는 유권자로서의 정치참여에 집중하였으며, 제4장은 정치엘리트와 여성지도자의 행태 속에서 여성의 발전을 살펴보았다.

제2장

여성의 정치행태

여성과 정치 사이의 관계에서 여성의 정치참여는 정치학으로부터 가장 지속적인 주목을 받고 있다. 이러한 주제에 대하여 상당량의 저서들이 나타 났는데, 페미니스트들의 시각에 대하여 몇몇 저서들은 보다 동조적이었으며 몇몇은 덜 동조적이었다. 비록 이러한 저서들이 다루고 있는 범위는 서로 다 르지만, 그 양적인 증거들은 상대적으로 풍부하게 늘어나고 있다.

그 자체의 많은 수량에도 불구하고 아직까지도 이러한 저서들은 여러 가 지 점에서 실망스러운 것들이다. 첫째로 편견의 문제인데, 단순히 평가에서 뿐만 아니라 '사실들'의 인식에 있어서도 편견의 문제가 나타난다. 이러한 편견은 1950년대와 1960년대 성차별주의자들의 연구결과에서뿐만 아니라 몇몇 페미니스트들의 비판에서도 나타난다. 편견은 의심할 여지없이 사회과 학 내에서, 특히 가장 엄밀한 행태주의자들의 입장에서도 피할 수 없는 것들 이었다. 현재의 상황이 이러한데, 보다 감정적이고 '편견'이나 '자의식'과 같 은 문제에 보다 깊숙이 관련된 분야에 있어서는 이와 같은 상황이 얼마나 더 하겠는가?

또 다른 중요한 문제는 연구되어진 참여의 유형들이 협의(狹義)적이고 전 통적으로 정의된 정치학에 의하여 커다란 제약을 받는다는 것이다. 기초단 계의 정치행태 수준에서 중요한 관심사는 공식적이고, 합법적이며, 정부 중심적인 제도와 절차로서의 참여에 집중된다. 이러한 것들은 사회 속에서 의사결정에 영향을 미치는 정치행태의 전체 범위를 대부분 미지의 상태로 남겨두게 되었으며, 여성의 정치참여에 대한 상당히 잘못된 시각을 제공하였다.

1. 풀뿌리 정치에서의 여성 참여

1) 투표

이렇게 정치행태를 협의로 이해하는 범위 내에서 여성에 대한 연구는 투표행태에 집중된다. 투표의 정치적 중요성에 대해서는 논란의 여지가 있다. 후보자들을 선택할 기회를 제공받는 유권자들은 단일한 후보자 명부를 접하게 될 때보다 확실히 더 큰 영향력을 갖는다. 심지어 경쟁적인 정당체계 속에서 개인적인 표(票)의 가치에는 의문의 여지가 있다. 정치학자들은, 선거가 자주 행해지지 않는 상황, 후보의 선택이 최대한으로 제한되어 있는 상황, 안정적인 의석이 이미 확보된 상황, 선거구민에게 제공되는 정보가 불충분한 상황, 그리고 이미 당선된 의원의 독립성이 불충분한 상황 등이 주어진다면, 투표가 유권자들에게 주는 정신적 만족감, 정치적 권위와 체제를 정당화시키는 역할 등에 있어서 독재국가들에서 진단되는 것들과 크게 다르지 않은 기능을 수행한다고 강조하는 경향이 있다. 그러나 영국의 1979년 총선거에 따른 정책적 변화는 적어도 점진적으로 투표가 매우 중요해질 수 있다는 사실을 우리들에게 상기시켜준다.

투표와 정치참여의 다른 유형들과의 관계 또한 명확하지 않다. 투표는 때때로 점진적으로 요구되어지는 정치행위를 계승하는 첫번째 단계로 이해되지만, 이것은 다음과 같이 논리적으로 구분되어질 때 보다 구체적으로 드러나게 된다.

단지 드물게 일어난다는 의미에서 정치행태의 독특한 형식은 선거운동에 있어서 기우제와 같은 종교의식으로 강화되어지는 사회적 통제와 기대의 강력한 메커니즘에 의하여 고도로 편향되어 있으며, 중요한 정보비용 혹은 다른 비용들에 있어서 유권자들을 포함시키지 않고 있다(Marsh and Kasse 1979, 86).

투표가 정치참여의 기준으로서 자체적인 한계를 갖는다고는 하지만, 여성에게 있어서 투표는 여성 참정권론자들의 투쟁을 배경으로 한 특별한 의미를 갖는다. 그러나 여성 참정권론자들은 투표를 단순히 정치적 해방의 상징으로서가 아니라 효율적인 정치참여의 수단으로서 인식하는 실수를 범하였다. 영국과 미국에서 이들은 투표권을 얻기 위하여 모진 고통을 감수하였다. 비록 1986년에 최종적으로 리히텐슈타인에서 - 전국적 수준에서 사우디 아라비아의 경우를 제외하고 - 여성에게 투표권을 부여하였지만 여성들은 아직도 모든 곳에서 남성들과 동등한 공식적인 투표권을 갖지 있지는 못하다. 어떤 국가들에서는 최근에서야 여성이 참정권을 갖게 되었으며, 잘 알려진 사례로서 스위스에서는 여성들이 1972년까지 전국 선거에서 투표할 수 없었다. 여성들은 자신들이 어렵게 획득한 참정권을 얼마나 충분하게 행사하고 있는가?

사회주의 국가들뿐만 아니라 호주를 포함하여 몇몇 국가들에서는 투표가 사실상 강제적이다. 따라서 우리의 관심은 근본적으로 투표와 기권의 진정한 기회가 주어졌을 때 여성들이 그들의 투표권을 어떻게 행사하는가에 대한 것이다. 공식적인 투표 기록들은 단지 성 sex에 의해서만 구분되어지며, 따라서 인용된 결과들은 선거 전후에 임의적으로 행하여진 설문조사에 기반하는 경향이 있다. 결과적으로 그들의 신뢰성은 설문조사된 표본의 정확성뿐만 아니라 응답자들의 정직성에 의존하게 된다.

여성은 남성과 비교하여 비슷한 비율로 투표하지는 않는다는 사실이 폭넓게 관찰되었다. 비록 몇몇 관련된 연구들이 그와 같은 결론을 전적으로 지지하고 있지만, 이것은 과거 영국에서 행해진 전국선거 및 지방선거와 관련된 통례적인 지식이다(Blondel 1965, 55 참조). 1964년과 1970년의 의회선거에 대한 버틀러와 스토크스의 분석 자료는 여성의 투표율이 남성과 근소한 차이라는 사실을 보여주기 위하여 반복적으로 사용되고 있다(Butler and Stokes 1974). 즉, 1964년에 여성의 투표율은 90%이고 남성은 93.2%였으며, 1970년에는 각각 83.3%와 87.1%였다는 것이다(Baxter and Lansing 1980, 150). 또한 확실하게 제대로 조사된 미국의 여론조사에서는 여성의 투표율이 남성보다 더 낮다는 사실이 발견되었다(Campbell et al. 1960, 483; Gruberg 1968, 9-16 참조). 미시간대학교 정치연구센터 Centre of Political Studies의 자료(여성의 정치행태와 관련된 주요 통계자료)들은 1948년부터 1972년 사이 대통령선거에서 여성 투표율에 비하여 남성의 투표율이 지속적으로 높다는 사실을 보여주었다. 그 격차는 1948년의 13%로부터 1964년과 1968년에 각각 3%로 떨어졌으나, 1972년에는 다시 6%로 벌어졌다. 1950년대와 1960년대에 다른 서유럽국가들에서도 남녀 투표율의 격차가 이와 비슷하게 기록되었는데, 프랑스와 독일뿐만 아니라 노르웨이, 스웨덴, 덴마크 등과 같이 진보적인 스칸디나비아 국가들에서도 이것은 일반적인 현상이었다. 일견 이러한 유형들로부터 벗어난 국가는 이탈리아인데, 1945년에 참정권이 부여된 이래 이탈리아에서는 여성이 지속적으로 남성보다 높은 투표율을 나타내었다(Currell 1974 참조).

'개발도상'국가들의 자료들은 남성의 투표율이 여성의 투표율을 능가한다는 것에 대해서 보다 명백한 경향을 보여주고 있다. 라틴아메리카에 있어서, 비록 아르헨티나와 칠레에서는 그 격차가 급격하게 좁혀지고 있지만, 콜롬비아와 브라질에서도 이러한 결과가 보고되고 있다. 남녀 사이의 지속적인 투표율 차이는 인도에서도 기록되었다.

이러한 일반화는 이제 중요한 수정을 필요로 한다. 첫째로 인용된 숫자들이 보여주듯이, 그 격차는 대체로 크지 않다. 둘째로 서구 민주국가들에서 이러한 격차는 종종 시간의 경과에 따라 대수롭지 않은 비율로 감소하고 있거나 곧 사라졌다. 이러한 사실은 이미 인용된 미국의 대통령선거에서도 명확하게 나타났다. 1980년 대통령선거에서 여성의 투표율은 남성의 59%를 따라잡았다(Time, September 17, 1983). 영국의 1979년 총선거에서도 투표 참여자의 49%는 여성이었고 51%는 남성이었으며(Butler and Kavanagh 1980, 343), 허즈반즈도 그 자신과 던리비에 의하여 1983년의 총선거 이후 실시된 설문조사에서 남성의 투표율보다 여성의 투표율이 오히려 조금 높았다는 사실을 보여주었다(Husbands 1985, 309). 노르딕 국가들—덴마크, 핀란드, 아이슬란드, 노르웨이 그리고 스웨덴—의 총선거에 대하여 스카드와 하비오-마닐라는 "1930년대 이래 투표율이 이제는 더 이상 논의할 만한 차이가 없을 정도로 남성과 여성 모두에게서 향상되었다"(Skard and Haavio-Mannila 1985a, 40)고 보고하였다. 1976년 서독에서도 그 격차는 단지 0.8%였다. 더욱이 현재까지 남아 있는 투표율 격차는 일반적으로 연령이나 교육과 같은 매개적 특징들을 통제할 때 사라져버리는 것들이었다. 셋째로 개발도상국가들에서 이러한 연구들은 여성들이 일찍부터 투표권을 얻고 점차 도시화됨에 따라 그 격차가 좁혀지는 경향을 나타낸다는 것이다. 이러한 변화의 의미들은 다음에서 보다 더 논의될 것이지만, 여성이 남성보다 덜 투표하는 경향이 선천적인 것이 아니라 불확실하고 일시적이라는 사실을 암시하는 것이다.

2) 참여의 다른 전통적 유형

나는 투표 자체의 영향력이나 그것이 요구하는 개인적 책임이라는 관점에서 투표의 정치적 의미가 일반적으로 경미하다고 생각한다. 우리는 정치참여에 있어서 보다 세심한 관심을 필요로 하는 유형들을 연구할 필요가 있다. 비록 우리는 몇 가지 체계적인 연구들을 소개할 수 있지만, 이것에 대한 정보는 불충분하고 부적합하며, 아직까지도 그같은 참여가 무엇을 포함하는가에 대한 불필요하고 제한적인 시각에 의존하는 상태이다. 그러나 지금까지 연구된 참여의 유형들이 중요하지 않다는 것은 아니다. 게다가 이러한 것들은 보다 엘리트 정치적인 참여를 위한 일반적인 전제조건을 형성한다. 만약 전통적인 의미에서 여성의 참여가 남성보다 덜하다면, 우리는 적어도 정치 엘리트들 속에서 여성의 저대표성 under-representation을 설명해야만 한다.

한편 일반적인 연구결과는 여성이 남성보다 덜 참여적이라는 것이다. 이러한 논리는 영국에서 주장되고 있는데, 그 증거는 희박하다. 다우즈와 휴즈는 "영국에서 가장 잘 조사된 연구결과들 중 하나는 여성이 남성보다 덜 참여적이고, 정치에 대한 관심도 낮은 수준이라는 것이다"라고 표현하였다. 그러나 그들은 참여의 지표로서 정부통계와 투표행태만을 의존하였고, 영국 내의 실질적인 증거들은 전혀 인용하지 않았다(Dowse and Hughes 1972, 192). 백스터 Baxter와 란싱 Lansing은 1964년과 1970년 영국의 총선거 운동과 관련된 정치활동에 있어서 보다 좁혀진 성차를 보여주기 위하여 버틀러와 스토크스의 자료를 활용하였다.

미국에서 1952년, 1964년, 1972년 전국선거를 포함하는 정치연구센터의 자료들은 정치활동이 정당 혹은 그들의 후보자, 정치집단 혹은 조직의 구성원, 정치집회에의 참여(후자의 두 가지 활동은 정당의 정치운동을 의미한다) 등을 포함할 때 남성의 정치활동이 여성의 활동을 압도하고 있음을 보여주고 있다(Welch 1977). 정치활동의 이러한 정의는 물론 극도로 협의적인 것이다. 정치활동에 대한 비슷한 개념을 사용하여 블랙과 맥그렌은 캐나다에서 1964년부터 1974년까지 비록 줄어들고는 있으나 사라지지 않는, 작지만 중요한 성차를 발견하였다(Black and McGlen 1979). 닐슨과 소어버그는 남성의 11%와 여성의 10%가 정당원이며, 남성의 39%와 여성의 단지 31%만이 '합법적인' 정치활동에 관여하고 있다는 사실을 보여주는 덴마크의 1977년 선거 전 설문조사 결과를 보고하였다. 그러나 그들은 성 sex이 정치적 연관성을 설명하는 중요한 지표가 아니라고 결론지었다(Nielson and Sauerberg 1980). 다른 한편으로 1974년 노르웨이의 세 지역에 대한 설문조사 자료에 의존하여 래퍼티는 "결론적으로 노르웨이에 있어서 성 sex은 정치참여의 가장 중요한 결정요인이다"(Lafferty 1978, 25)라고 확신하였다. 스카드와 하비오-마닐라는 모든 북유럽 국가들의 장황하게 열거된 자료들을 인용하여 "북유럽 국가들에서 지속적으로 나타나는 특징은 정당의 당원, 정치집회의 참석, 선거운동과의 연관성 등에서 여성이 남성보다 덜 활동적이다"(Skard and Haavio-Mannila 1985a, 48)라는 결론을 맺을 수 있었다.

정치 참여율에서 나타나는 성차가 교차문화적 현상이라는 주장은 1966년부터 1971년 사이에 수집되고 1978년에 출간된 오스트리아, 인도, 일본, 네덜란드, 나이지리아, 미국, 유고슬라비아 등 7개 국가들의 정치 참여 자료들에 기초한 연구를 통하여 강조되었다. 저자들은 투표와 선거운동 활동, 시민들이 일반적으로 관심을 갖고 있는 문제로 정부 공무원들과 접촉하는 '공동체 활동' communal activity, 그리고 시민들이 개인 혹은 집단과 관련된 특수한 문제로 정부 공무원들과 접촉하는 '개별적 접촉' particularised contact 등 수많은 지표들을 측정에 활용하여 참여율을 집계하였다. 이것은 확실히 위에서 인용된 것들보다 더 확장된 정치 참여의 개념이었다. 이러한 지표들을 통하여 그들은 7개국 모두에서 남성이 여성보다 더 참여적이지만, 미국과 네덜란드에서는 그 차이가 근소하다는 사실을 발견하였다(Verba et al. 1978).

가능한 한 정당과 이익집단의 여성 구성원들에 관한 자료들은 이러한 주장을 확증시켜 주었다. 서구 민주국가들에서 조차 정당들의 이러한 상황들은 때때로 놀라울 정도로 애매모호하다. 영국의 경우 여성들은 실제적으로 두 개 주요 정당의 당원으로서 설명되어진다. 노동당의 공식적인 상황과 보수당 지방조직에 대한 연구를 통하여 힐스는 여성들이 각각의 정당에 있어서 대략 40%와 51%를 차지하고 있다고 추정하였다(Hills 1981a). 러벤더스키는 사회민주당 당원의 15%가 여성이라는 추정치를 인용하였으며, 자유당이나 스코트랜드 민족당의 여성 당원수는 아마도 그보다 더 많을 것이라고 주장하였다(Lovenduski 1986a). 미국에서는 정당원을 유권자의 지지도로부터 거의 구분해낼 수 없기 때문에 비교할 만한 통계자료가 없다. 북유럽 국가들에서의 비율은 지난 10여년 동안 확실하게 상승하였는데, 현재 기독교 정당들에서는 평균 30~40%이며, 핀란드 자유인민당에서는 50% 이상인 것으로 나타났다(Skard and Haavio-Mannila 1985a). 비록 1983년 프랑스에서 여성의 비율은 사회당의 27%와 공산당의 36%로부터 지스까르추종자들Giscardien에 의한 프랑스민주연합 UDF의 40%와 드골파Gaullist에 의해 주도된 공화국연합 RPR의 43%에 이르기까지 다양하지만, 전체적으로 다른 서유럽 국가들에서 그 비율은 보다 낮아진다. 1983년 서독에서 여성은 아직까지도 사회민주당 당원의 단지 25%, 기독교민주당 당원의 23%만을 차지하였다. 그러나 녹색당은 당원의 50%가 여성이었다(Lovenduski 1986a). 기대했던 바와 같이 유럽의 신생 민주국가라고 불리는 스페인, 포르투갈 등에서 여성의 정당 참여는 보다 낮지만, 1983년 포르투갈 사회당의 경우에는 40%에 도달하였고, 스페인 중도민주당의 경우에는 30%에 이르렀다.

정당의 당원은 특히 공산주의 국가들의 정치 발전에 필수적이다. 1982년 소련에서는 공산당원의 27%가 여성이었고, 다른 동유럽 국가들에서도 약 25%를 차지하였으며, 예외적으로 동독에서는 31%에 도달하였다. 비슷하게 쿠바에서는 정당원의 19% 이하가 여성이었다(*The Guardian*, May 28, 1980). 채니가 지적한 바와 같이, "라틴아메리카에서 대중정당들 general membership parties의 출현은 어느 정도 최근의 현상이지만," 그녀는 1960년대 후반 페루와 칠레에서 각각 다양한 정당 구성원의 15~20%와 20%가 여성이었다고 추정하였다(Chaney 1979, 91-92). 1970년 멕시코에서 수행된 연구에서는 남성의 23%와 여성의 단지 8%만이 정당원의 경험을 갖고 있었으며, 반면 우루과이에서는 군부통치가 이루어지기 이전에 남성의 17.8%와 여성의 7.2%가 정치집단에 소속되어 있었다(Aviel 1981).

버바와 나이는 미국에 있어서, 비록 모든 집단이 직접적으로 정치적인 것은 아니지만, 조직적인 범주 내에서 참여에 관한 자료들을 제공하였다. 그들은 여성보다 8% 많은 남성들이 적어도 한 조직에 속해 있으며, 그들 중 적어도 둘 이상의 조직에서 활동하고 있는 구성원들은 남성이 여성보다 2% 더 많다는 사실을 발견하였다. 그들은 그 차이가 적을 것이라고 결론지었다(Verba and Nie 1972). 버바 등은 그들의 7개 국가들에 대한 설문조사에서 남성의 우위가 대수롭지 않은 미국을 제외하고 일반적으로 남성의 제도에 대한 관련 비율, 특히 정치제도에 대한 관련 비율이 지속적으로 여성보다 높아진다는 사실을 발견하였다(Verba et al. 1978). 이러한 현상은 라틴아메리카에서 명백하게 나타나는데, 아비엘은 노동조합과 정치단체, 경제조직, 사회·농업단체 등에 있어서 남성의 우위를 지적하는 우루과이에 대한 연구결과와 비종교조직 구성원의 84%가 남성인 콜럼비아 지방도시에 대한 설문조사를 인용하였다(Aviel 1981). 그러나 이러한 연구를 끝마치기에 앞서, 우리는 또한 여성이 정치조직의 참여에 덜 적합하다는 가정이 어느 정도 그와 같은 조직들이 지방조직보다 전국조직에 집중되어 있다는 사실을 수반한다는 관점을 반영하는 것인지 여부를 고려해야만 한다(Hernes 1984b; Lovenduski 1986a). 헤르네스와 하니넨-살메린은 스칸디나비아 4개국에 있어서 다른 종류의 조직들에 대한 여성 참여의 인상적인 분석을 제공하였는데, 이들 조직들은 종교적인 절제조직 내에서뿐만 아니라 인도주의적이고 사회적인 것으로 특징지어지는 소비자조직 내에서도 여성의 숫자가 남성보다 많다는 사실을 보여주었다(Hernes and Hänninen-Salmelin 1985, 126).

(비페미니스트) 이익집단 내에서 여성의 참여에 대한 양적 자료들은 노동

조합 구성원들을 제외하고는 다른 방법으로 찾아보기가 극히 힘들다. 여기서 다시 여성은 저대표되고 있는데, 일반적으로 전체 구성원에 있어서 남성보다 낮은 비율을 형성하고 있으며, 이것은 여성 근로자가 조합에 덜 참여적이라는 의미이다. 그럼에도 불구하고 여성 조합원의 비율은 지난 10여년 동안 혹은 서구의 산업국가들에서 상당히 극적으로 증가하였다. 비록 러벤더스키는 국가들 사이의 중요한 편차가 존재한다고 지적하였지만, 이러한 현상은 부분적으로 새롭게 고용되는 저임금 노동자들을 충원한 1970년대의 요인을 반영한 것으로서 이러한 경우 채용된 사람들은 대부분 여성이었으며, 이러한 여성은 조합에 들어가는 경향이 많이 나타났다. 1983년 영국에서는 조합원의 31%가 여성이었으며, 유급 노동력의 30% 이상을 차지하였다. 북유럽 국가들에 있어서 여성의 노동조합원 비율은 주요 연맹들 내에서 40%로 높아졌는데, 예외적으로 1982년 노르웨이에서는 여성들이 노동조합연맹 구성원들의 33%를 차지하였으며, 보다 전문화된 직업이나 공무원조합연맹에서는 50% 이상을 상회하였다(Hernes and Hänninen-Salmelin 1985, 123). 1982년 프랑스에서 여성은 노동조합원의 30%를 차지하였다. 1981년 독일에서는 DGB와 같은 주요 연맹과 연계된 노동조합원의 21%가 여성이었으며, 이탈리아에서 여성은 전체 노동조합원의 30%로 추정되었다.

서유럽 국가들 이외에도 1982년 미국에서는 노동조합원의 25%를 여성이 차지하였으며 호주에서는 1/3을 차지하였다. 이러한 비율은 폴란드가 단지 잠시 예외였던 때를 제외하고는 동유럽 국가에서도 높게 나타났으며, 1982년 소련연방에서도 59%를 초과하였다(Lovenduski 1986a). 이들 국가들은 그들의 조합에 대하여 정치적 독립을 부여하지는 않았다. 일반적으로 제3세계 여성들은 아직까지도 유급 노동에 있어서 매우 낮은 참여율을 나타냈는데, 특히 이슬람교 국가들과 라틴아메리카에 있어서 여성은 조합 구성원의 단지 극소수를 형성하고 있는 상황이다(Aviel 1981).

결국 이러한 증거들은 전통적으로 정의된 여성의 정치 참여가 모든 곳에서 남성보다 덜하다는 사실을 나타낸다. 비록 그렇다고 하더라도 많은 위험부담이 자리잡고 있다. 첫째로 정치적 활동은 어떤 경우에도 소수로 귀착되어진다는 것이다. 둘째로 이러한 성차는 영원한 것이 아니라 시간이 흐르고 문화가 교차되면서 현저하게 변화한다는 것이다. 자신들의 연구에서 7개 국가들을 분석한 버바 등은 이러한 성차가 미국과 네덜란드에서 최소로 나타나고, 나이지리아 다음으로 인도가 최고 수준으로 나타난다는 사실을 발견하였다(Verba et al. 1978). 실제적으로 린은 만약 1968년, 1972년, 그리고 1976년 대통령선거 자료가 이것과 함께 분석되어진다면, 미국에 있어서 남성들이 선거운동 자금을 보다 많이 기부한다는 사실을 제외하고는 정치 참여에 있어 남녀 비율의 중요한 차이는 존재하지 않는다고 발표하였다(Lynn 1979). 또한 블랙과 맥글렌은 캐나다에서 시간의 경과에 따라 나타나는 협소한 차이를 관찰하였다(Black and McGlen 1979). 비록 우리가 정보를 갖고 있는 모든 국가들에 있어서 여성의 정당원 점유율이 지난 20여년 동안 확실히 점진적으로 증가하였으나, 여성의 노동조합화 비율과 조합구성원 점유율은 종종 극적으로 증가하였다. 또한 이러한 변화의 의미는 다음에서 보다 논의되어야 하겠지만, 투표에서와 같이 기초적인 수준에서 전통적으로 정의되는 정치 참여로부터 나타나는 성차가 근본적인 것은 아니며, 결국 사라져버린다는 사실을 나타내고 있다.

3) 덜 전통적인 정치

참여자로서의 여성에 대한 종합적인 모습에 관해서뿐만 아니라 정치에 대해서도 만족스럽게 설명하려면, 우리는 어떤 경우에도 정치 참여의 의미를 보다 광의적으로 해석해야만 한다. 공공정책의 형성에 의도적으로 영향을 미치는 다른 종류의 참여가 존재한다는 것이다. 우리는 특히 공식적인 정치과정으로 충분하게 통합되지는 않지만, 제도화된 특별조직 ad hoc의 정치라고 불리는 것과 현재의 체제에 반대하는 저항활동, 그리고 이들 사이의 어느 한 곳에 위치하게 되는 정치활동의 범주를 고려해야 할 필요가 있다.

특별조직에의 참여는 상대적으로 단기적이고 임시적인 조직을 대두시키며, 쟁의와 점거, 자립계획 등 직접적인 방법에 의존하는 경향이 있는 정치운동에의 참여를 의미한다. 또한 전형적으로 이러한 것들은 지역적이거나 공동체적인 관심의 문제에 초점이 맞추어져 있다. 비록 과거에 관한 정보가 제한적이기는 하지만, 이같은 활동에 대한 여성의 참여는 새로운 것이 아니다. 예를 들어 영국에서 여성은 1837년의 구빈법 Poor Act에 대항하는 시위에서뿐만 아니라 18세기와 19세기 초반의 식량폭동에서도 현저한 모습을 나타냈다(Stacey and Price 1981, 41). 18세기 프랑스에서도 여성은 때때로 "정치적인 인식과 다소간의 정치적인 기술"을 나타내는 "식량폭동과 시장의 소요속에서 중심적인 인물"(Levy and Applewhite 1980, 10)이었다. 그러나 우리의 관심을 끄는 것은 학문적 시각의 변화와 더불어 1960년대부터 나타난 여성의 정치 참여 수준의 변화이다.

영국의 여성은 공동체활동 운동에서 현저하였다. 비록 이것의 지도력과 사조(思潮)는 많은 부분 1960년대의 신좌파 New Left 학생들의 정치운동으로부터 기인하는 것이지만, 1970년대 들어 현실적으로 나타나기 시작하였다. 이것은 근본적으로 도시적인 특징을 지니고 있었으며 지역적인 문제들에 초점을 맞추었고 자립적인 요소들을 권위에 대한 압력과 결합시킨 것이었다. 정치학자에 의한 것이 아니라 사회학자, 사회사업가, 페미니스트들, 그리고 다른 활동가들에 의하여 쓰여지고 마조리 메이요에 의하여 편집된 수필들의 모음집은 오히려 가정운동과 아동보호계획, 지역 청원자 local claimant들의 모임 등에서 여성의 압도적인 역할을 감동적으로 묘사하고 있다(Mayo 1977).

미국에서도 몇몇 연구들이 비슷한 사실을 보여주었다. 1960년대 후반의 공동체 정치는 한편으로 학생들과 시민권운동에 의하여, 다른 한편으로 연방정부의 신도시 보조프로그램들 new urban aid programmes에 의하여 장려되었다. 영국에도 중산층 여성과 노동자계급 여성 모두는 결과적으로 이러한 활동의 열성적인 참여자였다. 수많은 관련자료들을 유용하게 정리한 기텔과 쉬토브는 "정부지원 조직을 살펴보고, 빈곤과의 전쟁에 관한 연구를 살펴본 모든 관찰자들에 의하면…방계조직과 공동체 차원의 활동협의회에서 여성의 참여가 상당히 높았다"(Gittell and Shtob 1980, 574)고 주장하였다. 맥코트는 시카고 남부지역에서 정치적으로 활동하는 8개의 공동체 조직들에 대한 백인 노동자계급 여성들의 참여에 관하여 개척자적인 연구를 제공하였다. 그녀는 가장 활동적인 여성의 대다수가 40대 이상이며, 유급 고용에 속해 있지 않으며, 여성해방의 가치에 동조적인 것과는 의도적으로 거리가 멀다는 사실을 발견하였다. 그녀들이 정치적으로 참여하게 되는 동기는 인종적 긴장과 학교규범의 쇠퇴 혹은 산업적 오염 등에 의하여 자신들이 접하게 되는 위협 때문이었다(McCourt 1977). 또한 쉔버그는 몇몇 대도시 내에서 설립의 역사가 긴 인종공동체의 나이든 여성 구성원들이 이웃의 타락을 인지함으로써 어떻게 동원되는지를 묘사하였다(Schoenberg 1980). 또 다른 여성들은 지역 보건서비스의 대중적 통제와 복지권리를 위하여 운동을 전개하였다.

여성의 특별조직 참여에 대한 더 많은 증거들은 노르웨이에서 나타났다. 헤르네스와 보제는 49%의 남성 응답자들과 47%의 여성 응답자들이 최근 하나 혹은 그 이상의 특정한 정치활동에 참여하고 있다는 여론조사를 인용하였다. 남녀 양자의 참여도는 놀라울 정도로 높게 나타났는데, 저자들은 주로 이러한 유형의 활동에 참여하게 되는 여성들이 갖고 있는 함축적인 의미에 관심을 가졌다. 그들은 부수적으로 그같은 많은 정치활동이 유급 고용직에 포함되어 있지 않은 여성들이 우세한 지역에서 발생하였다고 지적하였다 (Hernes and Voje 1980, 177).

우리는 특별조직 정치에 대한 여성의 참여로부터 전환하여 정치적 권위에 거역하고 때때로 불법적 혹은 폭력적 형태를 취하게 되는 저항정치로 관심을 돌린다. 해석하기 곤란한 자료들이 아직도 그대로 남아 있기는 하지만, 상대적으로 양적인 자료들은 지난 5년여 동안 확실하게 증가하여 저항정치가 여성의 정치행태에서 중요한 양상이라는 사실을 확증시켜준다.

이와 관련된 출발점은 바네스와 카스의 연구이다. 그들은 '저항의 잠재력' protest potential을 측정하기 위한 설문지, 즉 불법적이거나 폭력적인 것을 포함하여 직접적인 정치행위를 재분류하기 위한 준비작업을 설계하였다. 오스트리아, 영국, 서독, 네덜란드, 그리고 미국에서 조사된 그들의 자료들은 저항의 잠재력이 미국에서는 다소 덜하고, 유럽에서는 비록 남성들과 강력하게 연계되지는 않았지만 실제적이었다는 사실을 보여주었다. 그러나 오스트리아를 제외하고 여성은 남성보다 다소 항거자의 하위 범주에 속해 있는데, 하위 범주라는 것은 그들의 정치활동의 종류가 직접적인 활동에 한정되거나 관습적인 정치를 차단하는 것이다. 비록 이러한 발견들은 단지 의도와 관련된 것들이지만 놀라운 것이며, 전통적인 정치 속에서 여성의 정치 참여율이 저조한 것은 낮은 교육수준에 의한 그들의 관습적인 비활동성 때문만이 아니라 성(性)에 기반하는 관습적인 정치의 성격으로 인하여 전통적인 정치에 아무런 동질감을 느끼지 못하기 때문이라는 것을 의미한다(Barnes and Kaase 1979, 184).

여성은 때때로 혁명활동에서도 활발한 역할을 수행한다. 이것은 영국의 17세기 혁명(Rowbotham 1974, 10 참조)과 1789년, 1830년, 1848년, 1870년, 그리고 1968년 프랑스에서 각각 사실로 드러났다. 레비와 애플화이트는 프랑스 대혁명에 있어서 여성 상퀼로뜨 femmes sans-culottes[1]에 대한 연구를 통하여 "그녀들의 정치적 이론과 영향력의 발전을 추적하였는데, 이것은 결국 여성 정치활동의 의미를 충분히 인식하고 있던 테르미도르 정권 Themidorian 관리들의 손에 의하여 진압되었다"(Levy and Applewhite 1980, 10)고 주장하였다. 러시아에서 "여성은 농업 개혁주의자로부터 출발하여 볼셰비키의 일원으로 끝나는 사회주의 운동에서 두드러진 모습을 나타냈다." 10월 혁명에서 그녀들은 비록 지도적 위치에 도달하지는 못하였지만 거리에서 투쟁하였다. "페트로그라드의 가난한 여성들은 10명의 소년들과 단지 삽으로 무장한 남성들 곁에서 붉은 혁명을 수호하기 위하여 돌격하였다"(Salaff and Merkle 1970, 171-173).

라틴아메리카에서 역시 여성은 아르헨티나와 브라질의 농민폭동과 도시 게릴라운동에 두드러지게 참여했던 것으로 보고되어진다(Jaquette 1973). 1977년 우루과이에 있어서 투파마로스 Tupamaros 구성원의 약 25%는 여성이었다. 칠레의 피노체트 Pinochet 정권 하에서 여성은 "레지스탕스로 구성된 지하운동, 감옥, 망명이라는 세 가지 전장(戰場)에 참여하였다"(Diaz 1985, 33). 최근에도 니카라과 여성들은 산디니스타 민족해방전선에서 활동하였는데, 1979년 마지막 공격이 있을 때까지 전체 구성원의 30%가 여성이었던 것으로 추정되었다. 엘살바도르에 있어서 파라분도 마르티 민족해방전선 FMLN은 4개의 정치·군사조직을 포함하는 연합이었다. 이들 중 하나인 FPL에서 여성의 참여는 40% 이상인 것으로 추정되었다(Rief 1986). 또 다른 제3

---

1) 1789년 프랑스 대혁명 당시의 과격 공화파(역자주).

세계 지역에 있어서 여성은 이란의 샤Shah에 저항하는 봉기에서 두드러진 모습을 나타냈는데, 타바리가 저술한 바와 같이 "여성들의 잘 조직된 … 분견대는 거리시위의 중심집단 중 하나였다"(Tabari 1980, 19).

민족주의 운동이 혁명활동으로부터 구별될 수 있다면, 여성 참여의 오랜 전통이 드러날 것이다. 영국의 지배로부터 인도의 독립을 위한 오랜 투쟁활동에서 여성의 공헌은 잘 알려진 사실이다. 아프리카에 있어서 알제리아 여성들은 프랑스인과 농장주에 저항하는 민족해방전선 FLN(Front de Libération Nationale)의 테러전쟁과 무기밀수, 폭탄제조 등에서 두드러진 역할을 수행하였으며, 1960년 11월과 1962년 7월의 무장폭동에도 참여하였다(Ainad-Tabet 1980). 예멘에서 여성들은 영국으로부터 독립하기 위한 전쟁을 활발하게 지원하였다(Molyneux 1979b). 리키마니는 케냐의 마우 마우 Mau Mau에 있어서 여성의 역할에 대한 생생한 연구결과를 제공하였다(Likimani 1985). 리틀은 잠비아의 민족주의 운동에 있어서 여성 부대의 역할, 케냐 마우 마우에 대한 여성의 참여, 그리고 아이보리 코스트에 있어서 프랑스에 대한 여성의 저항 활동 등을 묘사하였다(Little 1973). 짐바브웨에서는 많은 여성들이 자유투사에 참여하였다. 이러한 활동의 전형은 사루쟈 치치루냐 Sarudzai Chichi-runya의 체험을 통해 잘 나타난다.

그녀가 기관단총의 조작법을 배우고 해방전쟁에서 싸우기 위해 로버트 무가브 Robert Mugabe의 게릴라군에 들어갔을 때, 그녀의 나이는 19세였다. 5월의 어느 날 아침 로데지아 보안기지를 섬멸하기 위하여 수풀 속을 헤치고 들어갔던 그녀의 소대원 35명 중에서 3/4은 AK-47 소총과 크레모아, 바추카포로 무장한 여성들이었다.

이와 같은 활동에 참여한 여성들은 대략 1만여명으로 추산된다(*The Guardian*, October 21, 1980). 또한 가장 최근 들어 여성들은 나미비아와 에리트리아의 민족저항운동에도 활발하게 참여하고 있는 것으로 보고되고 있다. 지난 수십년 동안 라틴아메리카에서 여성은 계속되는 독립운동에 참여하였다. 18세기 말 그란 콜럼비아 Gran Colombia에서는 다음과 같은 일들이 벌어졌다.

여성은 다양한 방법으로 독립운동에 기여하였다. 첫째로, 그리고 가장 극적인 것은 그녀들의 개별적인 전투 참여였는데, 보조적인 활동과 정탐활동을 수행하였다. 둘째로 여성은 정치적 테르툴리아스 tertulias의 안주인으로서, 그리고 간호사로서 전통적인 보조역할의 지원을 제공하였다. 셋째로 그녀들은 자금을 기부함으로써 중요한 경제적 공헌을 하였으며 반정부군을 지원하였다(Cheroak 1978, 220).

이러한 운동들 속에서 여성은 일반적으로 전통적인 성 역할의 가정을 고수하여 근본적으로 보조적 역할을 수행할 것으로 기대되어졌는데, 만약 여성이 알제리아의 민족해방전선에서와 같이 전령으로서 혹은 암살자로서 이용되어졌다면, 이것은 그녀들이 주의나 의심을 덜 끌었기 때문이다. 여성은 또한 점진적으로 잠비아, 나미비아, 니카라과의 자유를 위한 투쟁에서와 같이 전투적인 역할로도 묘사되어졌다. 더욱이 여성들은 보다 폭력적인 혹은 때때로 그와 같은 운동의 테러집단이라 불리는 것들에서도 제외되어 있지 않았던 것이 분명하다. 언론은 바터-마인호프 Baader-Meinhof,[2] 아일랜드공화국군 Irish Republican Army(IRA),[3] 심바이어니즈 해방전선 Symbionese Liberation Front,[4] 그리고 팔레스타인 해방기구 Palestinian Liberation Organisation(PLO)와 같은 조직들에서 여성의 역할을 강조하였다. 사실 1978년 독일연방공화국의 경찰에 의하여 관찰된 테러리스트들의 60%는 여성이었다(Jacobs 1978, 166).

기존 체제에 대한 저항 속에서 여성은 때때로 혹독한 개인적 위험과 박탈에 직면하였다. 1850년부터 1890년 사이 제정 러시아에서는 종신노역의 형벌을 선고받은 사람들(테러리스트들에 대한 관례적 형벌) 42명 중 21명이 여성이었다(Evans 1977, 181). 금세기에 있어서는 1976년 프랑코 Franco의 사망 이후 스페인의 정치범들 중 1/3이 여성이었다(Thiercelin 1980). 터키에서는 1971년에 공포된 계엄령 하에서 수백명의 여성들이 체포되고, 수많은 여성

---

2) 서독의 극좌파 테러집단(역자주).
3) 북아일랜드 민족주의자들의 민영 군사조직(역자주).
4) 미국 캘리포니아 주를 중심으로 한 좌익 과격파 조직(역자주).

들이 고문을 받았다(Sertel 1980). 아마도 가장 놀라운 것은 아르헨티나, 칠레, 우루과이의 군사정권 하에서 여성 정치범들의 처리에 대한 기록일 것이다. 여성들은 거의 대부분 공공장소에서 강간을 당했을 뿐만 아니라 수많은 성적 고문과 모욕을 당하였다(Bunster-Burotto 1986).

　이러한 저항운동에 대한 여성의 참여는 그녀들의 특별조직 정치보다도 앞서 언급하였던 그녀들의 전통적 정치활동의 모습과 보다 더 생생하게 대조된다. 그러나 우리는 또한 특별조직 참여 혹은 저항운동의 범주에 정확하게 적용되지 않는 활동들을 고려할 필요가 있다. 실타넨과 스탠월스는 그들이 '노동에 기초한 정치' work-based politics라고 지칭하는 문제를 다룬 일반적인 저작들 속에서 여성은 "생산의 관점에서 노동자들의 일상적인 저항활동 유형에 덜 참여하고, 그들의 요구를 지지하기 위한 투쟁적인 활동에 덜 가입하는 것처럼 묘사되고 있다"(Siltanen and Stanworth 1984, 11)고 지적하였다. 이들의 책에 논문을 게재한 사람들 중 하나인 와트는 그래스고우 담배공장의 여성 노동자들에 대한 사례에서 다수가 찬성한 집단행동과 파업에 대하여 여성 노동자들의 상대적으로 높은 지지 수준을 발견하였다(Watt 1984). 여성들의 산업투쟁에 대한 실례는 어떤 경우에나 어느 지역에서도 존재한다. 19세기 영국에서 가장 잘 알려진 것은 성냥공장 소녀들의 파업인데, 이것은 결코 단발적인 것은 아니었다(Rowbotham 1974, 61-62 참조). 이러한 실례들이 서구 세계에 국한된 것은 아니다. 금세기 초 쌀을 운반하는 여성 부두노동자들의 하역 거부는 1918년 일본의 쌀 폭동을 야기시켰으며, 1922년 중국에서는 상하이 실크공장에 근무하는 수천명의 여성 근로자들이 임금 인상과 노동일수 단축을 위한 파업에 참여하였다(Jayawardena 1986, 23). 최근의 두 가지 사례로는 1977년 한국의 동일 방직공장 여성 노동자들의 파업과 1979년 페루의 루시 방직공장 여성근로자들의 유사한 산업활동이 있다(두 사례는 Davies 1985에 기록되어 있다).

　산업투쟁과 대비하여 노동자 아내들의 전형적인 활동에 대해서도 의문이 제기되어야 한다. 볼리비아의 거대한 광산복합체인 시그로 XX에서는 1961년에 많은 광업노조 지도자들이 체포되자 그들의 아내들이 투쟁활동을 지휘하기 위한 주부협의회 Housewives Committee를 결성하여 광산노동자들의 투

쟁을 지원하였으며, 의료지원과 등유·식량 등의 향상을 요구하기도 하였다
(de la Chungara 1985). 영국에 있어서 가장 최근의 명백한 사례는 1984년부터
1985년까지 광산노동자들의 파업을 지원하기 위한 폐광에 반대하는 여성들
Women Against Pit Closures이라는 조직이었다. 『가디안』 *The Guardian*지에 따
르면 1만명 이상의 여성들이 반스리에서 이 조직이 소집한 시위에 참석하였
다(*The Guardian*, May 13, 1984).

　이러한 모든 사례들은 산업투쟁에 있어서 여성이 남성만큼 혹은 남성보
다 더 능력이 있다는 사실을 입증하는 것은 아니었으나, 여성이 선천적으로
혹은 항상 남성보다 덜하다는 가정에 도전을 할 수 있게 해주었다. 전통적인
정치학의 범주에 쉽게 파고들지 못하는 정치적 참여의 두번째 장인 평화운
동에서도 여성은 특별히 보다 더 활동적인 것으로 나타났다. 번과 러벤더스
키는 영국에서의 평화운동이 그들의 연구에서 '저항집단'의 범주에 속해 있
는데, 그와 같은 집단의 구성원들은 덜 분파적이고 전형적인 '보호주의적'
이익집단보다 느슨한 형태로 조직되어 있으며, 반면 그들의 목적은 '선전집
단'보다 더 원대하고 급진적이라고 주장하였다(Byrne and Lovenduski 1983).
파킨은 1960년대의 핵무기 감축을 위한 영국의 캠페인 지지자에 관한 연구
를 통하여 젊은 회원들에게 미친 어머니의 영향에 대해 논의하였다(Parkin
1968). 그러나 어디에서도 여성회원에 관한 연구는 없다. 이것은 당시에 팽
배하였던 사회과학의 연구 태도를 잘 보여주고 있는 것이다. 그러나 그의 자
료를 통하여 어떤 학자는 358명에 대한 그의 표본 중에서 40.7%가 여성이었
다고 추론하였다. 윌슨은 또한 우리에게 다음과 같이 말하였다.

　　출발에서부터 여성은 핵폭탄에 반대하는 운동에 중심적으로 개입하였는
　데, 초기 시위들 중 한 시위는 비가 퍼붓는 일요일에 검은 머리띠와 깃발을
　든 2,000명의 여성들이 하이드 공원으로부터 트라팔가 광장까지를 행진하는
　것으로 구성되었다. 현재에도 진행중인 핵무장 해제운동 CND은 항상 수많은
　여성들을 끌어들이고 있다(Wilson 1980, 177-178).

　나의 개인적인 인상은 1970년대 말부터 핵무장 해제운동 CND에서 여성

들이 두드러진 역할을 수행하였다는 것이다. 그러나 여성의 참여에 대한 가장 명백한 사례는 1982년에 크루즈 미사일 설치를 반대하기 위하여 그린햄에 세워진 여성들의 평화캠프와 이것이 발생시킨 활동들이었다. 1982년 12월에 3,000명의 여성들이 기지를 포위하기 위한 첫번째 대규모 시위에서 참가하였으며, 최소 11개의 캠프가 더 설치되었다. 일반적으로 인정하듯이 그린햄은 여성해방운동의 활력과 영감으로서 중요하게 묘사되고 있지만, 두 경우가 단순하게 동일하게 생각되어질 수 있는지는 의심스럽다.

우리는 지금까지 덜 전통적이지만 직접적인 방법을 통하여 공공정치에 있어서 여성의 참여를 살펴보았다. 여성의 정치행태에 대한 완전한 연구는 그 자체의 보다 간접적인 유형들을 무시하면 안된다. 여성들이 때때로 이것들에 국한된다는 것은 여성의 정치 참여에 있어서 한계를 의미한다. 동시에 과거와 현재까지도 여성들은 간접적인 방법에 의하여 상당한 정치적 영향력을 발휘하였을 뿐만 아니라 정치적 현안에서 그들의 관심을 분명히 하였다.

여성은 특히 정치가 상대적으로 덜 제도화된 사회 속에서 그들의 남성을 통하여 비공식적이고 간접적으로 정치에 참여하였다. 최근의 많은 인류학적 연구들은 (다시 한번 정치학은 침묵하였다) 여성이 외관상으로 남성의 지배를 받으면서도 어떻게 의사결정의 공적 영역을 조정하였는지를 설명하고 있다. 여성은 주의 깊게 연출된 연기를 통하여 가내적인 논쟁을 공적 영역 안으로 떠밀었으며, 혹은 이러한 방법으로 간단하게 남성이 무안을 느끼도록 위협을 가하였다. 북아프리카의 베르베르 Berber족에서와 같이 여성은 때때로 남성에게 상상의 초자연적 힘으로서 공포의 대상이 되기도 하였다(Nelson 1975). 아마도 여성에게 정치적 수단의 가장 큰 자원은 가족과 혈족이 모든 생활의 근본적인 제도인 사회에서 혈족집단들 사이를 구조적으로 연계시키는 그들의 역할일 것이다(Nelson 1975, 559). 이것은 때때로 여성이 중요한 정치적 동맹의 일부를 형성케 하는 결혼을 중재할 수 있도록 하고, 그녀들이 귀중한 정보망에 접속할 수 있도록 해준다. 또한 혈족은 광범위한 여성의 단일집단 혹은 관계망이라는 영향력의 원천을 위한 기반을 제공해주기도 하는데, 이것을 통하여 여성은 남성에 대한 그들의 실질적인 의존을 줄일 수 있고 남성 의사결정자가 여성의 의견을 무시할 수 없도록 '여론'을 형성하는

데 도움을 준다. 울프는 다음과 같이 상기한다.

　내가 가장 잘 알고 있는 대만의 촌락에서 몇몇 여성들은 가내적 갈등과 사원(寺院)의 조직과 같이 외관상 공통점이 없는 문제들에 대하여 촌락의 여론을 형성하고 지도하는 기술을 갖고 있다. 촌락의 일에 대하여 가장 큰 영향력을 갖고 있는 여성은 여성의 공동체를 통하여 일하는 여성이다(Wolf 1974, 162).

　사회가 현대화됨에 따라 증거들은 간접적인 정치적 영향력의 자원이 점차 덜 중요해진다는 사실을 나타내주고 있다. 비록 그렇다고 하더라도 자퀴트는 라틴아메리카에 있어서 정치적인 '추종주의' Clientelism의 대두가 몇몇 여성들에게 새로운 기회를 제공해줄 수 있었다고 주장하였다. 추종주의는 근대화되고 있는 국가의 중앙된 정치제도가 개인적인 의존관계의 계서제적 연계에 의하여 전통적인 주변부와 연결됨으로써 나타나는 과정이다. 비공식적인 혈족의 관계망 속에서 여성의 중심적 지위는 여성이 그러한 관계의 작동에 영향을 미칠 수 있게 하였다(Jaquette 1976). 현대적인 핵가족의 완전하게 사유화된 기반으로부터 여성의 간접적인 정치적 영향력의 범위는 정상적으로 최소화되어야 하겠지만, 우리가 현재까지도 살펴볼 수 있는 바와 같이 어머니는 그녀의 자녀들을 정치적으로 사회화시키는 가장 중요한 기관이다.

　간접적인 정치 참여의 두번째 유형은 여성들의 모임에 참여하는 것이다. 이러한 것들은 상대적으로 조직화되고 영속적인 것인 반면, 일반적으로 비정치적인 것으로 묘사된다. 여성들의 모임은 다양한 외형을 취하게 되며, 산업화 이전과 산업화된 이후의 도시사회 모두에서 찾아볼 수 있다. 예를 들어 서아프리카에서는 이러한 모임들이 증가되고 있는데, 과거의 많은 모임들이 그리고 오늘날까지도 몇몇 모임들이 공동체 정치에 대하여 직접적인 영향력을 향유한다. 심지어 덜 직접적으로 강력한 모임도 정치적 중요성을 갖고 있었다. 레이즈는 나이지리아 남부 촌락에서의 그와 같은 모임을 묘사한 바 있다. 그 모임은 정규적으로 회합을 개최하였으며, 그들의 사무요원을 선출하였고 구성원들 사이의 논점을 결정하였으며, 지역시장의 상황을 조정하였고 돈을 대출하여 주었으며, 남성이든지 여성이든지 간에 자신들의 규범을 위반한 사람들에 대하여 효과적인 제재를 가하였다(Leis 1974).

보다 도시화되고 산업화된 상황에서 여성들의 모임은 다수인 것으로 나타난다(나는 여기서 미국의 여성유권자연맹과 같이 압력단체로서의 특징이 확실하고 폭넓게 인식되어지는 정치적이고 전문적인 여성들의 조직뿐만 아니라 페미니스트 집단을 제외하고 있다). 일반적으로 정치학자들은 이러한 모임들의 정치적 잠재력을 무시하여왔다(부분적으로 그 한 가지 이유는 그들의 구성원이 여성이기 때문인 것으로 짐작된다). 또한 페미니스트 사회학자들은, 특히 여성들이 형식적인 정치적 권리를 갖고 있는 국가들 속에서 그와 같은 모임을 반동적인 것으로 묘사하였다. 확실히 그같은 모임은 그 자체의 구성원, 공식적인 배열, 그리고 활동에 따라 매우 복합적인 양상으로 전개된다. 그러나 이에 대한 페미니스트들의 비판이 자주 나타난다고 할지라도, 이것이 여성들의 정치적 영향력의 수단으로서 그것들의 역할을 과소평가할 이유가 되지는 못한다.

19세기 말, 그리고 영국과 미국에서 여성의 참정권이 거부되고 있던 시기에 주로 중산층으로 구성된 여성들의 모임은 증가하였다. 많은 모임들이 자선적이고 사회적인 기능들을 수행하였는데, 이들은 종종 사회개혁을 위한 운동에도 참여하였다. 미국에서 그같은 조직들은 자선조직회 Charity Organization Society와 같은 단체들을 포함하고 있는데, 이 단체는 빈민들을 '친절한 방문자' friendly visitor, 즉 음산한 환경 속에 중산층의 가치를 심어주기 위해 노력하는 중산층 여성 자원봉사자들과 접촉시킴으로써 건강한 빈민으로 재구성하기 위한 목적을 갖고 있었다. 1890년대의 부녀회총연맹 General Federation of Women's Clubs은 그들이 원래 강조하던 문학적이고 문화적인 활동을 수정하여 사회봉사와 개혁에 초점을 맞추게 되었다. 금주를 장려하기 위하여 1873년에 설립된 여성기독교절제연합 Women's Christian Temperance Union은 이후 그들의 관심을 교도소 개혁, 아동노동법, 여성의 참정권 등과 같은 문제로 확장시켰다(Gittell and Shtob 1980, 68-69). 비록 이러한 모임들과 영국의 그와 비슷한 모임들은 종종 현 사회체제를 유지시키는 데 도움을 준다는 비난을 받지만, 이들 모임들은 정치인들과 대중이 그러한 문제들에 대하여 많은 관심을 갖게끔 도움으로써 부정할 수 없는 정치적 역할을 수행하였다.

20세기로 접어들면서 사회학자인 델라몬트가 지적한 바와 같이, 영국에서 "훌륭한 사회과학 연구는 여성연구소 Women's Institutes, 도시여성조합 Towns-women's Guilds, 왕립여성자원봉사단 Women's Royal Voluntary Service, 여성 조언사무국 Women's Advice Bureaux, 그리고 어머니들의 연합 Mother's Union 등과 같은 여성들의 거대한 조직들을 다루지 않으면 안되었다"(Delamont 1980, 192). 1978년까지 대략 300만명의 여성이 전체 구성원이 여성인 조직에 속해 있는 것으로 추정되었다. 대부분의 이러한 조직들은 신중하게 그들 자신을 비정치적인 것으로 표현하였다. 그렇다고 할지라도 나는 적어도 두 가지 방법으로 이들 조직들이 정치적 역할을 수행하였다고 주장한다. 첫째로 개인적인 조직들과 경우에 따라 전국적인 조직들은 특별한 사안을 과제로 삼았다. 공공화장실의 회전식 십자문을 제거하기 위한 몇몇 조직들의 성공적인 연합운동은 당시의 중요한 정치적 이슈는 아니었지만, 그들은 또한 어머니들에게 아동수당이 지급되어야 한다는 요구를 지지하기도 하였다. 두번째로 여성의 조직들 속에서 지도적 능력과 경험을 가진 조직들이 보다 쉽게 지도력을 성취하게 된다는 것이다(Encel et al. 1975, 278). 그러한 이유로 몇몇 여성들은 남성 지배의 정치 속에서 모험하기보다는 상대적으로 그들의 막다른 길에 남아 있기를 선호하였다. 그러나 이는 보수당의 많은 여성 지방의원들이 이러한 배경으로부터 충원된다는 사실과도 연관되어 있다. 비슷한 현상은 미국의 지방 수준과 때때로 전국 수준에서도 사실임이 드러났다. 보다 다른 세계인 라틴아메리카에서도 또한 콜럼비아, 칠레, 도미니카 공화국 여성들의 자선조직과 활동들은 중도정당과 우익정당, 그리고 다양한 운동들을 위한 지원에 쉽게 동원된다는 사실이 제기되고 있다(Aviel 1981, 161).

종합적으로 전통적인, 즉 기초적이거나 계서적이고 공식적인 정치활동에 있어서 여성의 참여는 남성보다 덜하였지만, 그 차이는 종종 협소하거나 최소한으로 줄어들고 있다. 또한 여성은 다른 방법들을 통하여 정치에 참여하는데, 특별조직 운동, 저항활동, 그리고 그들의 활동범위와 관련된 다양한 유형들을 통하여 직접적으로, 그리고 비공식적이며 개인적인 영향력과 여성들의 모임을 통하여 간접적으로 참여하게 된다.

2. 여성의 정치적 태도

여성의 정치 참여에 의한 영향은 무엇이었는가? 비록 여성은 투표권을 획득하기 오래 전부터 공공정치에 참여하여왔지만, 동정론자와 비판론자 모두가 여성들이 어떤 특별한 공헌을 하였는지를 질문하는 것은 바로 이러한 기대감 때문이다. 많은 국가들에서 비슷하게 나타나는 논쟁은 두 가지 극단적인 주장으로 정리될 수 있다. 우선 여성 참정권론자들은 빅토리아 여왕 시대를 옹호하여 여성을 사적이고 순수한 것으로 보는 시각이 이상화된 시대로 생각하였으며, 여성의 정치 참여가 정치에 있어서 새로운 도덕성을 가져다줄 수 있는 유익한 것으로 생각하였다. 미국의 페미니스트인 엘리자베스 캐디 스탠튼 Elizabeth Cady Stanton은 여성 참정권의 효과가 순수성과 선행, 도덕성, 진정한 종교 등을 향상시킬 것이며, 남성들의 사고를 더 높은 영역으로 끌어올릴 것이라고 주장하였다(Elshtain 1974, 464). 이와 비슷하게 줄리아 워드 하우 Julia Ward Howe는 "가정과 남편, 자녀들을 위한 우리 감정의 강도(强度)는 우리들에게 가정 밖에서 사랑하고 일할 수 있는 힘을 주며, 세계를 가능한 한 사랑과 노동으로 충만시켜줄 것"(Bernard 1979, 280에서 인용)이라고 주장하였다. 다른 한편으로 여성 참정권의 반대자론들은 여성에게 부여된 배경과 제한된 도덕적·지적 능력이 여성들을 정치에 부적합하게 만들고, 여성들의 정치화는 가족생활과 사회적인 조화에 있어서 궁극적으로 불행한 결과를 초래할 것이라는 점을 강조하였다. 이에 따라 다이시 Dicey는 "그와 같이 무한한 중요성을 가진 혁명은 영국에서 가장 심각한 위험을 초래하지 않고는 시도될 수 없다"(Currell 1974, 2에서 인용)고 경고하였다.

결과적으로 이러한 묵시적인 예언들의 어느 쪽도 근거가 있는 것으로 보이지는 않는다. 여성의 참정권은 사회 혹은 정치를 변화시키지 못하였다. 아직까지도 비페미니스트들과 페미니스트들은 어김없이 여성의 정치적 태도와 영향이 남성과 구별하기 어려울 정도로 혹은 상당한 정도로 다르다고 주장한다. 앞서와 같이 이 주장들을 지지하기 위해 인용된 증거들은 부적합한 것들이고 종종 애매모호하다. 그럼에도 불구하고 이미 알려진 차이점들에 관하여 형성된 일반화로부터 우리는 토론을 이끌어낼 수 있기 때문에 그것들은 유용한 분석틀을 제공해준다.

1) 여성의 정치활동은 남성 지배적이다

많은 연구들이 결론짓고 몇몇 연구들이 단순하게 가정하였던 것은 여성의 정치행태가 그들의 삶 속에서 남성의 지배를 받는다는 사실이다(예를 들어 Campbell et al. 1960; Charzat 1972 참조). 우선 부인들은 그 남편들의 정치적 시각을 받아들일 것이라고 가정된다. 따라서 배우자들 사이의 정치적 견해가 유사함을 관찰한 라자스펠트 등은 "남편과 아내 사이의 거의 완전한 동의는 정치적 상황 속에서 남성 지배의 결과로부터 발생한다"(Lazarsfeld et al. 1968, 141)고 추론하였다.

이러한 가정에 대한 페미니스트들의 비판은 남편과 아내 사이의 정치적 선호도가 수렴된다는 발견보다는 오히려 그것으로 가장된 해석에 문제를 제기한다. 구트 Goot와 레이드 Reid는 그같은 해석을 지지하기 위한 증거들은 설득력이 희박하다고 주장한다. 때때로 이것은 응답자들이 어머니의 정당 충성도에 의한 영향을 질문받았을 때와 같이 간접적인 것이다(Butler and Stokes 1974). 또한 이것은 밀네와 맥켄지가 240명의 여성들 중 24명의 응답으로부터 그들의 결론을 유도하였을 때와 같이 지나치게 적은 실례들에 기초한 것이다(Milne and Mackenzie 1958).

보다 신중한 두 연구가 이러한 일반화에 대하여 보다 큰 지지를 부여하고 있다. 1965년 미국에서 수집된 자료들을 사용한 벡과 제닝스는 아내들의 정치적 태도가 자신의 부모들과는 거리가 멀고, 남편보다는 자신의 시부모들과 보다 가깝다는 사실을 보여주었다(Beck and Jennings 1975). 와이너는 이것이 선택적 배합의 결과가 아니라는 사실을 입증하기 위하여 배우자들의 정치적 관점은 시간의 경과에 따라 보다 동질적이고 남편의 기본적 관점과 점차 가까워진다고 논증하였다(Weiner 1978). 비록 이러한 연구들이 아내는 그들 남편의 정치적 태도에 순응한다는 결론을 수립한다고 할지라도, 이는 아직도 결혼생활에서 남성의 경력과 지위를 통하여 선점되는 경향이 있기 때문이며, 따라서 이것은 변화하는 여성이 정치적으로 과거에 그랬던 것처럼 남편에게 굴복하는 것이라기보다는 가족 외적인 영향에 반응하고 전체적인 주변환경에 적응하는 것이다(Evans 1980, 214). 이러한 결과들과 보고된 여성들의 경향, 즉 남성보다 덜 투표하고(실증적으로 여성은 투표소 안에서 남편의 의견을 따르지 않는다), 남성보다 더 보수적이라는 경향들 사이에는 기이한 모순이 발생한다.

이와 유사하게 딸을 포함하여 자녀들은 그들 아버지의 정치적 관점에 순응한다고 가정된다(Lazarsfeld et. al. 1968 참조). 구트와 레이드는 이러한 가정 속에 숨어 있는 논리에 대하여 다시금 의문을 제기하고, 때때로 부모의 영향력은 단순히 아버지의 영향력과 대등하다는 사실을 보여주었다. 버틀러와 스토크스는 정당 귀속감에 대한 아버지의 영향력은 가장 현저하게 눈에 띄기 때문에 보다 크게 나타날 수 있다고 가정하였으나, 동시에 "어머니가 정당에 귀속적이고 이것이 아버지와 일치할 때 그녀는 자녀들에 대한 자신의 영향력을 강하게 강화시키며 … 어머니가 정당에 귀속적이고 이것이 아버지와 일치하지 않을 때 그녀는 자신의 자녀들에게 보다 작은 영향을 미친다" (Butler and Stokes 1974, 53)는 사실을 관찰하였다. 더욱이 서로 다른 부모의 정당 일체감이 자녀들에게 어떤 영향을 미치는가를 분석한 미국의 연구들은 그들의 딸들에 대하여 어머니는 아버지보다 단지 조금 덜하게 영향을 미친다는 사실을 발견하였다(Jennings and Langton 1969). 만약 남편이 그들 아내의 정치행태를 지배한다는 일반화가 몇몇 경험적 확증을 얻었다고 할지라도, 아버지가 자신의 자녀들 혹은 최소한 자신의 딸에 대하여 정치적 태도를 지배한다는 증거는 거의 나타나지 않을 것이다.

2) 여성은 보수적이다

가장 최근까지 거의 상투적이며 적어도 최근까지 가장 확실하게 뒷받침을 받고 있는 일반원칙은 여성이 남성보다 정치적으로 더 보수적이라는 것이다. 따라서 영국의 선거 연구에 대한 권위있는 논평들은 여성이 남성보다 더 보수당에 많이 투표한다고 논의한다(Blondel 1965, 60 참조). 사실상 이것은 1970년 보수당의 승리에 기인하는 것이다. 1979년에 이러한 격차는 대략

3% 차이로 상당히 좁혀졌다. 그리고 1983년 총선거에 대한 BBC와 갤럽 Gallup
의 선거 설문조사에 따르면 이러한 유형은 사실상 보수당에 투표한 남성이
45%이고 여성이 42%인 것으로 역전되었다(Norris 1986a). 그러나 던리비와
허즈반즈가 사용한 설문조사에 따르면, 만약 다른 어떤 것들이 각각 이러한
성차가 현재의 설문조사 방법에 의하여 확실하게 개념화되기에 지나치게 한
계적이라는 사실을 나타내지 않는다면, 여성은 아직까지도 남성보다 더 많
이 보수당에 투표한다는 사실에 주목해야 한다(Husbands 1986, 309).

과거에서조차 관찰자들은 영국에 있어서 여성의 보수당 투표를 과장하거
나 잘못 이해했을지도 모른다. 로즈는 1974년 보수당에 대한 남성과 여성의
표차는 단지 2.5%에 지나지 않았다고 추정했을 뿐만 아니라(Rose 1874), 1951
년과 1955년 총선거에서도 다음과 같은 사실이 지적되었다.

연령과 투표 사이의 연관성, 그리고 좀더 제한된 범위에서의 성 sex과 투표
는 부분적으로 사회계급과 투표 사이의 기본적인 연관관계 때문인데, 이러한
연관관계는 서로 다른 연령과 성 집단들의 계급구조에서 나타나는 사망률 차
이의 효과를 통하여 나타난다. … 왜냐하면 최근까지 높은 사망률은 낮은 사
회계급과 남성들 중에서 발생하였기 때문에, 따라서 장수하는 사람은 상층 사
회계급의 여성인 경향이 있기 때문이다(Milne and Mackenzie 1958, 59-60).

보다 최근의 연구들은 여성의 보수주의와 장수 사이의 강한 연관관계를
확증하였다. 버틀러와 스토크스의 1964년 총선거 자료를 재분석한 백스터와
란싱은 여성들 사이에서 세대간 차이가 나타난다는 사실을 발견하였다. 즉,
나이든 여성이 그들 연령의 남성들과 비슷한 비율로 보수당에 투표하는 반
면, 중간 연령(30~59세)의 여성들은 보수당에 대한 투표에서 남성보다 8%
를 앞섰으며, 노동당에 투표한 젊은 여성들(57%)은 남성보다 11%가 높았다.
그들은 영국에서 여성의 보수주의는 '세대에 의한 가공물'이라고 결론지었
다(Baxter and Lansing 1980, 157). 그러나 에반스가 지적한 바와 같이, 이것은
나이든 여성들의 보수주의가 단순히 인생의 주기적 기능이었는지 혹은 노동
당이 아직까지도 국가 권력을 위한 명확한 경쟁자로서 인식되지 못한 시기

에 보수당의 가치에 대하여 그들이 동화된 결과인지에 대한 의문을 해결하지 못하였다(Evans 1980). 또한 우리는 영국에서 젊은 여성들이 조세 삭감과 사회지출 수준의 현상유지 중 하나를 선택하는 것과 같은 특별한 문제에 대하여 나이든 여성만큼 보수적이라는 프란시스와 필의 연구결과를 주목해야 한다(Francis and Peele 1978).

여성의 보수주의는 다른 서유럽 국가들에서도 투표행태의 특징을 이루고 있으며, 다른 많은 사례들에서도 마찬가지의 결과가 나타난다. 이것은 영향력 있는 로마 카톨릭 교회의 존재와 강한 연관관계가 있다. 사실상 한 저자는 프랑스, 독일, 이탈리아에서 여성의 투표는 공산주의 정권의 도래를 억제하였다고 주장하였다(Devaud 1968). 그러나 1970년대에 이르러 여성의 보수당에 대한 투표는 확실히 모든 국가들에서 남성보다 더 감소하였는데, 그리스, 벨기에, 스위스, 네덜란드뿐만 아니라 스웨덴, 핀란드 등에서도 마찬가지였다. 이들 증거들은 남녀간의 차이가 감소하고 있다는 사실을 제시한다. 비록 1978년 프랑스의 의회선거에서 여성표의 48%와 남성표의 단지 43%가 보수연합 정당인 프랑스민주연합 UDF과 공화국연합 RPR에게 투표하였지만, 이러한 차이는 제5공화국 초기의 10~12% 차이보다 작은 것이었다. 1976년 서독의 연방 하원선거에서 사회주의자들인 사회민주당에 투표한 남성은 47.6%였고 여성은 43.1%였으나, 남성의 47.6%와 여성의 48.8%가 기독교민주당과 기독교사회당의 두 보수당에 투표하였으며, 이는 놀랄 만한 차이는 아니었다. 스웨덴의 보수주의적 양상을 살펴보면, 1970년대 기간 동안 수행된 설문조사는 남성과 여성 사이의 투표행태에서 인식할 만한 차이를 발견하지 못하였다(Eduards 1981, 223).

미국에서는 어떤 경우에도 보수주의적 정향이 공화당 또는 민주당 지지와 쉽게 등식화되지는 않는데(1980년대에는 아마도 쉽게 될지도 모른다), 이미 1974년 자퀴트는 미국 정치의 이러한 맥락에서 나타나는 기존의 증거로부터 "미국 여성들이 유럽 여성들만큼 보수적이라는 것은 확실치 않다"고 관찰하였다. 보다 최근 들어 커다란 관심은 남성이 여성보다 더 많이 공화당에 투표한다는 '성차' gender gap의 출현에 초점이 맞추어졌다. 1980년 대통령선거에서 한 여론조사는 여성의 45%가 카터 Carter에게 지지를 나타냈고

47%가 레이건 Reagan에게 지지를 나타냈던 반면, 남성의 지지율은 각각 36%와 55%였다고 지적하였다. 1984년 선거의 출구조사는 남성들 사이의 25% 차이와 여성들 사이의 단지 10% 차이로 인하여 레이건이 먼데일 Mondale을 앞섰다는 사실을 보여주었다. 노리스가 지적한 바와 같이, 이것은 특히 여성들이 인구의 절반을 차지하고 남성과 동등한 비율의 투표율을 형성한 이래 정치인들이 여성 유권자들에게 호소하는 새로운 방법을 찾도록 자극하였다. 또한 이것은 왜 여성들이 남성들보다 레이건에게 덜 투표하게 되었는가(여성의 권리에 대한 반대, 공격적인 외교정책 혹은 복지예산 삭감 때문이 아닌가)에 대한 논쟁을 촉발시켰다. 노리스 자신은 어떠한 설명들도 "다양한 문제들에 대하여 여성은 보다 자유스러운 입장을 취하고, 남성은 보다 보수적"이라는 사실을 만족스럽게 설명하지 못하였다고 결론지었다(Norris 1985a, 196).

노더발은 스칸디나비아 국가들에서도 성차가 나타난다고 주장하였다(Norderval 1985). 빅커스와 브로디는 비록 미국의 레이건 정부 하에서 1984년 총선거의 경우 보수-자유의 차이가 보다 명확했지만, 캐나다에서 자유당과 보수당은 보수-자유 스펙트럼으로 구분하기 어렵다고 주장하였다(Vickers and Brodie 1981). 1980년에 여성들은 근소한 차이로 자유당에 보다 많은 표를 보냈고 남성은 보수당에 보다 많이 투표하였으나, 반면 1984년에는 보수당에 투표한 남성은 22%였으며 여성들은 단지 13%뿐이었다(Norris 1985a). 호주 여성들은 남성들보다 보수적인 자유당에 보다 더 큰 선거 지지를 보내는 것으로 보고되고 있으나, 1970년대 기간 동안 이러한 경향은 감소되었다.

선거행태에 덧붙여 여성의 정당원 가입 유형은 앞에서 인용된 서유럽 국가들의 상황적 증거들과 같이 정치적 보수주의를 시사하고 있다. 호주에서 여성은 자유당 당원의 대략 절반 수준을 형성하였지만, 노동당에서는 당원의 1/4을 형성하였다. 여성이 보수적이라는 인상은 최근 들어 미국의 도덕적 다수 America's Moral Majority 속에서 여성조직의 출현에 의하여, 그리고 태아보호협회 SPUC(Society for the Protection of the Unborn Child)와 같은 조직체 내에서 여성의 역할에 의하여 강화되었다.

개발도상국가들에 관한 정보는 다소 불충분하지만, 라틴아메리카의 자료는 여성의 보수주의라는 주제에 지지를 더해준다. 1970년과 1971년 칠레의 총선거와 1965년 아르헨티나의 총선거에서 여성은 분리된 투표소 안에서 투표하였으며, 그들의 표는 분리되어 기록되었다. 각각의 경우에서 여성은 남성보다 로마 카톨릭 교회와 일체화된 보수당에 더 치우치고 있다. 그러나 루이스는 아르헨티나 여성들이 극우 정당들을 지지하지는 않았다고 지적하였다(Lewis 1971). 칠레와 브라질에서는 여성들이 각각 아옌데 Allende와 자유주의적인 굴라트 Goulart에 저항하는 시위에서 보다 현저한 모습을 나타냈다. 브라질에서는 일반적으로 카톨릭 신자이며 중산층인 여성들이 그들의 도덕성과 공산주의의 직접적인 위협에 의해 가족생활이 처하게 될 위험의 경고에 의하여 보다 쉽게 동원되었다.

내가 인용한 증거와 추론의 중요성에도 불구하고 여성 보수주의의 일반화는 세심한 제한조건을 필요로 한다. 첫째로 남녀 사이의 차이는 과장되어서는 안된다는 것이다. 보수당 지지에 대한 남녀 사이의 차이는 좀처럼 10%를 초과하지 않는 것으로 기록되고 있으며, 사실상 특정 국가에서는 역전되는 모습조차 목격되는 것과 같이 보다 좁혀지는 것이 광범위하게 나타나는 경향이다. 둘째로 인간의 정치적 태도는 나이를 먹을수록 보다 보수적이 되고, 따라서 프랑스, 서독, 호주 혹은 영국 등에서 여성의 보수주의는 여성의 수명 연장이 부분적으로 작용한 것으로 보여진다. 루이스는 아르헨티나에서 도시지역의 여성은 계급에 따라 투표하는 반면, 지방 여성은 그들의 규정된 계급과 지위보다 더 보수적으로 투표한다는 사실을 발견하였다. 이것은 여성의 보수주의가 지방 여성의 고립이 파괴됨으로써 감소될 수 있다는 사실을 나타내는 것이다(Lewis 1971).

이러한 증거들은 여성의 보수주의가 제한적이며 아마도 감소할 것이라는 사실을 나타낼 뿐만 아니라 다른 연구결과들도 실질적으로 여성은 정치적으로 보수적이라는 일반화를 거스르고 있다. 보수주의가 단순히 보수적인 정당을 지지하는 것이라는 의미로 제한될 때조차 특정 연구들은 여성이 남성보다 사회당이나 노동당에 더 지지를 보내는 모습이 발견되는 호주나 벨기에의 지역적 특수성을 인용할 수 있다(Goot and Reid 1975). 그러나 보수주의가 보다 광의로 정의될 경우 반증이 나타날 수도 있다.

이것은 이러한 일반화에 대하여 보다 근본적인 반대로 나타나게 된다. 보수주의라는 개념은 그것을 식별하기에 지나치게 광범위하다는 것이다. 만약 이것이 극우적인 정치적 태도를 내용적으로 의미한다면, 그것은 명백히 남성보다 더 한 여성의 특징이 될 수 없을 것이다. 우리는 아르헨티나에서 여성이 남성보다 현상유지를 대표하는 정당에 더욱 치우쳐서 투표한다는 사실에 주목하지만, 급진적인 정당에 대한 투표는 주목하지 않고 있다. 구트와 레이드가 지적한 바와 같이, 여론조사 자료는 선거에서 프랑스의 푸쟈드당 Poujadists, 이탈리아의 신파시스트당, 독일의 국가사회주의당, 그리고 북아일랜드의 울트라당에 지지를 보내는 사람들이 남성임을 지적하고 있다. 아마도 여성의 보수주의는 이미 제정된 정치질서에 대한 고수와 동등하게 여겨져야 보다 정확할 것이다. 그러한 경우 물론 이미 제정된 질서는 사회주의적인 것이 될 수도 있다. 소련의 여성 당원들이 정당의 교화사업에 집중하는 것은 보다 실제적인 제약보다 그들의 선호도를 반영하는 것이라는 주장에는 논쟁의 여지가 있지만, 이같은 해석을 지지해준다(Moses 1976). 그렇다고 하더라도 이것이 여성들의 저항 잠재력, 상시적이 아니고 특별한 혁명적 정치에의 참여에 대한 앞에서 인용된 관찰들과 쉽게 일치될 수 있는가? 아마도 어떤 사람은 이러한 몇몇 활동들에서 그들이 소유하고 애정을 갖고 있는 이익을 지키려는 여성들이 전통적인 질서에 열중하게 될 것이라고 주장할 수 있을 것이다. 여성들은 종종 주택공급의 악화나 자기 집 주변 환경의 악화 등에 항의하기 위해서 공동체 활동의 캠페인에 참여한다. 평소에는 이러한 행동들이 유지되기가 매우 어렵다. 그래서 여성들이 이런 특별한 활동이나 항의 정치에 참여할 때 사용하는 바로 그 방법은 기존에 확립된 정치제도에 필요 이상의 존경심을 보이지 않는 것이다.

우리가 비전통적인 정치를 논외로 한다고 할지라도, 여성의 보수주의라는 명제는 보수적 가치에 대한 여성의 긍정적인 참여 정도를 과장할 수 있다. 우리가 살펴볼 수 있듯이, 여성은 지속적으로 남성보다 정치적으로 덜 식견이 있는 혹은 덜 관여되어 있는 것으로 보여지며, 현재의 논의와 관련하여서도 여성은 남성보다 덜 이데올로기적으로 생각하는 것으로 보고되어진다. 반스와 카스의 연구계획에 의해 수집된 자료들을 재분석하는 과정에서 제닝

스과 파라는 고려 대상이 되는 5개의 국가들(오스트리아, 영국, 네덜란드, 미국, 서독)에서 여성들이 정치적 좌·우와 관련된 개념에 대하여 덜 인식하고 있으며, 덜 사용하고, 덜 이해하고 있다는 사실을 발견하였다(Jennings and Farah 1980).

마지막으로, 에반스가 상기시켜주듯이, 오늘날 개인적인 정치적 태도는 개념화되기 어렵고 내부적으로 반드시 일관되어 나타나지는 않는다는 사실이 폭넓게 인식되어지고 있다(Evans 1980). 이에 따라 보수주의는 가치와 신념의 통합된 체계와 같이 주관적으로 존재하는 것이 아니다. 다양한 정치적 질문에 대한 여성의 태도는 당연히 다른 하나에 대하여 혹은 정규적인 보수성에 따라 일관되게 나타나지는 않는다. 우리가 살펴볼 수 있듯이, 여성은 남성보다 평화주의자이고, 여성의 태도가 전적으로 정통적인 보수주의와 일치하는 것이 아니라는 서구 민주국가들의 많은 증거들이 나타나고 있다. 에반스는 여성의 정치적 선호도에 대한 복잡성의 지표로서 공공 시위에 대하여 경찰이 무장을 해야 된다고 믿는 여성이 남성보다 3% 더 많았지만, 사형제도의 부활에 찬성하는 것은 4%가 더 적었다는 영국에서의 조사결과를 인용하였다(Evans 1980, 219). 이와 비슷하게 1970년 선거 기간 동안 버틀러와 스토크스에 의하여 수집된 자료들을 사용한 프란시스와 필은 일련의 현대 정치적 문제들에 대한 성별간·세대간 태도 차이를 기록하였다. 이에 따라 복잡한 양상이 나타났는데, 그들은 성별에 따른 정당귀속감의 차이가 세대를 거듭하면서 확실하게 감소하고 있으며 6가지 선택된 사안들 중 단지 3가지, 즉 물가상승을 통제하는 노동당 정부의 능력, 이민정책과 파업의 심각성 등에 대한 사안에서만 확실히 같은 방향으로 수렴한다는 사실을 발견하였다. 다른 한편으로 젊은 남성과 여성 사이에서는 유럽공동체 EC 가입에 대한 태도에서만 단지 조심스러운 수렴현상이 발생하였다. 전체 연령에서 여성은 대기업의 영향력에 대하여 남성보다 더 비판적이었고, 젊은 여성들은 나이든 여성에 비하여 사회적 지출보다 조세 감면을 더 선호하였다. 저자들은 성별간 정치적 태도의 수렴은 사안의 정치적 긴박성에 따라 증가하였으나, 그들의 태도 사이에는 내부적으로 논리적인 상호관계가 없는 것으로 나타났다는 사실을 주장하기 위하여 이러한 연구결과들을 활용하였다(Francis and

Peele 1978).

여성이 남성보다 정치적으로 보다 보수적이라는 주장은 단지 이러한 차이가 한정적이고 아마도 일시적인 것이라고 인식되어질 경우에만 받아들여질 수 있다. 어떠한 경우에도 우리는 이러한 맥락에서 보수주의가 의미하는 것이 무엇인지를 명확히 해야 하고, 보수주의의 특성은 특별한 사안에 대한 모순적 태도를 포함하게 된다는 사실을 상기해야 할 필요가 있다.

3) 여성은 정치를 개인화한다

또 다른 빈번한 주장은 사안 지향적인 issue-oriented 것의 반대되는 개념으로 여성이 남성보다 더 후보 지향적 candidate-oriented이라는 것이다. 즉, 여성들은 정치를 개인화하는 경향이 있다. 가장 유명한 실례는 1952년 미국의 대통령 후보인 아이젠하워 Eisenhower에 대한 여성들의 지지인데, 여성들의 지지는 그의 부족한 지지율을 압도적인 승리로 전환시켰다고 일컬어지고 있다. 그러나 이것을 지지하는 증거는 불충분하다. 실질적으로 샤바드와 앤더슨은 인용된 사례들을 세심하게 분석한 이후 이것이 단 하나의 자료로부터 나온 결과라고 결론지었다. 미국인들의 투표행태에 대한 캠벨 등의 연구는 어떤 경우에도 성차는 이러한 관점에서 조금뿐이라고 보고하였다(Campbell et al. 1960). 이에 대한 반증도 존재한다. 구트와 레이드는 특히 트뤼도 Trudeau가 여성 유권자들에게 특별하게 매력적인지 여부를 조사하기 위하여 캐나다에서 수행된 설문조사를 참조하였는데, 이러한 자료들은 그가 그렇지 않다는 사실을 나타내주고 있다(Goot and Reid 1975). 존스 또한 여성은 실질적으로 남성보다 덜 후보 지향적이라는 사실이 발견된 일본에서의 여론조사 결과를 인용하였다(Jones 1975).

이러한 문제를 보다 더 추적하기 위해 샤바드와 앤더슨은 1952년부터 1976년 사이 미국의 대통령선거에 대한 자료들을 사용하였는데, 이들 중 몇몇은 캠벨 등의 연구로부터 기반을 형성하기도 하였다. 이들 자료들은 사안 혹은 정당에 대한 고려보다 개성에 따라 후보를 평가하는 성별 경향의 차이가 작고 감소한다는 사실을 보여주었다. 양쪽 성별 다수가 개성의 고려를 강조하는가를 관찰함으로써 그들은 그 경향에 따라 응답자들을 엮어내는 실험을 실시하였다. 그들은 비록 여성이 남성보다 많기는 하지만, 후보자의 외양과 가족생활과 같이 정치적 내용이 비교적 적은 개별적인 특성과 연관되어서는 응답자들이 상대적으로 소수인 것을 발견할 수 있었다. 사실 그들은 근본적으로 후보자의 능력에 대한 그들의 자각에 의해 영향을 받은 것이었으며, 지도력과 신뢰성에 대한 후보자들의 능력과 밀접한 관계가 있는 것이었다(Shabad and Andersen 1979).

4) 여성은 도덕적이다

여성의 정치 참여는 또한 도덕적이라고 분류되어진다. 우리는 여성의 참정권에 찬성하든지 반대하든지 간에, 이것이 정치에 새로운 도덕성을 도입시킬 것이라고 폭넓게 기대되어지는 것을 확인하였다. 더욱이 여성의 보수주의는 특히 로마 카톨릭 국가들 내에서 교회의 영향력과 연관되어 있었다. 선험적인 토대 위에서 정치의 여성 도덕주의가 예상되었다.

이것을 지지하는 몇몇 증거들도 나타났다. 첫째로 여성은 전쟁과 핵무기 문제에 대하여 남성보다 더 평화주의적인 입장을 빈번하게 취하는 것이 발견되었다. 이러한 사실은 미국에서 지속적인 연구들에 의하여 기록되었다. 백스터와 란싱은 1952년부터 1976년 사이 대통령선거 설문조사에 기초한 연구결과를 정리하였는데, 이것은 여성이 전쟁과 평화에 속한 사안들에서 남성과 가장 강하게 구분된다는 사실을 보여주었다. 1952년에 남성의 48%와 여성의 단지 32%만이 한국에 대한 미국의 군사적 개입을 찬성하였다. 1968년에 남성 응답자의 절반 이상과 여성 응답자의 2/3 이상이 베트남에 대한 개입을 반대하였다. 성차의 규모와 시간의 경과에 따른 영속성은 놀라운 것이었다. 백스터와 란싱은 젊고 보다 많은 교육을 받은 여성들이 가장 온건파였다는 사실을 발견하였으며, 이러한 경향은 증가될 수 있다고 주장하였다(Baxter and Lansing 1980, 57-59). 우리는 이미 영국의 평화운동에서 여성의 탁월한 역할을 명시하였다. 1981년 여름에는 노르웨이의 5개 여성 평화단체들이 조직한 핵무기 경쟁에 반대하는 항의시위에서 수천명의 유럽 여성들이

브뤼셀까지 행진하였다(*The Guardian*, July 25, 1981).

원자력에 대한 사안은 비록 도덕적인 문제만큼이나 환경적인 문제이지만, 핵무기와는 거의 관련이 없는 것이다. 미국에서 갤럽의 여론조사는 쓰리마일 아일랜드 Three Mile Island 사건에 따라 남성의 71%에 비해 여성의 단지 59%만이 모든 핵발전소의 폐쇄에 반대하였다는 사실을 보여주었다(Baxter and Lansing 1980, 59). 원자력 문제는 스웨덴 선거정치의 중심 주제가 되기도 하였다. 1980년 3월의 국민투표에서 비록 여성의 정당 선호도는 사안에 따라 영향을 받은 것으로 보이지는 않지만, 남성들의 31%가 이에 반대한 것에 비하여 여성들은 46%가 반대하였다(Eduards 1981).

여성은 남성보다 더 청교도적인 것으로 묘사된다. 이것은 부분적으로 미국과 영국 내에서 매춘과 알콜에 반대하는 여성운동의 유산이다. 사실 미국의 금주령 시기에 주류 밀매업자들은 역설적으로 여성기독교절제연합의 노력에 대단한 신세를 진 셈이었다. 1922년 스웨덴에서 실시된 국민투표는 남성의 59.1%와 여성의 단지 41.5%만이 금주법에 반대했다는 사실을 보여주고 있다. 더욱이 최근 들어 그루버그는 1950년대 동안 미국의 서부와 중서부에서 수행된 설문조사를 인용하였는데, "이 조사는 금주법과 도박규제, 매춘 등과 같은 사안에 대하여 남녀 사이의 진정한 차이를 보여주었다"(Gruberg 1968, 13).

이러한 청교도주의의 확장에 따라, 그리고 개혁 시대의 도시개혁운동에 대한 미국 여성의 참여에 따른 배경에 대하여 여성은 정부를 정화하고 부패와 싸우기 위한 노력이라는 의미에서 개혁주의와 관련되어 있었다. 특히 레인은 중요한 단계에서 부패를 제거하려는 이러한 특징들을 '정의에 대한 냉철한 애착' bloodless love of the good이라고 표현하였다(Lane 1959, 212).

여성들의 정치적 도덕주의에 관한 설명들에 대한 한 가지 반대는 그녀들의 평화주의를 제외하고는 이러한 특징들이 자료로 충분하게 입증되지 못하였다는 것이다. 그러나 두번째 중요한 반대는 이러한 반대 밑에 깔려 있는 가정(假定)에 관한 것이다. 이러한 가정이 존재하는 한 그들의 태도에서 자신의 이익과 관련이 없는 도덕주의를 읽는다 것이 얼마나 현실적인가? 많은 여성들은 술 취한 남편들이 빈곤한 부양자가 되고, 가정에서 아내와 자녀들을 육체적으로 학대하기 때문에 금주법에 투표하였던 것이다. 따라서 이것은 '도덕주의'가 아니라 때에 따라 그들의 의사를 결정하고 다른 경우에는 사회적 인식을 하게 되는 이기주의이다(Epstein 1981, 134). 남성들의 비판은 이것이 때때로 여성의 평화주의가 무지와 공포에 의한 것이지만, 전쟁 때문에 인류가 지불하는 비용보다 더한 현실주의를 반영할 수 있는 것이라는 사실을 암시한다. 세번째로 다시 정의(定義)의 문제가 제기된다. 무엇이 '도덕주의'인가? 의미상으로 이것은 '도덕성'의 보다 심원하고 강건한 의미와 부정적으로 대조된다. 그러나 이것이 도덕과 함께 하는 한, 현실적으로 공공정치가 도덕적 고려에 의하여 전적으로 방해받지 않기를 바랄 수 있을까?

5) 여성은 비정치적이다

이것은 우리들에게 여성의 참여를 본질적으로 비정치적인 것으로 특성화시키려 한다는 점에서 보다 근본적인 문제를 제기하게 한다. 여성의 정치행태에 대한 일반화를 토의하는 과정에서 부적당하거나 모순된 증거들을 빈번하게 지적하였다. 사실 몇몇 논평자들이 여성의 개성과 성 역할에 부합하여 너무나 쉽게 결론을 맺는다고 주장하는 것은 불공정한 것은 아니다. 그들은 자신들이 생각하는 풍속을 지속시키는 데 도움을 주는 성차를 과장하였다.

여성의 정치행태에 대한 모든 설명들 중에서 가장 확실하게 지지받는 것은 여성들이 정치에 대하여 잘 모르고, 관심도 적으며, 정치에 대한 참여도 남성보다 덜하다는 것이다. 서구 민주국가들 중에서 미국, 영국, 호주, 캐나다, 프랑스, 서독, 이탈리아, 덴마크 등으로부터 증거들이 인용될 수 있다. 따라서 1970년대 유럽경제공동체의 8개 국가들에 대한 설문조사 자료를 사용한 잉글하트는 여성이 지속적으로 정치에 있어서 남성보다 관심을 별로 갖지 않는다는 사실을 발견하였다(Inglehart 1981). 여성 응답자의 거의 과반수는 그들이 전혀 정치에 대하여 토론한 적이 없었다고 얘기하였으나, 그렇다고 하더라도 그녀는 이러한 성차가 민족성과 교육수준이 다른 사람들 사이의 편차보다 덜 중요하다고 지적하였다. 가장 최근 들어 1984년 유럽 의회선거 시기에 실시된 유로-바로메타 Euro-Barometer 설문조사는 여성이 의회에

대하여 잘 모르고, 의회에 대한 견해에 대해서도 남성보다 덜 논의한다는 사
실을 보여주었다. 그러나 이에 대하여 어느 쪽 성도 커다란 관심을 나타내지
는 않았으며, 또한 1977년 이래 남녀 사이의 차이는 어느 정도 좁혀지게 되
었다(Women of Europe, 1984, Supplement No.21). 동유럽에 대한 정보는 극도로
빈약하고 유고슬라비아, 체코슬로바키아, 그리고 소련으로 한정되어 있다.
그러나 이러한 국가들에서조차 군중동원이 정치적 관심의 수준에서 이와 비
슷한 성차를 근절시키지 못하였다고 주장되고 있다(Wolchik 1981). 아마도
당연하게 그와 같은 차이는 인도에서도 보고되고 있으며, 가나에서도 여성
의 역할에 대한 토론에서 비슷한 결과가 보고되고 있다(Smock 1977). 이러한
결론을 강화하기 위하여 우리는 다시금 버바 등의 정치 참여에 대한 7개국
연구를 참조할 수 있다. 즉, 오스트리아, 인도, 일본, 네덜란드, 나이지리아,
미국(비록 여기서는 그 차이가 매우 작지만), 그리고 유고슬라비아에서 여성
은 지속적으로 남성보다 정치적 관심이 낮고 정신적으로 덜 연계되어 있다
는 것이다(Verba et al. 1978).

그러나 이러한 일반화에도 제한조건이 필요하다. 첫번째 강조점은 '정치
적인' 것이 무엇을 의미하느냐에 대한 관습적인 이해에 따라 대다수 사람들
이 조금씩은 비정치적이라는 것이다. 두번째로 미국과 영국에서 보고된 성
의 정치화에 따른 차이는 미약하다는 것이다. 어떠한 차이도 지속되지 않고
있으며, 반대로 호주, 캐나다, 그리고 프랑스의 설문조사는 확실하게 줄어들
고 있는 차이를 보여주었다. 정치적 관심에 대한 성차는 특히 교육과 같은
매개변수와 합쳐질 때 더욱 줄어들었다.

이러한 실제적인 제한조건을 초월하여 근본적인 가정에 대하여 의문이
제기된다. 이러한 가정은 그렇게 성차별주의적인 것은 아니며, 최소한 직접
적으로는 그렇지 않다. 차라리 정치는 협의로 전통양식 속에서 개념화되었
다는 것이다. 결과적으로 정치적 지식과 참여를 점수화하기 위해 설계된 측
정방법은 전통적인 정치로 지나치게 편향되었다. 에반스가 의문을 제기한
바와 같이, "일반적으로 사용되어지는 공무원 등에 관한 실제적인 정보 항목
들은 현실적으로 정치를 이해하기 위한 가장 현저한 기반들을 포함하고 있
는가?"(Evans 1980, 221) 나는 여성이 선천적으로 비정치적이지 않으며, 그 자

체의 관심과 메커니즘이 여성들에게 접근이 용이해질 때 여성은 정치적으로 연계될 수 있다는 사실을 목격하였다. 아마도 전통적인 의미에서 여성이 남성보다 덜 '정치적'이라는 것은 사실이겠지만, 이것은 여성이 사회생활 속에서 정치적 중요성을 판단하지 못한다는 말과는 크게 다른 것이다.

6) 여성은 정치적으로 우월하다

비록 때에 따라 페미니스트들을 포함하여 많은 논평자들(Iglitzin 1974 참조)이 지금까지 나타난 정보들을 통하여 여성들 또한 '불충분한 남성화' insufficient masculinisation로 인하여 고통을 받고 있는 남성 부적격자들처럼 정치에 참여해야 한다고 결론지었지만(Jaquette 1974, xviii), 다른 페미니스트들은 여성의 참여는 이와 구별되며 우월한 동기로부터 나타난다는 논리를 대안적인 해석으로 주장하거나 암시하고 있다. 내가 서론에서 고려하였듯이 여성이 선천적으로 또는 그들이 살아온 방법 때문에 남성보다 우월하다는 것은 보다 일반적인 페미니스트들의 일부 주장이다. 이러한 관점은 여성과 정치 참여의 관계 어느 곳에서 체계적으로 설명되어진 나의 시각은 아니다. 여러 가지 부분적인 자료들로부터 이러한 입장의 윤곽들을 함께 연결짓는 것은 유용한 것이며, 다음에서 그렇게 해보고자 한다.

첫째로 전통적인 정치의 외양을 통하여 바라보건대 여성은 남성보다 더 지각적이다. 그들이 소유한 경험은 그들에게 정치는 실질적으로 행사되는 것처럼 권력에 관한 것이라는 사실을 보여준다. 더욱이 현실적인 권력은 집중되어 있고 현저한 대중적 참여의 민주적 과정에 의하여 거의 영향을 받지 않는다. 결과적으로 여성은 전통적인 정치 참여에 대하여 남성보다 덜 초점을 맞추어왔다. 따라서 아문센은 여성이 남성보다 덜 투표하는 한 가지 이유는 현 정치체제에 대한 여성들의 거부의 표현이 될 수 있다고 주장하였다 (Amundsen 1971, 142). 부르크와 그로스홀츠도 자신들의 정치적 효능, 즉 정치를 통한 변화에 영향을 미치는 그들의 능력(남성보다는 낮은), 검증되는 한에 있어서 인격에 기초한 후보자의 평가 등에 점수를 매기려는 여성들의 경향이 정치적 미숙의 증거가 아니라 정치체계에 대한 신랄한 평가라고 생각하였다(Bourque and Grossholtz 1974).

두번째로 여성은 남성보다 더 민주적이다. 여성은 그 자체의 종말적인 권력을 회피한다. 남성 지배에 대한 여성의 경험은 그녀들에게 권력이 남용될 수 있는 방법들에 관하여 경고하였다. 민주주의에 대한 강조는 여성해방운동의 특별한 특징일 뿐만 아니라 그들이 당한 억압 때문에 여성은 어떤 범주에서도 '패배자'의 곤궁에 대하여 보다 동정적이다.

앞의 두 가지로부터 나타나는 세번째 관찰은 여성은 남성보다 더 급진적이라는 것이다. 그녀들은 현존하는 정치적 실체와 개념에 보다 기꺼이 도전할 수 있다. 또한 이것은 이전에 비정치적인 것으로 고려된 것들을 정치적인 장 안으로 끌어오고, 널리 행해지는 정치적인 정의들에 도전함으로써 합법적인 정치를 급진화시키는 여성해방의 맥락 속에서 주장된다. 콕번도 공동체 정치에서 "여성은 … 행동에 있어서 다루기 어렵고 타협하지 않으며, 예측하기 힘들고 업무를 수행하는 새로운 방법들을 생각해내는 경향이 있다. 여성은 때때로 그들의 욕구에 있어서 총체적이다"(Cockburn 1977, 63-64)라고 주장하였다. 버나드는 "여성은 미래를 재구성하기 위한 임무 속에서 특별한 역할을 수행한다"(Bernard 1979, 283)고 생각하였다. 그녀는 여성을 지금까지 역사의 이면에서 살아온 존재로 묘사한 또 다른 페미니스트인 볼딩을 인용하였다. 볼딩은 이러한 체험이 여성에게 "특별한 경험을 제공한다. 그것은 사회의 자유로운 환상적 공간이며, 그 자체의 미래를 바라보는 공간이고, 그 자체의 접합적인 공간이다. 그것은 배후를 파괴하는 복잡성과 싸우는 것을 배울 수 있는 마음속의 공간이다"(Boulding 1976, 789)라고 주장하였다. 여성이 남성보다 잠재적으로 보다 급진적이라는 시각은 초기에 인용된 저항정치와 혁명정치에 대한 여성 참여의 사례들로부터 보다 많은 증거들을 찾아내게 된다.

마지막으로 여성은 남성보다 더 윤리적이고 인도적이다. 여성이 전통적 정치에 참여하는 한에 있어서 그녀들은 보통의 사람들과 행동의 윤리 기준에 대한 관심을 전통적 정치에 불어넣는다. 이것은 물론 19세기 참정권론자들에 의하여 반복적으로 사용되어졌던 논쟁이지만, 오늘날의 페미니스트들도 이것을 만들어내고 있다. 스토퍼와 존슨은 정치를 통해 여성은 인간의 생각을 덜 공격적인 것으로 조절하고, 인구가 밀집한 원자핵 시대의 지구를 보다 적합하게 만듦으로써 공헌할 수 있다는 그로리아 스타인넴 Gloria Steinem의 신념을 인용하였다(Stoper and Johnson 1977, 195). 버나드는 "일반 정책에 대한 여성의 공헌은 인류와 정치적 생활을 온화하게 한 것에 대한 그들의 공헌을 통하여 실질적으로 이타적인 것으로 나타나는 경향이 있다"(Bernard 1979, 282)는 입장을 취한다. 부르크와 그로스홀츠는 만약 여성이 특정한 문제에만 관심이 있거나 전문적이라면, 이것은 이러한 영역이 현실적으로 문제가 되지 않기 때문이라고 주장하였다. 평화나 사형제도와 같은 사안에 대하여 여성은 남성보다 분명하고 보다 인도주의적 의견을 제시한다(Bourque and Grosshortz 1974). 우리가 살펴보았듯이, 특히 남성보다 여성이 더 평화주의적이라고 말하는 이러한 가정에는 몇 가지 근거가 있다. 그러나 이것은 몇몇 페미니스트들이 성차에 대한 연구결과를 옹호하는 것처럼 생물학적인 설명(새로운 생명을 잉태하는 여성의 역할)에 호소할 필요는 없다. 학문적 규범뿐만 아니라 정치적 편의주의는 그들의 과장에 대하여 경고하고 있다. 스토퍼와 존슨이 지적한 바와 같이, 전통적인 여성의 정치적 역할로 여성을 제한하는 것은 남성 정치인들에게 이익이 되는 것이다.

나는 여성의 정치적 우월성에 대한 그같은 사례가 체계적으로 발전되어야 한다는 사실을 다시 한번 강조한다. 그뿐만 아니라 이것은 그 형태에서 자신들이 반대하는 '성차별적인' 해석보다 더 이치에 맞는 것 같지도 않다. 그러나 최소한 여성의 정치 참여에 대한 수많은 관습적 지식의 독단을 강조하고 대안적 패러다임을 제공하는 데는 이것이 유용하다.

선행하는 내용들은 인지된 특징들의 목록들을 속속들이 언급하지 못하였다. 여성은 그들의 정치적 충성심에서 남성보다 더 변덕스럽다는 주장이 제기되었으나, 구트와 레이드가 지적한 바와 같이, 이것을 지지하는 증거들은 희박하다. 보다 주목받고 그럴 듯한 것은 여성은 전국정치보다 더 지방정치 지향적이라는 주장인데, 그 가능성과 의미는 다음 장에서 보다 세심하게 살펴볼 것이다.

결국 이러한 증거와 논의의 연구에 대한 결론은 몇몇 극적인 차이가 남녀 사이에, 즉 기초적인 수준에서의 정치적 태도들 사이에 존재한다는 것이다.

여성은 특정한 국면에서 보다 보수적이고, 정치에 대하여, 특히 전통적인 정치에 대하여 덜 알고 있고, 관심이 덜하며, 아마도 보다 도덕적이다. 그러나 이러한 차이들은 과장되어서는 안되며, 수많은 맥락들 속에서 점차 감소하고 사라져간다.

3. 여성의 정치행태에 대한 결정요인

이제 우리는 여성의 정치 참여 범위와 내용에서 드러난 특징들이 어떻게 최상으로 설명되어질 수 있는가를 질문해야만 한다. 정치학에서 페미니스트들의 설명이 정치체제와 관련된 특징들보다는 여성 자신의 특징들을 강조한다는 사실을 지적하는 것은 흥미로운 일이다. 더욱이 이러한 설명들은 정치에 대한 여성의 성향을 조절하는 요인들의 범위에 대한 것보다는 오히려 어느 것이 가장 중요한가에 대하여 논쟁한다. 다음의 논의에서 비록 이러한 것들이 상호의존적이기는 하지만, 한편으로 관련된 여성의 특징들과 다른 한편으로 다른 것들에 대한 정치적 특징들 사이를 폭넓게 구분할 것이다.

1) 어린 시절 사회화의 효과

여성의 특성들 중 어떤 것이 그녀들의 정치행태를 유형화하는데 기여하는가? 초기 연구들은 이러한 요인들을 일반화하려는 노력 없이 여성의 '소수적 사고방식' mentality of minors(Duverger 1955, 129), 여성들이 직접적으로 당면한 상황, 그리고 사회구조 내에서 그들의 지위를 동시적으로 언급하였다. 후기 연구들은 사회화의 효과 혹은 다양하게 분류된 상황적·구조적 요인들로부터 정형화되는 성 역할을 명확하게 구분하고자 하였다. 이러한 연구들의 이론적 골격이 전체적으로 동시에 발생하지 않게 된 이래, '상황적'이고 '구조적'이라는 용어는 항상 같은 방법으로 사용되지는 않았으며, 그들의 사용법은 중복되었다. 그렇지만 그것들은 분석을 위한 유용한 골격을 제공하였다.

정치적 사회화는 "내면화된 정치영역 속에서 참여와 관련된 성향과 기술 (技術)에 따라 나타나는 사회체계와 개인 사이의 상호관계"로서 정의되어진 다(Flora and Lynn 1974, 51). 여성의 정치적 태도와 성향을 형성하는 데 있어 서 사회화의 역할을 강조하는 저자들은 일반적으로 두 가지 이상의 가정을 수립하였다. 그들은 첫째로 이러한 정치적 정향이 이미 설립된 성 역할의 맥 락에서 발생하며, 둘째로 이러한 가장 기본적인 성 역할은 근본적으로 아동 기에 형성된다고 가정하였다.

이러한 주제의 고전적인 대표자는 그린스타인이었다. 그는 성인의 정치적 태도에 기여하게 되는 상황적이고 구조적인 요인을 받아들이면서, 아동기의 경험에서 이러한 태도의 기원을 발견하였다. 수없이 많이 인용된 문장에서 그는 다음과 같이 쓰고 있다.

소년·소녀들 사이의 정치적 차이는 소녀들이 '정치는 소녀를 위한 것이 아 니라는 것'을 배우고, 따라서 '나는 정치에 관심이 없다'고 하는 합리적으로 발달된 인과적 연계과정으로부터 의미 있게 나타나는 것은 아닌 것으로 보인 다. 오히려 성 정체감이 습득되는 보다 미묘하고 복잡한 과정(차별적인 기회, 성에 따라 달라지는 보상과 처벌, 한 부모 혹은 다른 부모와 공유되는 정체감) 이 존재한다. 다른 것들 중에서 이러한 학습과정은 소녀들을 직접적인 환경과 연계시키며, 소년들을 보다 폭넓은 환경과 연계시킨다. 아동기에 있어서 소녀 들이 상대적으로 늦게 발달함으로써 정치적 반응은 이미 존재하는 비정치적 정향의 틀 속으로 빠져들게 된다(Greenstein 1965, 125).

비록 실질적으로 그의 자료들은 소년과 소녀 사이의 정치적 관심과 지식 에서의 작은 차이만을 나타내고 있지만, 자신의 주장을 논증하기 위하여 그 는 몇 가지 초기 연구들과 뉴 헤븐 New Haven 지역의 학생들에 대한 조사연 구를 인용하였다. 두 명의 페미니스트 정치학자들은 개별적으로 이러한 시 각(비록 다른 것들에 있어서 그들 모두는 이것을 거부한 것으로 나타났지만) 을 뒷받침하였다. 이그리친은 비정치적 여성이 형성되는 과정에서 사회화의 역할을 강조하였다. 그녀는 1971년부터 1972년 사이 미국의 11세 연령집단

에 대한 자신의 조사연구를 참조하였는데, 이들 집단은 이미 특별한 정치적
사안에 대한 성 역할의 정형과 성 전형적인 정향을 형성하고 있다는 사실을
발견하였다(Iglitzin 1974; Amundsen 1971).

다른 페미니스트들은 이러한 해석이 다소 불쾌하고 부정확한 것이라고
반대하였다. 이것은 여성을 남성 지배적 문화의 수동적인 피지배자로서, 그
리고 그녀들이 정신적으로 아동이기를 멈춘 오랜 이후에도 남성에 대하여
어린이다운 정신적 의존을 유지하고 있는 것으로 묘사하였다. 따라서 이것
은 우리가 살펴본 바와 같이, 여성의 성공적인 정치 참여의 전제조건이라고
생각되는 합리성과 성인기적 속성, 혹은 공격성과 같은 속성이 부족하다는
것을 암시한다.

정치적 정향에서의 성차가 학교 학생들 중에서 나타나게 되는 한, 이것은
그들 미래의 선택에 대한 아동의 현실적인 기대를 반영하는 것일 수도 있다.
그러나 영국과 미국에서의 연구들은 학생들의 정치적 태도에 있어서 중요한
성차를 발견하는 데 실패하였다. 다우즈와 휴즈는 비록 그같은 차이가 엑세
터 지역의 학생들에 대한 그들의 표본에서는 존재하였지만, 이러한 차이는
한정적이며 단지 통계적으로만 중요하다는 사실을 발견하였다(Dowse Hughes
1971). 이와 유사하게 일리노이 지역의 학교 아동들에 대한 연구는 "이 연구
에서 나타난 소년과 소녀 사이의 정치적 차이는 일반적으로 작다"(Orum et
al. 1974)는 결론을 내리도록 하였다. 우리가 살펴보겠지만, 두 가지 확장된
연구들은 아동기의 사회화보다는 성인의 정치적 태도에 대한 요인들이 결정
적인 영향력을 지닌다고 발표하였으며, 반면 웰치는 여성의 정치 참여에 대
한 자신의 분석으로부터 상황적이고 구조적인 요인들이 고려될 때 비로소
사회화의 독립적인 공헌이 함께 사라진다고 결론지었다(Welch 1977).

오히려 그같은 초기 연구들의 우월성을 주장하기보다 우리는 이것이 단
지 특별한 상황에서 중요하다는 주장을 선호해야만 한다. 캠벨 등은 전통적
으로 특유한 여성의 정치적 태도는 나이가 들고 최저 교육을 받은 여성들에
서 보다 현저하게 나타난다는 사실을 발견하였다. 이것은 캠벨 등이, 아동기
사회화는 현재보다 과거에 좀더 구분되는 성 정체성을 주입함으로써, 그들
이 점점 성장하게 됨에 따라 이런 시대에 양육되고 교육을 통해서 대안적인

가치를 접해보지 못했던 여성들이 그러한 전형적인 태도를 유지하게 된다는
결론을 맺도록 하였다(Campbell et al. 1960). 이와 유사하게 캐나다와 아르헨
티나에서의 연구들은 전통에 의하여 가장 많이 가려진 (나이 들고, 덜 교육
받고, 종교적이고 지방적인) 여성들이 남성으로부터의 사회적 태도, 특히 정
치적 태도에 있어서 가장 큰 차이를 나타냈다는 사실을 보여주었다(Black
and McGlen 1979; Lewis 1971). 상황적 요인들의 중요성에 대한 그들의 주장은
역설적으로 가정(家庭) 밖에서의 취업과 높은 교육 같은 자극이 없는 상태에
서는 아동기의 사회화는 정치적 태도에 대하여 보다 최종적인 효과를 갖는
다는 사실을 암시한다. 페미니스트들은 여성들의 관습적인 정치행태는 여성
의 성인기 상황에 상응하는 합리적인 것이었다고 설명하면서, 사회화에 대
한 신중한 주장에 대하여 의문을 제기하였다. 만약 여성이 분명하게 비정치
적이라면 관습적인 이해에서와 같이 여성들이 정치에 대한 이해관계가 부족
하기 때문이며, 만약 여성이 보수적이라면 이것은 가부장제가 그들이 전통
적인 질서에 대한 이해관계를 습득하도록 강요했기 때문이다. 이것은 우리
가 처음 남성 지배의 원인을 연구하는 데에서 마주쳤던 합리성과 억압 사이
의 관계에 대하여 전반적으로 어려운 의문을 제기하게 한다.

2) 여성의 상황에 대한 당면한 제한

여성의 정치행태에 대한 대안적 해석은 여성을 제약하고 촉진시키는 직
접적인 상황을 강조한다. 이러한 시각에 따라 가사책임과 어머니로서의 책
임의 연계는 여성을 가정(家庭) 내에서의, 그리고 유급 노동인력 밖의 상태
로 유지시키며, 정치에 대한 그녀의 관심과 실질적인 관여를 제한한다. 여성
은 정치적 사안을 학습하고 토론할 기회가 부족하며, 정치적 업무를 맡을 시
간과 자유를 덜 갖고 있다. 정치학자들은 사회화의 영향을 강조하는 동안에
도 이러한 제약요인들을 오랜 기간 인식하였다. "가정주부와 어머니에 대한
순수한 욕구는 그녀가 정치적으로 관련된 경험을 얻을 수 있는 기회나 필요
성을 가질 수 없음을 의미한다"(Lipset 1963, 206). 또한 캠벨 등은 가정에서
자녀의 존재 유무와 여성 투표율 사이의 부정적인 관계를 지적하였다.

이러한 설명에 대한 경험적인 지지는 기본적으로 미국의 최근 연구들을 통하여 나타났다. 폼퍼는 미국의 선거행태에 대한 그의 설문조사에서 가정에서 어린아이의 존재가 여성의 정치 참여를 제한하는 데 영향을 미친다는 사실을 입증하였다(Pomper 1975). 세 가지 다른 연구들은 집중적으로 여성의 정치행태에 대한 상황적 제한요인의 효과와 관련되어 있었다. 앤더슨은 1952년부터 1975년 사이 미국의 여성 정치 참여에 있어서 주요한 증가는 가정밖에서 취업한 여성들 중에서 나타났다는 사실을 보여주었다(Andersen 1975). 테딘 등은 정치 참여에 있어서 사회화의 영향과 상황적 요인을 실험하기 위하여 형제·자매 쌍들을 이용하였다. 그들은 대학교육과 같은 상황적 요인이 아동기 사회화의 영향을 극복할 수 있다고 결론지었다(Tedin et. al. 1977). 앤더슨과 같이 정치연구센터에서 제공된 같은 자료를 사용한 웰치는 사회화의 역할과 상황적·구조적 요인들을 실험하였다. 그녀는 여성이 가정 밖에서 취업을 하고 있는지의 여부, 결혼을 했는지의 여부, 가정에 자녀가 있는지의 여부 등 세 가지 상황적 요인을 통제하였다. 그녀는 가정 밖에서 취업을 했는지의 여부가 정치 참여의 극적인 증가와 관련이 있다는 사실을 입증하였으나, 다른 두 가지 지표들은 독립적인 영향력이 거의 없다는 사실을 발견하였다(Welch 1977). 프랑스의 1978년 설문조사 자료를 활용한 모쉬-라보와 시노의 세심한 분석도 몇 가지 점에서 이러한 시각을 지지한다. 자신들의 표본을 유급으로 취업한 여성, 이전에 취업 경험이 있는 여성, 가정주부, 남성 등 네 가지 응답자 범주로 구성함으로써 그들은 이미 보고된 선거참여율에서 네 가지 범주 사이의 중요한 차이가 거의 없다는 사실을 발견하였다. 정당의 당원 혹은 운동과 같이 보다 큰 노력을 요하는 참여 유형으로 들어갔을 때, 유급으로 취업한 여성이거나 이전에 취업 경험이 있는 여성이 가정주부보다 훨씬 더 활동적이었다. 그들은 또한 최고 간부층을 제외하고 직업상의 승진서열 단계에서 여성은 그들의 남성 동료들보다 덜 정치화되어 있으며, 다른 조건들이 동등하다면 젊은 여성이 나이든 여성보다 더 정치화되어 있다는 사실을 발견하였다(Mossuz-Lavau and Sineau 1983). 러벤더스키는 몇몇 유럽 국가들의 참여자료들을 사용한 캐롤 크리스티 Carol Christy의 미간행 논문에서 연구결과를 인용하였는데, 그 내용은 미국 이외의 다른 국가들에서 유급으로 취업한 여성과 정치 참여 사이의 상관관계가 미약하고, 교육수준과 연령 등과 같은 매개변수들에 의하여 중요하게 영향을 받는다는 것이었다.

만약 전통적인 정치 속에서 정치 참여에 대한 유급 취업의 영향력이 몇 가지 불확실성을 내포한 채 남아 있다면, 정치 참여의 다른 유형들의 관계는 아직까지도 덜 명확해진다. 사실 우리가 살펴본 바와 같이, 그와 같은 연구들은 공동체 활동에 참여하는 여성들이 압도적으로 가정주부들이라는 사실을 제시한다. 공동체 정치는 가정주부와 어머니 같은 여성들이 가장 직접적으로 관련된 사안들을 제기하는 것이라는 사실이 주장된다. 특히 이것은 소비에 관한 것이며, 여성은 구매자로서, 그리고 국가가 제공하는 서비스의 수납자로서 최전선의 소비자이다.

윌슨이 저술한 바와 같이, 영국의 "가족 내에서 분업은 일반적으로 부동산 사무실에 가는 것은 여성이며, 학교와 문제를 해결하려고 시도하는 것도 여성이고, 사회복지 담당자와 면담을 하는 것도 여성이라는 것을 의미한다"(Wilson 1977, 4). 이와 유사하게 미국에서는 베인바움과 브리지스는 "한편으로 양육을 위한 가정주부들의 책임과 다른 한편으로 현 체제에서 이루어지고 있는 제약들 속에서 다른 사람들이 건전하고 창조적으로 활동할 수 있도록 돕는 것에 대한 불가능성이 나타나는데, 그것은 소비 업무의 수행에 대한 커다란 긴장상태를 형성하며, 여성을 공동체 정치 안으로 밀어넣는다"(Weinbaum and Bridges 1979, 199)고 주장하였다. 동시에 이런 영역의 정치는 덜 제도화되어 있어서 주부들의 참여를 보다 용이하게 해준다.

그러나 전통적인 정치 참여로 다시 돌아와, 웰치는 상황적 요인들의 중요성에 관하여 의문을 제기하였다. 그녀의 자료들이 무시해도 좋을 정도로 가족 책임의 중요성을 보여준 이래, 그리고 그녀가 여성은 점진적으로 외부 취업을 하게 될 것이라고 믿게 되면서부터 그녀는 적어도 미국에서 상황적 요인들이 점진적으로 관계가 덜할 것이라고 결론지었다. 이러한 주제를 입증함에 있어서 프로라와 린은 여성의 배우자가 부모로서의 의무를 거부하지 않는다면 어머니가 되는 것이 필수적으로 여성의 정치 참여율을 줄이는 것은 아니라는 사실을 발견하였다(Flora and Lynn, 1974).

3) 구조적 설명들

웰치는 미국에서 현재 여성과 남성의 참여율 사이에 남아 있는 차이의 가장 중요한 원인은 구조적인 것이라고 주장하였다. 그녀는 이 용어를 매우 협의로 이해하였다. 몇몇 '구조주의자들'은 크게 개인적인 행태를 결정하는 권력관계의 조합으로서 사회구조를 언급하였다. 헤이스캐넌은 계급관계와 가부장제가 결합된 사회구조는 확실히 여성의 정치 참여를 방해한다고 주장하였다(Heiskanen 1971). 넓은 의미에서 그녀는 분명히 옳았지만, 그녀의 분석은 이러한 의미에서 작동하는 구조를 통하여 메커니즘의 보다 정밀한 개념화를 용이하게 만들지는 못하였다. 다른 한편으로 웰치는 단순히 인구의 구조적인 측면에서 여성이 얼마나 많이 과다대표되는지의 문제와 대체로 누구의 정치 참여율이 특히 낮은지의 문제를 조사하였는데, 이러한 접근법은 현재의 연구목적을 위해서도 더욱 유용한 것이다.

정치 참여의 성차를 설명하려는 거의 모든 연구들은 교육의 역할을 강조한다. 그들은 여성의 참여는 여성의 교육적 성취 수준과 더불어 증가한다는 사실뿐만 아니라 최고의 고등교육을 받은 사람들 사이에서 성차는 무의미해진다는 사실을 발견하였다. 현재 미국의 전체 정치 참여율에 있어서 대학교육을 받은 사람들 사이의 성차는 최저 수준이며, 투표율에서도 전반적으로 성차는 사라지고 있다. 비록 백스터와 란싱은 영국의 경우 교육은 여성의 참여율에 대하여 별로 효과가 없다고 보고하였으나, 버바 등은 네덜란드에서 정치활동에 대한 고등교육 수준에서의 성차는 줄어들고 있으며, 투표율에서 남성을 앞서기조차 한다는 사실을 발견하였다(Verba et al. 1978). 성차와 여성의 교육적 성취 사이의 역의 상관관계는 캐나다와 몇몇 라틴아메리카 국가들, 그리고 인도에서 보여지는데, 그곳에서 여성의 투표율은 최고의 문자해독률과 함께 최고로 나타나고 있다. 다른 한편으로 벤트존은 덴마크에서 교육은 어떤 중요한 차이도 형성하지 않는다는 사실을 발견하였다(Bentzon 1977). 버바 등은 그들의 국가 연구에서 높은 교육수준은 정치적 관심의 정도에서 성차를 줄어들게 하며, 일본, 나이지리아, 오스트리아, 그리고 인도에서는 이것이 정치적 활동비율을 넘어서지는 못한다는 사실을 발견하였다.

1955년으로 돌아가 뒤베르제는 교육의 영향과 취업에 관련된 의문을 제시하였다. 그는 교육이 여성의 정치참여에 가장 중요한 영향을 미친다고 확신하였으며, "경제적 독립만으로 정치적 권리를 차지하지 못하는 것과 같이 수천년 전으로 소급되어지는 전통으로부터 생성된 일반적인 사고방식을 떨쳐버리는 데 더 이상 성공하지 못하였다"(Duverger 1955, 152)고 주장하였다. 그러나 그러한 증거들은 모순적이었다. 미국과 캐나다에서 처음으로, 그리고 가장 많이 정치화된 취업여성은 전문직 여성, 즉 아마도 가장 높은 교육을 받은 사람이라는 사실이 뒤베르제의 명제를 입증하는 것으로 보인다. 웰치는 정치적 행동에 있어서 성차는 실업 상태인 대졸자와 고졸자에서는 최소화되지만, 오히려 취업한 덜 교육받은 사람들 사이에 있어서 보다 중요하다는 사실을 보여주었다. 그러나 다른 연구들은 교육과 취업의 관련성을 지적하였다. 그러므로 이것은 제닝스와 니에미에 의하여 그 영향력은 누적된다는 결론을 내리도록 하였다(Jennings and Niemi 1971).

여성의 정치참여를 결정짓는 또 다른 주요 구조적 변수는 연령이다. 미국에 있어서 투표율의 성차는 고령자들 사이에서 가장 크게 나타난다. 영국의 1964년과 1970년 총선거 자료에 대한 백스터와 란싱의 분석은 보다 복잡한 관계를 제시하였다. 성차는 65세 이상의 남성과 여성 사이에서 가장 크게 나타났으며, 50세부터 65세 사이에서 좁혀져 예외로 30세부터 50세 연령대에서 역전되었으나, 30세 이하에서 다시 벌어졌다(Baxter and Lansing 1980, 150). 우리는 이러한 모순을 첫째로 젊은 여성들의 낮은 투표율이 그들의 유아에 대한 책임감에 기인하는 것으로서, 둘째로 비록 성차는 최소화되었지만, 미국에서 이러한 연령집단의 성차는 근본적으로 젊은 남성의 낮은 투표율에 기인한다는 사실을 지적함으로써 설명할 수 있다. 이러한 설명에 반하여 모성이 정치 참여를 감소시키지는 않는다는 웰치, 프로라와 린의 연구결과가 있다. 우리가 살펴보았듯이, 연령은 여성의 보수주의와 관련이 있다. 상관관계는 투표행태와 여론조사 결과에서뿐만 아니라 젊은 여성은 특히 저항정치를 생각할 준비가 되어 있다는 연구결과에서도 나타난다(Barnes and Kaase 1979).

적절한 구조적 변수의 항목은 아직도 규명되어 있지 않다. 계급은 당연히 보수주의와 관계가 있다. 예를 들어 우리는 밀네와 맥켄지가 중산층과 상류계급 여성들의 수명에 따라 과거 영국의 여성 유권자들의 보수주의를 설명하는 것을 보았다. 아르헨티나에서 루이스는 상류계급 여성들이 상류계급 남성이나 하류계급 여성들보다 더 보수적이라는 사실을 알게 되었다(Lewis 1971). 또한 비록 복잡한 유형 속에서 나타나지만, 인도에서 계급 혹은 사회적 지위는 여성의 정치 참여에 영향을 주는 것으로 보여진다. 설문조사 자료들은 사회적 지위의 계층구조에서 중간층 여성들이 가장 참여적이라는 사실을 제시하고 있다. 이것은 상류 지위의 여성들이 그들의 가정에서 보다 제약을 받고 있으며, 반면 가난한 하층계급 여성들과 계급사회에서 추방된 여성들은 그 시간과 활동력을 포함하여 정치 참여에 필요한 자원이 부족하기 때문이다(Muni 1979). 마지막으로 도시화는 칠레에서 여성의 보수주의를 부정적으로 변화시켰으며, 캐나다와 미국의 북부 주, 유고슬라비아에서는 여성의 정치 참여를 긍정적으로 변화시킨 것으로 알려졌다.

종합적으로 여성의 정치 참여 유형은 점진적으로 성 분할을 가로지르는 특정의 불리한 사회범주에서 여성의 과다대표성을 반영한다는 주장의 상당한 근거들이 나타났다. 물론 이것은 여성이 왜 그러한 방법들 속에서 불이익을 받게 되는지, 그리고 그들과 관련된 사회·경제적 지위가 웰치가 가정한 바와 같이 미래에 자동적으로 개선될 수 있을지의 여부를 설명하지 못하였다. 그러나 어떤 경우에도 이러한 구조적 일치는 우선 당장의 전체적 설명이 아니며, 아직까지도 사회화와 상황적 요인들도 참조할 필요가 있다.

그렇다 할지라도, 만약 우리가 이 시점에서 우리의 분석을 결론 맺는다면, 한 측면의 보수적인 서술만을 소개하는 것이다. (그것들이 존재하는 한) 이러한 성차에 대한 책임은 여성들과 직면하게 된다. 더욱이 헤르네스와 보제가 주장한 바와 같이, 그같은 설명들은 이러한 차이를 연장시키는 미래의 가능성을 만들어낸다(Hernes and Voje 1980). 그 까닭은 우리가 정치체제와 제도 그 자체에 함축된 긍정적 억제력을 무시하기 때문이다. 정치 엘리트들에 대한 여성의 침투에 있어서 이러한 방해물들의 보다 특별하고 중요한 영향력은 다음 장의 주제이다. 그러나 현재의 장은 여성의 기초적인 참여에 대하여 몇 가지 정치적 제한을 논증하지 못한 채 불완전하게 남아 있다.

첫번째로 지적될 수 있는 것은 일반적인 것이지만, 아직까지도 매우 중요하다. 우리가 본장에서 사용하고 있는 의미에서의 정치란 공공활동이다. 정치는 개인과 공동, 가족생활과 이것을 초월하는 공동체 사이의 진정한 구분이 없는 공동체 속에서 공동체를 대신하는 현저한 인지적 의사결정의 활동으로서 최소화되어진다. 정치가 사회조직의 형태로 나타날 때, 정치는 사적이고 비정치적인 영역과 공적인 영역 사이의 몇 가지 경계를 갖는다. 나는 이미 사적이고 가사적인 영역의 가부장제적 분할을 논의하였다. 영국에 있어서 이것을 여성의 정치 참여와 묶어내려는 가장 체계적인 시도는 스테이시와 프라이스에 의해 제공되었다.

그들은 중세시대에 있어서 개인과 공권력 사이의 구분이 어떻게 무시되는지를 묘사하였다. 즉, 영주와 같이 영주 부인이, 그리고 왕과 같이 왕비가 자신들의 봉건영지나 왕국과 같은 범위 내에서 가정을 지배하였다. 비록 12세기부터이지만, 정부의 비인격적 기구와 더불어 분명하게 구별되는 공적 영역이 발달하였으며, 사적 영역의 위축과 절연이 증가하였다. 스테이시와 프라이스는 이것을 19세기 자본주의의 성장과 관료제 및 산업, 상업 등 신흥 정치영역의 절정화에 기인하는 것으로 돌리는 베버의 논리를 따랐다. 이러한 과정에서의 정치적 대응은 제국의 관료제를 감독하는 자유롭게 선출된 정부의 새로운 자유민주주의적 규범이었으나, 이러한 사상은 결코 충분하게 실현되지 못하였으며 이것의 부분적인 실행은 공공정치 속에서 개인적 권력의 수행을 방해하였다. 정치적 직무는 점차 공과(功過)에 따라 결정되었다.

그러므로 처음부터 여성이 협소하고 무기력한 사적 영역에 갇히게 되었기 때문에 정치로부터 여성의 배제가 강조되었다. 그러나 귀속감보다는 공적 능력에 기반하는 정치의 논리적 추론은 결국 남성과의 공식적인 평등에 기초하여 정치의 장으로 여성의 진입이 이루어져야 함을 자각하게 되었다. 그 때문에 정치적 제도화의 과정은 여성에게 결국 오랜 시간의 흐름 속에서 이익이 되었다는 사실이 가정되어야 한다. 그러나 스테이시와 프라이스는 이러한 공식적 권리는 가족구조 내에서 이에 상응하는 변화와 이것을 정당화시키는 이데올로기 없이는 여성에게 거의 소용이 없었다고 주장하였다. 현실 속에서 여성은 자신의 가사적 책임 때문에 속박당하고 있으며, 공공의 정치세계에서 남성과 동등한 조건으로 경쟁할 수 없다는 것이다(Stacey and Price 1981).

스테이시와 프라이스에 따른 특별한 정치제도에 대한 의문을 배제시키고, 내가 주장하는 것은 비가사적 non-domestic 영역 내에서 그들의 현 위치는 남성보다 여성에게 있어서 참여를 만들어내기가 보다 어렵다는 것이다. 가족의 역할이 크게 변하지 않았다고 가정하는 한, 역설적으로 이러한 장애물은 공공의 참여를 위한 고도로 차별화된 과정과 함께 하는 사회 속에서 증가한다. 결국 여성은 정치가 덜 제도화된 곳에서 비공식적인 정치적 영향력을 행사하는 다양한 방법들을 갖게 되며, 정치제도의 제도화 수준이 높은 곳에서는 특별조직이나 때로는 저항 정치적인 영역에 참여하는 것을 선호할 수도 있다.

여성이 정치로부터 멀어지게 되는 것에는 현대 정치의 보다 특별한 국면이 있다. 실제상의 법률적 한계는 기초적인 수준에서 가장 명백하지만 점차 사라지고 있다. 이제 여성이라는 이유 때문에 투표권이 주어지지 않는 경우는 거의 없다. 그러나 다른 투표자격은 특별히 여성을 불리하게 할 수 있는데, 예를 들어 브라질과 페루에서는 문자해독력을 요구하고 있다.

보다 중요한 것은 여성의 정치 참여를 방해하거나 혹은 사실상 이것을 고무시키는 정치제도 그 자체의 역할이다. 이러한 방해는 이집트에서와 같이 직접적일 수 있는데, 그곳에서는 1970년대 중반까지 지방에서 여성이 집권당에 가입하는 것이 거의 불가능했다고 보고되고 있다(Smock and Youssef 1977). 서독에서는 그러한 방해가 간접적인데, 크리스티는 서독에서 정당 구성원 비율의 성차가 1970년대에 왜 증가하였는지에 대한 한 가지 이유가 사회민주당이 노동조합을 통하여 많은 남성들을 충원하였기 때문이라고 주장하였다(Christy 1985). 동시에 정당은 1970년대 후반 프랑스 사회당의 실례와 같이 여성을 충원하기 위하여 노력한다(Bashvekin 1985). 리틀에 따르면 기니아에서 세코 뚜레 Sekou Turé는 여성의 기니아 민주당 가입을 장려하였는데, 그 이유는 그의 정당이 혜택받지 못한 집단들의 활동적인 지지를 필요로 했기 때문이며, 그는 자신이 약속한 정책적 변화로부터 많은 지지를 얻게 되었다. 또한 그는 여성과 같이 분리된 인종적 충성심을 초월하는 사회적 범주에 호소하는 것이 현명한 것이었다는 사실을 느끼게 되었다(Little 1973). 가나 엔크루마 Nkrumah의 의회인민당과 말레이지아의 통일말레이국민조직과 같이 다른 많은 사례에서도 선거시기에 여성 표를 동원하기 위한 방법으로서 적어도 여성 분과에 여성이 활발하게 충원되었다(Manderson 1977). 또한 정당은 1920년대 소련 공산당의 충원 촉진과 같은 실례에서 보여주듯이 제2차 세계대전 기간 동안과 1960년대 중반 이후 계속된 특수한 시기에 여성 구성원들의 충원에 특별한 노력을 기울여왔다(Lapidus 1978).

이같은 인위적인 정책을 넘어서면, 정치제도는 여성에게 매력적이지 못할 수도 있다. 그것은 단순히 정치제도들이 최근까지 배타적으로 남성적이었기 때문이며 아직까지도 남성들이 그들의 지도적 지위를 지배하여 여성이 의기소침해졌기 때문이다. 다음으로 남성 지배는 '남성적' 방식과 환경을 창출해내는 경향이 있다. 정치학자들은 종종 일반적으로 여성과 관련된 것이 아닌 행태적 특징들을 현대의 민주적 정치에서 효율적인 정치 참여가 필요로 하는 조건으로 제시하였다. 때때로 행동주의자는 목적과 방법이 논리적으로 연관될 수 있다는 의미에서 합리적인 것으로 묘사되었다. 이러한 의미에서 전형적인 여성은 물론 비합리적이며 감성적이고 기껏해야 직관적이었다. 마지막으로 민주정치를 보다 현실적으로 살펴보면 여성에게 가정된 수동성과 반대되는 개념으로서 경쟁적이고 공격적인 참여자를 요구한다. 합리성과 책임성·공격성이라는 세 가지 속성 중에서 세번째 것은 페미니스트들이(나 자신을 포함하여) 현대 정치 속에서 효율적인 참여를 위한 전제조건으로서 인정하는 것이며, 일반적으로 남성보다 여성에 의하여 덜 나타나는 특징이라고 동의하는 것이다. 더욱이 남성 지배적인 정치제도 속에서 여성은 경쟁적 태도뿐만 아니라 반(半)의식적이라 하더라도 침입자로서 여성에 대하여 특별하게 행해지는 남성의 적대감에 직면하게 될 것이다.

한편 그와 같은 제도들은 그것을 설치하고 운영하는 남성들에게 실질적으로 편리한 방법으로서 기능할 것이다. 회의를 언제, 어디서, 얼마나 자주 개최할 것인지와 같은 고려는 엘리트 정치 참여에 있어서 보다 심각한 결정요인이 될 것이지만, 또한 기초적인 수준에서 참여를 제약하게 된다.

마지막으로 정치는 현재 행해지는 것과 같이 여성의 관심과는 거리가 먼 사안들에 초점을 맞추고 있다. 여성은 전통적인 정치 문제들에 대하여 '이해 관계'가 별로 없다(Lane 1959 참조). 이러한 주장은 단지 몇 가지 제한을 인정 할 때만 받아들여질 수 있다. 국방, 외교정책, 경제정책과 같은 사안들은 남 성과 여성에게 있어서 똑같이 급박한 관련성이 있다. 보다 진실된 것은 전통 적인 정치가 유아원 설치 혹은 주거·교육수준 등과 같이 많은 여성들에게 가장 직접적으로 관련된 문제들을 무시하거나 '행정적'·'사회적' 혹은 '문화 적'인 것으로 명시하려는 경향이 있다는 것이다. 우리가 살펴보았듯이, 이것 은 공동체 활동에 여성이 참여하게 되는 한 가지 원인이 된다.

결론적으로 여성의 정치 참여 유형은 단순히 여성들의 개성에 대한 언급, 실제적인 상황 혹은 사회체계 내에서의 공헌 등에 기대어 설명될 수 있다. 전통적 정치 자체의 특징들이 억제요인으로 작용한다. 이러한 맥락에서 우 리가 살펴보게 될 여성단체들과 비전통적 정치 참여, 여성해방 등의 호소는 제5장에서 매우 쉽게 이해되어질 것이다.

이러한 논의는 정치 참여에서 보여지는 남성과 여성의 차이를 설명하는 것과 관련이 있으며, 따라서 나는 제2기 페미니즘 자체의 영향력에 관해서 는 얘기를 거의 하지 않았다. 페미니스트들의 가치가 흡수된 정도와 변화를 위한 다른 힘과의 상호작용 등은 측정하기가 어렵지만, 1960년대 후반부터 페미니즘은 본장에서 고려된 정치 참여의 수준에서 성차를 줄어들게 하는 데 공헌하였다. 유럽 국가들과 미국의 설문조사는 여성의 정치 참여가 사회 적으로 수용되고 있다는 사실을 나타내고 있다. 페미니스트들은 특별히 돌 출된 사안들을 정치적 협의사항으로 가져오는 데 도움이 되었으며, 반면 남 성 정치인들은 이러한 사안들 중 최소한 몇 가지를 취하고 여성들의 활동에 대항하기보다 큰 환영을 나타냄으로써 시종일관 용의주도하게 여성표의 비 위를 맞추게 되었다. 페미니즘의 영향은 국가마다 다르며 변경될 수 있지만, 여성의 정치적 태도와 공공정치의 제도적 맥락을 변경시키는 데 도움을 주 었다. 페미니즘에 의하여 여성의 정치적 권력이 얼마나 강화되었는지에 대 한 의문은 다음 장에서 다루어질 것이다.

제3장

정치 엘리트로서의 여성

여성의 정치행태가 풀뿌리 수준에서는 점차 남성의 그것과 비슷해진다 하더라도, 남녀간의 차이는 여전히 나타날 것이다. 개념상 정치권력이 집중되는 엘리트로서, 여성은 여전히 저대표되고 있다. 그런데 이는 왜 그러하며, 페미니스트 관점에서, 왜 문제가 되는 것일까?

이러한 질문에 답하는데 있어 나타나는 한가지 문제점은 문헌의 왜곡이다(Carroll 1979의 비판 참조). 그러나 보다 큰 두 가지 어려움이 있다. 한가지는 개념적인 것으로, 정치권력이 서로 다른 엘리트 제도와 지위 사이에서 어떻게 배분되는가 하는 것이다. 이것을 모른채 여성의 정치적 성과물을 평가하고 비교하기란 어렵다. 정치권력의 실제영역에 가까워질수록 여성의 중요성은 줄어들고 있다는 견해는 자주 제시된다.

이는 더 나아가, 축적된 자료에 관한 문제와도 관련된다. 1970년대 이전까지 여성 정치엘리트에 대한 정보를 얻기 힘들었다. 부르크와 그로스홀츠가 지적했듯이 "전통적인 '엘리트 연구'에서 엘리트가 남성인 것은 당연한 것이었고, 소수의 여성 엘리트들을 연구하는데는 거의 관심이 없었던 것 같다"는 것이다(Bourque와 Grossholtz 1974, 252). 1970년대 이후 우선적으로 영국과 미국을 중심으로 여성 의원의 수, 배경, 역할에 관한 자료가 광범위하게 수집되었다. 그러나 엘리트정치학에서 여성참여의 다른 영역은 여전히 미완성으

로 남아 있다. 그런데 정치권력의 측면에서 입법기관의 중요성은 소위 정치
적 관료제 정도이거나 아니면 그보다 못할지 모른다.

1. 소수의 여성 엘리트

  엄청난 정치권력을 휘두른 여성은 개인으로서 언제나 있어왔다. 이에는
클레오파트라, 엘리자베스 1세, 러시아의 에카테리나 여제 Catherine the Great,
잔다르크, 루이15세의 정부였던 마담 뽕빠두르 Madame de Pompadour가 포함
된다. 최근 이러한 여성의 계보잇기는 그들 나라에서 정치의 지배적인 위치
로 나타났다. 에바 페론, 골다 마이어 Golda Meir, 시리마보 반다라나이케
Sirimavo Bandaranaike, 인디라 간디, 마가렛 대처, 코리 아키노, 그리고 노르웨
이의 그로 하렘 부른트란드 Gro Harlem Bruntland 등이 그들이다. 그들의 성
공을 단순히 가족관계로 설명할 수는 없다. 이런 면에서 골다 마이어 여사와
대처의 경우는 특별히 두드러진다. 그러나 이러한 몇몇 스타들의 빛이 정치
전반에 나타나는 여성부재 현상으로부터 눈을 멀게 해서는 안될 것이다.
  일반적으로 여성은 정치엘리트로서 극소수를 차지해온 것으로 인식되었
다. 세부적인 증거가 많다는 것은 명백하고, 통계자료가 급격하게 축적된 이
후로는 더욱 더 그렇다. 그렇지만 여성의 저대표의 정도를 강조하기 위해서
개괄적으로 살펴볼 필요가 있을 것이다. 이는 현재까지 각국마다 다양하다
는 것과 앞으로 가능한 변화의 방향을 보여준다.
  우리는 정치참여의 여러 제도적 영역들을 효과적으로 구분할 수 있다. 첫
째, "수적인 대표"(즉, 1인1표를 기초로 한 대표)로의 통로 구실을 하는 제도,
즉 정당과 대의입법기관이고 둘째는 이익대표기관이고 세 번째는 정치행정
기관인데 이들 둘은 여러 측면에서 참여의 '조합주의적 corporate' 체제라 부
를 수 있는 것과 점차적으로 연결되었다. 정치참여의 네 번째 영역은 특별히
미국에서 중요한 제도인 사법기관이다. 그리고 공식적으로 정치체계에 통합
되어 있지 않은 것이 통신매체이다. 마지막으로 정치적 영향력은 비공식적
이고 직접적인 수단을 통해서 이들 영역 이외에서 행사되기도 한다.

1) 의회

지금까지 여성 정치엘리트에 관한 연구는 주로 국민대표기관에의 참여, 그리고 특별히 입법기관 안에서 그들의 역할에 지나치게 집중되어 있었다. 의회에서 여성의 저대표 현상은 광범위하게 보고되었으며, 유용한 최근 정보는 <표 1>에 나타난다.[1] 1983년 6월 영국 총선에서는 23명(3.6%)의 여성이 당선되었다. 이것은 1979년의 19명(3%)이 당선된 것보다 약간 높은 수치이다. 그리고 실제 가장 높은 수치는 노동당의 승리로 끝난 1964년 10월 총선에서 29명의 여성이 당선된 경우이다. 1983년 선거 이후로 다섯 명의 여성이 보궐선거를 통해 하원에 들어갔고, 1987년 현재 전부 28명이 되었다. 1979년 영국상원에는 총 303명의 일대귀족(일대의원, life peers) 중 39명(13%)의 여성이 있었고, 세습귀족(세습의원, hereditary peers)은 17명으로 2%미만이었다(Stacey and Price 1981, 149).

1986년 11월 중간선거를 통해 23명(5.3%)의 여성 의원이 미 하원에 진출하였다. 이는 1984년 당선자 수와 비교하여 변동이 거의 없는 것이며, 21명이었던 제98회기보다 약간 많은 것이다. 그 이전 제97회기에 19명, 그 두 회기 이전에는 18명이었다. 1960년대 초 이후 어떠한 증가도 나타나지 않았는데 1961~62년에 걸치는 제87회기에 17명의 여성들이 하원에 진출하였지만, 이후 그 수는 급격히 감소하였고 1970년대에 가서야 다시 증가세로 돌아섰다. 더구나 미국상원에는 1984년과 1986년 선거 이후 여성 의원이 2명만 남았고, 전체적으로 상원에서 14명의 여성이 당선된 것이다. 영국과 미국의 중앙의회에서 여성대표의 규모는 꽤 주목할 만하다. 이들 국가에서 여성운동의 두 번째 흐름은 상당히 활발하였고, 다른 나라에서의 느린 증가와는 대비된다.

오랜 역사를 가진 영연방국가들에서도 최근까지 여성의 입법부 참여는 드물었다. 1980년에 캐나다 하원에서는 5%보다 낮았고, 뉴질랜드는 4.3%의 여성을 당선시켰다. 오스트레일리아 하원에는 여성이 한 명도 없었다. 그러나 캐나다 하원은 이어지는 1984년 연방선거에서 27명(9.6%), 반면 1983년

---

1) 자료가 1987년 중심이어서 1999년 자료를 부록에 첨부하였음(역자주).

<표 1>   국회 또는 유사기구의 여성 대표

국가	제도	의원 총수	여성 의원수	여성의원 비율	연도	출처
알바니아	중앙위원회	—	—	15.4	1971	Wolchik 1981
알제리아	전국인민회의	260	10	2.6	1979	Ainad-Tabet 1980
아르헨티나	—	—	—	2.0	1975	Katzenstein 1978
호주	하원	148	8	5.4	1986	호주고등회의
오스트리아	하원			10.0	1981	Castles 1981
벨기에	하원	212	16	7.5	1986	벨기에 대사관
브라질	하원	479		0.1	1986	브라질 대사관
불가리아	중앙위원회			10.2	1976	Jancar 1978
캐나다	하원	282	27	9.6	1986	캐나다고등회의
중국	중앙위원회			10.0	1977	Katzenstein 1978
콜럼비아	—			3.0	1975	Katzenstein 1978
코스타리카	—	57	3	5.3	1979	Aviel 1981
키프러스				2.8	1981	Mossus-Lavau & Sineau 1984
체코슬로바키아	중앙위원회			15.0	1979	Wolchik 1981
덴마크				24.0	1985	Skard &Haavio-Mannila 1985b
이집트	—			2.0	1975	Katzenstein 1978
엘살바도르	—			3.0	1975	Katzenstein 1978
핀란드	의회			31.0	1985	Skard &Haavio-Mannila 1985b
프랑스	국회	577	32	5.5	1986	프랑스 대사관
동독	중앙위원회			13.0	1981	Lovenduski 1986a
서독	연방의회			10.0	1984	Vallance & Davies 1986
그리스	의회			4.0	1984	Vallance & Davies 1986
과테말라				2.0	1975	Katzenstein 1978
기니				27.0	1975	Katzenstein 1978
헝가리	중앙위원회			12.0	1976	Wolchik 1981
아이슬란드				15.0	1985	Skard &Haavio-Mannila 1985b
인도	Lok Sabha	542	36	6.6	1986	*India Today*, Jan. 1985
이란	Majlis	270	2	0.7	1980	*The Guardian*,7 Jul.1980
아일랜드	하원	166	14	8.0	1987	
이스라엘	Knesset	120	10	8.3	1986	이스라엘 대사관
이탈리아				8.0	1984	Vallance & Davies1986
일본	중의원	512	7	1.4	1986	일본 대사관

<표 1> 계속

레바논				0	1973	Katzenstein 1978
리히텐슈타인	Landtag	15	1	6.7	1986	스위스 대사관
룩셈부르크				14.0	1984	Vallance & Davies 1986
멕시코				8.0	1975	Katzenstein 1978
네덜란드				19.0	1984	Vallance & Davies 1986
뉴질랜드		95	12	12.6	1986	뉴질랜드 고등회의
노르웨이	하원			35.0	1986	노르웨이 대사관
파나마		505	0	0.0	1979	Aviel 1981
파라과이				7.0	1975	Katzenstein 1978
페루		100	2	2.0	1978	Aviel 1981
폴란드	중앙위원회			8.0	1976	Wolchik 1981
포르투갈				8.0	1986	Lovenduski 1986a
루마니아	중앙위원회			9.1	1976	Wolchik 1981
소련	중앙위원회			3.8	1981	
스페인	Cortes			5.0	1982	
스리랑카	주의회		4	2.4	1977	Kearney 1981
수단				5.0	1973	Katzenstein 1978
스웨덴				28.0	1986	스웨덴 대사관
스위스				11.0	1984	Mossur-Lavau & Sineau 1984
시리아				4.0	1973	Katzenstein 1978
튀니지				4.0	1973	Katzenstein 1978
터키				3.0	1984	Mossur-Lavau & Sineau 1984
영국	하원	635	28	4.3	1987	
미국	하원	435	23	5.0	1986	
베네수엘라	—	205	11	5.4	1979	Aviel 1981

오스트레일리아 하원은 8명(5.4%)의 여성을 당선시켰다. 1984년 뉴질랜드 총선에서 여성의 수는 12명(12.6%)으로 늘어난다.

영국을 제외하고, 최근 들어 민주정부의 형식을 채택한 서유럽 나라에서 여성은 기대했던 만큼은 아니지만 일정 정도 성공을 거두었다. 1984년에 그리스 국회의원의 4%, 스페인에서 5%, 그리고 포르투갈에서 8%를 나타냈다. 아일랜드공화국에서는 전통적 카톨릭 가치의 영향 속에서도 1982년 11월 총

선 이후 8%가 넘는 여성들이 하원 Dail 의석을 차지하였다. 이것은 이전의
아주 낮은 수준으로부터의 비약을 뜻한다. 프랑스와 이탈리아에서 여성의
의회대표비율은 특이하다. 프랑스의 경우 1978년 4% 남짓이었고 1982년에
는 6%로 올랐지만 1986년 총선에서는 5.5%로 후퇴하였다(32명). 이탈리아에서
하원 여성 의원은 1980년 16%로 올랐다가 1984년에는 8%로 떨어졌다. 서독에
서 여성 의원수는 느리지만 점차 늘고 있었는데 1984년에 연방의회의 10%를
차지하였다. 이러한 증가는 네덜란드에서 극적으로 나타나 1984년에 19%를
차지하였으며 스칸디나비아에서 가장 급작스런 증가를 보였다. 1981년 총선
이후 의석의 24%를 여성이 장악하게 된 덴마크, 1982년 선거 이후 28%에 이르
렀던 스웨덴(1985년 총선 후에도 28% 유지), 1983년 총선 이후 31%에 달한 핀
란드, 1985년 선거 이후 35%에 달했던 노르웨이가 그런 경우들이다.

공산권 국가에서 중앙 혹은 연방의회 여성의 대표성은 비교적 존중할 만
하다. 1979년 선거 이전 소련최고회의의 31%가 여성이었다. 그러나 서구 정
치학자 중 소련 최고회의가 독립적인 입법적 영향력이 극히 미미하다는 점
에 이의를 제기하는 학자는 별로 없다. 얀카는 유고 연방의회의 영향력이
1953년부터 1970년까지 커져왔지만, "여성의 참여는 눈에 띌 만한 증가를 보
여주지 못했다"(Jancar 1978, 91)고 지적한다. 공산당 중앙위원회의 여성비율
은 예상한 바와 같이 낮다. 볼치크의 1976년 자료에 따르면 다른 동유럽국
가, 즉 헝가리 12%, 체코 15%, 그리고 정확한 수치는 모르지만 알바니아와
동독에서는 여전히 높은 것으로 알려졌으나 소련의 경우는 겨우 3.3%였다
(Wolchik 1981). 쿠바와 중국은 각각 8.9%와 10%였다.

비록 관련 정보를 얻기가 쉽지 않지만 제3세계 여성 의원의 수가 적다는
것은 놀라운 일이 아니다. 인도는 하나의 예외일 뿐이다. 1980년 총선 결과
여성 의원은 하원 Lok Sabha의 5%를 차지하였고, 1984년 12월 총선에서는
6.6%에 달하는 36명의 여성이 하원의원으로 당선되었다. 반면 스리랑카에서
여성 의원 비율이 가장 높을 때가 1970년으로 3.2%(6명)이었다(Kearney 1981).

많은 라틴아메리카와 중동아시아 국가들에서 여성의 대표성은 여전히 낮
으며, 어떤 경우든 이들 지역의 대부분의 입법기관이 불확실하고 제한된 상
황에 있었다. 체이니는 1970년대 초 쿠데타 돌풍이 있기 전, 21개 중남미 국

가들에서 하원의원 중 55명, 상원의원 중 8명만이 활동하고 있었고, 이는 전체의 약 2%라고 지적하였다(Chaney 1979, 99). 브라질은 1985년 연방선거 이후 새로 선출된 의원 중 여성은 1% 미만이었다. 이는 라틴아메리카에서 재민주화 redemocratisation을 향한 추세가 여성의 입법부로의 충원에 필연적인 급격한 변화를 가져오지는 않았음을 말해준다. 여성에게 유리하게 진행된 두 나라는 코스타리카(1979년 5.3%)와 베네수엘라(1979년 5.4%)였다. 아빌 Aviel은 이것이 부분적으로 사실상 경쟁적인 정당체제 덕분이라고 말한다.

이러한 수치들이 여성의 입법 역할의 양적인 한계를 완전히 드러내는 것은 아니다. 대부분의 유용한 증거들은 여성의 교체 turnover 비율이 남성들보다 더 높음을 보여준다. 앞으로 보겠지만 이는 영국에서 당선이 확실시되는 의석(안정의석, safe seats)에 대한 선호, 소련에서 후보의 공식명부에 여성을 상징적으로 포함시키는 것 등을 반영한다. 어떤 경우든 여성 의원은 1회용으로 보이는 것이다.

여성이 하원보다는 상원에서 더 나을 것이라고 주장하려는 경향도 있다. 모쉬-라보 Mossuz-Lavau와 시노 Sineau(1984)에 따르면 네덜란드, 오스트리아, 벨기에가 이러한 예로 지적될 수 있다. 아일랜드에서는 하원 Dail보다 상원 Seanad에서 여성이 더 많은 좌석을 차지해왔고(1986년 10%), 오스트레일리아는 상·하원에서의 여성 참여가 더욱 대조가 된다. 그러나 이는 프랑스, 이탈리아, 서독이나 스페인에는 해당되지 않으며 미국은 더욱 아니다. 또한 단순히 상원의 상대적 힘과 여성의 비율 사이에 단순한 반비례 관계가 나타나는 것을 의미하지도 않는다.

반면 최소한 지방 수준의 의회에서 여성 의원의 비율이 증가하는 경향이 나타난다. 1986년에 미국 주 의회 의원의 14.8%가 여성이었는데(그리고 이것은 15년 전보다 3배 정도 증가한 것이다), 과거 오스트레일리아와 캐나다의 경우 여성이 연방의회보다 지방의회에 진출하는 것이 더 쉬웠다. 볼치크는 체코의 중앙위원회에서 유사한 경향이 있다는 것을 보여주었고(Wolchik 1981), 동유럽의 인민의회 popularly elected councils 구성에서도 주목할 만하다(Jancar 1978). 이와 반대로 1979년 서독 주 의회 Länder에서는 연방의회의 그것과 비슷한 8.3%를 나타냈다. 네덜란드 지방의회는 16%로 중앙의회의 그

것보다 약간 낮았다. 또한 인도의 경우 하원 Lok Sabha과 주 의회에서 여성대
표의 비율이 모두 5% 정도였다(Katzenstein 1978).

여성대표의 수가 지방수준에서 더 우세하게 나타나는 경향은 명백하다.
1983년 여성대표는 잉글랜드와 웨일즈에서 주 의회 의원 county councillors의
14.4%, 스코틀랜드에서 구의회 의원 regional councillors의 11.1%, 그리고 북아
일랜드 구의회 의원 district councillors의 7.9%를 차지하였다(Lovenduski 1986b).
1984년 미국에서 여성은 주정부 위원의 8%(1977년 3%에서 상당히 비약함),
그리고 1985년 시와 군 지역 위원회 구성원의 14%(6개 주 자료는 구하지 못
하였음), 100개 대도시 시장 중 4명을 차지하였다. 특별히 수치를 제시하지
는 않았지만 빅커스와 브로디는 캐나다 시의회에서 여성의 상대적으로 높은
비율을 언급하고 있다. 그들은 이것이 부분적으로, 지방정치 municipal politics
가 초당파적인 까닭에 더 높은 수준의 공직으로 이어지는 발판이 되지 않기
때문에 그렇다고 밝힌다(Vickers and Brodie 1981). 마찬가지로 1974년 뉴질랜
드에서 여성은 지방위원회의 13.3%를 차지하였다(Halligan and Harris 1977).
1983년 지역선거에서 프랑스 시의회 Conseils Municipaux의 14%가 여성이었
다. 하지만 이것은 최근의 증가를 나타내는 것이며, 도의회 Conseils Generaux
여성 의원의 비율 3.8%와 대조를 보인다. 서독에서 1983년 모든 지방의회의
13%가 여성이었다(Lovenduski 1986c). 북구 중앙의회는 여성대표의 비율이 이
미 높아서 아마도 지방의회가 이 범위를 훨씬 뛰어넘지는 않을 것이다. 스웨
덴에서 1982년 도의회의 31%, 시의회의 29%를 여성이 차지하였다. 한편 노
르웨이에서는 1984년 시의회의 24%가 여성이었지만 도의회는 1/3을 차지하
였다.

또한 여성대표의 비율은 유고를 빼고 동유럽 대부분의 나라에서 중앙의
회보다 지방의회가 더 높다. 1980년대 초반 동독은 40%를 상회하고 있었다.
체이니는 1967년에 페루 시의회의 4.7%, 칠레 시의회의 7.8%가 여성이었다
고 전한다(Chaney 1979, 104). 심지어 1975년 국회의원 중 단 한 명이 여자였
던 브라질조차도 경제적으로 상당히 낙후되어 있고 지방정부의 힘이 상당히
제한되어 있을 때였지만 1972년에서 1976년 사이에 60명의 여성이 시장으로
선출되었다(Blay 1979).

그러나 아일랜드공화국에서 지난 1985년 6월, 지방선거 전 페미니스트들의 높은 희망에도 불구하고 시의원선거에서 나타난 결과는 7.7% 정도의 미미한 증가였고, 시의회county borough 의원은 실제적으로 13%에서 11.3%로 하락하였다(Randall and Smyth 근간). 핀란드, 이탈리아(적어도 1970년대 자료에 따르면), 스리랑카와 일본에서는 오히려 중앙의회보다 지방의회에서 더욱 악화된 결과가 나타났다. 따라서 지방수준에서 여성이 과소대표된다는 것은 철칙 내지 중요한 법칙으로 받아들여질 수 없을 것 같다.

의회의 지도적인 역할에 있어서 여성 의원의 숫자에 비례해서 충원되지 않는다는 것은 덧붙일 필요도 없이 자명하다. 1983년 영국에서 여성들은 세어 지방(영국의 중부지방)의 상임위원회 위원장의 12.2%, 특별시2)의 5.7%, 그리고 GLC(Greater London Council: 런던 지방위원회)에서는 한 자리를 각각 차지하였다. 1983년 지방선거 이후 프랑스에서 여성시장의 비율은 여전히 전체 시장 maires 비율의 4%에도 못 미친다(Lovenduski 1986a). 심지어 북구의 경우도 "여성은 지방정부의 가장 중요한 자리(시장, 시 감독관, 의회 의장, 위원회 위원장 등을 포함)로부터 거의 완전히 배제되고 있었다.…1970년대 말, 1980년대 초 이러한 자리들에서 여성들의 수는 그 범위가 0%에서 6%까지였다"(Sinkonnen 1985, 86). 더욱이 북구에서도 여성들의 전통적인 관심 영역의 연장으로 여겨져 온 분야이며, 재정·고용·교통·기획·건설과는 대조되는 교육·주택·사회복지·아동·건강을 다루는 위원회에 지나치게 많이 참여하고 있다고 할 수 있다.

2) 유럽의회

현재 12개 국가로 구성되어 있는 EEC의회(유럽의회)에서 여성의 역할에 관한 논의가 있어야 하겠다. 밸런스와 데이비스(1986)가 말했듯이 1979년 유럽의회에 직접선거가 도입된 이후 각 국가의 의회보다 비율로 보아서 더 많은 여성이 진출하였다. 1979년 16%, 1984년 17.3%가 여성이었다. 더욱이 여

---

2) 1974년 행정개혁으로 신설된 런던 교외의 여섯 자치구 Tyne and Wear, West Midland, Merseyside, Greater Manchester, West Yorkshire, South Yorrkshire를 가리킨다(역자주).

성들은 비교적 낮은 직위와 전형적인 여성 관련 분야이긴 하지만 그들의 수에 비례하여 많아졌다. 모쉬-라보와 시노(1984)가 묘사했듯이 이러한 '놀라움'에 대한 한 가지 이유는 유럽의회가 여전히 입법권이 없다는 점이다. 그렇지만 앞으로 보겠지만 분명히 스트라스부르크에서 여성이 비교적 많이 대표되고 있다는 것은 페미니즘운동에 도움이 되어온 것이다.

3) 정당

중앙의회와 지방의회로의 여성 진출은 주요 정당 내에서 여성의 지위에 의해 주로 결정된다. 앞에서 보았듯이 여성들은 정당의 일반당원으로서도 저대표되고 있었는데, 이것만으로 정당 고위직에 여성의 수가 적다는 것을 설명할 수는 없다. 신뢰할 만한 정보에 따르면 영국에서 여성은 노동당 연차총회대표의 11%도 되지 않으며, 1985년과 1986년에 전국 집행위 구성원 29명 중 단지 8명이 여성이었다. 비록 1980년 보수당 연차총회대표의 38%가 여성이었지만, 이 회의체는 상대당인 노동당보다 정책결정의 권한이 부족하며, 1970년대 전국집행위를 보면 여성대표는 20% 수준에 머물러 있었다(Hills 1981a). 어떤 보고에 따르면 녹색당(이전 생태당)의 집행위원회 21명 가운데 13명이 여성이었으나(*The Guardian*, 1985. 11. 18.), 이것이 대부분 최고위까지 이어지지는 않았다. 미국에서 비록 양성의 동등한 대표성은 두 유력한 정당의 전당대회와 주 단위의 당대회에서 강제사항이었지만, 선택된 여성들은 정당 내에서 독자적인 권력기반이 부족하고 그들의 역할은 상징적이었다. '맥거번' McGovern 규칙의 도입, 그리고 전국여성정치간부회의 National Women's Political Caucus와 같은 조직으로부터의 압력에 의해, 민주당 전당대회에서 여성대표의 비율은 1972년 거의 40%까지 뛰어올랐다. 그러나 1976년 그 비율은 33.7%까지 떨어졌고 공화당의 비율도 31.5%였다(Lynn 1979, 414). 그러나 '성차' Gender Gap에 대한 경각심의 한 결과로 1984년에 민주당 전당대회대표의 거의 절반, 그리고 공화당의 44%가 여성이었다는 것이다.

수집된 자료를 중심으로 볼 때 정당의 위계가 높아짐에 따라 여성대표의 비율이 감소하는 것은 모든 정당이 그런 것은 아니지만 서구 민주국가들에

서 명백하다. 1981년에 러벤더스키와 힐스(1981a, 527)는 "역설적으로 우파정
당에서 여성이 높은 비율을 차지하고 있지만 정당요직에서는 반드시 그렇지
는 않다"고 지적하였고, 보수정당이 남성과 같은 비율로 여성을 승진시키지
않는다는 것도 사실이다. 좌파정당과 그리고 스칸디나비아의 중도 정당들은
더 많은 여성을 진출시키려 하고 있다. 요즘 이들 몇몇 정당들은 여성당원의
수에 비례하여 심지어 예외적으로 그 수보다 많이 상위직에 여성을 충원하
고 있다. 그런데 1982년 프랑스 사회당은 여성일반당원이 21%인 반면 집행
위원의 15%만이 여성이었고 드골주의자 RPR는 43% 대비 8%에 불과하였다.
1983년 이탈리아의 경우 기독교민주당 집행부에 단 한 명, 그리고 비록 당원
의 40%를 여성이 차지함에도 불구하고 당 서기직에는 여성이 한 명도 임명
되지 않았다. 마찬가지로 스페인의 경우 1982년까지 여성이 보수당 AP 당원
의 대략 35%를 차지하였지만 전국집행위원회에는 13%만 충원되었다. 반면
사회당인 PSOE는 당원의 9%가 여성이었지만, 연방집행위원회에 실제로 더
많은 1/8이 여성이었다(Threlfall; Mossuz-Lavau and Sineau 1984에서 재인용). 또
한 그러한 모습을 잘 반영하는 것이 스칸디나비아 국가들, 특히 노르웨이와
스웨덴이다. 1982년 노르웨이 노동당 집행위원회의 여성 비율(40%)은 당원
수에 일치하고 있었다. 반면 중도와 자유당들은 지도부에 여성이 과대대표
되고 있었는데 중도당은 당원 33%에 집행부 45%, 자유당은 42%의 당원에
56%의 집행부를 여성이 차지하고 있었다. 스웨덴의 경우도 당원 비율에 비
례하여 집행부의 비율이 일치하고 있다(사회민주당 30%, 자유당 44~45%).
그러나 이들 나라에서도 여성 리더십의 증가수준의 '전염효과' contagion effect
가 좌파정당에서 중도정당으로 확산되고 있지만 보수정당들에서는 여성이
여전히 불이익을 받고 있다. 1982년 노르웨이 보수당 당원 중 여성은 40~45%
를 차지하였지만 집행부는 19%였고, 스웨덴은 41% 대비 30%였다(Nordeval
1985).

　'선진화된' 국가들의 당 지도부 구성에서 여성이 비율상 과소대표되고 있
다고 하지만, 지난 20여년간 그 비율은 꾸준히 늘어났다. 이미 알려진 것처
럼 관련된 정보는 적지만 그러한 저대표성은 아마도 제3세계에서 더 크게
나타날 것이다. 아빌은 라틴아메리카에서 대부분의 정당이 여성을 서로 다

른 분과로 분리하고 있고, 멕시코에서처럼 여성이 국가집행위원회에 참여하더라도 그들은 일반적으로 여성분야나 여성프로그램에 대한 책임을 지고 있다는 것이다(Aviel 1981). 베트남 독립전쟁 중 여성들의 상당수가 베트남 공산당에 참여하였고 일부는 지도적 지위를 얻었지만, 1975년 군대해체와 더불어 정당의 시책은 철회되고 이어진 간부의 재임명에서 남성들에게 유리한 상황이 전개되었다. 이러한 모든 것들은 많은 여성들이 최근 정당지도자로 등장하였음을 부인하는 것은 아니다. 방글라데시의 아와미 연맹 Awami League의 샤이크 하시나 와제드 Sheikh Hasina Wajed, 7개 야당연합을 이끌고 있는 베굼 칼레드 지아 Begum Khaled Zia, 파키스탄 인민당의 베나지르 부토, 터키의 사회민주당을 이끌고 있는 전 수상 에세비 Ecevit의 부인 등이 그 예이다. 그들이 두드러지게 나타나는 이유는 나중에 설명하겠지만, 그들이 여성의 지도적 역할의 측면에서 일반적인 여성의 성장을 나타내는 것이라고 특징지을 수는 없을 것이다.

4) 중앙정부

중앙정부에서 대표체제의 정상을 차지한 여성은 실제로 거의 찾아보기 어렵다. 영국의 경우 한 번에 여성장관을 2명 이상 둔 적이 없었고, 1979년 이후 대처 수상 하에서 자기 자신을 제외하고는 내각에 여성이 한 명도 없었다. 오히려 미국이 더 나은 상황으로 보인다. 카터 대통령은 1977년에 후아니타 크렙스 Juanita Krebs를 상무장관에, 패트리샤 로버츠 Patricia Roberts를 주택 및 도시개발장관으로 임명하여 11명의 장관 중 2명을 여성으로 충원하였다. 1980년 11월 레이건이 대선에서 크게 이긴 후 첫번째 내각에는 여성이 전혀 없었지만, 1983년 엘리자베스 돌을 교통장관에, 마가렛 헥클러 Margaret Heckler를 건강 및 인간자원장관에 각각 임명하였다.

다른 서구 민주국가에서 최근 그 수가 늘고는 있지만 여성장관이 거의 없다. 1980년까지 캐나다 여성장관 수는 총 6명이었고, 1972년 이후 임명된 수는 4명에 불과하였다(Vickers and Brodie 1981). 1984년 7월 뉴질랜드 선거에서 노동당이 승리하면서 구성된 20명의 장관 중 2명이 여성이었다. 1983년에

서독과 이탈리아 모두 단 한 명의 여성장관이 있을 뿐이었다. 이러한 경향에 대한 중요한 예외가 미테랑 대통령하의 프랑스였으며, 의회에서 좌파가 다수를 이루었을 때였다. 3차에 걸친 모로이 Mauroy 내각에서는 6명의 여성장관이 임명되었고, 그중 한 명이 에디뜨 크레송 Edith Cresson 농업장관이다. 이어 1984년 파비우스 Fabius 내각에는 3명의 여성장관이 있었는데 당시 산업·통상장관인 에디뜨 크레송, 사회복지장관인 조르지나 뒤포아 Georgina Dufoix, 그리고 환경장관인 위게뜨 부사르도 Huguette Bouchardeau가 그들이며, 그밖에 3명이 장관직 바로 아래 직위를 차지하였고, 이는 전체의 14%를 이루는 것이다(Lovenduski 1986a; Duchen 1986; Northcutt Flait 1985 참조). 그러나 1986년 선거 후 드골주의자 RPR당의 지도자 시라크에 의해 발표된 14명 장관 중에는 여성은 한 명도 없었다.[3] 반면 네덜란드와 스칸디나비아의 여성들은 상황이 나았다. 1984년 총선 후 만들어진 네덜란드 정부는 16명의 장관 중 여성이 둘이었고, 7명의 주지사 중 3명이 여성이었다(Lovenduski 1986a). 1970년대 초부터 스칸디나비아 국가들은 모두 정부에 최소한 2명 이상의 여성을 임명하는 경향을 보였다. 1982년 스웨덴에서 만들어진 올로프 팔메 Olof Palme가 이끄는 사회민주당 정부에서는 비록 장관 직위에는 2명이었지만 19명의 사람들 중 5명(26%)이 여성이었다. 1984년 덴마크에서 전체 27명의 정부 관료 중 5명이 여성이었고 이들은 모두 장관이었으며, 이는 19%에 해당한다. 핀란드에서 1983년 17명의 정부 관료(모두 장관직) 중 3명이 여성이었다(19%에 해당). 그러나 가장 주목할 만한 것은 1986년 5월 브룬트란드가 두 번째로 노르웨이의 수상이 되면서 소수 노동당정권의 장관 17명 중 7명을 여성으로 임명한 것이다(40%가 넘는다).

여성은 소비에트 진영이나 제3세계 국가의 정부보다 서구 민주주의 정부에서 더 많이 대표되었다. 공산국가의 경우 여성의 수는 공식 정부각료와 당 정치국에서의 비율로 판단하는 것이 알맞다. 1976년에 얀카는 소련과 동유럽 전체로 볼 때 정확히 494명의 정부 고위직(중앙장관직, 국가위원회 위원, 국회의장직을 포함)이 있으며, 이 가운데 여성은 20명이라는 것이다. 동시에

---

3) 2000년 1월 5일 플로랑스 파를리가 예산담당장관에 임명됨으로써 조스팽 현 내각에서는 24명의 장관 중 11명이 여성이다(역자주).

172명의 정치국원 중 여성은 9명이었다(Jancar 1978, 89). 1982년 5월 유고슬라비아는 여성수상을 임명한 동유럽 최초의 국가였는데 그녀가 바로 밀카 플라나크 Milka Plananc였다(*The Guardian*, 1982. 1. 16.). 소련 자체로 보자면 1986년 공산당 전당대회에서 중앙위원회 서기로 알렉산드라 비류코바가 임명된 것은 시대변화의 징후로 보였지만 중요한 점은 그녀의 임무가 사회발전과 가족에 관한 것이었으며, 그 당시까지 20년 동안 장관직이든 당정치국이든 여성이 전혀 없었다는 것이다. 신뢰할 만한 자료에 따르면 제3세계 정부에서 여성의 참여는 여전히 미미하다. 1969년에 전체 라틴아메리카를 보면 장관급 여성은 4명이 있을 뿐이었다(Chaney, 1979). 최근 일부 국가에서는 보다 성공적이었는데 1979년 코스타리카에서 12명의 정부각료 중 3명이 여성이었다. 반대로 1986년 7월 페루의 가르시아가 새로 구성한 정부, 브라질에서 1985년 3월 네베스 내각, 1986년 2월 샤네이 Sarnay 내각은 전적으로 남성들이었다. 아시아로 눈을 돌리면, 1952년과 1975년 사이에 인도는 비록 11명의 연방정부 장관과 2명의 주정부 주요장관이 여성이었지만 수상인 인디라 간디를 제외하고 각료급에는 여성이 단 1명이었다(Katzenstein 1978). 1980년 1월 간디 여사에 의해 임명된 각료 중에 여성은 한 명도 없었다. 1985년 재집권하면서 14명의 내각에는 그녀의 아들 라지브 Rajiv와 1명의 여성 모쉬나 키디와이 Moshina Kidwai가 포함되었고, 2명의 여성이 더 충원되었다. 이에 반해 1981년까지 스리랑카에서는 단지 4명(반다라나이케 여사를 포함)의 여성이 내각에 충원되었다(Kearney, 1981).

심지어 이러한 통계조차도 중앙정부에서의 여성의 극한 상황의 정도를 완전히 드러내지 못한다. 또한 여성들이 충원되는 분야는 전통적으로 여성의 관심사라는 논리 범주에 속하는 건강, 복지, 교육, 문화, 가족, 소비자문제임을 알 수 있다. 그중 가장 빈번한 분야가 교육 관료로의 임명이다. 1983년에 서독, 이탈리아, 아일랜드공화국에서 여성들이 유일하게 임명된 장관직이 교육부장관이었다. 또한 칠레에서도 여성이 교육부장관으로 임명되었다. 가장 최근 1986년 콜롬비아에서 구성된 정부에서 다시 유일한 여성이 교육부장관으로 임명되었다. 이러한 종류의 전문화는 세계 도처에서 발견할 수 있다. 심지어 스칸디나비아에서도 여성이 이러한 분야에 할당되는 경향이 있으며 ,국방장관으로 임명된 적은 전혀 없었다.

그러므로 전세계적으로 정당, 의회, 정부 내에서 여성의 고위직 비율이 낮고 그들에게 주어지는 권력과의 반비례성은 상대적으로 안정되어 있다. 지난 10년에서 15년 동안 중요한 성장이 있었다. 이 책 제1판 수정 과정에 나는 얼마나 꾸준한 성장이 있었는지 살펴보면서 상당한 인상을 받았다. 그렇다고 하더라도 여전히 여성은 심각하게 저대표되고 있으며, 따라서 정책결정과정에서 손해를 보고 있다. 그들의 열악함의 전체적인 수준은 다른 정치영역에의 여성 참여를 살펴보는 것만으로도 명백해진다.

5) 노조와 다른 이익집단

적어도 서구 민주주의 국가에서 이익집단, 특히 '첨단' 경제이익단체들은 정치적 영향력의 면에서 두번째로 중요한 통로이다. 유용한 정보에 의하면 여성은 수치상으로 나타나는 것보다 이러한 부분에서 더 밀려나 있다고 한다. 관리자층에 여성의 수가 그렇게 적다고 할 때, 상위직에서 여성을 거의 찾아볼 수 없다고 하는 것은 놀라운 일이 아니다. 경제분야에서 행사되는 직접·간접적인 영향력을 생각할 때 이것이 미치는 여성의 정치적 영향력 부분에서의 결과는 상당하다. 영국에서 1986년까지 100대 기업의 임원진 가운데 여성은 겨우 7명이었다(The Times, 1986. 10. 17.). 1983년 영국산업연합일반총회 General Council of the Confederation of British Industry 400명 대의원 가운데 여성은 2명이었고, 다양한 위원회의 총 3,025명의 위원 가운데 단 65명이 여성이었다. 핀켈슈타인은 1970년대 초 많은 여성들이 직장으로 유입되고 상위직으로 진출하고 있지만, 미국 기업체 상위직에서 남성이 여성을 약 600 대 1 정도로 압도하고 있다고 지적하였다(Finkelstein 1981).

1983년 이탈리아의 가장 큰 사용자 조직인 콘핀두스트리아 Confindustria의 최고관리자에 여성은 한 명도 없었고, 각 부서, 회의체, 위원회 600명 임원 중 단 2명이 여성이었다. 같은 해에 프랑스에서 CNPF(Conseil National du Patronat Francais: 전국프랑스고용주협회) 일반총회에 여성은 1%도 참여하지 못하였고, 그 관리팀에 1명의 여성(1.8%)이 있었을 뿐이다(Lovenduski 1986a).

1985년 아일랜드공화국의 20개 주요회사 가운데 여성이 사장이나 경영 기획자나 최고관리자인 경우는 하나도 없었고, 전체 임원진에 여성이 1명 있었다. 아일랜드산업연합과 고용자연맹 모두 중요 임원에 여성이 한 명도 없었다(Randall and Smyth 근간). 중요한 것은 스칸디나비아에서도 여성이 큰 진전을 이루지 못하였다는 것이다. 1982년까지 스웨덴고용자연합의 460명 관리자 가운데 여성은 한 명도 없었다.

노조에서 여성은 남성보다 비율상으로는 적지만 상당한 수이다. 그렇지만 여성은 여전히 매우 적은 소수이다. 1980년에 영국교사노조의 70%는 남성이었지만, 그럼에도 불구하고 여성은 전국집행위의 10%에도 미치지 못하였다. 강력한 힘을 가진 교통 및 일반 노동자 조합 Transport and General Worker's Union에서 여성노조원은 15.9%를 차지하지만 41명의 전국집행위원회에 여성대표는 한 명도 없었다. 1984년까지 단 2개의 노조에 여성 노조위원장이 있었다. 전국노조총회에서 1981년 전체 42명 중 여성에게 예비된 자리의 수는 2명에서 5명으로 늘어났고 이어 6명으로 늘었다. 1986년 연차총회에서 여성은 1,000명의 대의원 중 15%에도 못 미쳤고(The Guardian, 1986. 9. 5.), 이사회 Council에서 48명 중 8명(그 가운데는 비예비직으로 뽑힌 브렌다 딘 Brenda Dean[SOGAT]과 조이스 윈셋 Joyce Winsett[NUPE]이 포함)이 여성이었다. 1978년 미국에서 노조임원의 7%만이 여성이었다. 1983년까지 AFL-CIO의 지도위원회 전체 37명 중 2명이 여성이었다(Goodin 1983). 마찬가지로 1978년 오스트레일리아 공식노조 489개 중 12개 직위만이 여성에게 돌아갔다. 1981년 서유럽의 수치는 프랑스 CGT Confédération Générale du Travail를 제외하고 모든 곳에서 "여성은 두세 가지 요인 중 한 가지에 의해 고위노조정책결정체에서 저대표되고 있으며, 대부분의 나라에서는 세 가지 요인에 근접해 있음"(Lovenduski 1986a, 172)을 보여준다. 이에는 스칸디나비아도 포함된다. 사실 러벤더스키도 지적하듯이 고용정책에 여성의 입장을 반영하려고 하고 있었지만 스웨덴 노조에 여성지도자가 그렇게 부족하다는 것은 '신기한 일'이다. 1983년에 가장 큰 블루칼라 노조연맹인 LO 지도위원회의 단 7%, 전체회의의 13%가 여성이었고, 여성이 노조의 절반 이상을 차지하는 사무직 근로자 조직인 TCO조차도 집행위원회의 단 20%만이 여성이었다(스웨덴 통계청 1985).

동유럽국가들과 소련에서 노조지도부에는 여성이 높은 비율로 참여하고 있었지만(1982년 소련 노동조합 전국중앙평의회에는 34.6%), 이들 노조들은 정치적 영향력이 미약하다는 것이 이미 확인되었다. 최근의 예외는 폴란드지만 여성은 자유연대노조의 남성우위의 위계적 체제 속에 참여하지 못하고 있는 것으로 나타났다(The Guardian, 1981. 11. 5). 제3세계국가들에서 노조지도부에 여성이 없다는 것은 두드러진다. 1977년까지 베네수엘라 4개 노조연합의 집행부에는 여성이 전혀 없었다(Aviel 1981).

사용자조직과 노조는 일반적으로 2개의 중요한 경제적 혹은 생산적 이익집단으로 보이지만 전적으로 그런 것은 아니다. 특별히 농업이 여전히 GNP의 상당부분을 차지하는 나라에서 농부들의 조직은 상당한 정치적 영향력을 행사하지만, 역시 여기서도 여성들이 지도력을 발휘하기 힘든 것으로 보인다. 따라서 아일랜드공화국에서 아일랜드농부협회는 때로 '가장 효과적인 로비단체'로 인식되고 있는데 1986년 그 단체의 지도적 인물 16명은 모두 남성이었다(Randall and Smyth 근간).

이러한 모든 면들은 이익집단 지도부 안에서 여성이 수치적으로도 역할이 미미하다는 것이며, 노르웨이에서 이루어진 조사자료가 인상깊게 강조하는 바는 이익단체의 고용직 노동자의 단 7%, 그리고 이익단체의 선출직 임원의 9% 만이 여성이라는 것이다(Hernes and Voje 1980). 여성이 정치권력을 얻으려 한다면 이들 단체들이 선거를 통해 충원되는(숫자로 대표되는) 통로를 제공하고 보충할 뿐만 아니라, 많은 서구 민주국가들에서 이들 집단들은 조합주의적 정책결정 통로를 형성하기 위해 정부, 관료와 함께 한다는 것에도 관심을 두어야 한다.

2. 관료제 내의 여성 지위

조합주의의 함의를 살펴보기 전에 정부관료제 안에서 여성의 위치에 관심을 돌려보자. 하지만 정보가 불완전하고 국가별 관료구조의 차이로 인해 비교에 어려움이 많다. 1983년에 비록 영국에서 비산업 공무원 non-industrial civil servants의 47%가 여성이었지만 그들은 하위직 아니면 임시직이었다. 1985년 6월 앤 뮐러 Anne Mueller가 관리 및 인사부 장관(총무처 장관)으로 승진되었을 때, 그녀는 그 직위에 올라본 네번째 여성이었다(*The Guardian*, 1985. 6. 12). 마찬가지로 미국 행정부 상위직에서 한 차례의 증가가 있은 후였는데도 여성의 비율은 겨우 2.3%였다(Lepper 1974). 1975년 뉴질랜드 공무원의 30%가 여성이었지만, 최고위직의 경우 남성들이 13.3%인데 반하여 0.4%만이 여성이었다(Place 1979). 실버 Silver는 프랑스 관료의 정상에서 '국가고위공무원단' Grand Corps de l'Etat(국가참사원 Conseil d'Etat, 회계원 Cours des Comptes, 재정감사원 Inspecteurs des Finances)은 프랑스 정부의 가장 영광스러운 비선출 공무원직'임을 상기시킨다. 그러나 1974년 전체적으로 여성은 19명(3%) 만이 그에 속하고 있었다(Silver 1981, 230). 1983년 이것은 5.4%로 늘어난다. 같은 해 이탈리아에서는 최고위직에 5.8%, 서독은 주 장관직 beamtete staatssekretaere에 충원된 여성은 없었고 고위직에는 5%의 여성이 임명되었다(Lovenduski 1986a). 1986년 아일랜드공화국의 18명의 장관 secretaries에는 여성이 한 명도 임명되지 않았고, 82명의 차관과 차관보 가운데 3명만이 여성이었다. 핀란드에서 조금 높게 나타나지만, 스웨덴과 노르웨이의 비율도 고위관료직 4.5%만이 여성이어서 일반적인 경향과 크게 다르지 않았다(Mossuz-Lavau and Sineau 1984, 39).

많은 개발도상국에서 교육받은 중산층 여성이 정부에서 일하는 것이 사회적으로 인정되고 있지만 더 높은 직위로 올라가기는 힘들다. 그러나 카첸슈타인은 1972년까지 권위있는 인도행정부, 인도외무부, 인도경찰청 등에 여성이 충원되는 비율이 급격하게 늘고 있음에 주목하였다(Katzenstein 1978, 476). 또한 체이니는 칠레 여성들이 여성들의 정직성에 대한 기대 덕분에 재정과 인사를 다루는 행정분야에 상당 정도 충원되었음에 주목하였다(Chaney 1979, 101). 그러나 국제개발기구들의 기록에 따르면 나아진 게 별로 없다. 로저는 뉴욕에 있는 UN기구가 미국법의 적용을 받지 않는 까닭에 충원정책상의 성차별성에 대한 처벌을 면해왔다고 밝힌다. 1980년 여러 UN기구들을 지원하는 충원에 관한 기술지원처 Technical Assistance Recruitment Service에서 일하는 여성전문가는 실제적으로 한 명도 없었다(Rogers 1983).

　지방이나 지역행정기구에서 여성의 역할에 대해 기록한 자료는 거의 없다. 1976년 영국 지방정부의 500명이 넘는 주요 관료 중 여성은 2명뿐이었다. 비록 교육과 사회복지 분야에 여성인력이 많았지만, 116명의 주요 교육관료 중 단 2명, 127명의 사회복지 관료 중 11명이 여성이었다(Hills 1981a, 27). 1978년 미국 지방정부에서 여성은 평균적으로 '관리직'의 10.5%를 차지했다(Sigelman 1976). 이러한 결과는 비록 두드러지지는 않지만 여성이 중앙정부보다 지방정부에서 더 잘 대표되고 있음을 보여준다.

　전세계적으로 관료체제 내에 여성이 거의 나타나지 않는 것은 국가 자체가 중요한 고용주이기 때문에 더욱 심각한 것이다. 부가되는 어려움은 고위직에 오른 소수 여성들이라도 불균형적으로 전통적인 '여성' 관심분야에 집중되는 것이다. 핀란드에서도 1981년 자문직으로 임용된 여성 중 38명이 교육부에, 37명이 건강과 사회복지, 그리고 4명이 국방부로 배치되었는데 이는 1974년보다 수치적으로 상당한 진보였다(Hernes and Hanninen-Salmelin 1985, 117). 뉴질랜드, 핀란드, 다른 스칸디나비아 국가들의 연구를 보면 더욱 왜곡된 분포를 알려준다.

1) '조합주의적' 제도

　관료엘리트 내의 여성 부족과 실제적으로 국방, 외교, 재정 및 경제 분야에서의 여성 부재현상은 대의분야의 여성의 저대표만큼이나 여성의 정치적 영향력을 결정짓는 중요한 것이다. 나라마다 관료제와 대의적인 정치제도 사이의 관계가 다양하고 파악하기 어렵지만, 전세계적으로 국가관료제의 실제적이고 광범위한 영향력은 의심의 여지가 없다. 이러한 영향력의 한 가지 징후는 조합주의적 통로와 정책결정 메커니즘의 성장이며, 정부와 무엇보다 모든 경제적 이익집단들 사이의 협의과정이 의회 밖에서 점차적으로 제도화되어 온 것이다. 조합주의의 구성요소는 스칸디나비아 국가들에서 널리 알려졌는데 많은 서구 민주주의국가에서 주목을 받았다. 이것의 중요한 부분 중 하나는 각 장관에 의해 위촉되었거나 단순히 직접적으로 정부나 의회에 책임을 지는 위원회, 회의, 평의회, 그리고 협의회의 확산이다. 그 안에서 집단이익의 대표들과 관료들은 정부정책의 결정과 실행에 참여한다. 그러므로 스칸디나비아 이외의 지역에서는 관련 자료를 찾기 힘들지만, 여성이 이러한 협의체와 관리체에서 제대로 대표되고 있는지 알아야만 할 것이다.

영국에 관해 스테이시 Stacey와 프라이스 Price는 다음과 같이 썼다.

1978년 상무분야 41개의 공공부처 425명의 직원 중 여성은 단지 28명이었다 (6.6%). 우편국은 전체 18명 중 2명, 브리티시 항공사는 15명 중 1명, 기업청은 11명 중 1명이 여성이었다. 전력청, 영국가스회사, 영국철도 그리고 스코틀랜드·웨일스 개발청 등 많은 부처들 중에는 여성이 한 명도 없는 경우가 있었다.

게다가 인사위원회의 10명 중 1명이 여성이었고 1979년에 자문 및 조정 그리고 중재과 Advisory, Conciliation and Arbitration Service 9명 중 1명만이 여성이었다(Stacey and Price 1981, 148). 1982년까지 여러 부처 자문위원회의 여성은 산업부 관련 분야의 2%부터 내무성 Home Office 관련 분야의 30%까지였다. 1983년 프랑스의 경우 경제·사회위원회 200명 중 14명이 여성이었고, 이탈리아는 경제·노동전국위원회 80명 중 2명이 여성이었다(Lovenduski 1986a). 1985년 아일랜드공화국은 경제·사회 전국위원회의 23명 중 2명이 여성이었다. 또한 여성은 중요한 '국가의 지원을 받는 기구' state-sponsored bodies에서 심각하게 저대표되고 있으며, 중앙은행과 산업개발청을 포함하는 가장 권한 있는 몇몇 부서에서 전적으로 배제되었다. 기업체에서 여성의 대표문제는 스칸디나비아 국가들에서 광범위하게 논의되었는데, 이러한 통로는 적어도 그 '수치'만큼 정책결정에 영향을 주는 것으로 인식되고 있다. 부처별 자문위원회의 여성 숫자는 1970년대 초반 눈에 띄게 늘어났지만 여전히 적으며, 특별히 노르웨이의 경우 1973년 칙령 Royal Resolution이 제정되고 1976년 이것이 강화되면서 여성을 의무적으로 임명하게 되었다. 노르웨이의 공공부처, 위원회, 협의회의 여성 비율은 1970년 10%에서 1981년 27%까지 올라갔다(Hernes and Hanninen-Salmelin 1985).

2) 사법부

미국을 제외하고 일반적으로 정치학자들은 사법부의 정치적 역할을 강조하지 않는다. 하지만 넓은 의미로 사법부는 어느 국가에서건 정치적이고, 좀 더 전통적 의미에서 서구 민주국가의 정책결정에 기여를 해왔으며, 뿐만 아니라 중앙정부 체계 가운데 하나이다. 1983년까지 영국에서 여성은 고등법원의 4.1%를 차지하였고, 지난 5년간 약간의 증가를 나타냈지만 상원 법사위원회 혹은 항소법원 Court of Appeal의 재판관에 한 명도 없었다. 마찬가지로 1985년 아일랜드의 대법원 판사 6명 가운데 여성은 한 명도 없었고, 고등법원에는 단 한 명만 있었다. 미국 사법부의 경우 특히 카터 대통령 하에서 여성의 수가 증가되어왔지만, 1979년까지 연방예심판사 federal trial judges의 4% 미만, 항소심 재판관 Court of Appeals judges의 8.3%만이 여성이었다(Cook 1979). 1981년에 레이건 대통령은 산드라 오코너 Sandra O'Connor를 여성으로는 처음으로 연방대법원 판사로 지명하였다(*The Guardian*, 1981. 7. 8).

러벤더스키는 1983년 서독의 경우 기껏해야 상급 법원의 5%만이 여성이었다고 밝힌다. 단 하나의 실제적인 예외는 프랑스로, 1983년 여성은 행정적인 법체계에서 거의 발전된 양상을 보여주지 않았지만, 일반적인 체계에서는 판사의 30%가 여성이었고, 이는 지난 10년 넘게 국립 사법관학교 Ecole Nationale de Magistrature에로 여성 충원이 부분적으로 증가하고 있음을 반영하는 것이다. 러벤더스키가 말했듯이 이러한 "프랑스 사법부의 여성화는… 상당한 성취를 나타낸다"(1986a, 223).

3) 미디어

현재까지 논의된 정치영역은 가장 영향력 있는 분야이지만 통신매체의 영향력도 언급해야 할 것이다. 통신매체가 가지는 정부와 경제적 이익으로부터의 독립이 특히 서구 민주국가 이외의 지역에서 항상 불안정하지만, 미디어는 공공문제에 대한 정보에 관하여 가장 중요한 원천으로 남아 있다. 미디어에 대한 여성 참여의 구체적인 모습을 파악하기란 특별히 더 어렵지만, 그들이 지도적 위치를 차지하지 못하고 있음은 한층 분명해 보인다. 1982년까지 영국에서 NUJ 구성원 비율이 남성보다 높기는 했지만, 신문기자의 22.2%가 여성으로 알려져 있는데 반하여 논설위원의 8.8%만이 여성이었다(Smith 1982). 1986년 독립 텔레비전을 위한 기술자연맹 ACCT과 영상텔레비전연맹이 수집한 고용현황은 여성이 피고용인의 20%, 프로듀서와 감독을 포함한 범주는 16%가 여성이지만, 프로듀서와 감독의 비율은 2.7%밖에 되지 않는다. 이것은 1974년보다 여성 감독의 비율이 상당 정도 늘어난 것을 반영한다. 1982년까지 미국의 주요 신문과 잡지 논설위원직 90.4%가 남성이었다(Tinker 1983, 45). 1985년에 아일랜드공화국의 49개 지역신문뿐만 아니라 4개 전국 일간지, 3개 석간지, 5개 일요신문의 논설위원은 모두 남성이었다. 중앙방송인 RTE 간부 9명 중 2명만이 여성이었고 30명의 임원 중 여성은 단 한 명이었다.

4) 제도정치 이외의 리더십

이러한 제도화된 영역 바깥에서 여성은 더 자주 직접적인 혹은 혁명적 정치활동을 할 것이라 기대될지도 모른다. 이것은 비록 그 증거가 상충되기는 하지만 지역활동집단에서는 사실일지 모른다. 메이요 등은 영국에서 여성의 높은 참여비율에 비해 지도층 내에서의 대표성이 훨씬 낮다는 것을 발견하였다(Mayo 외, 1977). 특별히 겔라거는 런던에서 여성이 가장 혜택받지 못한 사람들 사이에서 주도권을 가지고 있음을 보여주었다. 그녀는 런던 남동부에서 열악한 주택환경을 더 악화시킬 수 있는 주택지구위원회 local claimants' union의 결정을 반대하기 위해 여성들이 펼친 캠페인 조직화를 묘사하고 있다. 이들은 집 없는 가족 행동위원회 homeless families action committee를 이끌면서 지역민원인조합의 캠페인을 통해 이를 명백하게 형상화하였다. 하지만 새로운 지구에서 여성의 임차인협회 내의 역할은 상당히 제한되었다. 그녀는 남자들이 부도덕성으로 인해 선점권을 행사할 수 없을 때 여성이 지도력을 발휘할 수 있을 것이라고 결론지었다(Gallagher 1977).

혁명적 혹은 '반체제적' 정치에서 여성들은 활동적이지만 거의 지도자가 될 수 없으며, 베르나데트 데블린 Bernadette Devlin(그녀의 의회 진출 이전 시절), 안젤라 데이비스 Angela Davis, 그리고 울리케 마인호프 Ulrike Meinhof 등의 여성들은 매우 이례적인 경우임은 말할 필요가 없을 것이다. 러시아와 중국 혁명 당시 많은 여성들이 혁명활동에 적극 가담하였지만 "급격한 변화가 일어난 가장 민주적인 시기에 있어서도 여성은 한정된 역할을 하였다." 그들은 스스로의 어떤 권력 기반도 발전시킬 수 없었고, 그 어떤 여성도 영향력 있는 영구적 지위에 오르지 못하였다(Salaff and Merkle 1970, 167).

여성은 중요한 정치적 영향을 남성 정치인과의 사적인 관계를 통해 간접적으로 성취할 수 있을지 모른다. 20세기 이러한 공공권력으로의 행보를 성공적으로 달성한 여성은 에바 페론이었다. 나바로는 에바 페론의 경력을 밝히는 논의에서 "그녀가 죽었던 1952년 7월 26일에 에바는 의심할 여지없이 아르헨티나에서 두번째로 영향력 있는 인물이었다"고 썼지만, "그녀는 페론 정부 하에서 선출직을 얻은 것도 공식적 지위를 얻은 것도 아니었으며," 그녀의 권위는 항상 페론의 권위를 반영한 것이었다고 말한다(Navarro 1977, 229).

바로 그 점에서 카터 대통령의 부인 로잘린 카터도 상당히 비공식적인 영향력을 행사하였다(Holden 1980, 14). 그러나 이들 두 경우는 상당히 예외적이었기에 두드러진다. 두 여성 모두 남편의 권력과 정책의 성공에 온 마음을 바쳤고, 그들의 영향력은 전적으로 남편의 지위에 의존하였음이 강조되어야 한다. 아마도 대부분의 경우는 정치인과의 사적인 관계 및 공식적인 정치적 지위의 두 가지를 동시에 발휘하여 정치적 영향력을 행사하는 여성들, 예를 들어 유고 대통령 티토의 부인, 루마니아 차우세스쿠의 부인, 혹은 필리핀의 이멜다 마르코스 등이 그들이다. 마오쩌뚱의 미망인 장칭의 운명과 실지로 최근 이멜다 마르코스의 운명은 그러한 주제넘은 권위의 위험을 보여준다.

앞에서 말한 조사 결과는 다음과 같은 것을 보여준다. 첫째, 정치적 지위와 지도력을 성취하는 여성이 얼마나 적은가 하는 것, 둘째, 여성의 대표성은 정치권력의 배분과 반비례관계에 있다는 것 등이다. 스웨덴, 노르웨이, 그리고 핀란드에서 여성 의원의 놀라운 증가와 반대로 기업 정책결정의 영향력이 크게 늘어남에도 여성의 참여가 미미하다는 것이 함께 다루어져야 한다. 셋째, 많은 개발도상국에서 여성이 거의 드러나지 않는다는 것에서부터 스칸디나비아 정치의 대표제도의 실질적 모습에 이르기까지 나라마다 다양한 변이를 확인하였다. 이러한 변이는 사회적 그리고 경제적 발전이 영향을 끼친다는 것을 나타내지만, 여성의 정치 엘리트로의 접근을 결정짓지는 않는다. 선진국 가운데 스웨덴과 오스트레일리아를 비교해보라. 제3세계 국가 중 인도와 이란이 대조를 보인다. 특별히 참여의 높은 비율과 관련이 있는 것으로 보이는 두 가지 정치적 요소는 좌파정당과 중앙의 확실한 지원이며, 우리는 이러한 주제들로 다시 돌아갈 것이다. 네번째 발견은 여성의 지도적 역할이 지난 20여년 동안 점진적이지만 축적되어왔다는 중요한 증가가 있다는 것이고, 이 점이 그러한 변화를 단순히 명목상의 시책 때문이었다고 치부할 수 없음을 뜻한다. 그리고 여전히 이러한 일반화에는 명백한 한계가 있고, 그 가운데 지난 1960년대 초 이후 영국과 미국 의회에서 여성 지위를 향상시키려는 노력에 충격적인 실패가 있었다.

3. 왜 그리 적은가

이러한 발견들을 어떻게 설명할 것인가? 제1장과 제2장에서 이미 대답의 일단을 제공하였다. 오히려 대중정치에의 여성 참여가 낮고 일반적으로 현대의 공적 생활의 모든 영역에서 여성이 부수적 역할을 담당한다. 그러나 적절한 분석을 위해 그러한 제약을 좀더 명확하게 규정해야 한다. 영국과 미국 의회와 정부 내의 여성에 우선적으로 초점을 맞추어지기는 하지만, 관련된 상당한 연구물을 참조할 수 있다.

첫째, 여성이 항상 전적으로 정치에서 불이익을 보고 있는 것은 아니라는 점을 인정해야 한다. 여성의 특정 남성에 대한 관계는 상당히 비간접적인 정치권력에의 접근을 가능하게 할지 모른다. 남성과의 선거전에서 여성 후보자는 더 크게 두드러질 수 있는 이점이 있다. 영국 노동당 출신 의원 조안 레스터 Joan Lestor는 다음과 같은 말을 한 적이 있다. "어떤 젊은 여성이든 구별되는 이점이 있다. 주변에 아주 많은 남성들이 있지만, 만약 당신이 여성이고 상당히 분별력 있으며 자신의 이유를 제대로 표현할 수 있다면, 당신

은 좀더 오랜 동안 주목받고 기억될 수 있을 것이다"(Phillips 1980, 74). 어떤
여성들은 최소한 몇 명의 여성이라도 대표체제에 포함되어야 한다는 인식이
확산된 덕분에 이익을 얻고 있다. 예를 들어 밸런스는 남성보다 여성이 선거
구의 예비명부 short-list에 오르기가 더 쉽다고 밝힌다(Vallance 1979).

그러나 이런 잠재적인 이점도 여전히 엘리트 정치에의 여성 참여에 대한
직접적인 제약을 상쇄하는 데는 실패하고 있다. 이러한 제약은 제2장에서
언급한 여성 자체의 특성과 정치, 정치제도의 특성 사이의 구별을 지속시키
고 발전시킴으로써 학자 개인들의 주장이 가진 정교한 주장이 크게 훼손당
하지 않으면서 최대한 논의될 수 있어야 할 것이다. 래피두스에 따르면 이러
한 것들은 여성 정치 참여의 수요측면과 공급측면을 살펴보는 것이 도움이
될 것이라 말한다(Lapidus 1978). 여성 정치인의 당선 가능성을 결정짓는 중
요한 요인은 공급측면이다. 우리는 입후보하는 여성뿐만 아니라 그렇지 않
은 여성에게도 관심이 있다. 일반적으로 정치 엘리트, 특별히 여성 정치인의
충원과 역할 배분을 지배하는 정치적·제도적 요인은 수요측면이다. 물론 공
급과 수요는 상호 독립적이 아니다. 여성은 가정 내 역할과 정치적 지위 혹
은 드러나는 차별을 조화시키는 데 실제적인 어려움을 예견할 수 있다. 그러
한 상호의존은 글을 진행하면서 드러날 것이다.

1) 여성의 공급: 사회화

표면적으로 공적인 업무에서 여성이 드문 주요한 이유는 그렇게 하기를
원하는 여성이 거의 없기 때문이다. 제2장에서 필자는 사회화와 여성의 정
치행위에 대한 상황적 또는 구조적 요인의 함축성을 구별하였다. 그러한 구
별은 또한 열성적인 여성 정치인의 제한된 공급에 대한 이유를 규명하는 데
도움이 된다.

미국에서 이러한 문제에 대한 많은 토론들은 사회화의 효과를 강조하고
있다. 예를 들어 기텐스와 프레스태지는 "여성이 정치를 하면서 직면하는 문
제들은 주로 선천적으로 주어지는 상황과 여성의 사회화에 의해 만들어지는
나중에 얻게 되는 상황 사이의 긴장에서 기인한다"는 것에 주목하기 시작했

다. 이러한 설명은 널리 퍼져 있고 모호하다(Githens and Prestage 1977). 그러나 그들은 대안적인 시각을 제공하지 못했다. 차라리 이러한 긴장들이 경험되는 '상호작용의 동력'을 세련화하는 것을 택했다. 특별히 그들은 사회적 '한계성'이라는 개념을 받아들여서 한계적 활동가를 '하나의 층으로부터 다른 층으로 자신의 동질성을 변화시키려 애쓰지만, 가치체계 사이에서 그리고 조직화된 집단 연대 사이에서 관련된 선택사항을 해결할 수 없는 사람'으로 정의했다. 기텐스와 프레스태지는 여성이 남성보다 다른 사람의 존중에 의존할 것이므로 여성이 특별히 그러한 긴장에 취약할 것이라고 한다. 한계성의 심리학적 비용은 정치적 지위를 획득하려는 대부분의 여성을 억제하겠지만, 그것을 성취한 여성의 행태도 조절할 것이라는 것이다.

켈리와 부틸리어는 성인이 정치적 활동을 하기 위해 필요한 결정적인 전제조건을 활동가의 현대적 성 역할 이데올로기, 그리고 자신의 '생활공간'에 대한 개인적 통제의식으로 규정하였다. 그들은 모성에 대한 요구가 여성의 적극적인 정치참여를 방해한다는 것을 받아들이더라도, 우선은 아이들을 소홀히 하는 것으로 비쳐졌을 때 나타나는 사회적 거부감에 대한 어머니로서의 두려움 때문이라고 믿었다. 그러나 모성이 실제로 장애가 되는 정도는 상당히 미미하다. 주목할 만한 문장을 통해 그들은 다음과 같이 밝힌다. "정치에서 두드러진 활동을 보이는 여성은 아이 돌볼 사람의 부족, 비협조적인 남편, 혹은 어린아이 등이 투표를 못하게 하고, 심지어 공직 진출을 가로막기에 충분하다는 것을 알지 못한다. 그 행위에 참여하지 못하는 비용이 오히려 높을지도 모른다"(Kelley and Boutilier 1978, 11). 그들은 만약 여성이 정치적으로 주목받으려면 성과를 얻으려 한다면 올바른 아동사회화가 필요하다고 강조한다.

또한 인용된 저자들은 여성들이 지위를 얻은 후 행동하는 방식에 미친 사회화의 영향을 강조하면서 이후의 정치경력의 결과에 명백하게 나타난다고 한다. 마찬가지로 콘스탄티니와 크레이크는 캘리포니아에서 정당 지도부의 남성과 여성에 관한 조사를 통해 여성들이 남성보다 일상적인 정당업무에 시간과 힘을 쏟고, 여성의 목표는 정당의 지위에 한정되지만 남성은 공적 지위를 추구하는 데 두어진다고 결론지었다. 그들은 '가족 내에서 자주 눈에

띠는 성 역할의 구별과 특별히 유사한 성격'을 재빨리 간파하였다. "남편과
같이 정당의 남성 지도자는 관련된 체계의 기구적 기능에 더욱 특성화되어
있다. 정당의 여성 지도자는 아내처럼 표현적 기능에 특성화된 경향이 있다"
(Constatini and Craik 1977, 238). 그들이 이러한 성 역할 환원주의를 지지하려
는 노력은 매우 놀라운 것으로, 캐롤이 이에 대한 비판에서 올바르게 지적했
듯이 그들 자신의 자료조차도 남녀 사이에서 나타나는 동기의 매우 한정된
차이만을 보여준다고 한다.

여성 정치인은 정치스타일에서 '프로'라기보다 '아마추어'적인 면을 가지
고 있다고 알려져왔다. 따라서 린과 플로라는 1972년 미국의 전국전당대회
대의원 조사를 통해, 여성은 사회적 비난에 대한 두려움으로 남성보다 개인
적으로 덜 야심적이고, 또한 경쟁전략보다는 이념과 원칙을 가지고 정치를
인지하고 정치에 참여하는 경향이 있다고 유추하였다. 그들은 이러한 평가
가 매우 의문스럽고 미국적이며, 그리고 '남성적' 정치개념일 뿐만 아니라
오히려 이러한 접근이 아마추어적이라고 평가하였다. 그것은 또한 정치에
참여하는 여성은 특별히 건전하고 양심적이며, 아마추어리즘에 상응하는 특
성을 가진다는 일련의 연구결과와도 모순되는 것이다(Lynn and Flora 1977).

2) 상황적 제약들

다른 학자들은 상황적 제약이 주는 영향을 강조하기를 좋아하는데 대부
분 특별히 모성에 관해서이다. 한 가지 영향력 있는 논의는 리 Lee에 의해 진
전되어왔는데 그녀는 뉴욕 교외 4개 지역의 지도적 정치인에 대한 조사를
통해 여성들이 정치가 진부하거나 부패하기 때문에 정치에 참여하는 것을
꺼리는 것은 아니라고 판단했다. 비록 여성들은 자기 자신들에게 정치가 어
울리지 않는 활동이라고 대부분 믿고 있거나 혹은 최소한 남성들이 그렇게
생각하리라 예상하지만, 남녀 역할의 정형화된 틀이나 차별은 눈에 띄게 줄
어들고 있다. 가정에서 아동에 대한 책임감이 선거와 같은 일상적인 정치 참
여로부터 여성을 주저하게 하지는 않지만 정치적 지위에 접근하는 것을 가
로막아서 여성의 정치 참여에 가장 심각하고 지속적인 장애요인이 되고 있

다. 결정적인 요인은 시간인데, 사용할 수 있는 시간이 어느 정도이냐의 문제이기보다는 언제 여성들이 정치적 업무에 시간을 할애할 수 있는지 하는 것을 여성 스스로 통제할 수 없다는 문제이다. 여성이 통제하기 힘든 시간의 양에 비례하여 정치적 업무에 참여할 수 있는 시간이 줄어든다는 것이다(Lee 1976). 또한 헤른스와 보제스는 유아를 돌보아야 하는 시기에, 여성은 자신의 일상적 계획이 예측 불가능하기 때문에 정치적 참여의 비제도적 형태를 선호하게 된다고 주장한다(Hernes and Vojes 1980).

리의 명제는 분명히 많은 연구들에 영향을 주었다. 더욱 중요한 것은 그녀가 옳다는 증거들이 많다는 점이다. 1974년 10월 영국에서 여성 의원 27명이 선출되었는데 이들 중 단지 2명만이 10세 미만의 아이들이 있었다. 9년 뒤인 1983년에도 이것은 여전하였다. 혼자이든 결혼했든 이혼했든, 어린아이가 없는 여성이 정치에 참여하는 이러한 경향은 1970년대 미국 연방의회, 주 의회 그리고 노르웨이 의회에서도 발견된다. 최근 러벤더스키(1986a)에 따르면 유럽의 자료가 이러한 경향을 계속해서 확인시켜주고 있다. 볼치크는 여성이 결혼과 아이 출산 후 정치적으로 덜 활동적이라는 체코에서의 조사결과를 인용하면서, 공적 업무를 받아들이지 못하는 것은 가정에서의 책임감 때문이라고 말한다(Wolchik 1981, 271). 유일한 반증은 1985년 14명의 여성 의원 중 4명이 어린아이를 가졌다는 아일랜드공화국의 예이다. 어린아이에 대한 책임감은 중앙정치보다 지방정치에 참여하는 데 장애가 덜할지도 모른다. 베브스는 미국 교육위원회에서 실제적으로 아이들의 수와 나이로 인하여 남성과 여성간에 중요한 차이가 나타나지 않는다는 것을 발견했다(Bevs 1978). 이것은 지방수준의 정치적 업무가 비교적 여유가 있고 집과 가까운 장소이기 때문인데, 이러한 결론은 아이들이 어리면 여성의 정치적 활동이 지방정부 수준으로 제한된다고 영국 여성 의원들의 증언을 바탕으로 결론을 내린 필립스의 의견에 의해서도 뒷받침된다(Phillips 1980).

모성은 여성이 정치적 직무를 찾는 데 방해가 될 뿐만 아니라, 아이들이 지속적인 도움을 덜 필요로 할 시기가 될 쯤이면 정치적 업무에 관여하기에는 여성들은 나이가 상대적으로 너무 많아진다. 이것은 대개 여성 정치인들이 남성 동료들보다 좀더 나이가 많다는 빈번한 보고를 통해 반영된다. 기텐스가 인터뷰한 여성 주의원들은 정치적 직위를 중년에 얻게 되는 약점이 있어 주 의회 안에서 지도적 위치를 차지하기 위한 경쟁이나, 중앙의회로 진출하기에 너무 늦어버린다는 불만을 토로하였다(Githens 1977). 앞으로 보게 될 것이지만 적절한 업무 경험은 엘리트 정치의 '역량'에서 중요한 요소이며, 여성의 어머니로서의 책임(물론 일반적인 노동의 성적 분업 아래서)은 대부분 그러한 경험을 얻는 데 방해가 된다는 것이다.

이러한 결론은 일단 여성이 정치적으로 참여하게 되면 그러한 현실적 장애는 그녀를 방해하지는 않을 것이라는 켈리와 부틸리어의 견해와 상반되는 것으로 보인다. 그러나 그들의 자료도 스스로의 주장과 상치된다. 자서전적 세부사항을 제공한 36명의 활동적인 여성 정치가 중 12명은 정치에 몸담고 있을 동안 아이가 없었다(다른 3명은 이러하지 않았을지 모르지만 책에는 이 부분이 명확하게 나타나지 않았다). 아이를 가진 사람 중 8명은 일하는 사람을 둘 정도로 부유했거나 혹은 아이를 돌볼 여유가 있는 부유한 친척을 두고 있었다. 나머지 3명 중에서 앨런 그라소 Ellen Grasso는 그녀의 대가족으로부터 지원을 얻어냈고 골다 마이어와 에바 브로이도 Eva Broido만이 어머니로서의 역할과 정치인으로서의 역할을 결합시키기 위해서 애써야 했다. 실제로 골다 마이어는 그녀의 자서전에서 "오늘날까지 나는 너무도 필요한 한 시간조차도 아이들로부터 떠나 있지 않으려는 노력을 하여 아이들에게 해를 입히지도 소홀히 하지도 않았다고 확신한다"고 썼다. 그녀가 어머니의 역할과 많은 활동이 요구되는 공적 역할을 결합시키려는 결정은 분명히 힘겨운 일이었다(Kelley and Boutilier 1978, 131).

최근 배런스와 데이비스는 어린아이에 대한 책임이 정치적 약점이라는 가정에 반하는 좀더 설득력 있는 이론적 주장을 제시하였다. 그들은 이것이 여성으로 하여금 다른 많은 일들을 하는 데 방해가 되지 않을 것이라고 지적하고 있는데, 일례로 서유럽 의사의 1/4 정도가 여성이라는 것이다. 그러나 유럽의회 여성 의원에 대한 자체 자료에 이르면 어린아이들이 문제가 됨을 알려주는 것으로 보인다. 남성뿐만 아니라 대부분의 유럽의회 여성 의원이 45세 이상 되고, 따라서 아이들이 충분히 나이가 먹을 때까지 정치경력을 미루든지 어린아이를 가진 여성들이 이러한 것을 영위하는 데 어려움이 많다는 것을 인정하든지 해야 한다는 것을 발견했다(Vallance and Davies 1986, 41).

엘리트로서의 정치적 역할을 여성이 맡을 수 있는 가능성은 여성들의 직업과 관련이 있지만 그 관계는 복잡하고 전체적으로 명확하지 않다. 제2장에서는 여성이 보수를 받는 직업을 가진다는 것은 기본적인 정치활동과는 긍정적인 관계가 있지만, 이것이 모두 사회화와 상황적 요인으로 설명되는 것을 보여주는 증거로 사용하고 있다. 즉 어린 시절의 사회화는 특별히 새로운 상황과 관련된 영향과 기회에 의해 반작용을 일으킨다. 여성의 직업은 정치 참여의 더 엘리트적인 형태와 긍정적으로 관련되어 있다는 것이다. 러벤더스키와 힐스는 이탈리아와 일본을 제외하고 20개 국가들에서 발견한 사실들을 요약하여 대중 수준과 엘리트 수준에서 정치적 활동과 직장에서 여성의 참여 사이의 광범위한 관련성을 지적한다. 그러나 커렐이 지적한 것처럼 여성의 직업은 여전히 가정주부로서의 역할을 기대받고 있는 여성, 특별히 어린아이를 가진 여성에게 정치 참여에 필요한 시간과 에너지를 거의 남기지 않는 이중적 부담을 지운다(Currell 1978, 8). 많은 연구들은 정치활동의 중간영역으로 부를 수 있는 영역, 즉 지역정당 활동, 지방정부 같은 곳이나 주의회에 참여한 여성들 가운데에는 '직장을 가지지 않은' 가정주부들이 많음을 지적한다. 아니면 이들 여성들은 대개 임시직 노동자인 경우가 많다. 쉰버그는 여성들이 임시직일 때 지역정치에 참여하는 비율이 높아지고 반면 정규직이 되면 다시 줄어드는 미국 노동자계급 여성들에 관한 한 연구를 인용한다(Schoenberg 1980). 1970년대 중반 잉글랜드 지방의원에 대한 표본조사는 여성 의원의 91%가 은퇴하였거나 임시직의 가정주부였음을 보여준다(Hills 1981b). 그러나 이러한 흐름은 중앙정치 수준에서는 역전된다. 이러한 명백한 불일치에 대한 가설적인 설명이 제시될 수 있다. 직장에 참여하는 것은 여성의 정치적 인지와 열망을 변화시킨다. 즉, 유급직의 영향 속에서 장기적으로 여성의 정치 참여, 그리고 직접적으로 그들의 기초적 활동을 이끌어낸다는 것이다. 반면 가정 바깥의 고용은 여성에게 이중적 부담의 원인이 되고, 따라서 정치 참여의 중간수준에서는 직장 없는 가정주부가 임시직 여성과 함께 종종 우세하다. 그러나 현재 정치체계의 상층부에서 직위를 가지는 것과 조화를 이루는 태도, 기술·경험과 같은 것들은 유급직과 실지로 특별한 종류의 직장을 가정한다. 그리고 이 때문에 정치영역에서 여성의 수가 적고 매우 느린 증가를 보이고 있다고 설명될 수 있다. 그리고 어린아이의 사회화와 좀더 직접적인 상황적 영향력과의 결합은 그 효과를 나타내지만, 정치적 위계 수준이 높아질수록 상황적 제한이 두드러지게 나타난다.

정치 엘리트로의 충원을 잠재적으로 제한하는 여성의 상황(또한 이것은 교육적·직업적 기회의 구조 안에서 여성의 위치라는 면을 통해서도 설명될 수 있다)에 대한 중요한 한 가지 측면이 남아 있다. 셀리그만 Seligman 등은 정치충원의 과정을 분석하면서 3단계로 구분하였는데 검증 certification, 선택 selection, 그리고 역할 부여(임명) role assignment가 그것이다. 검증단계는 적절한 경쟁자들 집합의 간접적 한계를 정하는 것이다(Seligman et. al. 1974, 14). 물론 적격성(피선거 자격)이라는 기준은 정치제도 자체의 기능이고 따라서 여성 정치인에게 요구되는 특징이지만, 이러한 기준이 주어질 때 이 기준을 만족시킬 여성이 남성보다 적을 것이라는 사실이 중요하다. 적격성의 한 가지 관습적 측면은 교육적 성취이다. 그러므로 그것은 영국에서 학위 수준에서 여전히 여성 3명당 남성 4명임을 주목하는 것과 관련된다. 미국에서 처음 3년을 마치는 여성은 남성보다 조금 적지만 마지막 4학년을 마치는 여성은 남성보다 상당히 적은 수이다. 체이니는 대학에서 여성이 전형적으로 더 정치화된 전공분야를 선택하지 않고, 따라서 장래 정치인으로서 중요한 훈련의 토대를 실험하는 학생정치에서 제외된다고 밝힌다(Chaney 1979, 91). 라틴 아메리카에 대해 말한다면 이러한 점은 더욱 광범위하게 적용될 수 있다.

둘째로 특별히 정치경력에 적당한 직업이 있다는 것이다. 커렐은 영국의 의원들이 자주 그들의 정치적 일과 개인적 법률활동, 감독권, 컨설팅, 저널리즘이나 의사로서의 일반 치료행위를 결합시키고 있으며, 이런 분야는 일하는 시간이 유동적이어서 그것이 가능하다고 할 수 있다. 이러한 직업들은 또한 의원의 지위로부터 혜택을 받을 수 있고 선거에 패하더라도 일종의 보장이 될 수 있다. 게다가 교사, 법률 관련 종사자, 공공 관계 종사자, 저널리즘 종사자, 노조 종사자, 그리고 심지어 배우와 같은 직업은 성공적인 정치인에게 필요한 의사전달 기술을 발전시킨다. 1970년과 1974년 선출된 모든 의원들 중 보수당의 31%, 노동당의 43%가 전문직업인들로부터 충원되었다

(주로 보수당은 변호사이고 노동당은 교사). 여성은 대부분 이러한 직업에서 중요한 역할을 담당하지 않는다. 더욱이 여성이 공공서비스 분야나 지방정부에서 주사급에 광범위하게 임용되는 것은 더 큰 불이익이 되고 있는데, 이는 지방정부의 공무원이 지역의회 의원으로서 봉사하지 못하고 공무원은 자신이 수행하고 있는 정치활동 범위 내에 제한되어 있기 때문이다(Currell 1978). 1900년 이래로 미국에서 주의원의 거의 1/4이 변호사였다. 게르츠크는 여성이 중앙의회로의 진출에서 가족이라는 연계 역할은 줄어들고 여성 의원들은 점차 법 분야에서 훈련받게 되었다고 보고한다(Gertzog 1984). 그러나 1979년 법과대학의 25.3%가 여성이었지만 미국 변호사의 단 3%만이 여성이었다(Lynn 1979). 1982년 여성은 변호사의 14.1%를 차지함으로써 분명한 발전을 나타내었다. 기텐스는 메릴랜드 주 의회에서 의원의 33.8%가 변호사이고 38.7%가 기업가로써, 이들 두 집단이 상임위원회를 지배하고 있음을 알았다(Githens 1977). 아이오와 주 의회에서 농부는 변호사나 기업가보다 두드러지게 나타나지만 이것은 여성에게 안심이 되는 일이 아니다(King 1977). 아일랜드공화국에서 변호사, 농부 그리고 다른 직업인들도 많지만 하원에서 첫 번째 직업군은 대개 상점주인이나 여관주인과 같은 소규모 영업을 의미하는 '상업'이었다. 이것은 아일랜드 정당정치에 매우 본질적인 지역 접촉의 네트워크를 구축하는 특별한 기회를 가지기 때문이라고 생각된다. 그러나 여성들은 이러한 배경을 가지기 매우 어려운 것으로 보인다(Randall and Smyth 근간). 동유럽에서도 그 그림이 크게 다르지 않다. 소련 여성들은 대개 정치적 리더 역할이 집중되는 그러한 산업·기술·농업 전문직에서 저대표되고 있다(Lapidus 1978).

슈팀은 적격성 문제에서 한 걸음 더 나아가 여성이 군대나 경찰 업무에서 남성과 동일한 기반 위에서 충원되지 않는 한, 집행적 지위의 후보자로 진지하게 간주되지는 않을 것이라고 주장한다. 국가의 최종적 기능이 힘에 대한 통제라는 막스 베버의 주장을 근거로 슈팀은 "여성이 힘을 행사하지 않거나 행사할 수 없거나, 혹은 행사하지 않거나 행사할 수 없다고 생각되어진다면, 강제력을 행사할 책임 있는 자리에 충원되기 힘들다"(Stiehm 1979, 1-3)고 말한다. 여기서 우리는 미국에서 여성의 군사적 역할이 미약하지만 1970년대를 통해 중요하게 확대되었음을 확인할 수 있다. 1971~76년 이후 여성이 군사 방면으로 충원되는 비율이 1.6%에서 5.2%로 늘어났다. 파가 썼듯이, "군대에 복무하는 여성들의 수가 크게 늘어났고, 여군이 매우 광범위하게 보직에 배치되고, 병원선보다 다른 함대에 승선하는 인원이 많아지기 시작했으며, 군사학교에 여성의 입교가 확대되었고 남녀 공통교육 기초훈련장이 세워졌다"(Parr 1983, 238). 슈팀의 명제가 미국과 다른 서구 민주국가에 적용할 수 있든지 없든지에 상관없이 명백하게 여성이 이들 나라에서, 특별히 제3세계 국가들(이들 국가의 정부는 군대로부터 전부 혹은 대다수의 사람들을 충원하고 있다)에서 엄청난 불이익을 받게 될 것이다. 아빌은 라틴아메리카에서 예상했던 대로 여성이 군사 부문에서 잘 대표되지 않고 있음을 발견했다. 군부가 권력을 잡고 있는 연합정부가 그렇듯 여성이 많이 흡수되는 경향을 보이지만 이는 상징적일 뿐이다. 그는 '당신이 정부에 들어가고 싶다면 군대에 가라'는 페루의 격언을 인용하면서 이러한 선택권이 여성들에게는 일반적으로 열려 있지 않다고 지적한다. 1976년 이후 페루와 쿠바에서는 예외적으로 여성들을 공무원으로 훈련시키고 있다(Aviel 1981, 169).

상대적으로 여성은 동기가 부족하고, 더 중요하게는 정치에 입문하려는 여성들에 대한 특별한 제약이 존재하고, 남성보다 검증의 요구조건을 만족시키기가 어렵기 때문에 정치적 지위에 대해 적극적이지 않다. 그러나 그들의 선택은 정치체제 그 자체와 독립되어 있지 않다. 정치의 성격과 남성 우월주의는 강고하다. 정치제도의 실제적인 작동은 남편이 협조적이지 않다면 어린아이에 대한 의무와 타협하기 힘들다. 그리고 정치 충원에 필요한 요소를 결정짓는 것은 다름 아닌 정치체제인 것이다. 그러므로 스스로 앞으로 나아가지 못하는 여성은 정치경력에 장애가 나타날 것이라는 것은 이성적으로 예상할 수 있다.

3) 수요측면: 정치제도

이러한 상호작용의 '수요'측면으로 눈을 돌리면 우리는 명백하고 본질적인 관찰을 시작하게 된다. 투표, 지역선거에서의 선거운동, 그리고 지역정치인에 대한 로비활동과 같은 유권자 수준의 정치활동에서는 참여자의 수에 대한 논리적 제한이 없고, 엘리트 정치활동에서는 예비후보자들 간의 피할 수 없는 경쟁이 있다. 엘리트가 되고자 하는 사람들은 공격적이고, 그러한 공격성은 전통적으로 여성보다는 남성의 특징이라고 단순히 말할 수는 없다. 더 근본적으로 여성이 차지하는 모든 정치적 직위는 남성 경쟁자의 패배의 대가임에 틀림없다. 더욱이 정치적 지위의 영향력이 강하다고 알려지면 질수록 그에 대한 경쟁은 더 심화될 것이다. 그러나 이러한 관찰은 제도화된 정치에 한정되지 않는다. 심지어 혁명운동이든, 지도자를 선출하는 데 규율화된 과정이 없는 특수목적의 정치조직이든 제한된 수의 사람들만이 리더가 될 수 있다. 현재의 지도자 경쟁이나 현존하는 선출과정의 남성 지배 속에서, 남성의 경쟁력의 우위가 나타나는 가운데 정치권력을 추구하는 여성들은 단순히 유권자 수준의 정치활동에 참여하는 것과는 전혀 다른 정치적 맥락 안에서 움직여나가야 한다.

그러나 정치의 제도화는 더 큰 장애물이 된다. 힐스의 말을 빌리자면 중요한 '제도적 장벽'(Hills 1978)의 역할은 간디 여사와 반다라나이케 여사의 경력이 상대적으로 부족하다는 측면에서도 드러난다. 두 사람은 중앙정치제도가 상대적으로 침투할 수 있는 여지가 많았던 상황에서 지도적 남성 정치인과의 개인적인 관계를 통하여 정치적 성과를 얻어냈다. 카첸슈타인은 인도에서 많은 수의 영향력 있는 여성 정치인의 출현과 전체적으로 공직 여성의 낮은 비율간의 상반성은 이러한 정치제도화의 낮은 수준으로 설명될 수 있다고 하였다(Katzenstein 1978). 제3세계 국가에는 다른 많은 예들이 있다. 이미 앞에서 언급하였지만 필리핀의 코리 아키노, 도미니카공화국의 유제니아 샤를르 Eugenia Charles, 파키스탄의 베나지르 부토, 방글라데시의 샤이크 하시나 와제드와 베굼 칼레드 지아가 그들이다. 그러나 이러한 경향은 제3세계에만 한정된 것이 아니다. 영국에서 (제한된) 여성 참정권이 실시된 첫 10년 동안 여성 의원 11명 중 5명은 커렐의 말로 표현하자면 '남성 대신' male equivalence' 당선되었다(Currell 1978). 더욱이 1917년부터 1976년까지 미국의 회에서 여성 상원의원의 73%, 여성 하원의원의 50%가 전직 의원들의 미망인이었다. 킨케이드는 특별히 상원의원의 3%, 하원의원의 9%만이 재직 중에 지역구를 물려받은 미망인이었음을 예로 들면서 그들의 의회로의 진출이 자동적이거나 비자발적이었다는 어떤 인상을 불식시키려고 하였다(Kincaid 1978). 심지어 오늘날 아일랜드 하원의원의 거의 1/4이 전직 혹은 현직 의원과 가까운 친척들이고, 그것은 겔라거가 지적했듯이 "예외적으로 현대적 의회에서 높은 수치이다"(Gallagher 1984, 259). 즉, 가족관계가 여성에게는 유일하면서 가장 중요한 통로인 것이다. 1922년부터 1981년까지 26명의 의원 중 13명이 미망인이거나 민족적 지도자의 미망인이었고, 단 5명이 '스스로 출발한 사람(자수성가한 사람)'으로 묘사될 수 있다.

정치 충원과 승진에 대한 제도적 장벽은 점차 법적인 장벽과는 거리가 멀어지고 있다. 하지만 이것은 언제나 그런 것이 아니다. 영국에서 1918년 전까지 여성은 의회에 입후보하는 것은 금지되어 있었고, 1946년 전까지 결혼한 여성은 공무원으로 임용되지 못했다. 이러한 법적 장벽을 없애는 것은 여전히 여성이 남성의 기득권과 관행이라는 미로의 건축물과 맞서는 것으로 남아 있다. 3가지 특별한 장애물이 규정될 수 있다. 남성 우월주의와의 관계에 따라 순서를 정하면, 첫째로 그리고 무엇보다 중요하게 정치적 발전은 각각의 수준에서 '적절한' 정치적·직업적 경험이 필요하다는 것이다(비록 그것이 남성의 여성에 대한 태도와는 전혀 상관이 없지만). 최고위직에 오르기 위해서는 전형적으로 사다리의 가장 낮은 곳에서 시작해야 하고 이것은 스스로의 시간을 확보를 위해 일찍 시작해야 한다는 것을 의미한다. 보다 남성 우월주의와 밀접한 가정은 제2장에서 지적한 바와 같이 각 단계에서 남성의 스타일과 편의를 반영하는 정치활동의 성격과 조직이다. 마지막으로 남성의 편견과 권력의 직접적인 표현이 철저하게 차별적이라는 것이다.

4) 의원이 되는 데 방해가 되는 제도적 장애물

이러한 장애들이 서로를 강화시키고 여성에게 방해되는 정도를 평가하고 그려내기 위해, 영국과 미국에서 여성이 정치적 정점으로 향해가는 세부적인 과정을 '수적인 대표' 과정에 한정시켜 살펴보자. 왜냐하면 정치학자들은 현재까지 이 부분에 관심을 두고 있기 때문이다. 우리들의 출발점은 중앙의회에 대한 당선 가능성이 될 것이다. 이러한 부분에 대한 '검증'의 비공식적 과정에 있어 여성이 대부분 소수를 구성하는 어떤 직업에 특별한 무게를 두자는 제안을 하고 싶다. 결과적으로 여성은 이전에 올바른 종류의 정치적 경험을 가졌는가에 의존하게 된다. 영국에서 이것은 여성이 의회에 충원되어 온 중요한 저장소가 정당, 지역정부, 그리고 노조임을 의미한다.

그러나 우리는 노동당과 보수당 당원수의 거의 절반을 이루고 있는 여성이 정당의 높은 지위를 그 비율에 맞게 획득하지 못하고 있음을 보았다. 힐스는 이것이 단순히 정당의 공식적 규칙의 결과인지 묻고 있다. 선거구 수준에서 노동당 전당대회 Labour General Committee 구성에 관한 규정은 지구당이 여성 대표를 보내도록 강요하지는 않지만, 여성분과의 세분화된 대표들을 통해 여성 당원들에게 전체적으로 대의원 투표에 있어 약간의 여지를 제공할지도 모른다. 보수당의 경우 지구당은 선거구 집행회의 Constituency Executive Council에 성별로 한 명씩 2명의 대표를 보내도록 요구받고 있다. 한정된 증거이지만 이러한 수준에서조차도 양당에서 여성은 저대표되고 있음을 보여준다. 제18차 노동당 전당대회에 관한 최근의 한 조사에 따르면 전체적으로 여성이 당원의 40%를 차지하고 있음에도 불구하고 전당대회 대의원의 30%만이 여성이었다. 노동당 연차총회 Labour Party Annual Conference에는 특별히 여성 대의원을 보낼 필요는 없지만, 보수당 선거구연합은 연차총회에 7명의 대의원 중 최소한 1명은 여성을 보내도록 되어 있다. 이 회의체가 상대당인 노동당에 비해 정당정책에 별 영향력은 없지만, 결국 여성의 수는 보수당 연차총회에 더 많다. 실제적으로 노조에 의해 지명되는 노동당 전국집행위원회 National Executive Committee(NEC) 29명 중 여성은 단 5명뿐이다. 노동당의 전국집행위원회보다 힘이 약한 보수당 집행위원회 200명 중 전국적 그리고 지역적 수준에서 여성 전국자문위원회 Women's National Advisory Committee 의장만이 당연히 여성이다. 종합하면 두 정당의 내부 규칙이 여성을 지원하는 것은 아니지만(특별히 정당조직의 상부에서), 내부 규칙 때문에 여성이 저대표되고 있는 것도 아니다. 이를 설명하기 위해서는 이 장의 처음에 논의되었던 상황적 제약을 언급해야 하지만, 강한 차별의 가능성도 언급해야 한다. 힐스는 1972년 여성 활동가에 대한 노동당의 한 조사를 인용하면서 45%의 여성들은 동등한 실력임에도 불구하고 정당 직무에 대해 남성 경쟁자가 항상 혹은 자주 선호된다고 여기고 있고, 이러한 경우가 때때로 있다는 의견도 33%에 이른다고 전한다(Hills 1978).

의회에서 여성 충원을 위한 두번째 원천은 지방정부이다. 밸런스는 1974년 10월 선출된 여성 의원 27명 중 17명이 지방정부 경험을 가지고 있다는 점을 지적한다(Vallance 1979). 하지만 우리는 이미 여성이 지방의원으로서 과소대표되고 있다는 것을 확인한 바 있다. 그러나 "양당에서 지방정부 후보가 되는 것은 복잡한 과정이 아니다"(Hills 1978, 9). 지구당이나 노조, 다른 연관 조직에 의해 지명되고, 지역구 위원회에 의해 걸러진 노동당 후보자는 당 지역정부위원회 Local Government Committee에 의해 심사되고, 궁극적으로 하부 조직(지구당)에 의해 선출된다. 보수당에서는 선거구협회의 찬성을 조건으로 후원자들이 후보를 선출하는데, 이들이 반드시 당원일 필요는 없다. 이러한 절차는 표면적으로 여성에게 불리한 것은 아니며, 또한 지방정부에서의 수적인 열세를 설명하는 것도 아니다.

브리스토는 지방정부에서 여성이 대표되는 정도와 그 정부의 사회-경제적 환경간의 관계를 연구하였다. 여성이 런던의회에서 가장 잘 대표되고, 웨일즈 의회에서 최악으로 나타나지만, 역설적이게도 런던 이외의 지역에서는 대개 도시지역보다는 농촌지역에서 여성이 많이 대표되고 있다. 여성 대표와 그 물질적 부유함의 정도, 그리고 정도는 덜하지만 런던을 제외하고 지방정부의 보수성과의 관계는 매우 놀랍다. 브리스토는 중간계층 주부들의 당선 가능성을 강조하는 설명에 기울어 있다(Bristow 1980). 힐스는 남성에 기초한 자료로부터 여성의 계급에 대한 가정을 만들고, 충원하려는 부서 자체의 태도를 무시했다는 점에서 브리스토를 적절하게 비판하고 있다. 그녀는 양당에 있어 당선 가능성이 높은 의석에 대한 공천시 여성 후보들에 대해 편견이 있다는 증거를 제시한다. 그러나 이것은 지방의회 여성 의원의 구성 비율에 있어서의 변화를 설명하는 데 성공적이지 못하다(Hills 1981b).

우리는 다른 많은 유럽국가들에서 지방정부 차원에서의 성공이 예비의원 후보들에게 가치 있는 것임을 주목해야 하는데, 모쉬-라보와 시노가 지적한 것처럼 지방의회는 "중앙의회에 도전하는 후보들을 길러내는 기반"(1984,

20)인 것이다. 선거구 정당정치에서의 '지역주의' localism가 행하는 역할 때문에, 그리고 전반적으로 지구당이 의회 경쟁자 선출과정을 지배한다는 사실 때문에 아일랜드공화국에서 특별히 중요하다. 1982년 11월 새로 구성된 하원에서, 의원 가운데 66.3%는 이전에 지역정부에서 일하였다. 이러한 상황에서 1985년 6월 지방선거에서 지역의회의 여성 대표가 기대했던 만큼의 도약을 이루지 못한 것은 특별히 실망스럽다.

여성이 정당과 지역정부 엘리트로 들어가는 것이 제한된다면, 앞에서 보여준 바와 같이 노조에서의 여성들의 직위보유 office-holding는 훨씬 앞선 것이다. 1926년 이후 해마다 여성회의 Women's Conference가 개최되었고, 1930년대 중반 이후 전국여성자문위원회가 창설되었다. 지난 3년여 동안 여성회의가 압력을 가한 결과 노동조합회의(TUC: Trades Union Congress)는 마침내 우리가 보았던 것처럼 42명 중 2~6명의 여성 대의원을 노동조합회의에 보낼 수 있도록 법적 할당을 늘이는 데 동의하였다. 전체적으로 정치활동의 이러한 3영역이 여성을 의회로 보내는 주요 '통로'로 남아 있는 한, 여성 예비후보의 수에 극적인 증대는 없을 것이라는 배런스의 의견에 동의해야 할 것이다(Vallance 1979).

이제 미국으로 눈을 돌려보자. 고인이 된 남편으로부터 자리를 물려받지 않은 여성 의원들, 즉 좀더 젊은 여성 의원들은 일반적으로 그 이전의 정치활동은 주 의회에서였다. 따라서 주 의회에서의 여성 충원을 살펴보는 것으로 시작하자. 주 의회에서 여성 대표는 꾸준히 증가해왔다는 것은 이미 확인되었지만 그래도 여전히 15% 미만이다. 1986년 적어도 3명의 여성 의원도 없는 주는 하나도 없지만 여성 의원이 특히 많은 주가 있다. 가장 높은 비율은 뉴햄프셔로 33%이며, 버몬트와 와이오밍이 그 뒤를 잇는다. 가장 낮은 주가 미시시피로 2.3%였다. 그러나 거의 예외 없이, 연방의회에 많은 여성이 진출하는 주 의회가 여성의 비율이 높은 주 의회는 아니다.

여성은 남성에 비해 자신의 전문적인 경쟁력 professional eligibility에 기대어 주 의회에 '옆으로 들어가려' 하지 않고, 대안적 충원 통로에 좀더 의존하고 있다. 대안적 충원 통로들 중 중요한 것은 정당과 자원봉사단체이다. 여성은 현재까지 남성과 같이 정당활동에 참여하여왔지만 리더 역할을 기대받지 않고 있다는 광범위한 증거가 있다. '남성은 전략을 계획하지만 여성은 복지부동한다'는 가정이 여전히 지배적이다(Boneparth 1977, 289). 대신 혹은 이와 더불어 여성 예비후보들은 지역사회 활동에 적극적이다. 그러한 활동을 통해 여성들은 조직적·사회적 기술을 발전시킬 수 있고 정치과정과 직무에 익숙해지고 지역사회의 문제들에 대한 정치적 특징을 인지할 수 있다. 자주 언급되었듯이, 선거나 임명을 위한 더 나은 발판은 지방정부의 구성원이 되는 것이다. 다이아몬드는 1971년에 코네티컷, 버몬트, 뉴햄프셔, 그리고 메인 주의 연합 주 의회 combined state legislatures의 남성과 여성 의원의 대략 2/3가 선거 이전에 다른 공직에 몸담았다고 한다(Diamond 1977).

1970년대 중반 이후 여성의 수가 늘었음에도 불구하고, 지방정부에서 여성은 여전히 저대표되고 있다. 콘스탄티니와 크레이크는 그들 자료로부터 당파성도 없고 따라서 더 높은 정치적 지위로 가는 계단으로 인식될 수 없는 지방정부에 여성이 많을지도 모른다고 밝혔다(Constantini and Craik 1977).

정당활동, 지역사회활동 혹은 지역공공업무의 배경을 가진 여성은 지구당으로부터 주의원직에 나서라는 권유를 받을 수도 있고 정당 예비선거에 나갈 수도 있으며 독자후보로 나설 수도 있다. 하이타워가 인터뷰한 주정부나 중앙정부직에 출마하려는 여성 후보자의 28%는 이러한 배경이 부족하였는데(대신에 그들은 1960년대 후반 뉴 레프트운동과 특별히 여성해방운동을 통해 정치에 나서게 되었다), 그녀의 연구는 뉴욕지역에 근거하였고, 이러한 높은 비율은 아마도 전형적인 것은 아니다(Hightower 1977). 더욱 중요한 것은 그러한 여성들이 정당에 의해 충원되는 것이 아니라, 독립후보로 나서야만 한다는 것이다.

따라서 후보로 선택될 수 있는 다양한 방법이 있다. 정당 예비선거에서 경쟁하려고 하는 여성들은 남성 경쟁자들보다 선거운동 자금을 모으는 데 더 많은 어려움 직면하기 때문에 정당에 의해 충원되는 사람들에 비해 선택될 가능성이 불확실한 것은 명백하다. 잘 알려진 것처럼 미국에서의 선거운동은 매우 비용이 많이 드는 활동이다. "여성은 보통 부유한 가족 출신이어도 선거운동의 엄청난 자금을 끌어모으기 힘들고…막대한 예비선거 운동자금을 기부하는 '동창생' oldboy망에 접근하기도 어렵고 외부의 재정적 자원에 접촉하기도 힘들다"(Epstein 1981, 139). 반대로 정당들은 이길 것 같지 않은 자리에는 예비경쟁 없이 여성 후보를 선택하는 경향이 있다는 것이 꾸준히 확인된다. 예비선거는 '안전하다'고 생각되는 선거구에서 더 많이 치러지는 경향이 있고, 여성이 예비선거에서 성공하면 선거에서 이길 가능성도 더 높다.

이러한 점에서 우리는 왜 여성들이 다른 주보다 몇몇 주에서 더 나은지 그 까닭을 물어야 한다. 다이아몬드가 보여주었듯이 많은 요인들이 작동하였고, 일단 의회에서 상대적으로 많은 여성들의 선례를 세웠다면, 이것은 그 자체가 여성의 장래 숫자에 대한 가장 좋은 유일한 기준이다. 그럼에도 불구하고 기본적인 결정인자는 주 의회 의원들이 높은 평가를 받고 경쟁하는 정도로 나타난다. 여성은 인구에 대한 의석의 비율이 높고 선거구가 대부분 농촌지역이며, '전문적'이기보다 '일반시민'의 입장에서 움직여지고, 전업 정치인보다 공공정신을 가진 시민들이 우세한 선거구에서 최선의 결과를 얻을 수 있다. 남부 주에서는 이러한 설명이 지역의 전통적이고 가부장적인 문화의 영향에 대한 언급으로 대체되어야만 한다. 또한 주 의회의 상원에서 보이는 적은 수의 여성에 대해서는(1985년에 모든 주 상원의석의 9.9%가 여성이었다), 하원의 여성 대표 규모에 대한 반작용일 수도 있고 제한된 의석의 수에 대한 더 많은 경쟁이라는 의미로 설명될 수 있어야 한다(Diamond 1977).

나는 현재까지 중앙의회직에 적합한 여성의 인재집단을 구성하는 것으로 제도적 과정을 고찰해왔다. 다음으로 우리는 충원과정 자체에 대해 평가해야 한다. 미국에서와 마찬가지로 영국에서 이미 논의된 기준에 따르면 경쟁력이 있다고 생각되는 많은 여성들은 의원직을 추구하지 않는다. 켈리와 부틸리어와 같은 비평가들은 아이들의 사회화와 이를 연결지으려는 것 같다. 최소한 그럴 듯한 설명은 많은 제도적 장애물에 대해 여성들이 이성적으로 내다보고 있다는 것이다. 여성의 어린아이들에 대해 책임은, 지역구로 여행하는 시간으로 인하여 방해받을지도 모른다. 일단 선출되면 그와 그들의 가족들이 살아야 하는 장소에 대해 결정을 내려야 하는 어려운 입장에 직면한다. 그들은 또한 남자를 위해 남자에 의해 만들어진 제도 속에서 탁아소 부족과 함께, 공전되면서 '반사회적'인 시간을 지새우는 의회 회기에 직면할

것이다. 덜 구체적이지만 그들은 대중과 남성 의원들의 편견을 두려워할 수
도 있다. 이러한 상황이 언론에 의한 여성 정치인 대우에 반영되고, 그리고
아마도 그것에 의해 영향을 받을 수 있다. 필립스가 인용한 것처럼 "언론은
남성 동료들에게서는 기대할 수 없는 도덕적인 기준을 가지고 여성 의원들을
평가하고 여성 의원들은 이러한 비난을 넘어서기를 기대한다"(Phillips 1980,
106). ≪데일리 미러≫ *Daily Mirror*가 노동당 후보 테사 조웰 Tessa Jowell이 결
혼한 사람과 동거하면서 이혼을 했다는 것을 알고, 그것을 「노동당 테사의
사랑고백」이라는 제목으로 기사를 실었다. 잘 알려진 것처럼 남성 편견의
희생자로 신중하게 관심을 끌어 모은 2명의 여성 의원에게 언론은 악의적으
로 반응하였다. 모린 콜쿤 Maureen Colquhoun은 자기가 레즈비언이라고 공개
적으로 주장하였고, 헬렌 헤이맨 Helene Hayman은 하원에서 그녀의 아이에
게 모유를 주었다. 여성 정치인의 육체적 외모는 미디어의 특별한 관심을 끌
고 이것은 필연적으로 여성의 정치적 기여를 평범하게 만든다.

하지만 그러한 측면으로 방해를 받지 않는 여성이라도 선출과정에서 더
많은 장애물과 만날 수 있다고 힐스는 다시금 강조한다. 노동당은 노조가 지
명한 후보로 구성된 'A'명부와 지구당이 잠재적 후보를 대상으로 만든 예비
명단 가운데 선택하여 이것으로부터 지구당이 지명한 후보로 구성된 'B'명
부, 2가지의 명부를 가지고 있다(이러한 명부를 통과하고 직접적으로 선거구
에 접근하려는 예비후보자의 경향이 늘고 있다). 자유사회민주당의 중앙조
직뿐만 아니라 보수당 중앙사무처도 공인된 후보자에 관한 비슷한 명부를
가지고 있다. 1983년 총선 전까지 4개의 주요 정당 모두 여성 후보자가 약진
하는 것에 전전긍긍하였다. 노동당 안에서 노동당 민주여성활동위원회를 위
한 캠페인 Campaign for Labor Party Democracy's Women's Action Committee에
참여한 여성들과 '여성 권리를 위한 반격' Fightback for Women's Rights에 참
여한 여성들은 정당 여성 대표의 보다 높은 비율을 위해서, 그리고 의회 후
보를 위한 캠페인을 벌였다. 1979년과 1983년 사이에 노동당이 작성한 명부
의 여성 비율은 10%에서 15%로 올라갔다. 그러나 노조의 지원을 받는 'A'명
부의 경우 여성은 여전히 4.5%였다. 또한 보수당과 자유당 명부의 여성 비율
은 각각 10%와 11%로 올랐고, 사회민주당은 기록적으로 17%에 이르렀다.

정당의 명부에도 불구하고 선출의 결정적인 인자는 지구당이거나 적어도 그것의 관리체이다. 사실상 여성은 선거구 예비명부에 선택될 좋은 기회를 가진다고 볼 수 있다. 사회민주당은 실제로 그러한 예비명부에 여성 2명이 포함되도록 강제하고, 명목상 선출되는 여성은 명부에 민주적 신뢰성을 부여하는 데 꼭 필요한 존재로 보인다. 그런데 왜곡이 나타나는 것은 다음 단계에서이다. 힐스(1981b)는 보수당에서 여성은 후보로 선출되기가 남성보다 불리하고, 노동당에서는 기회가 더 많다는 것을 발견하였다. 여성 후보들의 비율은 모든 정당에서 상승하고 있었다. 1983년 여성 후보의 비율이 보수당에서는 6%, 노동당에서는 12%였다. 소규모 정당에서는 이 비율이 더 높아지는데 환경생태당 Ecology Party은 거의 23%에 달하였다. 실제적인 문제는 여성이 당선 가능성이 높은 의석에 지명되는 것이 남성보다 상당히 적다는 점이다. 따라서 1974년 10월 남성 후보 2,282명 중 608명이 선출된 데 반해 161명의 여성 후보 가운데 27명이 선출되었는데, 이는 남성이 3.7:1이지만 여성은 6:1이라는 것이다. 1979년 총선에서 138명의 여성 후보 중 19명이 선출되었는데 그 차이는 7.3:1로 늘어난 것이다. 이것은 31명의 후보 전체를 출마시킨 보수당의 승리를 반영하는 것이다. 1983년 총선에서 기록적인 숫자인 276명(10.7%)의 여성 후보들이 출마하였지만 궁극적으로 당선된 여성들의 수는 1979년보다 많지 않았다.

밸런스(1984)는 이것으로 더 많은 여성이 후보로 선택되도록 압력을 가하는 것만으로 충분하지 않다고 지적한다. 여성들이 승리의 좋은 기회를 가진 의석에 선택되어야 한다는 것이다. 영국 남동부 선거구는 북부보다 여성을 선택할 준비가 더 잘 되어 있음을 보여준다. 노동당의 지명을 원하는 여성에게 이것은 "노동당 여성을 가장 잘 받아들이는 지역은 정당이 최소한의 선거권력을 가진 곳"(Vallance 1984, 307)이라는 것이다. 노동당은 전통적인 노동당 의석을 위해 최초의 흑인 여성 후보자인 다이안 애보트 Diane Abott를 포함하여 더 많은 여성을 이번에 선택한다고 알려졌다. 노동당이 1983년만큼의 의석을 차지하지 못한다고 하더라도 노동당 여성 의원의 수는 10명에서 16명으로 늘어날 것이고, 보수당의 의석수만큼 노동당 의석을 획득한다면 전체 합계는 29명이 될 것이다(The Guardian, 1985. 12. 13).

　여성이 당선 가능성이 높은 의석에 거의 선출되지 못하는 이유에 대해 더 연구해보면, 과거에는 남녀 투표자 모두 남성에 투표하기 좋아해서 여성이 선거에 취약한 것으로 알려졌다. 아마도 이는 여성이 의회에 대표되기 시작한 초기에는 사실이었을 것이다. 다른 변수들로부터 항상 선거행태에 영향을 줄 수 있는 후보자들의 성별이 지닌 효과를 제외시키는 것은 어렵다. 하지만 밸런스는 최근 총선 투표결과를 통해 후보자의 성별의 영향을 무시할 수 있다는 결론이 가능하다고 본다(Vallance 1979). 힐스는 1966년, 1970년, 그리고 1974년 10월 총선에 대한 분석을 바탕으로 후보자의 성별이 선거결과에 매우 미약한 영향만을 줄 뿐이라고 인정하였다. 그녀는 또한 이들 선거에서 여성 후보가 실제적으로 어떤 선거구의 결과에까지 영향을 주지는 않았을 것이라고 지적한다(Hills 1981b, 227). 다씨와 쉬람은 1970년, 1972년, 그리고 1974년 미 하원 선거에 대한 연구에서 투표의 차별성은 후보자의 정당과 현재의 직위를 통제할 때, 성별은 독립적 설명의 힘이 거의 없다는 조사결과를 통해 비슷한 결론을 내렸다(Darcy and Schramm 1977). 1977년 이전 오스트레일리아의 5번 총선에 대한 인상적인 조사를 기반으로 맥케라스 Mackerras (1977)는 여성이 득표력이 떨어지지 않는다는 결론을 내렸다. 그러나 1980년 총선을 포함하여 이후 더 엄격한 분석에 따를 때 다른 설명 요소들을 대입하면 관련된 표차는 매우 적지만, 여성 후보가 득표력이 떨어진다고 말할 수 있을지도 모른다(Kelley and McAllister 1983). 후보자 성별과의 비관련성은 영국, 미국, 그리고 뉴질랜드 지방정부 선거의 연구에서도 보여진다. 성별이 차이를 만들어내는 것으로 보고된 유일한 서구 민주국가는 그리스이다(De Giry 1980). 그러나 핀란드의 경우를 제외하고 이들 모든 나라들에서 신뢰성 있는 증거에 따르면 여성 후보자가 당선 가능성 있는 의석에 공천될 가능성이 남성보다 덜하다. 이것은 부분적으로 선거행태의 잘못된 예견을 반영하는 것이지만, 여성을 원하지 않는 것은 선거구민이라기보다는 공천권자인 것이다.

　의회 여성 충원에 더 큰 장애물은 소선거구 다수대표 선거구제 single-member first past the post electoral system일지도 모른다. 최근 여성 대표를 위한 선거제도에 관한 함의에 많은 관심이 집중되고 있다. 몇몇 학자들은 각 정당들

이 투표효과를 최대화하기 위해 양성을 포함하여 사회의 중요한 집단이 대
표될 수 있도록 후보자 명부를 작성할 것이므로, 비례대표 정당명부제가 특
별히 여성에게 유리하다고 밝힌다. 밸런스가 말했듯이 "단 한 명의 대표자가
선출되는 우리와 같은 체제4) 속에서는 모든 압력이 중간층, 중년, 그리고 대
체로 남성이라는 표준적 생산물을 고르는 것이 된다." 그녀는 "소선거구제
하에서는 어디에서나 공지된 규칙으로부터 벗어난 후보가 나타나는 것이 사
실이며 어떤 명부제든지 여성 후보자 제시에 실패하게 되는 부재현상이 나
타나는 것이 분명하다"는 보그다노 Bogdanor의 주장을 인용하고 있다
(Vallance 1984, 308). 관련하여 명부제도가 여성을 포함하기 쉬운 두번째 이
유는 이러한 수준에서의 선택은 소선거구제에서처럼 양자택일은 아니며, 따
라서 여성은 남성과의 경쟁에서 덜 직접적이다. 분명히 비례대표제의 옹호
자들은 엄청난 상황을 만들어낼 수 있다. 프랑스 하원의 여성 숫자는 비례대
표제가 다수투표제로 바뀐 1958년 이후 줄어들었고, 반면 1979년 유럽의회
선거에 비례대표제가 다시 도입되었을 때 의석의 여성 지분은 프랑스 의회
가 4.3%에 머물러 있었던 데 반하여 21%로 올라갔다. 비례대표 정당명부제
는 스칸디나비아 국가들과 네덜란드 의회에서 상대적으로 높은 여성의 비율
과 관련된다. 벨기에, 이탈리아, 이스라엘은 여전히 낮은 수준이긴 하지만
영국이나 프랑스, 미국보다는 여성에게 더 낫다(그러나 단순 다수투표제를
가진 뉴질랜드와 캐나다에서 여성대표의 비율은 지난 몇 년간 상당히 높아
졌음을 알아야 한다). 노리스(1985b)는 24개 자유민주국가에 대한 다단계회
귀 stepwise multiple regression 자료분석 기법을 써서 선거제도의 유형이 여성
의 의회 참여비율을 설명해주는 하나의 가장 중요한 변수이지만, '평등주의'
egalitarianism 지표에 의해 측정되는 문화적 태도 또한 관련이 있다고 결론지
었다.

그러나 선거제도가 실제적 차이를 만들지만 이것은 부분적으로 중앙당
지도부가 후보 선택에 있어 발언권이 세고, 오늘날 지방보다는 중앙 지도부
가 여성을 발전시키려는 경향이 있기 때문이라고 나는 밝히고 싶다. (말하자

---

4) 소선거구제(역자주).

면 이것은 영국에서 여성이 최근 재선거에서 성공을 거두는 한 가지 이유가
될 수 있다. 중앙당 지도부는 그 과정에서 후보 선택을 비롯하여 보다 직접
적인 역할을 담당하는 것이다.) 아일랜드공화국이 그러한 경우이다. 아일랜
드는 대선거구 지역이지만 하원에 3명에서 5명을 보내는 상대적으로 작은,
그리고 후보의 선출은 지방 정당조직과 전통적인 주군-가신 경향을 띠고 있
는, 그러한 의미의 비례대표 단기이양식 single transferable vote제도를 가지고
있다. 그러나 정당 지도자는 예외적으로 선거인 명부에 추가 후보를 낼 수
있고, 최근 그들의 여성 후보를 후원하려는 관심이 여성 의원의 증가에 기여
하였다. 요약하면 비례대표제도는 다른 유리한 상황들과 결합되었을 때 주
요한 영향을 미칠 수 있다. 그러한 유리한 상황이 영국에 확산되고 있으므로
비례대표제의 도입은 여성의 대표성을 확실히 진작시킬 것이다. 미국에서도
비례대표제의 도입은 여성 정치 참여의 궁극적인 결과가 어떻게 될지를 추
측하는 데 있어서 아무런 역할도 하지 않았던 정당체제에 이러한 변화를 불
러일으키게 될 것이다.

　미국에 대해 좀더 언급하자면 우리는 여성 후보를 후원하는 데 여전히 정
당 지도자 혹은 유력자들 가운데 큰 저항이 있음을 알 수 있다. 1970년, 1972
년, 그리고 1974년에 의원직을 향한 1,099개의 경쟁적 선거 중 단 87명의 여
성 후보만이 당선되었다. 1980년까지 하원 선거 후보 중 여성은 6.3%였다.
그것은 미 의회가 미국의 부와 국제적 힘, 그리고 정부로부터 법적·정치적
독립성의 정도가 크기 때문에 세계에서 가장 강력한 힘을 발휘하는 것과 관
련이 있을 것이다. 그러나 여성 후보나 잠재적 후보는 선거운동에 필요한 자
금을 얻기가 특별히 어렵다는 점에서 논쟁이 있어왔다. 울라너 Uhlaner와 쉬
로츠만 Schlozman은 1980년 선거운동과 관련하여 선거자금의 용도를 분석하
면서 여성 후보들은 여성으로서의 특정한 불이익에는 맞서 싸우는 만큼, 현
직이 아니기 때문에 나타나는 실제적 불이익에 맞서서 대처하지는 않는다고
결론지었다(1986).

5) 의회 내부의 장애물

결국 우리는 의원이 되는 여성들이 직면하는 제도적 제약들을 고려해야만 한다. 당선이 확실한 선거구에 공천되는 여성 후보가 거의 없기 때문에, 의회경력 시작부터 남성 동료보다 나이가 많다는 불리한 점이 덧붙여지면서 여성의 교체비율은 높게 나타난다. 더욱이 어떤 여성 의원은 하원의 '신사클럽' 분위기를 해치는 것처럼 보이고, 미 하원 여성 의원들은 '비공식적 관계 속에 일반화된 저항감'과 '클럽'과 같은 그러한 중요한 비공식적 조직으로부터의 배제를 폭로하고 있다(Gehlen 1969, 37). 그러나 밸런스가 그들 임기의 지속 정도와 다른 관련 특성에 따라 남성 의원과 여성 의원을 비교해본 후, 앞자리 Front Bench에 도달할 그들의 기회가 대충 동일하다는 것을 알았다. 겔런(1969)과 게르초크(1984) 모두, 특별히 승진의 기준으로서 서비스의 지속성에 부합하는 중요성을 설명하면서, 여성이 하원에서 위원회 위원장이나 다른 지도적 위치에 오르는 것에 있어 최근 명백한 차별의 근거는 없다는 것을 발견했다. 그러나 게르초크는 여성이 가장 영향력 있는 비공식 하원 간부회의로부터 배제된다고 지적하고, 이것은 지도자의 위치를 추구하거나 공약에 여성의 주제들을 포함시키는 데 약점이 된다고 밝힌다. 더욱 주목할 만한 것은 영국에서 정부각료 임명이 의회의 위원회 할당으로 옮겨감에 따라 전통적인 '여성'분야에 여성을 소위 전문화시키는 것인데, 게르초크는 1982년 제98 의회 회기 때 이러한 경향이 무너지고 있음을 발견하였다. '여성' 주제를 다루는 위원회로의 여성 의원들의 이러한 과도한 집중은 많은 서유럽 국가에서도 목격된다. 1981년에 프랑스 국회에서 10명의 여성 의원이 문화·가족·사회복지 분야 위원회에, 외교·국방위원회에 각각 3명의 여성 의원이 배정되었으나, 재정위원회에는 한 명도 없었다. 이러한 경향은 스칸디나비아 의회들에서도 똑같이 나타난다(Norderval 1985, 84). 1985년 스웨덴 의회에서 문화 분야 위원회에 9명, 외교정책위원회에 3명, 국방위원회에 2명이 여성이었지만, 재정위원회 15명 중 여성은 한 명도 없었다(스웨덴 통계청 1985, 58). 그러한 전문화가 여성 의원들의 실제적인 선호에서 나왔는지는 명확하지 않다. 그러나 영국 수상으로 자주 선출되고 의회에서 여성을 위해 최선을 다했던 해럴드 윌슨 경이 남성 우월주의가 강고하게 자리잡은 내무·재무·외교와 같이 완고한 분야에 여성을 감히 임명할 수 없었음을 인정한 것은 제도적 장애물이 여전히 결정적인 것임을 의심할 수 없다(Phillips 1980).

이러한 분석은 여성 정치인의 쇠퇴에 대한 어떤 만족할 만한 설명이란 단순히 여성의 활동 가능성에 맞춰질 것이 아니라, 이것이 현대정치의 특성에 의해 형성되어온 방법에 맞춰져야 할 것이다. 동일한 사항은 다른 서구 민주국가의 경험에서 끝나지 않고, 공산체제에서도 이런 제도적 장애물이 여전히 존재한다는 것은 명백하다. 우선 여성은 일반당원이 되기 힘들다. 지역 혹은 지방 정당에의 여성 참여가 중앙위원회보다는 많지만, "중앙당 엘리트로 충원되는 길인 지역 1등서기와 같은 지역당 지도자의 자리로부터는 제외되었던 것"(Wolchik 1981, 261)으로 보인다. 더욱이 중앙위원회에 도달하는 여성들은 남성 동료들보다 승진 전에 당이나 정부에서 낮은 지위를 담당하는 경향을 보인다. 모제스는, 불균형적으로 많은 여성이 당에서 상대적으로 지위가 낮은 대중조직과 선전업무를 담당한다고 제시하였다(Moses 1976). 따라서 중앙위원회의 여성은 낮은 권위를 유지하고 빠른 교체비율을 나타내며, 정당의 고위직으로 갈 가능성이 거의 없다. 볼치크는 이러한 경향이 동유럽에서 광범위하고 폴란드와 헝가리에서는 정치경력과 충원에 있어 성적인 차별이 가장 크다는 것을 발견했다.

이러한 누적된 제도적 장애 속에서 차별은 단지 마지막 불행이다. 물론 차별의 개념에 관하여 실질적인 어려움이 있다. 차별화하려는 의도를 증명하기란 거의 힘들다. 완전한 정보를 가지고 있어도 성에 근거하여 명백하게 차별당한 한 개인이 해당 지위에 대한 모든 다른 자격 조건을 갖추고 있는지를 판단하기란 어렵다. 그러나 어떤 지위를 원하는 여성의 비율과 그 지위에 선택된 여성의 비율 사이의 괴리로부터 단순히 차별을 추리한다면, 그러한 차별이 줄어들기는 해도 완전히 없어지지는 않을 것이다. 톨친은 미국 사법부 충원과정에서 그것의 기반이 능력본위선출 selection on merit이든 정당선출 혹은 비정당선출이든 상관없이 차별이 만연한다는 것을 알았다(Tolchin 1977). UNICEF나 FAO와 같은 UN기구들은 해당국 정부가 여성을 받아들이지 않는다고 알려진 국가에서는 비록 이것이 사실상 그렇지 않을지라도 그들 기구의 자리에 여성 임명을 거부할 것이다(Rogers 1983, 50-51).

4. 여성을 위한 전략?

페미니스트들이 여성의 정치 엘리트로의 참여를 늘이기 원한다면 어떻게 할지 생각해보자. 제5장과 제6장은 주로 페미니스트들의 전략과 관련이 있다. 여기서 나는 이전의 분석으로부터 여성을 위한 주요한 정치적 역할에 가장 공헌이 큰 요인들을 간단히 제시하고자 한다.

여성 정치인이 되고자 하는 개인의 수준에서 질문을 한다면 최초의 성급한 답변은 "노르웨이·스웨덴·핀란드의 시민권을 획득하라"는 것이다. 또한 모든 조건이 동등하다면 여성의 기회는 산업화된 국가들에서 좀더 많이 주어질 것으로 보인다. 이들 나라에서 역설적으로 그들의 대표성이 때때로 도시지역보다 농촌지역에서 더 클 때도 있지만 말이다. 미국의 주 의회, 영국·프랑스·유고슬라비아의 주 의회가 그렇다. 이것은 농촌지역에서 정부나 정당직에 대한 경쟁이 덜하기 때문이 아닌가 한다. 반면 스웨덴·핀란드·아일랜드공화국에서는 농촌지역보다 도시지역에 여성 공직자의 수가 더 많다.

이러한 모든 것이 나타내는 것은 특별한 전략이 적용되는 해당 정치체제에 맞춰서 적용되어야 한다는 것이다. 따라서 아일랜드의 경우 지방정부에서의 경험이 특별히 예비 정치인에게 도움을 주는 것으로 보인다. 미국에서는 부자이거나 다른 부유한 사람의 재산을 청할 지위에 있는 것이 필요 불가결한 조건이다.

또한 정치 참여의 통로를 무엇으로 할 것인가에 따라 전술도 다양해질 것은 명백하다. 사법부로 본다면 첫째 단계는 변호사로 임용되는 여성이 많아져야 한다는 것이다(물론 이것은 또한 의회경력을 위한 '경쟁력 있는' 여성 인재들을 늘리는 것이다). 법과 대학생 가운데 여성의 비율이 미국, 영국, 프랑스, 아일랜드 등에서 늘고 있다고 한다. 사법부에서의 승진은 사다리모델 step-ladder model이다. 러벤더스키가 지적한 것처럼 영국 고등법원과 그 이상의 법관들은 왕실고문변호사로서 발탁된 변호사 집단 가운데 선발된다. 1983

년까지 영국 일반 변호사의 11%가 여성이었지만, 왕실고문변호사는 단 3%가 여성이다(Lovenduski 1983a, 217). 정부에서의 경력도 마찬가지 등급이 있다. 프랑스에서 중요한 첫째 단계는 그랑제콜 Grandes Ecoles이나 고등전문교육기관, 특히 국립행정학교 ENA에 들어가는 것이다. 국립행정학교는 1945년 창립 때부터 원칙적으로 남녀공학이었지만 1970년대 동안 90%, 1983년에는 75%가 남성이었다. 고위공무원단 Grands Corps의 구성원들은 우선적으로 국립행정학교로부터 발탁된다. 1981년에 사회당 정부가 권력을 획득하면서 그 체제의 경직성을 줄이려는 노력을 하였고 여성에게 문호를 확대하였는데, 이로 인한 장기적인 결과는 좀더 지켜봐야 할 것이다. 여성 공직자도 최근 장관직과 같은 정치적으로 중요한 자리로까지 크게 확산되었고, 1984년에는 대통령비서실의 44명 중 7명이 여자였다(Lovenduski 1986a, 223쪽; Mossuz-Lavau and Sineau 1984, 40-44). 영국에서 공무원당국은 현재 소수 민족에 관한 사항과 여성 임용에 관한 사항을 감시하고 평등공무원 equality officers도 임명하였다.

그러나 당장 그리고 기성 정치의 맥락에서 여성은 일반적으로 다른 정치의 공간보다 '수적으로' 대표되는 제도에 파고들려고 한다는 것은 명백하다. 공직 진출을 위한 전제조건을 충족시키기는 좀더 쉽고, 충원과 승진의 과정이 아래로부터의 압력에 더욱 민감하다. 이러한 수적인 우열로 충원되는 통로에 관해서는 고려해야 할 많은 것들이 있다.

첫째, 여성은 경쟁이 최소인 곳에서 좋은 결과를 낳을 수 있다. 정치적 요새에 대해 여성이 공격할 수 있는 가장 믿을 만한 출발점은 아마도 중앙정부보다는 지방에서 혹은 다른 곳보다도 몇몇 주 의회에서이다. 어떤 나라에서는 상원이 이러한 기능을 충족시키는 것인지 모른다. 이전에 상원 Seanad에서 일했던 많은 아일랜드 여성 의원의 경험에서 나타난다. 아마도 유럽의회를 향한 경쟁적 선거 또한 이러한 역할을 할 수 있을 것이다. 유럽의회 의원이 된다는 것의 내재적 중요성과는 별도로 여성은 관련된 경험을 통해 중앙의회의 직위에 적합하도록 자신을 발전시킬 것이다. 비록 그녀가 선거운동에서 지더라도 유용한 명성을 얻을 것이다. 그러나 덜 권력적이고 명예로운 직위를 거쳐 중앙정치에 다가가는 것은 권력이 전혀 없는 막다른 골목에 봉착할 위험이 항상 존재한다.

둘째, 우리는 선출과 선거에 대한 여성의 기회는 비례대표제 정당명부제 하에서 가장 커지는 것을 보았다. 아마도 영국에서도 여성은 비례대표제의 도입을 위한 캠페인을 벌여야 할 것이다. 여성을 가장 잘 지원하는 정당명부제의 형태에 대한 더 많은 논의가 있다. 노르웨이·스웨덴·아이슬란드에서 나타나는 순번결정 ranking ordering arrangements은 정당의 지도부 그 자체가 후보자에게 순번을 매기고 명부에서 순번이 내려갈수록 의석을 차지할 기회가 적어지는 것을 의미한다. 선호투표 preferential voting arrangements는 유권자에게 그들이 선택하는 후보 명부의 재조정을 가능하게 한다. 덴마크와 핀란드에서 사용된 이러한 형식은 여성에게 더 유리하였다는 주장이다(Nordreval 1985). 즉, 순번 결정이 정당지도부의 우선권에 의존한다는 것은 명백하다.

모쉬-라보와 시노는 선거가 직접적인지 간접적인지 하는 것이 어떤 차이를 만들어내는가에 대해 생각하였다. 그들은 어떤 나라에서는 여성이 하원보다는 상원에서 더 잘 대표된다는 것에 주목하였다. 그러나 상원의원이 간접 선출되는 곳에서는 농촌지역이 과대대표되는 경향이 있었는데, 이는 프랑스와 네덜란드에서 오랫동안 그랬던 것처럼 '반페미니즘적' 태도가 지배적이고 여성이 저대표되었다. 반면 아일랜드와 영국에서처럼 구성원들이 지명되는 곳에서는 여성에 도움이 될 수 있다(Mossuz-Lavau and Sineau 1984).

이것은 다시 후원의 중요성으로 우리를 이끈다. 그래서 점증하는 여성의 대표성을 확보하는 조치를 취하기 위해서, 중요한 요인이란 여성들의 의지, 선거인들의 태도, 선거체제의 메커니즘 등이 아니라 정당·노조·정부의 정치적 지도부(일반적으로 남성이어야 한다고 알려진)가 가진 준비자세라는 것을 우리는 자주 알게 된다. 후원은 여러 형태를 취할 수 있다. 그것은 마하트마 간디 혹은 헤럴드 윌슨과 같은 정치지도자의 개인적 용기로부터 충원과정의 할당제나 다른 적극적인 차별의 형태까지 다양하다. 1972년에 스웨덴의 자유당, 사회민주당, 그리고 공산당은 사실상 동시에 정당에서의 지도적 위치로 여성의 접근을 확대하기 위해 할당제를 채택하였다(이후 다른 나라의 많은 정당들도 이를 따랐다). 1973년에 프랑스 사회당이 정치국원과 서기직, 조정위원회에 대해 10%의 여성 할당을 하였고 1979년에는 다시 20%로

늘였으며, 노르웨이의 자유당과 사회당 그리고 독일 노동당이 모든 수준에서 여성에게 25%의 할당을 요구하였다. 영국 노동당 전국집행위원회처럼 어떤 정당들은 여성을 위한 자리를 예비해두었지만, 모쉬-라보와 시노는 이것이 여성의 지위에 유리하게 영향을 주는 것은 아니라고 주장한다. 그것은 여성이 정당에서 다른 여성들을 대표할 수 있고, 여성과 관련된 주제들을 다루고, 이러한 한정된 형태로만 여성의 대표성을 제한하는 경향을 암시한다는 것이다(Mossuz-Lavau and Sineau 1984, 116). 정당은 비슷하게 지방이나 중앙선거에서 여성 후보를 위한 할당을 한다. 그러한 길로 이끈 것은 스웨덴의 공산당과 자유당, 네덜란드의 노동당, 프랑스의 사회당이었다. 심지어 여성 후보의 실제적인 비율은 필연적으로 할당목표를 성취하는 것이 아니라고 해야 할지 모른다. 안타깝게도 프랑스 사회당은 여성 후보에 대한 20% 할당이라는 공식적인 정책에도 불구하고, 1986년 우파와의 치열한 경쟁을 예상하고서 실제적으로 그들의 수치를 8% 정도로 떨어뜨렸다(*The Guardian*, 1986. 1. 7). 적극적 차별의 경우는 상대적으로 드물어서 선진국 중 일부 국가와 정당에 주로 한정되어 있으며, 인도의 국민의회당 Congress Party은 주선거 후보의 15%를 여성으로 요구한 것은 주목할 만하다. 이러한 할당이 거의 성취되지 못했다고 하더라도 국민의회당에의 여성 후보의 집중은 놀라운 것이다.

그러한 후원, 그리고 일반적으로 여성에 대한 정치적 기회는 정당 안에서 그리고 좌파의 다른 정치적 제도 안에서 일어나기 쉽다고 주장하고 싶다. 그러나 이것은 상당한 조건 하에서만 가능하다. 영국에서 지금까지는 자유당이 여성에게 더 많은 기회를 부여하였지만 보수당보다는 노동당에서 여성이 의회 후보로 선택될 가능성이 더 높다. 노동당 여성 의원은 또한 정부의 직책을 얻는 데 보수당보다 더 가능성이 높다. 그러나 런던 이외의 지방선거에서 여성은 농촌의 보수당 정부에서 최선의 결과를 낳았다. 모쉬-라보와 시노가 인용한 수치를 보면 다른 유럽국가들에서도 다른 중요 정당들보다 좌파 의회에서 여성의 비율이 훨씬 높다는 것을 알 수 있다. 노르웨이(1982), 덴마크(1979), 네덜란드(1977), 포르투갈(1982), 스위스(1983), 오스트리아(1979), 이탈리아(1983), 벨기에(1979), 프랑스(1983)가 그러하다(Mossuz-Lavau and Sineau 1984, 82-84). 최근 오스트레일리아와 뉴질랜드에서 의회대표의 증가는 노동당 정부의 등장을 덕분이다. 한편 스웨덴과 노르웨이에서 요즈음 자유당과 중도당이 최소한 좌파정당들만큼 여성을 끌어오려는 막대한 노력을 보여준다. 물론 서구 민주국가들 이외에서 '사회주의'는 여성의 늘어난 정치적 역할을 보증하는 것은 아니다. 심지어 아옌데 대통령은 다음과 같은 말을 한 것으로 알려진다. "내가 여성을 말할 때, 나는 항상 어머니로서의 여성에 대해 생각한다. 내가 여성에 대해 말할 때 나는 핵가족 안에서 여성의 기능으로 그녀를 언급하는 것이다.…그 어린이는 본질적으로 어머니가 되기 위해 태어난 여성의 연장이다"(Aviel 1981, 168에서 인용). 그가 그의 정부에 한 명의 여성도 포함시키지 않은 것은 놀라운 일이 아니다. 좌파가 여성과 어느 정도로 친구인가 하는 것은 곤란한 질문이지만(Randall 1986a 참조), 좌파정당이 공공정치로 여성을 이끄는 데 주도적이었다고 할 때 무엇이 그들에게 그러한 동기를 주었을까? 모쉬-라보와 시노는 이데올로기에는 신뢰가 주어져 있다고 주장한다. "억압받는 소수를 방어하는 데 항상 자부심을 가져온 평등주의적 원칙을 견지하는 정치적 운동이, 정치적 정책결정의 중심에서 선거인의 절반을 영속적으로 배제하려는 데 도움을 주어야 한다"(Randall 1984, 90)는 것은 생각할 수 없다. 그러나 자기이익도 또한 작동한다. 좌파정당은 덜 특권적인 사회부문에 적합한 자신들의 선거후원자와 정치활동가를 찾는다.

여성 조직화의 공헌은 무엇인가? 영국 노동당과 보수당 안에서 여성분과의 이점에 대한 활발한 논의가 여러 차례 있었다. 이것은 대표를 여성 조직의 더 높은 수준으로 선출시키는, 궁극적으로 여성연차총회와 전국여성자문위원회로 진출시키려는 하부단위에서 존재한다. 그들의 원칙적 기능은 여성을 위한 배타적인 공간을 마련하는 것, 그리고 최소한 과거에는 여성의 정치적 역할에 관한 전통적인 시각을 지지하는 것이었다. 최근에는 특별히 노동당에서 많은 사람들이 페미니즘의 이념에 영향을 받고 정당의 중요한 부분에서 여성 대표를 위해 더욱 강한 압력을 행사하기 시작했다. 그렇다고 하더라도 정당에서 여성의 영향력을 어떻게 확대할 것인가에 관한 의견들은 다양하다. 한편 그들은 '나중 경력을 위한 유용한 기초 훈련과 경험'을 제공할 수 있어야 하지만, 반면 "능력 있는 여성이 정당의 명예로운 직위로 나아가는데 경쟁이 없는 이러한 모임 안에서 자신의 열망을 만족시키다가 대표로서의 경력을 인정받지 못할"(Currell 1978, 12) 위험도 있다. 여성분과는 또한 정당의 남성들이 여성을 정치적으로 다르게 인식하는, 어떤 의미로 주변적인 것으로 치부하게끔 부추길 수 있다. 노르웨이와 캐나다에서 페미니스트 정당원들은 여성의 보조적 역할에 대해 심각해 하지 않았지만, 오스트레일리아 노동당 내의 여성해방의 영향 아래에서 여성분과는 여성정책을 자유화하는 데 도움을 주어왔다. 우리는 많은 제3세계 국가들과 심지어 공산국가에 있어서까지도 여성 분야가 여성을 동원하는 데 혹은 정치활동을 제한하는 데 어떻게 사용되었는지를 보아왔다. 결국 여성 부문은 여성의 정치적 에너지의 주요한 핵심은 아니지만, 페미니스트의 이상이 투입된다면 더 많은 여성 대표를 위한 압력 행사는 여전히 가치 있는 것으로 보인다.

이것은 우리에게 더 많은 페미니스트 조직의 역할을 부여한다. 이미 존재하는 정당 내의 한 부문으로 구성되기보다는 프랑스와 캐나다에서처럼 일정한 때에 여성들은 자신의 정당을 만들려 하였다. 가장 성공적인 시도는 1983년에 형성된 여성당 Women's Party이 투표의 5%를 얻은 아이슬란드의 경우였다. 그러나 그것은 다른 정당에서 여성이 후보로 뛰는 데 용기를 주기는 했지만, 이러한 전략이 직접적으로 많은 여성에게 권력을 가져다준 것 같지는 않다. 다른 페미니스트 조직들은 현존하는 정치제도 내에서 증가하는 여성의 존재에 관심을 집중해왔다. 이러한 전략이 1971년 50개 주 모두에 하부조직을 갖춘 전국여성정치연맹(NWPC: National Women's Political Caucus)을 형성하였던 미국에서 대규모로 추진되었다. 처음부터 그리고 사려 깊은 정책에 따라 그것은 초당파적이었고 주선거나 전국선거에 여성을 선출하는 것뿐만 아니라 공직의 전체적인 범위에서 여성을 임명하도록 양당 모두에 압력을 행사하였다. NWPC로부터 커 나온 두 조직이 1973년 정치 참여를 준비하는 여성에게 더 많은 정보와 훈련을 제공하기 위한 목적으로 만들어진 전국여성교육기금(NWEF: National Women's Education Fund)과 1974년 페미니스트 의회 후보에게 기금을 마련해주기 위해 만들어진 여성선거운동기금(WCF: Women's Campaign Fund)이었다. 여성운동의 보다 광범위한 영향력과 이러한 조직들의 특수한 업무 사이를 구별하는 것이 어려운 반면, 의회와 특별히 주 의회에서 여성 참여 확대에 대해 일종의 신뢰를 가져야 한다(Fraser 1983). 1972년 오스트레일리아에서 같은 목적으로 여성선거운동협회 Women's Electoral Lobby가 만들어졌고, 마찬가지로 1980년 창설된 영국의 300그룹은 정당을 초월하여 여성의 정치 참여를 증진시키려 하였지만 현재까지 별 성 과는 없다. 게다가 페미니즘에 이끌린 여성들은 정치적 리더십에 더 많은 여 성의 역할을 위해 정당과 노조 안에 비공식적이거나 혹은 더 공식적인 집단 을 형성하였다. 하나의 예가 영국노동당의 여성행동위원회 Women's Action Committee이다. 1974년 미국에서는 노조 내의 과도한 남성 위계 가운데서 여 성을 키워내기 위해 비록 1983년까지 회원이 단 1만 6,000명이었지만 여성 노조연합 Coalition of Labor Union Women을 만들었다(Gelb 1985).

여성의 정치적 역할을 증대시키기 위한 정치적 전략에 대해 페미니스트 들이 배울 수 있는 교훈이 있다. 그러나 이러한 분석은 또한 여성이 현재 가 정에서의 의무로 인하여 생긴 역할과 직업 형태에 의해 부과된 그러한 역할 에 대한 제약을 강조하였다. 페미니스트가 이러한 것들을 어떻게 변화시키 려 희망하는지가 다음 장의 주제이다.

5. 특별한 공헌?

우리는 페미니스트로서 여성의 수를 늘리기 원하는지 여부를 결정하기 전에 여성 정치인의 행동에 대해 더 많이 알 필요가 있다고 주장할 수도 있 다. 그러한 여성이 정책과 정당에 독특한 공헌을 할 수 있을 것인가, 그리고 그러한 공헌이 페미니스트의 목적에 부합하는 것인가?

몇몇 학자들은 개인으로서, 그리고 정치적 배경의 면에서 여성 정치인의 타입을 구별할 필요가 있다고 주장해왔다. 각각의 학자들은 여러 가지 구분 을 하였지만 우리는 정치학에서 3가지 종류의 여성을 기본적으로 구분할 수 있다. 하나는 '남성 동일시형'으로 정치적으로 뛰어난 남성과의 개인적 관계 를 통해 정치적 직위를 얻은 여성이다. 미국에서 여성으로서는 최초로 대통 령 후보로 나선 마가렛 체이스 스미스 Margaret Chase Smith와 같이 두드러진 경우를 제외하고 첫째 유형은 여성의 정치적 역할에 대한 전통적 가정을 예상할 수 있다. 둘째는 현대사회의 대다수 여성 정치인들로 아이들을 다 길러낸 후 정치적 직위에 몰두하는 그 어떤 배경도 가지지 않은 전문직 여성의 경우이다. 그러한 여성은 정치적 스타일과 경향의 한 범주를 가지고 있다. 이것은 아마도 다이아몬드의 전통적 시민활동가 Traditional Civic Worker와 여성권리옹호자 Women's Rights Advocate 간의 구분으로 요약될 수 있다. 그들은 아마도 정치적으로 그렇게 야심적이지 않은 것 같다(Diamond 1977). 마지막으로 우리는 상대적으로 젊고 전문직의 배경(법조계에서 두드러진)을 가진 여성 정치인의 새로운 등장을 목격할 수 있을지도 모른다. 이들이 반드시 독신이거나 아이를 가지지 말아야 할 필요는 없지만 이해심 많은 남편과의 협력 그리고 아이를 전문 탁아소에 맡길 수 있을 정도의 능력 등 자신의 경력을 방해하는 가정적 의무감을 떨쳐버릴 수 있는 방법들을 찾아낼 것이다(Stoper 1977). 그러한 여성은 그 자신의 성공에 도구가 되는 정도에서 페미니즘의 가치를 공유할 수 있다. 그들은 더 야심적이고 초대받지 않은 곳에도 자신을 밀어 넣을 준비가 되어 있으며, 정치적 경쟁에 맞설 준비가 되어 있다.

일반화의 어려움에도 불구하고 정치 스타일과 정책정향과 여성권리에 대한 태도를 향하는 여성들을 시험하는 것은 여전히 유익하다. 노골적으로 우리는 전통적으로 성과 관련된 행태상의 차이가(그것이 존재하는 한) 엘리트 정치영역에 영향을 미칠 수 있는지 혹은 선택적 충원의 과정과 정치제도 안에서 이차적 정치사회화의 과정을 거치면서 여성 정치인이 남성들과 똑같이 행동하게 될지 물어볼 수도 있다.

현재 연구들에 따르면 문제가 되는 양식을 인지하는 정도, 그리고 '여성성'과 '남성성' 혹은 일종의 양성적 스타일에 대한 선호에 따라 정치에 몸담고 있는 여성은 다양하다는 것을 보여준다. 다이아몬드는 여성스러운 스타일을 선택하는 여성들 또한 그 문제를 거의 인지하지 못하고 있는 것 같다는 것을 발견했다. 그러나 대개 여성 정치인들은 감정적이라거나 경박스럽다는 것과 같은 여성에게 부여되는 고정관념과 관련이 있는 행태를 피하게 한다. 그들은 과도한 의식 속에서 그들의 '숙제'를 해결함으로써 여성이 어리석을 거라는 인식을 불식시키려 한다. 동시에 정치적 야심 속에서 '여성성'을 결코 찾아볼 수 없는 어떤 여성들도 그들의 공적 이미지에서 여성으로서 가장 인기 있는 모습을 개발하는 데 주저하지 않는다. 라틴아메리카에서 '대모' supermadre의 역할은 여성 정치인을 갈망하는 것과 불가분의 관계가 있으며, 그리고 이것은 린과 플로라가 제시했듯이 그러한 여성들이 그들 자신의 야망과 타협하는 방법들이었을는지 모른다(Lynn and Flora 1977). 대처 여사는 가계부 정리를 잘함으로써 자신을 평범한 가정주부로 보여주는 것에 행복했고, 그리고 최근에는 심각한 국가경제를 돌보는 열성적인 간호사로 보이는 것으로 행복해 하였다.

여성 의원은 남성보다 덜 활동적이고 발언대에 덜 서며, 법률 제안이 미흡하다고 묘사되어왔다. 밸런스는 영국 여성 의원의 성취를 살펴보면서 주로 자기를 드러내는 데 있어서의 부조리함을 보고 '일종의 용두사미의 감정'이라고 썼다(Vallance 1979, 111). 인도의 여성 주 의회 의원은 부분적으로 남성 동료들의 무제한적인 남성 우월주의 때문에 특별히 위축되어 있다(Mazumdar 1979). 여성 의원들은 또한 야심 부족과 아마추어리즘 때문에 비난을 받아왔다. 커크패트릭은 여성들이 정치를 권력쟁탈이라기보다는 문제해결로 보기를 좋아한다는 점에서 남성보다 더 도덕적이라는 것이다(Kirkpatrick 1974). 한편 다이아몬드는 흥정에 반대하고 로비스트에 저항하는 여성을 보여준다. 의문은 그러한 행태가 실제적으로 정치에 관한 다른 정향을 반영하는 것인가 혹은 그것이 여성의 약한 정치적 위상의 합리화인가 하는 것이다. 결국 다이아몬드는 여성 의원들이 권력의 면에서 약한 것으로 인지되기 때문에 로비스트가 우선적으로 여성 의원들에게 접근하지 않는다는 것을 지적한다. 다시 다이아몬드는 지역구민들은 여성 의원들이 접근하기 쉽고 공감대가 넓다는 것을 알고 있다면서 여성 의원들의 지역구민과 관계상의 특징에 주목한다. 기텐스는 많은 여성 의원들이 정책결정에서 전문가로서의 역할을 하고자 하지만, 적절한 정치적·직업적 경험의 부족으로 지역구민의 견해와 이익을 대변하는 대표로서의 역할만을 강요받는다고 지적한다(Githens 1977).

여성 정치인은 남성보다 더 '자유주의적'이고 '급진적'인가? 힐스는 지난 1974년 10월부터 1979년까지 영국의 노동당 정부에서 여성은 12%, 남성은 단 6%가 좌파인 트리뷴 그룹 Tribune Group에 있었다고 지적한다(Hills 1981b).

우리는 물론 미미한 수치를 다루고 있는 것이다. 다이아몬드는 미국에서 여성 주 의회 의원들이 남성보다 약간은 더 자유주의적임을 보여준다. 폭동과 시민적 무질서를 제한하는 가장 좋은 방법에 대한 그들의 견해가 그것이다. 겔런은 또한 지난 1968년부터 1974년까지 이익집단 비율과 투표경향을 측정함으로써 여성연방의회 의원이 같은 당의 남성 의원들보다 약간 더 자유주의적이었음을 발견했다(Gehlen 1977). 최근 노리스는 1969년부터 1983년까지 41명의 여성 하원의원과 남성 의원들의 투표기록을 비교하였다. 투표를 평가하는 자유주의적-보수적 지표를 만들어 그녀는 정당이 지표평가의 가장 좋은 하나의 기준이지만, 이것이 통제되면 남성보다 여성이 더 자유주의적인 일관된 경향을 보인다는 것이다(Norris 1986b). 그러나 모든 학자들은 그 차이가 미미하다고 강조한다.

여성이 하고 싶어하는 것과 하도록 강요당하는 것과의 차이를 구별하는 어려움은 다시 그들이 전문적으로 무엇을 다루는지 살펴보면 나타난다. '여성의 주제'(건강, 복지, 교육, 그리고 최근 여성 자신, 소비자 문제)에 관한 여성 대표들의 집중은 일반적이다. 단지 예외적으로 장관 임명은 이러한 규칙과 어긋난다. 바바라 캐슬 Barbara Castle이 교통장관으로의 임명되고 이후 고용과 생산 장관 Secretary of State for Employment and Productivity으로 임명된 것이 그것이다. 이는 어느 정도까지 선택의 문제일까? 연방의회와 주 의회에서는 비록 그러한 특성화가 침식의 징조로 보일지라도 그들이 동질적이기만 하다면 전통적인 여성 관심사를 다루는 그러한 위원회는 과거에 불균형적으로 많은 수의 여성을 포함시켰다. 여성 연방의회 의원들은 또한 법률안이 제출되면 이러한 주제들에 ·집중하는 경향이 있어왔다(Gehlen 1969; 1977).

마찬가지로 영국 하원에서 여성에 의한 개인입법은 일반적으로 이러한 종류의 것이다. 그러나 밸런스는 장관을 제외하고 건강, 복지, 교육, 그리고 소비자 문제에 관련한 여성 의원의 논의에서 개입비율을 바탕으로 '전문화의 지표'를 수집하였다. 1950년에 그 지표는 42%, 1964년에 29.3%, 그리고 1974년 39%였다. 종합적으로 그녀는 이러한 여성들이 독점적으로 심지어 중심적으로 여성의 문제에 관련되지는 않는다고 결론지었다(Vallance 1979, 197). 여성의 문제는 여전히 오스트레일리아, 소련, 인도와 같은 다른 나라들의 의회에서 여성 대변인의 공헌이 지배적이다. 그렇다고 하더라도 이것은 부분적으로 여성 의원들이 거의 관여할 수 없는 위원회 임명의 형식을 반영하고 예견하게 한다.

논란의 여지가 있는 가장 중요한 질문이 남아 있다. 여성 정치인들은 여성의 권리를 신장시킬 것인가? 한 번 더 그 증거는 상호 모순적이다. 개인으로서의 영국 여성 의원들은 그녀의 성에 입각하여 용감하게 선거운동을 펼치지만 밸런스와 커렐은 전형적인 여성 의원들은 스스로를 우선은 의원으로 그 다음에 여성으로 인식하는 것으로 묘사한다. 그러나 커렐은 여성 의원후보자 가운데 개인적인 것이 아니라 사회적인 경험을 통해 설명하려는 경향이 늘고 있음을 발견하고, 그것은 더욱 커진 페미니즘 의식이라 지적한다(Currell 1978). 배런스는 또한 노동당 여성 의원들 사이에 새로운 연대가 나타났음을 지적하고, 이것은 1967년 낙태법 개정을 시도한 데서 크게 자극을 받았다고 하였다. 제6장에서 묘사할 것이지만 이것은 1970년대 동안 여성을 위해 만들어진 주요한 입법적 성과에 거의 아무런 역할을 하지 못했다는 것을 나타낸다. 커크패트릭은 그녀가 인터뷰한 46명의 미국 여성 주 의회 의원 가운데 단 3명만이 평등권 수정법안을 지지하지 않았지만, 일반적으로 그들이 남성 의원들과 더불어 어렵게 획득하였던 정치적 신뢰를 잃을까봐 마지못해 여성의 권리에 관해 캠페인을 펼쳤다는 것을 알았다(Kirkpatrick 1974). 겔런에 따르면 1960년대 여성 연방의회 의원은 남성 의원보다 더욱 여성의 권리에 공감을 표시했다는 것이다. 케롤(1984)은 주와 연방직 여성 후보자에 관한 1976년 조사에서 그들이 페미니스트 태도에서 높은 점수를 얻었지만, 조직적 제휴나 캠페인 기간 동안 여성문제에 관한 제안적 토론에 의해 측정된 페미니스트 행태에서는 그렇지 못했다는 것을 발견했다.

1977년 연방의회에는 당시 여성 의원 3명만을 제외한 15명이 포함된 여성 간부회의 Woman's Caucus가 만들어졌다. 그것은 처음에 가공할 만하다는 명성을 얻었던 벨라 아브주크 Bela Abzug에 의해 주도되었고 입법적 우선성과 행정관리에 대한 조사활동 위에서 기능하였다. 기금문제를 해결하기 위해 1978년에 공식적으로 독자성을 가진 여성연구 및 교육연구소 Women's Research and Education Institute가 설립되었고, 이 연구소는 1980년대에 가서야 6명의 정식 직원을 갖추게 되었다. 그런데 이 간부회의에서의 결정이 만장일치여야 한다는 규칙은 출발부터 어려움을 낳았다. 1978년 선거 이후 든든한 구성원들의 몇몇이 낙선하고 특별히 남성을 포함시켜야 한다는 간부회의 규칙의 변화에 따라 여성 간부회의의 중요성은 줄어들었다. 게르츠크(1984)는 그것의 가장 좋았던 시절은 평등권 수정조항(제6장을 참조)의 비준에 관하여 비준 기일을 연장한 때로, 비록 짧기는 했지만 만일 그 여성 간부회의의 활동이 없었더라면 입법에 미친 영향은 미미했을 것이라고 지적한다.

한편 밸런스와 데이비스는 여성 대표가 늘어난 것은 1979년 이후 유럽의 회를 바꾸어 놓았다고 주장한다. 이러한 여성들이 모두 신뢰를 얻은 것은 아니지만 그들이 성의 평등과 관련된 주제들에 대한 인지를 높였다는 것은 놀랍다. 1978년에 그러한 주제들을 다룬 의사당 앞에 붙여놓았던 12가지 문제들로부터, 1979년까지 그 수는 45개로 많아졌다. 그리고 1970년대 말의 평등명령(제6장에서 더 완전하게 논의될 것임)은 여성 위원회의 일치 단결된 압력이 없다면 1980년대를 통해 행동프로그램이나 더 강력한 명령으로 이어지지 않을 것으로 보인다(Vallance and Davies 1986). 노르웨이에서 헤른스와 보제는 '조합주의적' 정치제도 하의 여성은 페미니스트적 의식의 정도가 상당히 높고 자칭 페미니스트 집단들의 조사샘플의 18%에 달한다고 하였다(Hernes and Voje 1980). 또한 스웨덴에서 1980년까지 여성 의원들은 여성 주제에 관하여 정당의 경계를 뛰어넘는 연대의 방법을 논의하였다(Eduards 1981). 그밖에 여성 정치인들이 그들의 자매들을 해방시키는데 강력하게 관여하였다는 증거는 드물다. 캐나다든, 인도든, 레바논이든 이러한 문제에 관하여 그들은 정당의 경계를 발끝으로 대고 있었다.

이것은 정책의 효과를 느끼기 전에 여성 대표의 수에 있어 어떤 '중요한 부분'이 필요한지에 관한 의문을 일으킨다. 고위 여성관료는 국가적·국제적 발전 요소라는 맥락에서 특별히 여성의 문제와 안목에 남성 동료보다 더 잘 대처할 수 있기 때문에 특별히 가치 있다고 얘기된다. 그러나 각 분야의 '명목적인' 여성들과 함께 만일 그들이 흩어져 있기보다는 특별한 분야나 요원으로 뭉쳐 있다면 그들의 영향력은 더 클 것이다. 명목상의 여성 지명자는 과도한 스트레스를 받을 뿐만 아니라 자신과는 반대되는 그런 조직 속의 다수집단과 함께 하면서 정형화된 역할들은 수용하라는 압력 하에 있게 될 것이다(Rogers 1983).

　결론적으로 여성 정치인들이 남성 동료들과 아주 다르게 행동하는 것처럼 보이지는 않는다. 남녀간 정치스타일의 차이는 최소한 부분적으로 여성에게 정치적 힘이 부족하다는 것에서 기인한다. 또한 여성의 정책결정 참여가 여성 관련 분야만으로 한정되는 것은 남성 지배적 정치제도가 여성에게 부여하는 역할이 무엇인지를 반영한다. 끝으로 여성해방의 영향력으로 서구 민주국가의 여성 정치인들은 페미니즘적 가치들에 더욱 공감하게 되었을지 모르고, 대체로 그러한 가치를 위해 스스로의 경력을 위험에 빠뜨리려 하지 않지만, 이는 초기의 구체화가 그랬던 것처럼 정치에 여성이 새롭게 충원되기 위한 방법이란 것도 사실일 것이다.

제4장

정치는 여성에게 어떻게 영향을 미치는가

정책 결과가 여성에게 영향을 미친다는 것이 증명된다면, 여성의 정치 참여를 중시하는 것은 일리 있는 작업이 될 것이다. 이 장에서는 여성에 대한 공공정책의 영향을 다룰 것이다. 서로 다른 국가와 역사적 배경의 맥락에서 수행된 많은 연구 문헌들은 이러한 정책들이 독립된 집단으로서의 여성에게 많은 영향을 미쳤다는 것을 확인해준다. 비교 접근방법은 여성에 대한 정책들이 어떤 형식을 취했는가를 설명하는 데 쓸 수 있는 접근방법이다.

이 장의 주요한 관심사는 '남성 지배적' 정치의 영향이며, 분석은 1960년대 후반 제2기 페미니즘 이전의 전개에 한정될 것이다. 따라서 초점은 정치가 여성의 지위에 어떠한 영향을 미쳤는가에 집중될 것이다. 사회과학자들은 '지위' status라는 용어를 여러 의미로 사용하고 있다. 여기서는 질(Giele)의 견해를 쫓아 '인생에서 선택 가능한 것'(1977a, 4)이라는 의미로 사용한다. 이 장은 결혼생활에서의 권력관계, 성과 생식에 대한 통제, 어머니로서의 권리와 의무, 재산과 소득의 통제, 고용과 교육의 영역에서 여성의 선택 등을 검토한다.

맑스주의자와 비맑스주의자를 막론하고 정치학자들은 정치의 영역이 사회의 여러 세력이나 집단, 계급의 단순한 도구가 아니라는 데 점차 동의하고 있다. 정치의 영역은 고유한 관행과 자원과 이익을 가지고 있고 사회에 다시 영향을 미친다. 공공정책은 어떠한 수단을 통해 여성의 지위에 영향을 미치는가? 법률은 사회의 지배적인 가치를 반영하여 그것을 명시함으로써 더욱 이를 강화하며 정의와 권위를 분배해왔다(그렇지 않았다면 '자연적'인 수명 밖에 가지지 못했을 것이다). 프랑스의 나폴레옹 법전은 결혼에 있어서 모든 권리를 남편에게 주는 조항을 포함하고 있는데, 이 조항은 1938년이 되서야 무효화되었다. 그러나 나폴레옹 시대를 지나면서 그러한 법률은 일반적인 관습을 반영하였기보다는 현실과 모순되는 신화를 반영했을 뿐이고, 그 결과로 사실상 그러한 법률들은 여성의 지위를 변화시켰다. 법률은 변화하는 가치를 예상하기도 하는데, 1967년 영국의 낙태법 개정 Abortion Reform Law 이 그 예이다.

일반적으로 법 또는 정책은 제재나 자원의 적극적 배분에 의해 유지된다. 따라서 많은 나라들은 예나 지금이나 낙태는 법에 의해 처벌이 되는 범죄이다. 법은 제재를 통해 여성이 할 수 있는 일을 규정해버린다. 이는 또한 여성들이 자원에 접근하는 데 간섭한다. 즉, 재산과 소득에 대한 여성의 권리를 부정할 수 있으며, 최근에는 보육시설에 대한 보조금과 같이 여성의 지위에 영향을 주는 방향으로 공적 자원을 사용하기도 한다.

법과 정책은 여성의 지위에 대해 직접적인 영향만을 주는 것은 아니다. 사실 과거에 법은 특별히 여성에 관해 거의 언급하지 않았다. 부분적으로 그것은 가족의 '사생활' 때문이었는데 여성은 이 범주 내에 대부분 한정되었다. 최근 영국에서는 그러한 사적인 영역이 자취를 감추고 있는데, 이것은 복지국가가 등장하면서 사회사업가, 행정관, 경찰 등의 사적 영역에 대한 간섭이 정당화되었기 때문이다. 윌슨은 '사회복지정책에 의해 가정생활은 국가조직이나 마찬가지'(Wilson 1977, 9)로 되었다고까지 말하였다. 매킨토시는 "국가는 여전히 남성보다 여성의 삶에 덜 눈에 띄게 간섭한다"(McIntosh 1978, 256)라고 주장하기도 했다. 그녀가 올바르게 결론 내렸듯이, 이러한 현상은 우리로 하여금 여성에 대한 정책의 직접적인 영향뿐만 아니라 여성이 남성에 의해 억압받고 종속되는 일이 일어나는 체제를 유지시키고 견고히 하는 데 국가가 어떤 역할을 하고 있는지에 대해서도 검토할 필요성이 있음을 보여준다(McIntosh 1978, 259). 이 접근법은 사생활의 자유에 대한 외관상의 존중이 종종 사실상 '억압적'이었다는 것을 밝혀준다. 이것은 매맞는 아내 문제에 공공당국이 개입하기를 거부할 때 잘 보여진다. 이는 또한 최근 정책의 간접적인 암시의 측면도 지적해준다. 예를 들어 영국에서 최근 실행되는 사회보장은 남편에 대한 아내의 경제적 종속을 강화하는 방향으로 흐르고 있다.

1. 영국에서의 정치와 여성 지위

만약 이런 정책들이 여성의 지위를 형성하는 데 도움이 된 수단이었다면, 여성에 대한 정치와 정책의 축적된 영향은 무엇인가? 상대적으로 잘 기록되어 있는 지난 한 세기 반에 걸친 영국의 경우를 살펴보는 것은 논의를 시작하는 데 도움을 줄 것이다.

다양한 접근법에도 불구하고 이 분야에 대한 저자들은 놀랄 정도로 동의하는 것이 있다. 즉, 단지 소수의 예외를 제외하고, 일련의 법과 정책의 축적된 영향은 직·간접적으로 남성에 대한 여성의 의존을 강화해왔으며 가사와 육아를 전담하도록 해왔다는 사실이다. 18세기와 특히 19세기 동안 여성은 결혼에 있어 법적인 정체성(재산권을 포함하여)을 상실해왔으며, 출산능력을 통제하지 못했고 강간에 대한 보상에 있어서도 별다른 권리를 가지지 못했으며, 고용과 임금에서도 심한 차별의 대상이 되어왔음은 물론, 고등교육에 대한 접근기회도 없었고 모든 정치적 참여권과 배심원이 될 기회도 박탈당했다. 20세기에 들어와서 양상은 더욱 복잡하게 바뀌었다. 여성의 법적·정치적·경제적 독립성을 촉진시키는 법률들이 증가한 것이다. 동시에 복지국가의 발전과 연관된 정책들은, 이런 여성의 독립성을 침식하고 여성의 '전통적인 가사' 역할을 상정하는 것으로 보이기도 했다. 따라서 여성해방운동의 여파가 완전히 미치기 전인 1960년대 말까지 여성의 독립을 위한 공공정책의 함의는 어느 정도 이중적이었다. 그러나 육아와 가사 영역에서 여성이 1차적인 책임자라는 것에는 변함이 없었다. 이러한 점은 여성 지위에 관한 6가지 측면을 검토하면서 더 자세히 다루기로 한다.

영국에 있어서 여성의 지위는 **결혼**이 법적·사법적 판단을 통해서 그리고 행정적 목적을 위해 정의되고 규제된 방식에 따라 우선적으로 영향을 받았다. 결혼은 역사적으로 대부분의 여성에게 도박과도 같은 것이었는데, 요즘도 대부분의 여성은 결혼을 한다. 1973년의 경우 25세에서 44세 여성의 90%가 결혼했거나 결혼한 경험을 가지고 있었다.

18세기의 관습법 하에서 결혼을 하는 여성은 자신의 독립적인 법적 정체성을 상실했다. 블랙스톤 Blackstone은 "여성의 실질적 존재 혹은 법적인 존재는 결혼기간 동안 정지되거나 적어도 남성에게 통합되어 남편의 보호 하에서 모든 일을 수행하게 된다"(O'Donovan 1979, 136)고 썼다. 남편이 자녀의 교육과 종교를 결정하였다. 그리고 아마도 가장 심각한 문제는 여성들은 결혼시에 자기가 가져온 모든 재산 소유권과 재산 및 소득에 대한 통제권을 상실했다는 점이다.

이렇게 여성을 무능력하게 만드는 제한들에도 불구하고 인습적 견해는 법이 결혼과 가족의 본질적인 사적 영역에는 간섭하지 않는다는 것이다. 남편이 가장으로서 그의 가족을 부양하게 되어 있다 하더라도 이것이 법적 강제는 아니었다. 이러한 사생활의 가장 억압적인 결과는 남편의 물리적 폭력에 대해 법적으로 호소할 길이 없었다는 점이다.

혼인법은 점차 덜 엄격해졌다. 1857년의 결혼소송법 Matrimonial Causes Act 제정을 시작으로 이혼의 법적 사유들이 확장되었다. 1882년의 기혼여성 재산법 Married Women's Property Act은 결혼과 함께 가져온 자신의 재산에 대해 기혼여성의 재산권을 인정하였다. 충분한 재정적 지원 없이 이혼한 여성이 아이들을 양육한다는 것이 부담스럽다는 것이 밝혀졌지만 어쨌든 1886년에는 여성도 이혼 후 자녀의 후견인이 될 권리를 획득하였다. 1970년대까지 여성에게는 혼인기간 중 생긴 재산에 대한 분배권이 인정되지 않았다. 1976년 가정폭력과 결혼절차법 Domestic Violence and Matrimonial Proceedings Act이 제정되기 전까지 남편의 폭력으로부터 보호(비록 제한적이긴 하지만)를 기대할 수 없었다. 아마도 우리가 직시해야 할 것 중 가장 중요한 것은, 소득세 행정, 국민보험과 부가적 혜택은 여성의 종속이라는 가정을 반영해왔고 반영하고 있는데, 이 가정은 현실적인 사실들로 인해 점점 거짓임이 드러나고 있다는 점이다. 예를 들어 1974년에는 50만 쌍 이상의 부부에서 부인이 주소 득자였고, 남편이 65세 이하인 다른 700만 쌍 부부의 경우에도 부인들은 가 정소득의 1/4 이상을 벌어들이고 있었던 것이다(O'Donovan 1979, 135-136).

두번째로 여성의 삶에 있어 중요하게 고려되어야 할 것은 자신들의 육체 bodies에 대한 통제권, 더 세부적으로는 성성 sexuality과 출산 fertility에 관련된 측면이다. 확실히 이 점은 앞서 언급했던 결혼에 관한 정책에 영향을 받는 다. 우리는 강간에 대한 정책은 물론 산아제한과 낙태, 피임의 유용성에 대 해서도 검토해야만 한다.

19세기의 산아제한은 성적 금욕, 원시적인 형태의 피임, 음성적인 낙태, 높은 비율의 영아 자연사망률에 의존했다. 낙태는 불법이었다. 1861년의 신 체에 관한 상해법 Offences Against the Person Act 제58절에 따르면 이러한 행 위는 투옥의 대상이었다. 비록 1880년대에 이르러 콘돔과 페서리가 생산되 기 시작했지만, 정부는 보건당국이 산아제한 정보를 대중에게 제공하는 것 을 허용하지 않았다.

1970년 이전에 산아제한정책은 극적으로 반전되었는데, 이는 기술적인 혁 신만큼이나 정치적인 영향을 받는 결과였다. 비록 19세기 초반의 신맬서스 주의자들과 오웬과 같은 사회주의자들이 피임을 옹호했지만, 가족계획을 부 끄럽지 않은 일로 만든 사람은 1920년대의 메리 스토프 Marie Stopes였다. 루 이스가 지적하는 바와 같이 그녀의 가장 효과적인 논증은 산모와 영아를 좀 더 건강하게 만들어 아이를 가지는 데 '부적합한' 여성의 출산을 통제함으로 써 인종적 개선을 이루었다(Lewis 1979). 비록 1930년대에 정부가 특정한 의 학적 근거에 의해 기혼여성들에게 산아제한에 관한 정보가 제공되어야만 한 다는 주장에 동의하였지만, 1949년이 되어서야 비로소 모든 기혼여성에게 그 범위가 확장되었는데, 이것은 아마도 1930년대 중반에 있었던 인구감소 현상을 염려했기 때문인 것으로 판단된다. 미국에서 개발된 피임약은 1960 년대 초에는 상업적으로 이용 가능할 정도가 되었다. 처음에 이 약은 가족계 획병원과 가정주치의들에 의해 보급되었으나, 1967년의 '가족계획법' National Health Service Act(Family Planning)은 지방 당국으로 하여금 원하는 사람 들에게 가족계획과 관련된 권고와 함께 피임기구들을 무상으로 제공할 수 있게 하였다. 그린우드와 킹이 지적했듯이 당시의 상황은 이상적인 것은 아니지만 많은 진전이 있었던 것은 확실하다(Greenwood and King 1981).

19세기 말 일반적으로 의사들은 산모들의 생명이 위험한 지경에 빠졌을 때 낙태수술을 실시하였다. 1929년의 입법은 이를 인정하였으며, 1938년에는 여성의 신체적·정신적 건강을 위한 낙태 역시 허용하였다. 1936년 소규모지만 열성 페미니스트들은 낙태법 개정협회 Abortion Law Reform Association 를 창설하였고 이후 1952년에 시작하여 수차례에 거쳐서 평의원법안Private Member's Bill의 형태로 법 개정을 시도하기에 이르렀다. 탈리도마이드 스캔들과 우호적인 노동당 정부의 도움을 얻어 데이빗 스틸 David Steel의 1967년 법안이 통과되었는데, 이 법은 대중은 물론 의료계의 견해에도 앞선 것이었다. 따라서 1970년대에 있어서 제2기 페미니즘은 낙태법 개정을 얻어내는 것이 아니라 지켜내야 했다.

브라운밀러와 같은 학자들이 강조한 것처럼, 강간문제에 대한 정책은 희생자 개인에만 관련된 문제라기보다는 여성이라는 잠재적 희생자 전체와 관련된 문제이다. 또한 여성의 성성에 대한 태도와 그들의 독자성과 관련해서도 중요하다(Brownmiller 1975). 비록 영국법은 강간을 중대범죄로 인정한 지 오래되었지만 실제로 강간혐의를 입증하는 것이 지극히 어려웠다. 1976년의 '성폭력(수정)법' Sexual Offences (Amendment) Act에서도 강간혐의 입증 요건이 쉽게 바뀌지 않았다.

1976년 법률까지 강간은 성문법상의 범죄가 아니라 관습법에 의해 다루어졌다. 19세기 초에 강간은 사형으로 다스려졌다. 1810년에 강간혐의로 법정에 회부된 24건의 사례 중 16건은 기소 중지되었고, 6건은 무죄, 2건의 사례는 유죄가 입증되었으며, 그중 한 사람은 사형되었다(Toner 1977, 98). 비록 1840년에 강간에 따른 사형 집행은 없어졌으나 입증률은 여전히 낮았다. 강간의 희생자들은 경찰에게 그러한 사실이 있었음을 납득시키는 데 어려움을 겪었으며 보강증거의 원칙은 아니지만 여러 가지를 입증하는 데 필요한 어려움, 원고의 과거 성적인 행동을 인용할 수 있는 피고의 권리행사, 그들 자신이 익명을 사용하는 데서 오는 어려움 등 많은 난관에 봉착하였다. 여성, 경찰, 배심원, 변호사 등의 변화하는 태도에도 불구하고 경찰 자료에 의해

1,040건의 강간사건이 있었다고 하는 1975년의 경우(의심의 여지없이 훨씬 많은 수의 강간사건이 있었겠지만), 544명의 남성이 강간혐의로 치안판사의 법정에 섰으며, 321명이 유죄 판결을 받고 그중 241명이 투옥되었다. 이러한 관점에서 볼 때 여성의 성적 자기결정권 sexual self-determination에 대한 정책은 1970년대까지 크게 개선되지 않았음을 알 수 있다.

검토되어야 할 셋째 정책영역은 가정 내 어머니 mothers로서 여성의 역할이다. 우리는 여기서 가사와 육아의 1차적 담당자로서 여성의 역할에 대한 확고부동한 가정을 발견할 수 있다. 19세기에는 이러한 사적 영역에 대한 직접적인 간섭은 없었다. 앞서 살펴본 결혼 및 이혼과 관련한 정책들은, 간접적으로 이러한 여성의 역할을 강화하였다. 20세기의 정책은 보다 직접적으로 이를 확인하였다. 특히 1930년대부터 복지국가의 공고화에 따라 어머니와 주부로서 여성에 대한 국가의 감독은 보건당국, 사회사업가들, 심지어 교사에 의해서도 증가하였다. 매킨토시는 1960년대에 유행하였던 '공동체 육아' community care도 여성의 양육적 역할의 자발적 확장을 전제로 한 것이었다고 암시하고 있다(McIntosh 1979, 170). 한편 공공정책도 가정생활과 가정 밖에서의 직장생활을 결합하려는 여성들에게 보육 규정이나 출산휴가와 같은 도움이 되는 혜택을 적극적으로 제공하지 않았다.

제2차 세계대전 기간 동안 공공보육은 10배 증가하였는데, 이는 처음에는 피난민을 다루기 위해서였고, 나중에는 전시생산에 동원된 여성들의 자리를 대신하기 위해서였다. 이러한 "전시중 보육은 한시적인 목적으로 고안된 것이었지, 전후의 일반적인 상황을 염두에 둔 확고한 기반 하에 만들어진 것이 아니었다"(Riley 1979, 105). 그 체제를 유지하기 위한 부담은 결론적으로 지방정부의 재량에 맡겨졌고, 따라서 1969년에는 단지 2만 1,000명의 아동만이 국가에서 운영하는 보육시설에 수용될 수 있었고 그나마 편모가정과 '결손가정'의 아동을 중심으로 하고 있었다. 1960년대에 이르러 공공부문에서의 출산휴가 규정은 널리 퍼졌고, 특히 사무직 노동자들에게 일반화되었다. 그러나 유럽공동체의 지침에 압력은 받은 1975년 고용보호법 Employment Protection Act이 제정되기까지 모든 전일제 여성 노동자들에게 확대되어 실시되지는 않고 있었다. 부성휴가 혹은 부모휴가의 가능성이 고려의 대상조차 되지 못했다는 것은 놀라운 일이 아니다.

공공정책은 역시 여성의 소득에도 영향을 미쳤는데, 이는 그 정도와 여성이 직접적으로 그것을 받느냐의 여부까지도 포함하는 것이었다. 적어도 1970년대까지 여성의 수입, 과세, 소득유지에 대한 정책들의 영향을 살펴보면, 그러한 정책이 남성에 대한 여성의 경제적 종속을 반영하고 강화하였음을 알 수 있다.

먼저, 19세기 동안 여성의 임금은 여성의 일과 비교될 만한 일을 하는 남성들의 임금에 훨씬 미치지 못했다. 1888년에 노동조합회의(TUC: Trades Union Congress)는 남성과 여성의 동일한 임금을 요구했는데, 이는 임금이 싼 여성의 노동력이 남성의 임금을 삭감하게 할지도 모른다는 우려 때문이었다. 대부분의 경우 남성 지배적이었던 노조들은 이 문제를 거론하지 않았으며, 특별히 그 이후로 사용자와 협상하는 과정에서 '가족수당'의 지급을 요구하기 시작하였는데, 이는 부양자로서 그들의 배우자와 자녀들을 부양하는 데 충분한 임금이 필요하다는 이유에서였다. 남성 조합원들이 "그들 자신의 목적을 위해 단순히 사회개혁가들이나 자본가계급의 어떤 부분에게 호소하는 용어를 사용했는지"의 여부를 떠나 이러한 요구는 대부분의 여성이 결혼을 할 수밖에 없고 동일임금의 원칙을 보장받지 못하는 상황에서 기혼여성의 종속적인 역할을 암시하고 있는 것이었다(Land 1980, 57).

여성들이 일시적으로 전통적인 남성의 직업이라고 여겨왔던 영역에서 일하던 양차 대전 기간 동안, 정부는 동일임금의 원칙을 단지 말로만 강조했을 뿐 이를 강제하기 위한 조치는 전혀 취하지 않았다. 동일임금에 관한 왕립위원회 Royal Commission on Equal Pay의 보고서와 페미니스트 단체와 여성 의원에 의해 주도된 캠페인에 뒤를 이어 1954년 공무원과 교사직의 여성에 대한 동일임금법이 통과되었다. 1960년대 동안 모든 여성 노동자들을 위한 임금 원칙에 대한 지지가 노조 내에서 꾸준히 증가하였는데, 이는 임금수준이 낮은 여성 노동자들로 인한 남성들의 임금삭감 우려 외에도, 노조의 새로운 구성원들의 주요 공급원이 여성들이었다는 데 기인한다. 동일임금법 Equal Pay Act은 1970년이 되서야 법제화되었다.

둘째, 1799년 소득세법의 도입 이후 1972년까지 조세 목적에 의해 남편과 아내의 소득은 합산되었으며 이는 남편의 책임으로 간주되었다.

셋째로 여성은 20세기 동안 사회보장의 규정에 영향을 받았다. 여성의 대부분은 1911년의 국민보험법 National Insurance Act에서 고려의 대상이 되지 않았고, 오히려 양차 대전 사이에 "사회보장제도 전체를 통해 여성에 대한 차별, 특히 결혼한 여성에 대한 차별이 있었다"(Wilson 1977, 120)라고 윌슨은 주장하였다. 20년 이상 어머니들에게 가족수당을 직접 지급할 것을 주장한 엘리너 로스본 Eleanor Rathbone의 캠페인은 보수당과 노동운동세력 양쪽의 반대를 받아왔다. 처음으로 국민보험제도의 전반적인 지침을 제공했던 1942년의 '비버리지 보고서' Beveridge Report는 기혼여성의 경제적인 종속을 정식으로 규정하였다. 이 보고서는 그 이유로 "결혼기간 동안 대부분의 여성들은 유급직에 고용되지 않을 것인데, 벌이가 좋은 직업을 가지게 되는 소수의 기혼여성은 독신여성과는 다른 특별한 대우가 요구되기 때문"이라고 주장하였다. 이처럼 기혼여성들은 정상적으로 수혜체제에 편입될 수 있다고 전혀 기대하지 않았으며, 비록 그들이 그렇게 되더라도 '낮은 비율'로 혜택을 받았을 것이다(London Women's Liberation Campaign for Legal and Financial Independence and Rights of Women 1979, 20에서 인용). 사회보장제도는 남성 부양자의 '규범'으로부터 가사를 분리하고 즉각적인 종속을 규정함으로써 1971년에 보고된 대략 50만 가구의 편모 가정을 궁지로 몰아넣었다. 1970년대에 기혼여성의 연금과 질병, 실업과 관련된 수혜권리는 실질적으로 고양되었으나 보충적인 혜택은 여전히 남편에게 돌아갔고 악명을 떨친 '동거규정'에 의해 이러한 원칙은 결혼하지 않은 커플들에게도 확대 적용되었다.

가정 밖에서 여성의 고용기회는 앞서 서술했던 여러 정책들에 의해 간접적으로 영향을 받았다. 공공정책의 존재여부는 여성에게 열려 있는 고용의 형태와 수준에 직접적인 영향을 미친다. 이러한 영향은 19세기 동안에는 순전히 제한적인 것이었지만 최근에는 이를 통해 여성의 고용기회가 다소나마 확장되었다.

1842년 탄광규제법 Mines Regulations Act을 시작으로, 19세기 동안의 일련의 법들은 여성과 아동이 담당할 수 있는 직업의 종류와 시간을 제한하였다. 험프리즈가 밝혔듯이, 일련의 법들은 몇몇 복잡한 이유로 이해관계의 기이한 결합들에 의해 지지되었지만, 가장 주요한 목적은 노동자계급의 '가족생활'을 유지하는 것이었다(Humphries 1981). 알렉산더도 어떻게 이런 보호적인 법률들이 모든 고용영역이 아닌 남녀간의 경쟁 영역에 도입되었는지를 보여 주었다(Alexander 1976). 1961년에 공장법 Factory Act, 1920년의 여성·청년·아동 노동에 관한 법 Employment of Women, Young Persons and Children Act, 1936년의 노동시간협약법 Hours of Employment (Conventions) Act 등으로 법제화된 이러한 축적된 보호입법의 조항들은 모두 산업체에 소속된 직업에만 적용되었고, 병원이나 사무실과 같이 여성의 비율이 높아지고 있었던 직장은 적용대상에서 제외되었다. 그 결과로 페미니스트들은 이러한 보호입법의 바람직성을 둘러싸고 의견이 분열되어왔다(Banks 1981).

보호입법은 기혼여성들로 하여금 가족에 헌신할 수 있도록 하려는 요구에서 보존되었다. 1919년 제1차 세계대전의 종전 이후 부흥부 Ministry of Recovery 내의 여성고용위원회 Women's Employment Committee는 "모든 장려조치는 직접적이든 간접적이든 어머니들을 가정에 머물러 있도록 하게 하는 것"(Lewis 1983b, 24에서 인용)이 되어야 한다고 하였다. 그러나 루이스는 노동자계급 어머니들에게 이런 원칙을 적용시키는 데 있어 항상 약간의 유동성이 있었다고 한다. 왜냐하면 만일 남편이 생계를 유지시켜줄 수 없다면 아내의 지위에 가계를 의존하게 될지도 모르기 때문이다. 실제로 양차 세계대전 사이의 기간에 국민보험제도는 그런 여성들이 일자리를 구해보도록 확신을 주었고, 특별히 가정부와 같은 '적절한' 일자리를 알선하는 데 이용되었다.

또한 19세기에 여성들은 대부분의 유망한 직업에서 배척되었다. 유망한 직업으로의 접근은 특수한 교육과 훈련을 요했기 때문에 여성들이 배제되었다. 이러한 사실상의 남성 독점은 수십년 동안 저항받지 않고 유지되었다. 한 세기의 전환을 즈음하여 필요요건을 성취했던 여성들이 등장하였고 이들은 판사직에 진출하였다. 많은 판례들은 이 여성들로부터 나왔다. 이런 것들은 사쳐와 윌슨에 의해 논의되었고, 심지어 미혼여성들이 인간으로서 가치가 있는지에 대한 심각한 질문으로 마무리되었다. 계속되는 여러 판례에서 불공정한 남성 재판관은 이러한 사례를 부정하여 판결을 내렸고, 어떤 사례는 1929년 추밀원 사법위원회 Judicial Committee of the Privy Council에 의해 뒤

집어졌다(Sachs and Wilson 1978).

정부와 법은 신규채용과 채용증대 정책을 통해 여성의 고용기회에 기여
했다. 1946년까지 기혼여성은 연금을 받을 수 있는 공무원직에서 제외되었
다. 법적인 직업은 오랫동안 여성의 고용에 비우호적이었고 고위직에서는 여
전히 여성들의 대표성이 낮았다. 마침내 공공정책 결정자들은 아주 최근에서
야 사적 부문의 고용에서 성차별이 예상되는 경우에 개입하게 되었다. 이에
관한 최초의 입법 제안은 평의원법안으로서 1967년에 입법 발의되었다.

마지막으로 교육에 있어서 여성의 기회를 살펴보자. 정부가 비록 여성의
공식적 교육에 있어 지속적인 확장에 기여해왔지만, 페미니스트들은 이 분
야의 정책결정을 주도하는 전통적 성 역할에 대해서 여전히 비판적인 자세
를 취했다.

19세기 초 학교교육은 주로 교회, 선교재단, 그리고 사단법인에 의해서 제
공되었다. 그리고 중등교육은 주로 중산층의 소년들에게만 허용되었다. 4개
영국대학들은 여학생들의 입학을 허락하지 않았다. 1860년대 동안 에밀리
데이비스 Emily Davies 같은 페미니스트는 소녀들의 중등교육 확대를 위한 활
발한 캠페인을 벌였다. 즉, 여학교 선생님들의 훈련(Queen's College와 런던의
Bedford College는 이러한 목적으로 설립되었다)과 여성의 대학교육 기회 확
대를 위한 것이 주요 내용이었다. 노동력의 요구를 변화시키는 것뿐 아니라
'현모'를 만들어내기 위한 이해들의 결과로서, 정부가 점차 초등교육과 중등
교육에 대해 감독하고 결국은 지원을 하게 됨에 따라 정부는 소년들뿐 아니
라 소녀들을 위해서도 교육해야 한다는 것을 느끼게 되었다. 그동안 세기가
전환됨에 따라 비록 캠브리지에서는 1948년까지 여학생들에게 학위 수여를
거부하였지만, 몇몇 대학교에서 여학생들을 수용하기 시작하였다. 공식적으
로 비록 20세기초에 여성들은 초·중등교육에서 평등한 기회를 누리는 것처
럼 보이기 시작하였지만, 고등교육(일반학교에서 고등교육으로 진학하는 여
학생은 대략적으로 단지 9% 정도)의 학위를 인정하는 지방당국에 의해서 그
리고 연수휴가제도를 인정하는 사용자측에 의해서 여성은 여전히 차별을 받
았다(Byrne 1978).

페미니스트의 주요 비판은 여성에게 계속하여 낮은 성취감만을 부추긴

교육정책 입안자들의 사적인 생각들에 대한 것이었다. 올페의 표현에 의하면, 교육의 '공식적 이데올로기'는 여성교육이 어머니와 가정생활을 위해서 준비되도록 유지되었다는 것이다(Wolpe 1978). '크로더 보고서' Crowther Report 는 소녀에 대한 교육은 구혼과 결혼의 측면을 다룰 것이 예측되고 있으며, 소녀들의 복장, 외모, 대인관계 등에 대한 관심이 소녀들에 대한 교육의 중심주제에 반영되어야만 한다고 주장하고 있다(Wilson 1977, 83). 이처럼 미묘한 교육의 불평등을 제거하려는 시도들은 1970년대에 페미니즘의 부활에 의해서 겨우 추진되었다.

영국에서 여성에 대한 정책의 간략한 조사는 어머니와 가정주부로서 여성의 전통적 역할에 대한 추론과 강화를 보여주었다. 동시에 그러한 정책들은 20세기에 여성들의 삶의 선택을 일정 정도 넓혀주는 데 도움을 주었지만 사실 그 정책들은 여성해방운동의 등장에서 아주 작은 역할밖에는 수행하지 못했다.

2. 여성정책 설명: 비교접근방법

전세계적으로 여성정책이 영국의 정책들과 어느 정도로 유사한가? 제2기 페미니즘의 영향 하에서 비교접근방법으로 된 연구는 별로 없지만, 각기 다른 국가에서의 여성과 특정한 영역에 있어서의 정책에 대한 연구가 급격히 증가하였다. 따라서 영국의 경험과 다른 곳에서 발견된 경험들을 비교하는 것은 가능하다.

그러한 비교는 여성정책을 형성하는 주요한 요소들을 밝혀내는 데 도움이 된다. 하나의 가설은 선진 자본주의국가인 영국의 사례에서 그 주요 요소들은 특정한 경제적 체계의 형태에 기능적이거나 또는 주요하게 경제적 체계에 의해서 결정된다고 하는 것이었다. 미국과 같은 다른 선진 자본주의 사회에서 어떤 일이 발생했는가를 살펴보도록 하겠다.

1) 미국의 경험

　결혼을 규제하는 19세기 법률들은 연방체계의 정부 때문에 각 주state별
로 세부적인 내용에서 차이를 보이는 것을 제외하고는 영국의 법과 거의 비
슷하다. 19세기 말까지 각 주들은 기혼여성의 재산소유법을 통과시켰는데,
이는 아내의 몫으로 분리된 재산과 소득을 소유하고 관리할 수 있는 법적
권리를 바로 아내 자신에게 부여하는 것이었다. 그렇지 않았다면 1970년대
까지 그 법은 남편에 대한 아내의 경제적 의존을 계속하여 가정했을 것이다.
　여성 스스로의 생산성과 성성 sexuality을 통제하는 암시를 갖는 정책에 눈
을 돌리면, 국가간섭에 대한 불신과 탈중앙화는 영국에 비해 산아제한정책
을 도왔다고 볼 수 있다. 1873년의 연방의 풍속교정법 Federal Comstock Law
(피임기구의 수입, 각 주간의 교역, 정보의 확산 등을 금지)은, 전체 주의 절
반 가량에서 이와 유사한 법을 만들게 하였는데, 이 주들의 상당수는 1968년
말까지도 여전히 제한적으로 피임에 관한 정보를 배포했다. 대중적 태도의
변화와 피임약 활용은, 마가렛 생거 Margaret Sanger에 의해 주도된 가족계획
의 압력으로 1960년에 식품의약청 Food and Drugs Administration에 의해 처음
으로 승인되었는데, 대법원은 1965년 헌법의 '의무이행' 조항에 기혼 남녀의
사생활 권리와 피임기구의 사용을 선택할 수 있는 권리 등을 포함하였다. 이
권리는 1972년에 결혼하지 않은 남녀에게까지 확대되었다. 연방정부는 가족
계획을 1960년 중반부터는 극빈층에게만 적용하였다. 그래서 다른 이들은
사적 부문에 의존해야만 했다. 낙태는 1900년까지 대부분의 주 법률에 의해
금지되었는데, 이는 부분적으로 증가하는 의료전문화의 영향과 자질이 부족
한 개업의사에 대해 불신하는 움직임들의 결과 때문이다. 1960년대 후반이
되서야 몇몇 주에서 낙태법을 자유화하였고, 1973년에 비로소 대법원에 의
해 용인되었다(Gordon 1977). 이렇게 미국의 정치체계는 낙태법 개정안의 시
행에 심각한 장애를 제공해왔다. 그러나 강간에 관한 정책들은 50개 주들 사
이에 약간의 다양성만을 보였지만, 광범위하게는 영국의 정책과 유사했다.
　영국에서와 같이 19세기에는 육아와 가사에 대한 여성의 1차적 책임성이
공공정책에 의해 보조되기보다는 그저 당연시되었다. 이러한 과정이 정책에

지속적으로 반영되었음에도 불구하고 미국 여성은 가정에서의 역할에 있어서 영국보다 더 지원을 받지 못했다. 아담스와 윈스턴은 이에 대한 원인이, 영국보다 미국의 정책이 여성의 결혼, 어머니 그리고 직업 사이에 어떤 중요한 불일치를 가정하고 있기 때문이라 여긴다(Adams and Winston 1980, 8). 우선 미국은 출산에 대해 의료비용을 부담하는 국민보험제도가 잘 되어 있지 않은 국가로서, 선진 국가에서 이런 보험을 행하지 않는 몇 안되는 국가 중 하나였다. 또한 선진국 중에서 직업 여성에게 가사와 육아에 대한 어떠한 금전적 보상도 하지 않는 소수 국가들 중 하나였다(Adams and Winston 1980, 33). 둘째로 빈곤 가정을 위한 육아조항은 대공황과 제2차 세계대전 기간, 그리고 1962년 이래 극빈가정에만 적용 가능했다. 지방정부 역시 최소한의 공영 가정부home-help[1]) 서비스만 제공했다.

여성의 수입에 영향을 주는 정책을 재고하는 과정에서, 우리는 소득세, 사회보장, 연금과 복지의 행정이 여성의 경제적 자립을 강화하는 영국의 유형과 밀접한 관련이 있다는 것을 알게 된다. 몇몇 저자는 1935년 시작된 복지 프로그램이 미혼모에게 구직이 아닌 남성 부양인을 찾아주는 방법이었음을 밝혀냈으며, 그와 더불어 복지부는 전통적인 가장처럼 역할을 수행했다(Iglitzin 1977; Kinsley 1977 참조). 그러나 온건 여성단체와 연합에 의한 압력의 결과로서 동일임금법이 1963년 초에 통과되었다. 이 법은 제한된 범위에도 불구하고 법정에서 호의적으로 해석되었다. 특히 머피는 "여성을 위한 프로그램에 대한 눈부신 업적"(Murphy 1973, 25)이라고 생각했다.

19세기 후반 영국에서처럼 미국의 여성들은 대부분의 직업에서 남성들의 독점을 지속시키려는 분위기 때문에 법적 제재와 보호법에 의해 취직의 기회를 제한받았다. 그러나 1890년 13개의 대학이 여학생에게 교육 기회를 개방하였고 1880년에는 대법원의 법정에 여성이 설 수 있게 되었다. 1960년대에는 공공정책이 영국에서보다 여성에게 다소 도움이 되었다. 최초의 성차별 금지를 위한 법률은 시민권법 Civil Rights Act 제7조에 성(性)이 추가되어 1964년에 통과되었다. 페미니스트로서 여성 의원인 마샤 그리피스 Martha Griffiths

---

1) 영국에서 병자나 노인의 가정을 방문하는 공영 가정부제도(역자주).

가 그 법을 보장하기 위해 노력하였고 법의 효과적인 실행을 위해 여성단체의 압력이 있었는데, 이것은 분명 여성해방이 앞당겨지는 것을 의미하였다.

마지막으로, 교육정책은 영국보다 미국에서 차별이 덜하였다. 소녀들은 1830년경에 시작된 공공교육 발전의 혜택을 받았다. 실제로 1890년 고등학교에는 남학생보다 여학생이 더 많이 입학했다(Giele 1977b, 308-309). 더욱이 영국과는 대조적으로 1882년에 미국 여성을 위한 고등교육이 확립되었다(O'Neill 1969, 43-44). 비록 여학생들이 받는 교육이 항상 높은 수준은 아니었다 하더라도 1880년에는 여학생의 수가 전체의 1/3에 달하는 4만명이었다(Evans 1977, 118). 급기야 1960년대에는, 영국은 대학생의 1/3 가량이 여학생인 반면 미국은 거의 절반에 이르렀다. 그럼에도 불구하고 여성운동가들은 교육의 구성과 교과과정에서 전과 다름없이 교묘하게 내포된 성차별의 형태를 지적하는 쪽으로 방향을 선회하였다.

영국과 미국의 여성정책에 대한 이번 비교에서 많은 유사점을 나타냈다. 그중 기회, 교육, 최근에는 임금과 고용에 있어서, 그리고 이념적 공약에 의해 영향을 받는 여러 정책적 분야에 있어서, 미국 여성이 조금 더 나은 것처럼 보인다. 그러나 정부가 가족생활에 직접적인 개입을 하고 사회적 비용을 지출하는 것(산아제한, 육아, 공영 가정부, 출산휴가와 복지 등의 분야)에 대해 미국인들 사이에서 널리 퍼진 불신으로 인해 정책이 영향받을 때, 미국 여성들은 확실히 혜택이 적었다.

2) 스웨덴에서의 정책

현대 선진 자본주의 국가들의 여성정책에서 가장 현저한 차이는 미국과 스칸디나비아 국가, 그중 스웨덴 사이에 나타난다. 스웨덴은 분명 자본주의 국가이다. 그런데 스웨덴은 방대한 산업 영역의 조정이나 사적 부문의 생산 관계에 있어 국가가 과도한 개입을 하지 않는다. 그러나 여성에 대한 공공 정책은 세계 어느 곳보다 우수하다(페미니스트 입장에서는 여전히 시작에 불과해 보이겠지만 말이다).

1921년 초 스웨덴 결혼법이 이혼시 부부가 동등한 재산 분배를 하도록 명

시행했음에도 불구하고, 많은 점에서 스웨덴 결혼법의 발전은 미국의 유형을 따르고 있다. 그러나 가족의 사생활 원칙은 그렇게 완고하지가 않다. 부분적으로 자녀 양육은 공공의 의무라고 여겨지기 때문이다. 1924년부터 아동복지국 Child Welfare Board은 지방 산하조직을 통해 가족관계의 개입에 있어서 막강한 영향력을 가지게 되었다.

산아제한 정책은 미국 모형으로부터 급격히 벗어났다. 1950년대부터 지방 공영 산부인과에서는 여성의 결혼여부에 관계없이 15세 이상이면 누구에게나 무료로 정보와 상담, 피임약 등을 제공해야 했다. 왕실위원회에 따라 1938년부터 시작된 낙태법 개정은 꾸준히 진행되었고, 1975년에 이르러 임신부는 임신 18주까지 낙태에 관한 한 '선택에 완전한 자유'를 얻게 되었다. 제대로 된 낙태시설의 제공은 이론상 존재하던 선택의 자유를 보장했다. 게다가 스웨덴은 덴마크와 더불어 범죄 조항에 남편에 의한 강간을 포함시킨 동유럽지역 이외의 유일한 국가이다(Brownmiller 1975).

그러나 가장 큰 차이는 정책에 영향을 미치는 어머니와 주부로서의 여성 역할이다. 1931년 정부는 자녀 출산에 대해 여분의 비용을 지원하기 위해 상당한 액수의 기금을 개개인에게 지급했으며, 해를 거듭할수록 이 서비스는 확대되었다. 또한 직장 여성은 임금의 정도에 따라 평시 임금의 20%에서 80%를 받으면서, 출산 후 6개월 동안 집에서 요양할 수 있게 되었다. 우리는 이번 장의 내용에서 벗어나는 시기이기는 하지만, 1974년에 도입된 스웨덴의 부모휴가 계획에 주목할 필요가 있다. 이것은 어머니든 아버지든 아이의 출산과 더불어 9개월 동안 일정 금액을 지급하는 것이다. 양친 모두 직장에 다닌다면, 부모 중 한 명이 양육을 위해 집에 머무르는 것에 대한 보상으로 최대 금액은 임금의 90%까지 증가한다. 한편, 부모는 번갈아 가며 휴가를 사용할 수 있다. 이미 어떤 보육소들은 벌써부터 운영되고 있었지만, 1965년 정부에 의해 임명된 보육위원회의 보고서는 정부에 의한 보육시설의 증가가 500% 넘게 이루어졌다고 보고하였다. 1943년 공영 가정부법 Social Home Help Act을 시작하면서 정부는 지방정부와 공영 가정부 자원봉사제도에 보조금을 지급하였는데, 그 결과 1980년에는 젊은 부부들의 거의 10%가 이 서비스를 이용하였다.

소득에 작용하는 정책으로 눈을 돌려보자. 스웨덴은 아직도(1987년 현재) 부분적으로 동일임금에 대한 법을 제정하지 않고 있는데, 이것은 1962년 정점에 있던 사업체와 노동조직인 SAF와 LO가 개별적으로 동일임금 정책을 협상했기 때문이다. 1965년에는 성별에 따른 임금의 격차가 미국에서보다 훨씬 좁혀졌다. 과세와 소득유지 계획은 미국에서와 마찬가지로 기혼여성에게 불리했다. 편부모(특히 편모)에 대한 소득유지의 다양한 원천은 너무 광범위해서 복지혜택에 포함시키기 어려웠다는 점은 매우 중요하다.

정부는 다시 노사 대표들에게 그러한 문제를 맡기길 원했기 때문에 1970년대까지 고용에 있어서 성차별에 대한 법이 없었다. 1970년대 중반까지 스웨덴의 지배 정당인 사회민주당이 성차별을 금지하는 것을 꺼려했던 이유는, 그들이 필요하다고 여겨지는 긍정적인 의미의 차별까지도 배제되는 것을 우려했기 때문이다.

마지막으로 1960년대 이래 정부는 학교에서의 성 고정적 역할을 없애기 위해 진지하게 고려하기 시작했다. 그에 따라 1970년대에는 가사와 육아뿐만 아니라 바느질과 목공도 남녀 학생 모두에게 필수로 되었다. 교과서에는 성차별에 관한 내용이 있는지 재고되었고, 진보적인 계획으로 정부는 각 학교에서 몇몇 임원을 뽑아 훈련시킨 후 다시 학교로 돌려보냈다. 그리고는 성역할 태도를 바꾸기 위한 프로그램을 시작하게 하였다(Baude 1979, 153).

스웨덴의 정책이 페미니스트들이 말하는 것에 거의 가까워진 반면, 많은 스웨덴 페미니스트들이 정책의 결점을 지적한 것도 강조해야 한다. 헤르네스 Hernes(1984a)는 정책의 효과가 남성들 개인에 대한 여성의 의존도를 감소시켰지만, 시민·고용인·고객으로서 여전히 상대적으로 남성 지배적인 국가에 대한 여성의 의존은 높아졌다고 주장한다. 비록 그렇다 하더라도 스웨덴은 왜 그토록 정책이 발달했는지가 궁금하다. 일견 눈에 띄는 이유는 스웨덴의 사회민주주의라고 할 수 있다. 즉, 사적 기업에 관심을 쏟으면서도 동시에 사회의 불평등을 최소화하기 위해서 경제생산물의 분배에서는 국가가 폭넓게 관여해야 한다고 믿고 있는 것이다. 이러한 목적을 위해 스웨덴 정부는 가능한 한 완전한 정보를 수집하는데, 사실 이는 스웨덴 정부가 다른 어떤 국가보다도 연구 조사를 많이 이용하고 있다는 것을 암시한다(Adams and

Winston 1980, 40). 또한 스웨덴의 사회민주주의는 지난 세기말부터 페미니 스트 사고방식에 의해 영향을 받아왔다.

그러나 왜 스웨덴이 이러한 정치적 태도를 지니게 되었는가는 명확하지 않다. 역사적으로 스웨덴은 인구 규모가 적으며 상대적으로 단일민족으로 이루어져 있다는 점, 봉건영지로 뒤덮이지도 않았으며 초기부터 막강한 로마 카톨릭 교회의 영향을 받지 않았다는 점으로 인하여 평등적 가치와 실천이 고양되었다고 추정된다. 에두아르 Eduards(1986)는 초기에 자리잡은 문화와 1864년부터 정치적 단결을 할 수 있는 실질적 자유가 있었다는 사실이 산업화와 함께 새로운 민주적 권리를 갈등 없이 추구할 수 있게 하였다고 강조한다. 제2차 세계대전 동안 취해졌던 스웨덴의 중립은 경제를 보호하였으며, 이후의 번영과 성장에 큰 기여를 하였다. 에두아르는 또한 전후 시기에 우리가 이미 언급하였던 경제정책 수립에 있어서 부문별 이익집단이 이례적으로 중심적 역할(노사를 대표하는)을 했기 때문에, 내가 이 시점에서 꼭 덧붙이고자 하는 것이기도 한데, 정당이 성 평등 sex equality과 같은 다른 종류의 논쟁거리와 관련하여 이념적으로 자기자신들을 정의하도록 좀더 광범위한 시각을 제공했다고 한다.

자본주의가 발달한 세 사회에서의 정책은 어떤 기본적 경향들(결혼법의 자유화, 피임과 낙태를 위한 법적·물질적 지원, 임금과 채용에서의 성 차별을 제거하기 위한 수단, 여성을 위한 교육 기회의 확대)을 공유하고 있지만, 정책은 이러한 기본목표를 위해 국가가 얼마나 개입하느냐 하는 것과, 어머니로서 가정에서 겪는 여성의 부담에 어떻게 대응하느냐 하는 문제에서 큰 차이를 나타냈다. 이 문제에 대한 흥미로운 기록은 나치 독일에서 여성의 경험이다. 물론 그 당시 독일 경제는 '발전한' 상태라 할 수 없었으며, 차라리 공황의 초기 단계라 보아야 할 것이다. 여성에 대한 나치의 정책을 단순히 경제체계의 기능적 요구나 그 결과의 차원에서 설명하기는 어렵다. 틀림없이 나치의 이념은 여성에 대한 문제에서나 그들의 행동과 다른 가시적 목표에서 완전히 일관되지는 않았다. 그럼에도 나치의 정책에서는 유명한 슬로건인 '어린이, 부엌, 교회' Kinder, Kueche, Kirche에서 구체화된 것과 같이 시계를 거꾸로 돌리려는 분명한 의도가 나타나 있었다.

히틀러와 괴벨스는 '여성에게 적당한 영역은 가정이다'라고 주장하였고, 다른 나치주의자는 더 실용적인 이유로 여성들의 전통적 역할을 강조하였다. 무엇보다도 그들은 건강한 아리안 후예의 증가를 원했다. 이러한 목표를 달성하기 위한 조치가 일차적으로 1930년대 중반에 법으로 제정되었고 그것은 전쟁이 최우선 과제가 되기 전이었다. 여성을 집에 머무르도록 종용하였고, 직장을 포기한 아내들에게 우선적으로 혜택이 주어지는 결혼대부계획과 증가된 산모혜택제도에 따라 자녀를 가지도록 고무하였다. 동시에 적어도 아리아인에 한해서는 산아제한이 금지되었다. 공직이나 여러 엘리트 직업에서 여성이 일하는 것은 억제되었다. 나치주의자들은 여학생들에 대해서 덜 학구적 교과과정으로서, 좀더 '여성스러운' 환경으로 분리 교육하려던 그들의 목표를 완전히 실현시키지는 못했다. 그러나 결국 1932년에 18.9%였던 여학생의 비율을 1934년에는 12.5%로 낮아지게 할 수는 있었다(Stephenson 1975).

3. 제3세계: 식민주의, 민족주의, 그리고 '발전'

이 시점에서 오늘날 제3세계라고 불리는 국가들에서의 여성의 경험에 관심을 돌리는 것도 도움이 될 것이다. 이 나라들은 모두 적어도 표면적으로는 경제성장을 목표로 삼고 있다고는 하지만 서로 다른 전략을 추구하고 있다. 이들 국가들은 뚜렷하게 구분이 되어 몇 나라들은 자본주의를, 또 몇 나라들은 두드러진 국가의 역할과 더불어 사회주의를 전략으로 삼아왔다. 중국, 쿠바, 베트남 등과 같은 몇몇 국가들은 이들과 유사한 소비에트 진영의 국가를 다루는 다음 절에서 언급할 텐데 이 국가들을 제외하고 대부분의 사회주의 국가들은, 사실 대부분 토착적이며 국제적인 자본주의의 힘에 의해 강하게 침투당하고 있다. 그러므로 이들 나라들은 서구의 자본주의 사회와의 연관 속에서 생각해야 하는 것이 논리적이다. 그러나 이들 나라들은 분명히 서구의 자본주의 국가들에 비해 덜 산업화되었으며 국제적 경제경쟁에서는 불이익을 내재하고 있었다. 19세기부터 식민지법 하에서 또 그후의 과정 속에서 어떻게 정책들이 여성에게 영향을 미쳐왔는가?

식민지 이전 사회는 정적이지도 않았으며 단일하지도 않았다. 이들 사회 내부에서 여성의 지위는 우리가 알고 있는 한 높은 수준에서 낮은 수준까지 범위가 넓었다. 식민지 통치 그 자체는 다른 형태를 띠고 있었다(또한 모든 제3세계 국가들이 직접적으로 식민지화된 것은 아니었다). 그러나 식민지 시대 기간 동안 자본주의라고 폭넓게 일컬어지는 경제적 동기는 중요한 역할을 하였다. 비록 이러한 동기는 국가권력 혹은 제국주의적인 힘에 대한 고려와 식민지를 이룩하고 피식민국가를 문명화시키는 사명을 지닌 민족의 문화적·민족적 우월성에 대한 믿음과 밀접한 관련이 있었지만, 경제적 동기가 무엇보다 중요했다. 식민 정권의 특별한 특성이 무엇이건 그들이 공유하고 있었던 특징 중 하나는 "식민지의 행정가들은 모두 남성"이었다는 점이다. 로저의 지적에 따르면, 여성이 그들의 식민 모국에서 전문직이나 공직에서 일한 경험이 있을 때에도 식민지에서 직업을 갖는 것은 허락되지 않았다. 예를 들면 1921년 "영국령의 해외 또는 외국에서 남성에게 모든 공직을 보장하기 위한"(Rogers 1983, 36) 긴급 칙령이 영국에서 통과되었다.

식민 통치에 대항하기 위해 일어난 민족적 운동은 그것이 발생한 시기에 따라, 기간에 따라, 얼마나 강력하게 대항한 운동인가에 따라, 이와 관련하여 이 운동이 무장투쟁적인 것이었는가, 대중적 지지를 기반으로 한 것인가, 엘리트 중심의 온건한 것이었는가에 따라 매우 다양하게 구분된다. 그러나 자야와데나 Jayawardena(1986)가 보여준 것처럼, 민족주의운동의 가장 널리 알려진 특징(적어도 라틴아메리카를 제외하고는)은 근대화의 많은 측면에 헌신하는 것과 '서구주의'에 대한 불신이나 거부가 서로 결합되는 경향에 있다. 이러한 감정은 여러 상이한 국가에서 여성의 지위에 대해 중요한 영향을 주어왔다. 끝으로 여성은 독립 이후의 정부와 국제개발기구들의 정책에 의해서 추구된 국가적 차원의 경제발전을 위한 전략에 의해 영향을 받게 되었다.

첫째로 식민통치자가 자신들의 정책을 통하여 결혼에서의 여성의 권리를 간섭하려 했기 때문에, 그들은 일반적으로 그들에게 친숙한 가부장적·핵가족적 모델을 강요하려 하였다. 16세기부터 필리핀을 식민지화한 스페인은 결혼한 여성이 결혼할 때 가지고 온 재산에 대해서 더 이상 소유권을 주장할 수 없도록 하고, 남편의 동의 없이는 어떤 외부의 경제적 활동도 할 수 없도록 엄격히 제한하는 민법을 도입하였다. 흥미로운 것은 미국이 1918년 스페인의 통치를 계승하였을 때, 미국은 일반적으로 여성의 권리에 우호적이었음에도 불구하고 이들 규정을 철회하면 가정의 안정이 위협받는다는 이유로 1933년까지 이혼을 도입하지 않았으며 여성이 직업을 갖기 위해 필요한 남편의 동의권을 유지하였다(Jayawardena 1986). 그러나 인도에서는 사회개혁가들의 지원을 받고 있던 영국이 힌두 미망인들의 고통을 완화시키기 위해 노력하였다. '수티'suti를 행하거나 미망인들을 화장(火葬)시키는 일은 1829년 범죄적인 행위로 규정되었으며, 1874년에 재산권 법령에서는 남편의 재산을 유지하는 것 외에 남편의 재산에 대해 권리를 행사할 수 없었던 미망인들에게 재산을 소유하거나 처분할 수 있는 권한은 아니지만 종신 부동산권을 가질 수 있도록 해주었다. 이러한 조치들이 효력이 발생했다면 그것은 카스트 제도 중에서 상위계급에 있는 여성들에게였다. 다른 한편으로 인도 사회 전체에서 유행하던 조혼풍습을 줄이는 시도도 있었다.

독립 이래로 인도와 적도 아프리카의 많은 영연방국가에서는, 비록 이것이 개별 여성들의 이익에 반드시 유리하지 않았지만, 민족 정부가 서구식 결혼 모델을 보급하는 정책을 계속하였다. 예를 들면 일부다처제를 불법화시키는 것은 본처 이외의 아내들에게는 불리한 것이었다(Tinker 1976). 그러나 이슬람 종교가 지배적인 국가에서는, 샤리아 Sharia 이외의 회교법에 의해 형성된 정책은 정도의 차이는 있지만 여전히 샤리아 혹은 회교법에 의해 형성되었다. 샤리아는 정적인 법이 아니며 그것이 원래 채택되었을 때는 기혼여성들에게 그들의 남편이나 남편의 남성혈족들에 의해서 경제적 지원을 받을 자격을 부여해줌으로써 많은 기혼여성들에게 보다 안정된 상황을 보장해주었다고 주장되어진다. 이론적으로 샤리아는 비록 남자가 받는 것의 반밖에 안되지만 여자들도 재산을 상속할 수 있도록 해주었다. 그러나 남성이 여성에게 베일을 쓰게 하고 여성을 격리시킨 것은 코란에 의해 직접적으로 인정받은 것이 아닌 데도 샤리아는 그렇게 하도록 하였다. 다른 한편 남편들에게 샤리아는 1명 이상의 아내를 맞을 수 있는 권리를 주었으며, 일방적으로 이혼할 수 있는 권리와 자녀 양육권도 자동적으로 가질 수 있는 권리를 주었다. 아내는 성교의 권리가 있었지만 아이를 낳고 길러야 하는 의무도 다해야 했다. 남성에 의한 간통도 금지되었지만, 특히 여성이 간통했을 때의 벌은 더욱 엄격하였다. 샤리아는 마침내 아내가 남편을 집안의 명백한 가장으로서 인정하여 그에게 복종하도록 하였다.

샤리아가 정책 형성에 얼마나 영향을 미쳤는가 하는 것은 서구에 대한 태도에 달려 있다. 아타투르크 Ataturk는 서구화를 통해 터키를 현대화시키려는 결정으로 유명하며, 그에게는 이것이 여성을 해방시키려는 조치로서 상징화된다. 1926년 샤리아를 대신하게 된 민법 하에서 일부다처제는 금지되었으며, 여성은 이혼이나 자녀양육, 재산상속 등에서 동등한 권리를 가지게되었다. 그럼에도 가정은 여전히 가부장적이었다. 가장으로서 남편은 여전히 그의 가족이 어디에서 살 것인가를 결정했으며, 그의 아내가 가정 밖에서 일하는 것을 금지시킬 수 있었다. 그러나 도시의 지도층 외에서는 이러한 변화의 실제적 영향은 경미하였다. 자야와데나가 1980년에 쓰여진 파티마 카사르 Fatima Casar의 글에서 인용한 것에 따르면, "마지막 분석에서 매우 소수의 여성들만이 아타투르크가 마련한 권리를 사용할 수 있었다. 대부분의 여성들은 여전히 토지와 남성의 사회적 통제에 묶여 있었다"(Jayawardena 1986, 42)라고 한다. 다른 이슬람 국가들, 이집트나 튀니지 같은 나라들은 마지못해 터키의 행보를 따랐다. 그러나 그외의 나라에서 샤리아나 샤리아에서 부여한 지위는 서구의 가치와 경제적 착취에 직면하여 재확인되고 존중받는 이슬람 전통의 핵심으로 여겨졌다. 예를 들어 모로코에서 1957년 독립을 이룬 바로 그 다음날 새로운 가족법의 기초가 마련되었다. 알제리 여성은 프랑스 식민통치에 대해 목숨을 걸고 투쟁하였다. 프란츠 파농 Frantz Fanon은 '여성의 위치는 결코 과거와 다시는 동일할 수 없다'고 선언하여 투쟁하게 되었다. 독립 이후 1962년의 트리폴리 Tripoli 프로그램과 1963년 헌법은 여성에게 평등권을 주었다. 그러나 약속된 새로운 가족법은 만들어지지 않았으며 남성의 간통죄보다 여성의 간통죄에 대해 두 배나 무겁게 벌하도록 하는 법이 통과되었으며, 프랑스 법 하에서 사라졌던 거절 repudiation만으로도 이혼할 수 있는 남성의 권리가 재확립되었다(Stiehm 1976). 이슬람교적 관습이 재확인된 가장 극적인 예는 물론 이란에서이다. 레자 칸 Reza Khan 집권 하에서, 그는 1936년에 여성이 베일을 쓰는 것을 금지시켰다. 그의 아들 샤 Shah는 1967년 일부다처가 이혼 사유가 될 수 있도록 하고 여성에게 이혼을 제기할 수 있는 권한을 주는 가족보호법을 제정하였다. 히긴스 Higgins (1985)가 강조한 것처럼, 그런 법적 변화는 영향을 미치기에는 시간이 너무 제한적이었다. 레자 칸과 샤 정권은 게다가 매우 억압적이고 대중이 지지하지 않는 정권이었다. 비록 여성이 샤 정권을 붕괴시킨 1979년 2월 혁명의 한 달 기간 동안 중요한 역할을 하였다고 해도(어떤 이는 핵심적이었다 할 수도 있다), 호메이니 Khomeini의 새로운 정부는 가족보호법을 보류시키고 말았다(Tabari 1980). 인도네시아에서는 여성의 지위에 대한 이슬람적 영향이 비교적 적었는데, 네덜란드에 항거한 독립투쟁에서 활동적이었던 여성과 개혁운동가들이 전후에 결혼법의 자유화를 내걸고 압력을 행사했으나 조직화된 이슬람의 반대가 매우 효과적이어서 결국 이런 법 개정은 1975년까지 없었다 (Jayawardena 1986).

출산과 성에 대한 여성의 통제력은 결혼을 규정하는 정책-조혼이나 간통과 이혼에 관련된 이슬람의 금지, 남편의 성적 접근을 허락해야만 하는 아내의 의무와, 아이를 임신해야 하는 아내의 의무 등과 관련된 것-에 의해 영향을 받았다. 이 점을 벗어나서 식민지 이전 시기에서 여성들이 얼마나 출산을 제한하고 싶어하였는가, 또는 어느 정도 사실상 출산을 제한할 수 있었는가에 대한 논쟁이 제기된다. 로저는 영아사망률과 출산률이 모두 낮았던 다양한 공동체의 사례를 인용하였다(Rogers 1983, 111). 그러나 식민지 정책은 정반대의 결과를 원했다. 로저는 그들이 노예나 값싼 노동자에 대한 과대한 요구로 인하여 형성된 인구증가 제창자들이라고 주장한다. 19세기에는 식민 정권들도 자신의 나라에서는 존재했던 낙태금지령을 도입하였다. 이렇게 영국의 신체에 대한 상해법이 영연방의 모든 지역에서 효력을 발휘하였다. 한편, 라틴아메리카에서는 이전의 식민정책의 계속적인 영향과 강하게 확립되어 있는 로마 카톨릭 교회의 영향은 같았다. 그러나 이러한 법적 금지의 가장 큰 결과는 낙태를 없앤 것이 아니라 음성적인 것으로 만든 것이다.

1938년의 보른 Bourne 판례와 그후 1967년 법을 통해 영국 법이 자유화되면서, 낙태정책은 많은 영연방 국가들에서 유사하게 변화되었다. 이런 변화는 잠비아와 인도에서 1972년 시작되었다. 하나의 예외는 나이지리아인데 카톨릭교도와 이슬람교가 함께 자유화법안을 폐기시켰다. 사실 이슬람의 강령은 낙태를 금지하지 않지만 실제로 낙태는 대부분의 이슬람 국가에서 불법이다. 이것은 아타투르크의 여성에 대한 진보적 정책에도 불구하고 터키에서도 마찬가지였다. 낙태에 대한 금지는 이란의 샤에 의해서 1976년에 없어졌다. 그러나 낙태금지법의 복원은 호메이니가 취한 초기 정책 중의 하나였다. 낙태금지법을 없앤 다른 이슬람 국가는 모로코와 튀니지, 쿠웨이트이다(Francome 1984).

라틴아메리카의 국가에서 불법적인 낙태가 만연해왔다는 증거가 밝혀지고 있다. 브라질에서는 임신하는 여성의 절반 정도가 낙태를 하는 것으로 추산되고 있다. 1970년 초기 이래로 과테말라, 코스타리카, 우루과이와 같은 몇몇 나라는 낙태를 위한 법적 근거를 확대하여왔다. 우리가 다음 장에서 살펴볼 것처럼, 낙태를 자유화시키려는 정치적 운동은 최근에 출현하였는데 멕시코와 브라질에서 그 예를 찾을 수 있다. 다른 한편 낙태에 대한 금지는 1977년 볼리비아에서 더욱 강화되었으며, 칠레에서는 1973년 피노체트의 쿠데타 이후 아옌데 정권 하에서 도입되었던 낙태 자유화 조치들이 철회되었다.

이집트, 알제리, 튀니지를 비롯한 몇몇 이슬람 국가의 정부는 가족계획센터의 네트워크를 만들었다. 이들 국가들은 연평균 3.3%에 이르는 높은 출산률(이라크와 시리아에서는 3.6%)에 의해 이것이 심각한 문제가 되었고, 가족계획센터가 관심을 끌게 되었다(Minces 1982). 이와 비슷한 서비스들이 아르헨티나와 브라질에서도 나타난다. 프랜컴 Francome은 브라질에서보다 아르헨티나에서 더 효과적인데, 이것은 정책집행 문제를 제기하고 있다. 이용 가능한 자원들은 예외 없이 매우 부적절하다. 낙태가 오래 전에 합법화된 인도에서조차 오직 5%의 낙태만이 합법적으로 이루어지고 있다. 더 큰 문제는 낙태나 산아제한을 원하는 여성이 남편의 심한 반대에 직면한다는 것이다. 인도와 모잠비크에서는 그들이 피임약을 사용하고 있다는 사실을 남편들에게는 숨기려 한다고 보고되고 있다. 모잠비크에서는 남편들이 IUD라는 피임시술을 받은 아내를 그 피임 시술을 다시 없애기 위해 병원으로 돌려보내기도 한다(Savara 1985; Radrigues 1985).

그러나 임신을 제한하기 위한 조치는 만일 그 조치들이 좀더 잘 알려진 선택을 제공한다면, 진정으로 여성의 '인생에서 선택할 수 있는 것'의 범위를 확장시킨다는 것을 인식하게 되어야만 한다. 인구제한 프로그램은 여성의 삶의 선택 확대를 핵심적인 목적으로 삼는 일은 거의 드물었고 단지 빠른 결과만을 추구하였다. 너무 자주 그 프로그램들은 부분적으로 외부에서 자금을 받았고 외부적인 지도를 받았다. 그리하여 "받아들이는 입장의 나라는 위험한 약의 쓰레기장이 되었고,…여성들은 실험용으로 이용된다"(Savara 1985, 223). 부작용에도 불구하고 드포 프로베라De-po Provera는 피임약으로 널리 이용되어왔고, IUD는 적절한 관리나 사후관리 없이 삽입되어왔다. 많은 여성들이 불임을 강요하는 압력에 시달리고 있으며 아마도 가장 적나라한 사례는 1975~77년 인도가 긴급조치 하에서 강요한 불임 캠페인이다.

셋째, 선진 자본주의 사회에서처럼 과거와 현재의 정책은 자녀와 '가정'을 위한 여성의 책임을 가정하고 이상화하였다. 그러나 이를 위한 실제적인 도움은 별로 제공하지 않았다. 어머니로서의 여성의 역할을 당연시하는 주장은 교육정책에 스며들었다. 1863년 필리핀에서 소녀들을 위한 초등교육은 비교적 잘 되어 있었지만 이런 교육을 통해 의도한 바는 "좋은 어머니와 아내가 될 수 있는 독실하고 순결하며 세련되고 부지런한 여성"(Alzona; Jaya-wardena 1986, 159에서 인용)을 길러내는 것이었다. 그러나 여성이 아이들을 돌볼 수 있도록 보장해주는 조치는 거의 없었다. 또한 팅커 Tinker가 주장하기로는 식민지시대와 그 이후 시행된, 일부다처제를 금지하고 서구의 핵가족 모델에 기초를 둔 정책은 남편과 남편 형제들로부터의 도움을 받을 수 있는 권리를 여성이 더 이상 가질 수 없도록 하였다고 주장하였다(Tinker 1976).

로저는 어떻게 전후 개발 프로그램이 모권 상실의 효과에 대한 두려움을 완화시키면서까지, 여성다움에 대한 '비버리지 이미지'와 결합하게 되었는지 설명한다. 국제개발기구에 의해서 설립되었건 국가적 정부에 의해서 설립되었건 간에 다양한 여성 프로젝트에서는 새로운 "가사노동의 기준을 만들기 위한 과학적 가정을 이용한 교육적·훈련적 체계에서 가정학 home eco-nomics or domestic science이 강조되었다. 과학적 상태를 주장하는 것은 사실

미심쩍은 것이다. 예를 들어, 영양에 대한 권장사항은 지역적으로 이용 가능
한 식량에 대한 정밀한 조사에 기초를 둔 것이 아니다. 어린이 보호수준도
또한 매우 부적절하다. 말라위 Malawi 프로젝트에서 한 가정학 대행사는 아
기를 따뜻한 물이 가득 채워진 수입된 플라스틱 욕조에서 씻기는 것을 관찰
하였다. 더운 물뿐만 아니라 욕조도 여성들이 얻기 쉬운 것은 아니다. 대행
사는 또한 수입된 일회용 기저귀를 사용하도록 하였지만 이러한 기저귀는
시골 여성들이 도저히 살 수 없는 사치품이었다"(Rogers 1983, 94).

　제3세계 국가에서 여성의 소득에 대해 논의할 때, 식민 행정가 또는 민족
의 행정가들이 하는 실수를 반복하지 않아야 할 것이다. 우선 행정가들은 남
편 수입으로 아내와 아이들을 부양하며 남편에 의해서 가정이 이끌어진다고
생각하는 경향이 있다. 기혼남성이 설령 이러한 가정에 대한 의무를 받아들
일 준비가 되어 있다고 할지라도 또 그들이 종종 자신의 급료를 자기 스스로
를 위해 쓰는 것을 좋아한다고 할지라도 세계 가정의 1/3은 사실상 여성에
의해서 이끌어지고 있다. 노동이동 유형에 의해 악화된 아주 가난한 지역에
서는 50%에 달하는 가정이 여성에 의해 이끌어지고 있다. 두번째로 특히 국
가 수입을 평가하기 위한 국제적인 표준화 도구로 국가 계획을 담당하는 사
람들은 수입을 금전적인 것으로만 국한시키는 경향이 있다. 그들은 농촌의
여성과 아이들이 생계수단으로서 땅을 일구고 있다는 중요한 사실을 간과하
고 있다. 이러한 오해는 점차 바로잡아지고 있다. 그러나 여전히 이러한 오
해들은 불행하게도 여성의 소득에 영향을 미치는 정책에 널리 퍼져 있다.

　식민지 이전의 사회에서 여성이 토지를 이용할 수 있는 관습적 권리를 소
유하는 경우가 종종 있었던 것으로 보인다. 19세기의 초기 식민 정책들과 인
구억압책으로 인해 이미 라틴아메리카와 아시아에서 여성이 토지에 접근할
수 있는 권리는 축소되었다. 그러나 대부분 적도 아프리카에서는 토지가 개
인 소유의 개념이 아니라 부족이나 사회 공유지의 개념으로 되어 있었기 때
문에 여성이 토지를 이용할 수 있는 권리가 유지되었다. 새로운 식민통치자
들은 토지 등기를 하도록 부추겼는데, 이는 토지를 사유재산으로 전환시키
기 위해서였다. 그들의 목적 중 일부는 토지를 시장에서 사고 팔 수 있는 상
품으로 만드는 것이었다. 그러나 그렇게 하면서 제거하기에는 너무나 뿌리

깊고 완고한 모계사회를 제외한 대부분의 지역에서는, 토지에 대한 여성의 권리를 축소시켜서 식민지도자들의 가부장적 논리를 강요하였다. 이전에는 공동 소유였던 토지에 더 이상 접근할 수 없게 된 여성들은 토지를 사기 위해 필요한 현금을 구할 수도 없었고 환금작물을 재배할 수도 없게 되었다.

독립한 이래 농업 발달을 위한 정책들이 토지를 재분배하고 소작농들의 소작권을 보호하기 위해 고안되었던 시기에서조차, 여성의 특별한 소득 요구를 계속적으로 그리고 자주 무시하여왔다. 그 대표적인 예는 로저에 의해 알려진 말라위 개발 도식에서 찾아볼 수 있다. 그러나 이러한 상황은 아프리카에만 한정된 것은 아니다. 디어 Deere(1986)가 분석하기로는, 1968~78년의 군사정권 하의 페루와 1965년에서 1973년 사이 칠레에서의 농업개혁은 과거의 자산(토지)과 가장 대규모의 상업적 농장을 재분배하는 방안이 고안되었다. 이러한 두 가지 경우에서 가장 큰 이익을 얻은 사람들은 계절적 노동자들에 반대되는 개념인 상주하는 농업노동자들과 가정을 이끄는 가장이었다. 그리고 그 토지개혁정책에서 여성은 완전히 제외되어 있었다.

농업정책이 토지와 생존수단에 대한 여성의 접근을 막으려는 경향이 있었기 때문에 여성들이 유급 노동자의 영역에 참여하기 시작하였을 때 특별히 중요한 전문적 지위를 제외하고는 여성이 남성보다 낮은 임금을 받으리라는 것은 충분히 예상되는 것이었다. 튀니지, 이집트, 이라크, 좀더 최근의 예로는 니카라과와 같은 나라에서 동등임금법을 제정하였을 때조차도 그 법은 거의 효력을 지니지 못하였다.

여성의 고용에 관한 정책결정자들의 접근법은 여성의 소득에 대한 그들의 생각과 동등한 가정에 의해서 지배받는 경향이 있었다. 그들은 여성이 실제로 하는 일의 양을 너무나 과소평가하였다. 서구 중간계급의 모델 혹은 이상형을 제3세계 여성들에게도 적용하면서, 그들은 이들 여성이 상당히 제한되어 있는 가사영역 내에만 머물러 있으리라고 생각했다. 임금이 지급되지 않는 가사 또는 '가족'노동뿐만 아니라 노점상 거래 교환, 임시 노동자 등의 비공식부문과, 도시 경제활동의 다른 주변적 형태 등을 제외시킨 국가의 회계 관례는 이런 인상을 강화하였다. 여성의 경제적 역할을 완전한 수준으로 인식하기 시작한 것은 최근 몇 년 사이의 일인데, 아프리카뿐 아니라 융단을 짜는 것과 같은 수공예나 들판에서 '격리되어' 일하는 여성들이 있는 이슬람 국가에서도 여성의 경제적 역할에 대해 새롭게 인식하게 되었다.

우리가 보았던 식민정책은 여성의 생계수단인 농업활동을 손상시키려는 경향이 있었다. 동시에 여성들은 확대되고 있던 환금작물 분야에서나 농업 기술 연수 프로젝트 등의 분야에서 제외되었다. 그러나 이것이 여성으로부터 농업노동자로서 일할 수 있는 기회를 빼앗은 것은 아니다. 1911년 실론 Ceylon에서의 차 플랜테이션 농업부분에서, 노동력의 47%에 달하는 50만명 정도가 여성이었지만 이들은 남자들보다 적은 임금을 받았다.

독립 이후 국가발전 프로그램은 계속적으로 환금작물에 중점을 두었으며 남성 농민들을 중심으로 프로그램을 진행하였다. 새로운 방법과 기술을 소개하는 농촌의 확대된 서비스들은 여성들에게 제공되지 않았다. 그들은 농업 협동작업의 자원에 접근할 수 없었을 뿐만 아니라 '녹색혁명' Green Re-volution(인도나 그 외의 지역에서 밀과 쌀을 계획적으로 재배하는 프로그램)과 관련된 특별한 기회에서도 배제되었다.

식민지 이전의 사회에서 여성은 종종 소규모의 공장에서 일하거나 상인으로서 일하였다. 교통로와 시장이 열림에 따라 식민지시대의 정책과 그 이후의 정책은 단기적으로는 이러한 활동영역을 증가시켰다. 그러나 장기적으로는 조직된 자본주의 경쟁자들에게 완전히 노출되어 다소 증가한 영역이 파괴되었다. 현재 발전정책은 이러한 문제를 전하기 시작하였다. 로저의 주장에 따르면 새로운 수공업 프로젝트는 비록 몇몇 영역에서 지원을 받았지만 그것이 만족스럽게 여겨지지는 않았다(Rogers 1983).

좀더 전통적인 고용형태가 점차 감소추세에 있었으므로, 여성들이 현대적인 산업과 관련된 직업을 찾는 데는 불이익이 더 많았다. 사실 라틴아메리카에서 산업화의 초기 단계, 특히 직물부문에 여성이 상당수 채용되었다. 이러한 예는 멕시코, 브라질, 아르헨티나 등에서 볼 수 있었다. 그러나 산업이 기술적으로 발달하고 확장되어감에 따라 정부는 남성 지배적인 조합과 노동자들과 결탁하여 여성들을 일자리에서 내몰았다. 가장 극단적인 예는 1950년대에 경제발전 지향적인 행정부가 들어선 푸에르토리코로서, 이 나라에서는 노동자의 2/3가 남성인 산업체에만 보조금을 주었다. 영국에서처럼 보호입법이 여성의 제조업부문에서의 고용기회를 억제하기 위해 사용되었다. 그러나 최근에는 다국적기업이 재능 있고 고분고분하며 낮은 임금(다른 지역에서 회사가 지급하는 것과 비교하였을 때)이라도 받을 준비가 되어 있는 젊은 여성노동자들이 있는 제3세계 지역에 '국외상점' runaway shop을 세우면서 변화가 일어나고 있다. 다만 몇몇 경우에서 문제의 제3세계 국가가 스스로 적절한 노동조건을 보장하고 있다.

식민지시대와 식민지 이후의 정책은 일반적으로 여성을 위한 고용기회 확대에 거의 아무런 영향도 미치지 못하였다. 그렇지만 중등, 특히 고등교육을 마친 중간계층 여성들은 운이 좋은 편이었다. 제3세계 전체에서 그들은 공무원, 교직, 의료직 등에 진출할 수 있었다. 터키에서는 1922년에 첫번째 여의사가 병원을 열었고, 1930년대에는 많은 전문직 여성들이 사회에 진출하였다. 1970년대에는 교직에서 여성이 20%를 차지하였으며, 의료직에서는 17%의 비율을 여성이 담당하였다. 성별 분리정책으로 인해 많은 이슬람 국가에서는 여교사와 여의사가 더욱 필요했다(Jayawardena 1986).

이 마지막 지적은 제3세계 여성을 위한 교육의 중요성을 강조한 것이다. 전통적인 농촌사회에서는 제도교육이 필요하지 않았지만, 산업화되면서 기본적인 문자해독 능력이 없는 사람들은 매우 불리한 위치에 놓이게 되었다. 여성교육의 내용에 대해서 비판이 많기는 하지만, 식민지 그리고 그 이후의 정책에서 보인 가장 큰 결점은 교육이 많은 여성에게 제공되지 않았다는 것이다. 유네스코는 제3세계 농촌여성은 거의 글을 읽지 못하며 여성과 남성 사이의 문자해독 능력의 격차도 점차 증가하고 있다고 밝히고 있다.

식민정권은 단지 여성들이 '좋은' 아내와 어머니가 될 수 있도록 하기 위해서 소년뿐만 아니라 소녀들을 교육시켜야겠다고 생각하게 되었다. 기독교 가치를 전파하는 데 교육이 중요하다고 생각한 선교사도 이런 관심을 가졌고 선교사가 세운 학교에서 소녀들을 교육시키게 되었다. 아마 가장 좋은 예는 실론(스리랑카)일 것이다. 남녀공학 초등학교는 처음으로 네덜란드에 의해 도입되었고 그 이후에는 19세기에 영국 선교회에 의해서 확대되었다. 그 후 10년이 지나서 불교스리랑카 민족주의자들이 남학교뿐 아니라 여학교도 설립하면서 여학생들을 위한 중등교육 기관들이 증가하였다. 그 이후의 정부에 의해 계속 추진된 이러한 사업의 결과 스리랑카에서 여성의 문자해독률이 83%에 이르게 되었다. 또한 인도에서도 1882년 2,700개의 여학생들을 위한 교육기관이 설립되었으며 여성은 이미 대학까지 졸업할 수 있게 되었다(Jayawardena 1986).

산업화 단계에 있는 나라의 지도자들도 마찬가지로 여성을 위한 교육을 확대하고 있었다. 마인스 Minces(1982)는 강경한 이슬람 정부가 들어선 나라에서는 여성을 위한 제도 교육기관이 거의 없었는데, 이는 남성을 위한 제도교육도 마찬가지였다고 밝힌다. 반대로 아타투르크는 여성교육이 근대화의 핵심적인 요소라고 생각하였는데, 터키의 첫 남녀공학 대학은 1921년에 문을 열었다. 이집트, 샤 정권 하의 이란, 레바논, 시리아, 이라크, 알제리, 튀니지 등지에서도 소녀들에 대한 교육이 확대되었는데, 튀니지에서는 1980년대에 이르면서 소녀 중 50%가 초등학교에 다니고 있다. 그럼에도 불구하고 아랍 이슬람 국가와 아프리카 국가의 여성 문맹률은 매우 높은데, 1975년 아프리카 여성의 90%가 문맹인 것으로 집계되었다. 반면 1960년대에 라틴아메리카에서는 소녀들을 위한 초등교육이 소년들을 위한 교육의 수준으로까지 급속히 성장하였다.

제3세계 국가가 초등·중등교육을 특권 계층인 중간계층 이상의 소녀들에게만 제공하였다는 점 외에도 교육의 내용이 (식민정권 또는 선교회에 의한 교육이건, 이슬람 체제와 같은 새로운 국가체제에 의한 교육이건 상관없이) 매우 보수적인 성 역할 가정들과 결합되어 있었다는 점이 여성교육이 실패한 요인이다. 참으로 여성과 소녀들의 교육을 분리한 곳에서는, 그러한 보수적 가정들이 그 구조 내에서 제도화되었다.

이러한 모든 정책의 영향을 정리해보면 다음과 같다. 결혼법을 서구의 모델처럼 개혁하려는 시도가 있었지만 많은 이슬람 국가들에서 강한 반대를 겪었으며, 결혼법이 개혁되었다 하여도 실제적으로는 거의 영향을 미치지 못하였고, 영향을 미친다 하여도 여성에게 보편적인 이득을 줄 수 있는 것이 아니었다. 마찬가지로 낙태와 산아제한을 자유화하려는 정책이 있었지만 예외적인 경우에만 한하여 인정되었으며 새롭게 오용되는 경우가 많았다. 정책결정자들은 어디서나 자녀 양육의 의무를 여성에게만 부과하였다. 그러나 여성의 소득과 고용에 영향을 미칠 수 있는 정책들은, 임금노동뿐 아니라 무임금노동을 하는 여성들과 어린이의 생존을 위한 경제적 가치와 필요성을 인식하지 못한 채 시행되었다. 마지막으로, 정부는 남성을 위한 교육보다는 여성을 위한 교육 확대를 지연시켰다. 그러나 지금 여성 교육기회는 확대되고 있는 추세이다.

이러한 정책의 출현은 비록 비슷한 점이 있다고는 하여도, 선진 자본주의 사회의 초기 경험과 같다고 할 수는 없으며, 그들이 서구 자본주의 사회에 생산을 위한 값싼 원료를 공급하고 새로운 시장을 제공한다는 결론을 축소시킬 수도 없다. 이러한 정책들은 식민주의자들의 가부장적·문화적 남성 우월주의에 의해 형성되었을 뿐만 아니라 서구에 대한 새로운 국가 지도자들의 애매한 태도와 국제개발기구와 국가적 계획 입안자들에 의한 계속된 편견으로 인하여 형성되어온 것이다.

4. 국가사회주의에서의 여성정책

만약 우리가 선진 자본주의 사회의 여성정책에서 중요한 다양성이 부재하였다는 것을 설명해낼 수 없고, 제3세계에서의 여성정책이 단순히 자본주의적 발전에 참여한 결과이거나 국제 자본주의의 결과에 불과한 것이었다는 것을 설명할 수 없다면, 어떻게 이러한 정책들과 국가사회주의의 정책들 사이에 존재하는 일관적인 차이점을 발견할 수 있을 것인가? (여기서 말하는 '국가사회주의'란, 경제가 국가에 의해 소유되고 계획되는 정책을 취하며 공식 이념으로 맑스-레닌주의를 채택한 국가를 의미한다.) 이러한 국가에서의 여성의 경험은 최근 매우 비판적인 여성운동 연구에서 주제가 되고 있다.

선험적으로 국가사회주의가 왜 여성의 이익을 가져다주리라는 기대를 받게 되었는지에 대해서는 몇 가지 이유가 있다. 첫째, 국가사회주의는 사유재산에 대한 엄격한 제한을 수반하기 때문이다. 자본주의 사회에서 사유재산 제도가 출현한 것은 여성의 지위를 파괴시키는 것과 연관되어 있다는 사실에 동의하기 위해서 엥겔스의 주장만을 상기할 필요는 없다. 둘째, 국가사회주의는 완전고용을 전제로 하기 때문이다. 그러므로 결국 국가사회주의는 여성들에게 경제적으로 독립할 수 있도록 해주었으며 여성의 가사 의무를 도울 수 있는 장치들이 마련되었다. 셋째, 공식 이데올로기의 성격 때문이다. 비록 계급투쟁이 우선권을 가진다고 주장하기는 하였으나 맑스주의는 수사적으로는 여성해방을 실행하였으며 어떤 사회주의 정권도 여성해방 실현에 대한 약속을 어기지는 않았다. 실제로 국가사회주의는 새로운 종류의 불평등을 야기시키기는 하였지만 이론적으로는 인류평등주의를 제창하였다는 사실은 더욱 중요하다. 공식적 이념은 유용하였을 뿐만 아니라 여성에게 협소한 가정 내에서의 역할만을 강요하던 전통적 관념에 대해 의도적인 공격을 감행하였다. 국가사회주의가 여성해방을 강조한 마지막 이유는, 적어도 혁명적이기 때문이었다.

이처럼 국가사회주의는 보수적인 생각, 전통적인 가부장적 가족, 가정 내에서의 여성의 역할과 같은 과거의 태도와 관습을 변화시켜야만 했다. 레닌은 "남성의 혁명적 이상을 이해하지 못하는 여성의 퇴화는 투쟁에서 남성들의 기쁨과 결의를 약화시킨다. 여성들은 눈에 보이지는 않을 정도지만, 그리고 확실하게 천천히 남성의 혁명을 빈정거리고 퇴색시키는 한심스러운 존재"(Lapidus 1978, 74)라고 말하였다. 혁명운동은 전통적인 가정의 역할을 타파할 필요가 있을 뿐만 아니라 권력의 주변부에 놓여 있는 다른 집단과 더불어 여성을 기존의 사회질서에 충원할 방안을 긍정적으로 모색해야만 한다.

국가사회주의의 이러한 상서로운 특징들을 기정 사실로 삼을 때, 여성해방의 산파로서의 기록은 확실히 실망스럽다. 그 명백한 증거는 선진국뿐만 아니라 중국, 쿠바 그리고 베트남 등 국가사회주의를 채택하고 있는 국가들은 오직 국가의 보다 광범위한 목표들과 일치할 때에만, 여성의 교육과 고용의 기회에 대한 접근과 함께 법적·경제적 독립성을 증진시켜왔다는 것이다. 반면에 이들 정부는 종종 자신의 재생산능력에 대한 여성의 통제권을 인정하기 꺼려하는 것처럼 보여졌다. 그리고 가사노동을 '사회화'시키거나 남성들이 가사를 분담하도록 장려하는 것 등 여성들을 '이중부담'으로부터 해방시키려는 어떤 중대한 시도도 거의 해오지 않고 있다.

여성들은 일반적으로 국가사회주의 사회에서의 결혼법 개정으로 혜택을 얻고 있다. 그러한 개정들 중에서 가장 극적인 것은, 비록 아직까지 충분히 시행되지는 않았지만 중국에서의 개혁이다. 1950년 결혼법은 여성들에게 남편과 동등한 법적 지위를 부여하는 것과 더불어 명확하게 일부다처, 축첩(蓄妾), 민며느리, 그리고 돈으로 신부를 사는 것 등의 널리 퍼져 있는 관습들을 금지시켰다. 러시아에서도 대부분 아내들의 법적 지위가 헤아릴 수 없을 만큼 향상되었다. 10월 혁명에 따른 새로운 결혼법으로 아내는 독립된 법적 존재가 되었고 그녀 자신의 권리로 토지를 가질 수 있게 되었으며, 남편과 같이 살도록 강요되지 않았다. 이혼이 매우 쉬워졌는데, 1926년 가족법의 도입 이후 정말 짧은 시일만에 이혼이 우편엽서만으로 가능해졌다. 그 법은 혼인 신고되지 않은 결혼까지도 인정해주었다. 많은 볼셰비키들은 현 시점에서 가족은 쇠퇴하고 동거나 아동 양육과 같은 보다 공유적 형태로 대체될 것이라고 예상했다. 1930년대부터 가정에 대한 공식적인 태도는 확실히 보수적인 쪽으로 선회했다. 그러나 그들은 그 이후에 스탈린 시대의 경직성으로부터 어느 정도 느슨해졌다. 그렇지만 아내들의 기본적인 법적 독립성에 대해서는 아무런 의문이 제기되지 않았다.

다른 한편 여성이 대중적으로 제공되는 산아제한 방법을 더 많이 이용할 수는 있었지만, 여전히 중요하고 심지어 불길하기까지 한 적격 자격요건이 남아 있었다.

우선, 사회주의 지도자들은 신맬서스주의나 가난한 자들의 출산을 막으려는 부유층 산아제한 옹호자라는 말을 들을 것을 두려워하여 이들로부터 자신들을 분리시켰다. 무수히 많은 가족이 있는 중국에서도 산아제한 프로그램 계획이 얼마 동안 진행되었다. 그리고 오랜 기간 동안 그 프로그램을 단순히 인구의 성장을 제한하는 것이라기보다는 가정생활을 향상시키는 수단으로서 정당화하려는 배려가 개입되었다(Adams and Winston 1980, 41). 그러나 가장 최근 들어서 중국의 지도부는 이러한 완곡 어법을 포기한 것으로 보인다.

둘째로, 보다 심각하게 산업화된 국가사회주의 경제에서 노동력의 부족 때문에 출산 증가정책을 고무시키고 있다. 소련에서는 단지 불법 낙태의 의료적 위험 때문에 낙태가 합법화되었다. 그러나 1930년대에 시작된 공식적인 반낙태운동은 낙태를 금지한 1936년 낙태법에서 절정에 달했다. 낙태를 금지한 것은 아마도 노동력의 부족뿐만 아니라 정권의 사회적 안정에 대한 새로운 우려 때문일 것이다. 또 어쩌면 대러시아주의 또는 슬라브 민족주의 때문일 수도 있다. 하지만 스탈린이 죽은 이후 낙태가 다시 합법화된다. 그러나 하이트링거는 "그것은 아직도 공식적으로 인정되지는 않았다"(Heitlinger 1979, 128)라고 기술한다. 또 다른 이야기에 따르면 "낙태 시술소의 상태가 극도로 비인간적이다. 시술자들은 흔히 비정하게 보인다. 오싹할 정도로 사생활보호가 거의 없었고, 마취제는 절대 쓰이지 않았고, 간혹 쓰인다 하더라도 투약량이 너무 적어서 마취 효과가 나타나지 않는다"(Peers 1985, 134). 동유럽 국가들은 처음에는 모스크바와 보조를 맞추어 그들의 정책을 변화시켰다. 그러나 1965년 루마니아는 모든 낙태를 불법으로 규정했으며 다른 대다수의 국가들도 그들의 규정을 제한했다. 아직 피임의 현대적인 방법들은 널리 광고되지도 않았고 동독을 제외하곤 쉽사리 이용할 수 없었다.

어머니와 가정주부로서의 여성의 역할에 영향을 끼치는 정책의 경우는 좀더 복잡하다. 가정 밖에서 일하는 여성들은 적지 않은 재정적, 그리고 보육의 보조를 받는다. 그러나 가사일을 여성이 책임져야 한다는 가정은 대부분 지속되었다. 하이트링거는 "서구 자본주의 국가들과 비교해볼 때 모성과 육아에 대한 사회적 규정들이 국가사회주의 국가에서 여성에게 부여된 특권 중의 핵심 분야이다"(Heitlinger 1979, 108)라고 언급했다. 스웨덴에서처럼 이 분야는 국가 개입의 합법적인 대상이라고 여겨진다. 소련에서 가족수당은 오직 3명 이상 자녀를 둔 가족에게만 지급되었다. 그러나 1981년에 앞으로는 어린이가 태어날 때마다 일정 금액을 지급할 것이라고 공표했다(The Guardian, 1981. 9. 7). 이 조치는 다른 동유럽 국가의 확고하게 자리잡은 관례에 소비에트의 정책을 접목시키게 했다. 보다 중요한 것은 대다수의 동유럽 정부들이 출산휴가를 규정하고 수당을 지급하였는데 그 지급 정도는 스웨덴에서 제공되는 것 바로 다음이었다. 체코슬로바키아와 동독의 여성들은 26주간의 유급 휴가와 직장에서 해고될 위험 없이 3년간의 무급 휴가를 요구할 수 있었다. 그러나 라피두스는 그러한 권리들의 충족은 항상 협조적이지만은 않은 노동조합에 달려 있다고 지적하였다(Lapidus 1978, 128).

　비교하자면 어린이들을 위한 일일 보육의 규정도 인상적이다. 소련에서는 현재 도시지역에서 보육을 필요로 하는 대다수의 부모들에게 이용할 수 있도록 하고 있다. 그러나 가장 광범위한 규정은 동독에서이다. 비록 그렇다 하더라도 스코트는 많은 다른 동유럽 국가들, 특히 폴란드에서의 3세 이하 어린이에 대한 육아사업의 가치를 재평가하면서 그것의 확대를 제한하려는 불안한 경향을 지적한다(Scott 1974). 이것은 아마도 주로 감소 추세의 출생률과 모성 박탈이라는 서구 이론의 뒤늦은 충격에 대한 반응이었다. 그렇다고 하더라도 육아정책이 전혀 포괄적이지 않고 정치적 환경의 변화에 따라 변동이 심한 중국과 같은 나라에서조차도 미국의 규정보다는 훨씬 앞서 있다.

　가장 혜택이 덜 이루어진 분야는 가사영역이다. 맑스와 엥겔스는 가사노동이 공동 식품점이나 세탁소 등의 발명으로 사회화될 것이라고 예견했지만, 그들은 이런 편의시설에 여성들이 고용될 것이라고는 생각하지 못했다. 1920년대의 러시아, 그리고 특히 1958년에서 1960년 사이의 대약진시기 중국에서 가사노동의 사회화는 공식적인 정책이었다. 두 나라에서 이 정책은 실패하였다. 비록 그 이유의 상당 부분이 그 당시에 이용할 수 있는 자원의 부족에 있다고는 하지만, 역시 정책의 우선순위를 정하는 당 지도부가 이를 꺼려하고 있음을 반영한다. 가장 최근 들어서 산업화된 국가사회주의 정부에서는 '가족 단위'를 강조하는 경향을 보인다. 사실 라피두스는 경제적 발전이 가정을 기본으로 한 '소비자 중심주의'를 심화시킨다고 주장한다. 공공정책이 더 이상 가정생활의 좀더 공유적 형태를 추구하지 않을 뿐만 아니라 이 소비자 중심주의는 여성의 가정적인 에너지와 기술들에 특별한 요구를 한다(Lapidus 1978). 공산주의 국가 중에서는 1974년 가족 법을 통과시킨 쿠바만이 밖에서 일하는 여성의 남편이 가사일을 함께 하도록 하였다. 그리고 머레이는 부분적으로 쿠바가 아직 대부분의 기초적인 사회 서비스를 갖추고 있지 않기 때문에 이러한 규정이 생긴 것이라고 설명한다(Murry 1979). 그러나 동독에서는 학교와 매체가 가정에서의 역할 분담을 독려하기 시작했다. 소련에서도 역할 분담의 가능성이 전문잡지를 통해 논의되고 있다(Peers 1985).

　비록 정보가 많지는 않지만, 국가사회주의 정부에서의 여성과 소득에 대한 정책을 다른 지역과 비교해볼 수 있다. 소련에서 볼셰비키 정부의 가장 초기 정책 중 하나는 동일한 작업에 대한 동등한 임금을 주도록 정한 것이었고, 이를 계승한 혁명공산주의 정부들도 이러한 예를 따랐다. 그럼에도 불구하고 이를 시행하는 데 장애가 예상되었던 중국이나, "동등한 임금이 법적으로 규정되어 있음에도 불구하고 동등한 형태의 작업을 수행하거나 동등한 자격요건을 가진 남성에 비해서 여성이 임금상의 불이익을 받고 있다"(Heitlinger 1979, 157)고 보고된 체코에서 임금불균형이 여전히 계속되었다.

국가사회주의 정부가 완전고용정책에 보이는 열의는 의심할 바 없이 여성들의 지위를 상승시키는 데 도움을 주었다. 소련에서 이런 정책에 대한 관심이 공식적으로는 혁명 이후에 바로 발표되었지만, 실제로는 1930년대에 실현 가능하게 되었다. 제2차 세계대전 동안과 그 이후 남성 노동자의 부족 및 질적 성장보다 양적 성장을 강조한 경향 등으로 인하여 완전고용은 필수적인 것이 되었다. 이와 마찬가지로 많은 여성의 고용은 다른 동유럽의 국가들에서도 전후 경제를 재구조화시키는 데 기여하였다. 여성은 현재 소련, 동독, 체코슬로바키아, 불가리아에서 노동인구의 45%를 차지하고 있다. 이들 여성들은 이전에 '남성들만의' 일로 여겨졌던 부분에서 서구에서보다 더 많이 기여하고 있다. 소련의 기술자 중 40%가 여성이다. 이들은 서구 산업국가 여성보다도 더 많이 종일근무에 종사하는데 그들에게 주어진 가사부담을 생각한다면 이것이 반드시 여성들에게 긍정적이지만은 않다(탄력적 근무제의 가능성도 거의 논의되지 않고 있다). 그러나 그들은 여전히 좀더 여성적이거나 여성화된 부문에 집중적으로 종사하여야 했으며 성에 따라 구분된 직업에서 일해야 했다. 계속되는 불평등을 줄이려는 공식적인 노력은 동독을 제외하고는 거의 없었다. 기술자 부족에 당면한 동독은 최근 선택된 여성 노동자들의 기술을 향상시키기 위한 교육을 시작하고 있다. 동시에 대부분의 국가사회주의 정부는 '보호되어야 할' 직업목록을 만들고 있다. 체코에서 스코트는, 1960년대 중반까지 "여성에게는 금지되는 직업(임신한 여성에게 금지되는 직업은 훨씬 많았다)의 범주가 무려 여러 페이지를 채우고 있으며 사무직을 제외하고, 철강산업, 중화학산업, 광산산업 등에서는 여성이 일할 수 없도록 배제하였다"(Scott 1974, 19)는 사실을 발견하였다. 스코트는 이러한 보호 규정이 처음에는 무시되었으나 현재는 어머니와 어린아이들의 건강과 복지를 보호하기 위해서뿐만 아니라 남성들의 직업 독점을 보호하기 위해 고수되고 있다고 주장하였다.

우리가 이미 살펴보았듯이 제3세계 국가들에서 여성은 농업 발전과 국가 재형성과정에서 제외되는 경향이 있음을 알 수 있다. 국가사회주의 체제에 서는 여성을 농업노동력에 통합시키기 위해 확실히 노력해왔다. 디어(1986) 는 페루와 칠레의 여성과 쿠바 여성의 경험을 비교하였다. 그녀는 이들 국가 모두에서 여성은 계절적 노동력보다 항구적 노동력을 형성하는 남성에 비해 서 항구적 노동력을 형성하는 비율이 낮았으며, 농업 공동작업의 관리 분야 에서는 여성의 역할이 남성에 비해 미약하였다고 밝혔다.

여성은 마침내 국가사회주의의 통합된, 남녀공학 체제의 발전으로 인하여 많은 혜택을 받게 되었다. 적어도 1970년대까지 다른 산업화된 사회주의 국 가와 마찬가지로 소련에서도 여성교육의 성과가 대부분의 서유럽 국가가 획 득한 수준만큼 올라가게 되었다. 그럼에도 불구하고 교육정책은 계속적으로 고정된 성 역할을 가르쳤다. 어린이의 교과서에 고정된 성 역할을 싣고, 여 학생과 남학생에게 다른 교과목을 가르치고, 남성 중심적인 위계의식을 지 닌 교사들이 교육을 담당함으로써 고정된 성 역할을 강화하였다. 상위 교육 기관에서 "차별적인 정책을 강요하는 실질적 예"(Lapidus 1978, 150)들을 찾 을 수 있었다. 체코슬로바키아에서 고용할당제가 직업교육정책과 함께 이루 어졌는데 어떤 분야(광산산업이나 야금산업분야)에서는 소년들에게만 배타 적으로 이루어졌다. 스코트는 이러한 차별적인 정책은 1960년대 후반부터 동독을 제외한 동유럽에서 증가하였다고 주장하였다.

국가사회주의의 정책은 여성해방을 위한 여러 선행조건을 제공하였으나, 여성해방 그 자체와는 거리가 먼 것이었다. 대부분의 동유럽 국가의 공식적 정책은 1960년대부터 여성의 역할에 대한 한층 보수적인 의식을 내보이고 있었다. 그리고 이러한 경향은 결국 도전을 받게 되었는데, 신문이나 잡지는 '이중부담'에 의해 억압받는 여성의 불만을 담은 기사나 편지들이 실리는 경 우가 증가하였으며, 공식적 이념과 일치되지 않는다는 것을 인식하기 시작 하였다. 그럼에도 불구하고 '왜 국가사회주의의 상황은 더 나아지지 않았는 가'라는 핵심적인 의문은 남게 된다.

나는 국가사회주의의 두 가지 특징-맑스·레닌주의라는 이념과, 권력과 권위의 확장 및 집중화-이 한데 어우러져서 여성해방에 대해 공격적으로 되었다고 가정한다. 우선, 비록 맑스와 엥겔스가 '여성의 문제'를 인식했다고 할지라도, 성별 분업은 (항상 자연적인 현상은 아니지만) 당연한 것이라고 주장하였다. 그들은 사회주의가 여성들에게 임금고용을 제공하고 가내생산을 사회화함으로써 여성을 해방시킬 것이라고 믿었다. 그러나 이들은 모두 남성과 여성이 가사일을 분담하는 것에 대해서는 심사숙고하지 않았다. 둘째, 맑스·레닌주의자들은 일반적으로 그들이 이해한 바대로 사회주의가 여성의 해방을 가져다줄 것이라고 가정하였지만, 혁명 전의 공산당에서나 혁명 후 사회주의체제에서 그들은 여성운동을 위한 조직과 운동을 억제하였다. 모든 에너지는 계급투쟁으로 연결되어야만 했기 때문이다. 셋째, 비록 맑스·레닌주의가 근본적으로는 인류평등적 이념이라 할지라도 공산주의로 이행하는 시기에 이것과 반대 의미를 함축하고 있는 차별적인 임금체계와 전위정당의 필요성을 역설하고 있다. 화이트는 더 나아가 국가사회주의가 과학산업이나 중공업과 같은 것에 중점을 둔 발전 이념 때문에 전통적인 남성만의 직업의 위상을 높이고 여성은 농업과 같은 이전의 좁은 영역에 머물도록 강요하였다고 주장한다(White 1980).

이러한 이념적 특성으로 인해, 단지 맑스·레닌주의 정당이나 그 지도부가 사회·경제적 삶의 모든 부분에 영향력을 행사하는 정책에서 명백한 발언권을 가지고 있다는 이유만으로도 여성에게는 억압적이다. 정책이 완전고용이나 동등한 교육기회, 자녀양육의 분담과 같은 것이었을 때는 여성에게 유익한 것이었다. 그러나 정부가 학교 교육과정에서 전통적인 성 역할을 타파하는 것과 피임과 낙태를 합법화·자유화하는 것에 대해 의도적으로 실패하였을 경우, 이에 대해 책임을 묻는 정치적 메커니즘이 완전히 없는 것은 아니지만 제한적이고 일시적이다. 여성단체는 맑스·레닌주의자 지도자들에 의해 지원을 받았는데, 이런 지원은 여성단체가 정치·경제적 참여의 요구된 형태로 여성들을 동원하는 '전위대' transmission belt로서 움직일 때만 가능한 것이었다. 심지어 여성단체는 생명에 위협을 받고 있었는데, 스탈린의 편집증의 희생양으로 소비에트 여성국 Soviet Zhenotdel은 1930년에 활동을 중단하였고, 중국의 국가여성연맹 National Women's Federation은 1966년 문화혁명 기간 동안 활동이 중지되었다.

원래의 의문으로 돌아가서, 사회주의 국가와 자본주의 국가의 비교를 통해 여성에 대한 정책 요소에서 드러나는 점은 무엇인가? 결혼의 자유화, 성과 출산에 관한 여성의 자기결정권, 교육과 고용 기회의 확대 등은 공산주의 사회에서나 자본주의 사회에서 모두 나타나는 특징들이었다. 그러나 실제로 자본주의 사회 사이에서도 차이점이 존재한다. 예를 들어, 스웨덴의 정책은 미국에서보다 동유럽, 특히 동독에서 보편적으로 받아들여지고 있다. 이는 우선 모든 사회에서 여성정책은 어떤 공통의 압력을 반영한다는 것을 가정할 수 있다. 둘째로, 이런 압력은 협의의 경제체제가 부분적으로는 영향을 미치지만 단순히 이로부터 연유된다고 할 수는 없다.

정치가 여성의 지위를 형성하는 방식에 대한 설명을 가능케 하기 위해서는 좀더 체계적으로 살펴보아야 한다. 비록 여성정책에 대한 연구가 많아지고 있기는 하지만 아직은 이론적으로 낮은 수준에 있다. 맑스주의적 페미니스트의 분석이나 아담스, 윈스톤의 이론이 유용하지만 아직 어떤 연구도 이 장에서 제시된 의문들을 탐구하고 있지는 않다. 정책은 경제체계를 기능적으로 유지하는 것이라는 주장은 선진 자본주의 사회의 맥락에서 맑스주의적 페미니스트들에 의해서 만들어진 것이다. 이것의 중심적인 명제는 비록 단기적으로는 확실한 경제적 이익을 희생할 수도 있지만 국가는 장기적인 관점에서 경제제도의 유지를 위한 필수적 정책들을 추구한다는 것이다. 여성정책상의 변화는 체제의 변화 내지 출현, 필요성을 반영하는데, 여기에는 조직된 노동력이라는 요구도 배제하고 있지는 않다. 가정 그리고 가정 안에서 여성의 전통적인 역할은 노동력의 재생산을 위해서 실제적으로나 이론상으로 중요하다고 인식되어왔다. 한편으로는 이와 상충된 조치도 취해졌는데, 노동력에 대한 요구가 증가되고 값싼 여성 노동력을 이용할 수 있게 됨에 따라서 가정 밖에서 여성의 고용을 활성화하는 조치가 그것이었다.

이러한 주장은 윌슨이 쓴 『여성과 복지국가』 *Women and the Welfare State*라는 책에서 (이 책이 매우 유용함에도 불구하고) 환원주의적인 형태로 나타나 있다(Wilson 1977). 그녀는 복지국가의 핵심적 역할은 노동의 재생산을 보장하기 위해 가족을 강화하고 규제하는 것이라고 하였다. 교육정책의 발전에 대한 데이비드의 주장도 이와 비슷하다. "가족과 교육제도는 사회·경제적 현상유지를 지속시키고 재생산하기 위해 이용되었다. 특히 가족과 교육제도는 가족 내의 기존 관계와 경제의 사회적 관계를 유지하는데 이 관계들은 때때로 성별·사회적 분업이라고 불리기도 한다"(David 1980, 1). 맥킨토시는 이러한 입장을 다소 수정하였다. 그녀는 자본주의 사회에서 국가는 가정 household의 특별한 형태를 유지하는데 ― '가정 family household은 많은 부분 남성의 수입과 여성의 가사노동에 의존한다' ― 이는 재생산이라는 사회적 조건을 보장하기 위해서이지만, 가정이라는 체계는 나름대로의 역사를 가지고 있으며 자본주의 사회 내에서 제 기능을 하기에 완전히 적합하지 않다라는 사실을 인정한다. 국가는 가족 이외의 다른 효과적인 시스템에 의해서 대체될 수 없는 것이기 때문에, 가족이라는 체계를 강화하고, 때로는 가족의 입장을 대변한다(McIntosh 1978, 255). 최근의 다른 맑스주의적 페미니스트 저자는 이를 더욱 구체적으로 설명한다. 바레트과 같은 저자들은 여성정책의 생성단계에서 '성-성 역할 체계' sex-gender system의 독립적인 역할을 인식하고 있다(Barrett 1980). 라일리는 상이한 국가제도가 동일한 목적을 공유하고 있다는 주장에 대해 경고한다. 예를 들면 전후 초기에 보육 부분에 대한 영국 정부의 정책은 노동부와 보건부의 상충되는 정책목표를 반영하고 있다는 것이다(Riley 1979). 맑스주의적 페미니스트들은 또한 여성들에 대한 국가의 영향에 대한 기능주의적 또는 결정주의적 설명을 과도하게 비판하였다. 대처 보수당 정부의 복지국가를 비판했는데, 이를 통해서 그 국가 특히 복지부서가 여성에게 반드시 억압적이지는 않지만, 이 부서가 귀중한 진전이 만들어지는 계급 또는 성에 기초한 투쟁의 장이 될 수도 있다는 점을 보여주었다 (Barrett 1980, 246; Riley 1981 참조).

몇몇 맑스주의적 페미니스트들은 맑스주의와 급진주의 페미니스트 분석을 결합시키려 한다. 비록 급진주의 페미니스트의 통찰이 종종 장기적 안목을 가지고 있다 해도 정책결정과 국가에 관여하는 한, 그들은 체계적 설명이 거의 없는 통찰 속에 남아 있게 되는 경향이 있다. 파이어스톤과 밀레트는 정치를 가부장제 중심으로 이해하며, 가부장제가 여성을 남성의 이익에 복종하도록 하는 전통적 수단이라고 본다. 이러한 관점에 대한 학문적 지지자들은 거의 드물다. 한머는 근대국가는 비록 부분적으로 이데올로기적·경제적 메커니즘에 의해 중재되기는 하지만 근본적으로는 남성폭력에 근거하고 있다고 주장한다(Hanmer 1978).

델피 Delphy의 뒤를 이어서, 바커는 결혼의 규제에 대한 분석에서, 그리고 델라자이는 프랑스에서의 이혼규제에 관한 사례분석을 통해서 이들 정책들(법률과 시행들)의 결과가 남성의 이익에 부합하기 때문에 이들은 가정에서 남성에 의한 여성의 경제적 착취를 지지하고 있다고 주장하고 있다(Barker 1978; Delazay 1976). 여성정책이 남성의 이해를 반영하고 있다는 명제는 단순히 그럴 듯하게 보이는 것 이상의 설득력을 갖는다. 그럼에도 불구하고 몇 가지 어려움이 있다. 첫째, 다른 지배적인 계급 또는 집단의 이해에서 남성들의 이해만을 분리시킨다는 것은 쉬운 일이 아니다. 바레트는 20세기 영국에서 매킨토시에 의해 정형화된 가족제도를 위한 국가의 확실한 후원은 자본의 이해이거나 남성의 이해이거나 또는 두 경우 모두일 수가 있다고 가정한다(Barrett 1980, 242). 둘째, 여성의 대학입학 허용이라든가 가족계획의 촉진 같은 정책들은 남성의 지배를 직접적으로 지지한다고 보기에는 무리가 있다.

1) 남성적 이해의 역할

자본주의 사회 그리고 국가사회주의 사회에서 여성정책의 분석에 집중을 함에 있어서, 이들 정책들의 기원과 관련한 근본적인 몇 개의 가설들을 제시하고자 한다. 우선 앞에서 살펴본 정책들이 전부 남성 지배를 확실히 하는 데 주안점을 두고 있지는 않다. 즉, 다른 당면한 목적을 가질 수도 있다는 것이다. 그러나 그 정책들은 어느 정도 남성 지배를 반영하고 있는데, 사회 전반에서 제도화된 남성 우위에 대한 진정한 위협도 허용하고 있지는 않다.

남성 지배라는 가정이 갖는 역할은 더 이상의 논의를 필요로 하지 않는다. 우리가 보았던 것처럼, 여성의 적절한 위치와 기능, 특히 자녀들과 가사에 대한 책임을 보면, 현재 성 불평등의 기초라고도 할 수 있는 여성에 대한 선입견은 1970년대까지 정책결정자들에 의해 문제제기조차 되지 않았다. 남성 지배의 보호는 우리가 연구해온 정책들에서도 분명하다. 전쟁과 혁명기간 동안에 여성들의 경험에 대한 설명을 보면 좀더 분명해진다. 수많은 페미니스트들이 보여주는 것은 여성을 동원하고 여성의 역할과 기회를 확대시키는 것이 일정한 도를 넘지 않는 선에서 이루어졌다는 것이다. 그것은 때때로 분명하게 일시적인 것으로 간주되었고, 다른 정책 우선순위와 충돌할 때 언제나 뒷전으로 밀렸다.

　우리는 이러한 경우를 제2차 세계대전 기간의 영국에서 보았다. 스콜드 Skold는 같은 전쟁 기간 동안 포틀랜드 오레건의 조선소에서 여성들은 새로운 정부 지원 훈련과 신규 채용 프로그램에 의해 격려되어 1944년에는 전체 노동인력의 28%가 여성이었다. 그러나 여성들은 덜 숙련된 작업, 성 분리된 직업에 한정되어 있었고, 감독관 수준으로 승진하는 일이 거의 없었다. 전쟁이 끝남에 따라 취소된 계약들은 대량의 해고를 가져왔는데, 이들 대부분이 여성노동자였고, 몇몇 조사에 따르면 이들 대부분은 해고되는 것을 원치 않았다고 한다. "여성들은 그곳이 가정이거나 아니면 전통적으로 여성들을 고용하는 산업체이거나, '여성들의 일터'라고 불리던 곳으로 내몰아졌다" (Skold 1981, 68).

　제3장에서 이미 설명했듯이 러시아와 중국 공산혁명 기간 동안, 비록 여성들이 대량으로 동원되기는 하였지만, 여성들이 지도부의 지위에 접근하는 것은 제한적이고 일시적이었을 뿐이었다. 혁명 이후 정책결정자들은 가부장적 가치들이 그들의 정책목표와 대치될 때를 제외하고는, 이 가부장적 가치들에 맞서려는 그 어떤 노력도 하지 않았다(Salaff and Merkle 1970). 이처럼 여성에 대한 조작적 동원의 예들은 쿠바와 베트남 혁명기간 동안, 그리고 이란혁명 기간에서도 나타난다.

2) 국가적 필요의 역할

만일 정책이 여성에게 어떻게 영향을 미치는가에 대한 설명의 첫번째 요소가 지배적인 남성의 역할에 대한 가정들과 이해라면, 그것만으로는 불충분하다. 왜냐하면 여성에 대한 특정 정책의 효과는 그들이 인식한 목적과 우연히 맞는 경우가 종종 있었기 때문이다. 물론 이것은 여성의 이해는 그 자체만으로 결코 목적이 될 수 없다는 남성 지배라는 명제의 궁극적 확신이기도 하다. 그러나 우리는 여성의 선택들에 대한 정치적 구조를 일관성 있게 형성해온 다른 정책제안들 또는 목표들을 확실히 구분해보아야만 할 필요가 있다.

여기서 극단적 단순화의 위험이 분명함에도 불구하고, 한편으로는 대부분의 국가들이 공유하고 있는 일반적인 이익 혹은 필요라고 불리는 것과, 이것을 수정하는 특별한 정치제도의 특징들을 구분하는 것이 필요하다. 이 장의 나머지 부분에서 나는 이 제안을 발전시킬 것이다.

우선 국가가 의미하는 것 그리고 국가와 정치의 관계를 간략히 살펴보는 것이 도움이 될 듯하다. 만일 정치가 여기서 공적인 의미로 이해된다면, 즉 그것을 통해 전체 공동체와 관련한 문제들이 해결되는 의식적 활동으로 이해된다면, 국가는 정치의 등장보다 앞서며 정치와 공통의 경계를 갖지도 않는다. 그보다는 국가에 대한 협의의 정의는 주어진 영토 내에서 무력사용에 대한 통제권을 주장하고, 자원과 행정적 능력에 대한 명령권을 소유하는 '중앙화되고 위계적인 조직'이 될 것이다(Whitehead 1975, 1). 이러한 정의로 볼 때 집중화의 정도, 권위와 자원을 지키기 위한 무력 사용에의 의존, 그리고 행정 메커니즘에서 국가간 차이는 드러나지 않는다. 이는 또한 국가와 사회 내 계급이나 이해들 사이의 관계에 대한 의문을 남겨놓는다. 분명한 것은, 근대 정치에 대한 국가의 중앙집중성이다. 지금까지 전세계는 국제적으로 인정된 경계를 갖는 국가들로 나뉘어져 있다. 분명한 예외와 그에 적합한 조건들—예를 들면, 내전이나 우익 정부에 의한 공공영역에 대한 공격—에도 불구하고, 국가 기구는 규모와 범위 면에서 자신의 간섭영역을 확장시켜 가고, 점차로 자신을 권위적인 정치적 의사결정력으로 여기려는 경향을 가지고 있다.

국가의 개념을 구체화하는 데 있어서 일반적으로 매우 조심스러워 한다. 그러나 스카치폴은 모든 국가는 그 자신의 확고한 이익을 가져야만 하는데, 이는 사회 지배계층의 이익과 분리될 수 있는 것이거나 또는 적어도 지배계층의 이해관계로 환원되지 않는 것이어야 한다고 강력히 주장한다(Skocpol 1979). 이러한 국가의 이익은 한편으로는 국가 자신의 생존을 위한 필수요건이며, 다른 한편으로는 부분적으로 자율적 제도와 자원의 토대를 국가가 소유하는 것으로부터 발생하는 것으로 정의될 수 있다. 이것은 국가가 초월적인 의지로서 일종의 헤겔적 인식 안에 존재한다는 것을 말하는 것은 아니다. 그러나 국가의 구조 속에서 권력의 위치를 높이려는 사람들은 자신 스스로가 국가의 명령에 의해 제한되어지는 것을 발견하게 될 것이다.

나는 다음과 같이 국가에 꼭 필요한 3가지 조건들을 주장한다. 첫째는 경제번영 또는 성장의 추진으로서 이는 수입의 근원이 되며, 이는 둘째 조건인 확고한 국제적 위치와 셋째 조건인 내부적 정치질서 또는 안정에 기여하게 될 것이다. 이러한 3가지 조건들은 일정한 시기에 똑같은 관심을 받지도 않으며, 또는 항상 상호간에 양립할 수 있는 것도 아니다. 예를 들어 경제발전이 정치질서를 흔들어 놓을 수 있다. 피식민 국가의 경우는 좀더 복잡하다. 그때는 피식민 국가의 번영과 안전, 안정뿐만 아니라 식민 모국도 고려해야 하기 때문이다. 마지막으로 위의 상이한 요구조건들이 여성의 지위에 대해 반드시 수렴된 의견을 가지는 것도 아니다. 그러나 지금까지 본 바로 여성들의 이해는 다른 이해들에 의해 영향을 받아왔다.

어떤 국가들은 다른 국가들보다 월등히 강하다. 화이트(1978)는 여성의 종속을 차별화된 국가구조의 출현을 포함하여 증가해가는 사회의 복잡성과 연관시켰다. 뿐만 아니라 일부 페미니스트들은 남성 지배와 국가의 출현간의 좀더 직접적 연계를 제시하였다. 라이터는 국가 이전의 사회에서는 여성이 막대한 권력을 휘두를 수 있는 친족 시스템이 중심적 역할을 한다고 생각했다. "국가 조직의 등장과 더불어 친족 중심의 사회 조직은 축소되어졌으며, 영토에 그리고 특별한 계급에 기초한 엘리트들의 영역이 발전해나가는 데 유리하게 작용했던 친족체계의 합법성과 자율성은 그 활동력을 잃게 되었다.…여성들은 친족사회와 함께 종속되어갔다"(Reiter 197, 9). 도바쉬와 도바쉬 Dobash and Dobash는 "국가가 사회에서 지배적인 권력제도가 되기 위해서는 사회의 주요 정치적·경제적인 기구의 대규모 봉건가족제를 해체해야 한다"라는 것을 주장하기 위해 영국 역사를 인용하였다. 국가는 동시에 왕과 핵가족에 대한 충성으로 전향할 필요가 있었다. 그러나 대규모의 봉건적 가족의 특징인 권위와 복종의 관계를 가족 내에서 강화할 필요도 있었다. 이러한 요소는 "국가에 대한 복종과 충성을 획득하기 위해 필요한 태도와 습관이라고 여겨지던"(Dobash and Dobash 1980, 48-49) 것이었다.

국가의 출현이 여성의 억압을 야기하였던지 또는 강화하였던지, 국가의 성장은 여성을 억압하는 데 확실히 일조를 하였다. 국가적 차원에서 공공정책이 중세와 그 이후의 시대에 여성의 역할을 심각하게 제한하여왔었던 것에 반하여, 국가의 기구는 순종을 보장하기에는 부적절하였다. 오도노반은 다음과 같이 주장한다. 18세기 초 영국의 관습법에 의하면, 결혼한 여자는 법적 신분을 잃어버림에도 불구하고 바로우 Borough 지방법원은 이러한 제한을 우회하기 위하여 '법적 의제 legal fictions를 허용'할 의도가 있었다. 그러나 지방법원의 독립적 지위가 감소하고 결혼을 공식적으로 등록해야 하는 하드위크 경 법 Lord Hardwick Act이 1753년 통과됨에 따라 그러한 융통성은 더 이상 존재하지 않게 되었다(O'Donovan 1979).

가장 중요한 것은 국가가 성장함에 따라 앞에서 지적한 국가적 필요를 위한 공공정책은 최대한의 또는 효율적인 추구라는 특징을 나타내게 되었다. 이러한 것이 여성과 어떠한 관계를 가졌을까? 적합한 답을 찾기 위해서는 수많은 연구가 필요할 것이다. 우선 초기 분석에서 나타난 것으로부터 해답을 찾아보도록 하자.

국가 정책의 첫째 목표는 경제적 부 또는 최근에는 경제 성장과 발전이다. 경제에서 정확히 필요로 하는 것, 또는 필요를 인식하는 방법은 경제제도의 '수준'이나 형태에 따라 다양할 뿐만 아니라 제도 내에서도 다양하다. 게다가 국가 개입의 합법적 영역에 관한 최소한의 개입을 주장하는 입장을 제외한 다른 가정들에서 상정하는 정치적 가치는 국가 정책에 영향을 줄 것이다. 그래서 여성에게 미치는 영향은 복잡하며 다양하다. 그러나 우리는 구체적 정책을 살펴보고 몇 가지 지침을 찾을 수 있을 것이다.

근대 국가의 경제정책 중 가장 중요한 요소는 고용에 대한 태도이다. 그것이 어떻게 여성에게 영향을 미치는가? 미국 정부는 전쟁기간과 공황시를 제외하고는 될 수 있는 한 최소한 개입하는 소극적인 형태로서 '건강한' 경제를 보장하는 역할을 담당해왔다. 적어도 아담스와 윈스톤이 지적한 것처럼, 미국의 정책은 경제발전을 주도하기보다는 이에 응수하는 '반응적' 정책을 썼다. 따라서 심지어 민주당 정부는 여성의 고용에 대한 명확한 결과를 포함하는, 높은 수준의 실업난을 겪기도 하였다. 완전고용은 아마도 여성의 이중부담을 경감시키려는 정부계획에 기여하게 된 단 하나의 가장 중요한 정책목표일 수도 있다(Adams and Winston 1980, 176). 스웨덴과 중국이 그렇다. 이에 대한 대안으로는 혹은 이런 국가 개입과 더불어 동독에서처럼 여성들이 좀더 쉽게 가사에 대한 책임과 가정 밖의 일을 동시에 해낼 수 있게 하는 정책을 통해 노동 부족현상을 해결하려는 것이 공공정책이 될 수도 있다. 극단적으로 동독, 그리고 일시적이나마 쿠바의 경우에서처럼 노동력 부족은 가사의 역할 분담을 장려하는 정책으로 나타나기도 한다.

완전고용정책은 여성이 직업을 찾을 수 있도록 도와주었지만, '여성의 고용기회 범위의 증가에 대한 추가적 정책이 부재'하는 경우 그 효과는 제한된다. 공산주의 사회에서조차도 단기간에 생산을 극대화하려는 관심이 가장 '생산적'이고 높은 위상을 가진 직업에 여성을 충원하려는 노력에 선행되었다. 비용 측면에서 몇몇 동유럽 국가에서 1960년대 후반부터 보육 교육에 대한 비판의 목소리가 높아졌고, 한편 여성이 생산에 기여하는 것보다 보육에 들어가는 비용이 더 많으므로 주저하고 있다고 아담스와 윈스턴은 보고하기도 했다. 완전고용이 여성 직업기회의 범위 확대와 별 관계가 없다는 것은 정부와 법이 고용에서의 차별에 가장 적극적으로 대항하고 있는 곳이 미국이라는 사실에서 역설적으로 증명된다. 이러한 것은 시장의 불완전함을 제거하기 위해 능동적으로 개입하는 국가에까지 자유방임적 접근을 확장하려는 견해일 수도 있다.

고용정책의 다양화는 교육과 인력 목표와 관련이 있다. 여성고용과 영국 또는 미국에서의 여성을 위한 교육정책의 진화 사이에는 어떤 단순한 관계도 성립하지 않는다. 그러나 국가사회주의 사회에서 여성교육의 확장과 이의 제한은 여성이 노동력으로 진입하기 위한 준비라는 이론적 정당성에 의해서 이루어졌다. 이것과 관련하여 미국의 효율적 고용정책의 부재는 취직경쟁에서 여성의 불리한 점과 맞물려왔다. 반면 스웨덴에서는 공적 기금으로 운영되는 훈련과 재훈련이 '실직자이거나 실직할 위험이 있는 사람 그리고 현재의 자격요건으로 직업을 구할 수 없는 사람'을 대상으로 운영되었다 (Adams and Winston 1980, 186).

두번째로 중요한 방법은 국가의 경제가 여성에게, 길게 보아 고용정책과도 관련이 있는 인구정책에 대한 함의를 통해 영향을 미칠 수 있다는 것이다. 식민지시대를 돌이켜보면, 출산 촉진정책들은 부분적으로 노동의 수요를 증가시켰다. 1930년대에 영국, 스웨덴, 독일과 프랑스를 포함한 유럽 몇몇 국가들의 출산율의 현저한 감소는 그들에게 장기적인 사회발전과 경제발전이 어려울 것이라는 두려움을 야기시켰다. 영국의 주요 정책에는 변화가 없었지만, 정부가 산아제한에 대한 정보가 유출되는 것을 꺼리도록 하는데 이러한 두려움들이 작용을 했는지도 모른다. 다른 세 국가들에서는 모성에 대한 물질적 인센티브 정책들이 증가하였다. 그러나 프랑스와 독일에 여성이 취업에 관심을 가지지 않게 할 수 있는 조치들이 도입되었을 때, 스웨덴의 사회민주주의연합은 기혼여성의 취업을 반대하는 법안을 폐기시켰다. 직업여성들이 전업주부들과 다를 것 없이 아이를 갖게 되며 또한 가장 가난한 가족이 가장 적은 수의 아이를 갖게 된다는 내용을 발표한 알바 Alva와 군너 미르달 Gunnar Myrdal의 연구에 영향을 받은 사회민주당은 완전고용정책에 기혼여성도 포함하기로 결정했다.

다시 한번 우리는 동유럽의 몇몇 국가들에서 일어난 최근의 출산률 감소는 정책결정자들로 하여금 모성에 대한 동기부여를 증가시키게 하였을 뿐만 아니라 보호법들을 문구에 충실하게 해석하려고 하며, 또 보육의 가치에 대해 의문을 가지게 했고, 가장 중요한 것으로 산아제한 시설을 금지하지 못한다면 제한이라도 하게 하였다는 것을 알 수 있다. 반대로 동독은 당면한 노동 부족이 심각한 문제이므로 보육시설 제공의 증가, 여성의 취업 기회 증가 그리고 산아제한 시설의 자유로운 이용을 택하였다. 인도, 일본 그리고 중국의 경우에는 경제발전이 인구 증가의 제한을 필요로 한다고도 볼 수 있다. 자신의 출산능력에 대한 자유로운 조절이 한 여자로 하여금 어머니와 가정주부로서, 그리고 그 외의 역할을 맡을 자유를 증대시킨다. 하지만 이러한 정책들이 자유로운 낙태수술을 의미하면서, 일본에서와 같이 안전하고 믿을 수 있는 피임법을 의미하지는 못한다면, 더 나아가 이 정책들이 불임운동의 형태를 띠거나 위험한 피임용 장치들을 공급하는 것을 허용하게 된다면 분명히 억압적일 수가 있다.

국가 정책의 두번째 목적은 국가안보이다. 국가안보가 여성에 미치는 영향 또한 복잡하다. 인구와 방위정책에 있어서의 그 특유의 의미를 반영하기에 복잡하다. 출산 촉진정책들은 실제적인 그리고 예상되는 노동 부족현상을 반영할 뿐만이 아니라 동시에 또는 배타적으로 민족주의자와 제국주의자들의 선입견을 반영한다. 이것은 나치 독일에서 분명하게 증명되었고 그보다 더 최근의 예는 프랑스에서 볼 수 있다. 프랑스에서는 "이 국가가 유럽에서의 힘을 되찾는 것과 적으로부터 방어하기 위해서는 대규모의 인구를 필요로 하기 때문에 대가족을 갖는 것은 애국적이다." 가족수당(가족이 클수록 한 자녀에게 할당되는 수당도 많아진다), 젊은 부부를 돕기 위한 주택정책, '일하지 않는 여성'을 위한 수당, 피임과 낙태에 대한 금지 등은 이러한 목적을 위한 수단이 되었다(Silver 1977, 286).

라피도스는 소련 지도자들의 최근 관심사는 소련의 출생률이 낮아짐으로써 나타나는 소련의 국제적 지위에 대한 영향에 관한 것이라고 주장하였다.

전세계에서 국가의 지위는 다른 것과 마찬가지로 인구의 수에 의해 결정된다는 페레베덴체프 Perevedentsev의 주장은 인구통계학자들에 국한된 것이 아니다. 소련의 인구를 미국이나 일본·중국의 인구와 비교하면 소련의 지도자들은 세계인구와 소련인구 사이에 적절한 비율을 유지하도록 해야 한다는 최근의 주장은 적절한 것이며 인구 성장을 위한 전략이 필요하다는 결론에 도달하게 된다(Lapidus 1978, 295).

인구 규모를 조정하려는 시도 외에도 인구의 질적 향상을 위한 정책이 등장하게 된다. '영국 노동자들의 무기력, 좋지 않은 건강, 신체적 발육부진'을 정책결정자들이 발견한 것은 1899년 보어전쟁 Boer War 동안의 징집을 통해서이다. '건강 약화에 관한 부처간 위원회'는 어머니들이 어린이의 양육을 위해 교육받아야 하며, 딸들은 요리와 식이요법에 관해 교육받아야 한다고 권고하였다(Wilson 1977, 101). 독일의 나치 지도자들도 특별히 장래 어머니가 될 여자들의 건강에 관심을 가졌으며, 루프의 주장에 따르면 그들은 여성들과 정권이 서로 화해할 수 있도록 노력하였다(Rupp 1977). 미국에서도 19세기에 들어서 여성들은 특별한 몇몇 직업들로부터 '보호'되었을 뿐만 아니라 "'민족의 힘과 정기를 보호하기 위하여' 법원에 의해 다양한 시민의 공공의 의무로부터 '예외적 대우'를 받았다"(Cook 1977, 356).

국가 안전에 대한 염려는 특히 전시 국방정책을 통해 여성에게 영향을 미쳤다. 페미니스트 인류학자들은 원시사회의 여성 지위가 전시에 높아지는지 아니면 낮아지는지에 대해서 논쟁을 벌여왔다. 전쟁 전 남성이 담당하던 남성 경제에서 여성이 역할을 하고 있다는 사실은 전쟁에서의 남성적 가치에 의해서 위축되었다(Sanday 1974 참조). 두 번의 세계대전 동안에 전쟁당사국들은 남성들이 남기고 간 직업에 여성을 투입해야만 했으며, 그 범위를 전쟁무기 생산에까지 확대시켜야 했다. 심지어 나치 독일에서조차 여성은 생산 현장에 투입되어야만 했고, 1943년에는 비록 제한된 성공이지만 의무고용이 도입되었다. 1945년 소련 노동인구의 56% 이상을 여성이 차지하였고 "고등교육기관은 대부분 여성들의 차지가 되었다"(Lapidus 1978, 115). 조건이 더 나은 여성들은 정치적·경제적 역할을 할 수 있는 기회가 계속 확대되었다. 공공보육원 등에 대한 지원도 영국이나 미국보다 더욱 일반화되었다. 앞에서 언급했듯이, 영국과 미국에서 행해진 여성에 대한 연구처럼 이러한 예들은 전쟁 동안에 여성의 역할이 변화되었다는 것을 말해준다. 그리고 이런 변화된 여성의 역할은 여성들의 지위를 남성들의 이해에 맞는 정도까지 확대시켰다. 나는 이와 같은 여성의 지위 변화에 대한 한계를 강조하여왔다. 동원은 조심스럽게 이루어지고 일시적이라고 분명히 묘사되었을 뿐만 아니라, 전통적인 여성의 이미지를 보다 선전해왔다. 쇼버는 영국에서 여성성의 이미지가 제1차 세계대전을 선전하기 위해 어떻게 조작되는지에 대해 말했다. 여성은 동시에 보호의 필요에 의해 집을 지키는 지킴이로서, 또한 남자들이 입대하기를 기다리는 약간 염치없는 옆집여인으로서, 또는 국가의 감성적 상징 그리고 심지어 전쟁의 정신 그리고 사악한 적군의 상징으로서 묘사되었다. 선동의 실질적 희생자는 남자였다. 하지만 이것은 전통적인 '여성성'

의 개념을 확고하게 했다(Shover 1975). 제2차 세계대전에서 소련은 여성을 동원시키는 동시에 전통적 성 역할을 강화시키는 정책을 추구했다. 이 정책에 의해 남녀공학을 폐지했고(다행히도 나중에 취소되었다), 집단수용소 내에서 성분리를 실시하였다. 사실 영국에서 제2차 세계대전에 파급효과에 대한 윌슨의 논평 – '전쟁은 새로운 자유를 주려는 목적인 반면에 인습을 강화시켰다' – 은 좀더 일반적 의미를 내포하고 있다(Wilson 1977, 127).

국가의 세번째 의무는 정치적인 질서와 안정을 유지하는 것이다. 정치적 안정은 부분적으로 강제에 의존한다. 사실 어떤 저자는 완전히 공포에 의존하는 정치적 체계조차도 안정적일 수 있다고 주장하였다(Walter 1969). 그러나 일반적으로 강제와 더불어 설득이 필요하다. 설득은 사회화를 통해서 또는 보다 이성적인 개인의 이익에 호소함으로써 이루어진다. 물론 강제력과 설득력은 둘 다 좋은 의미에서 경제적 부와 국제적 지위 등을 보장할 수 있는 국가의 능력에 달려 있는 것이다.

국가는 가족을 사회적·정치적 안정을 위한 보루로 여겨왔다. 가족은 중요한 사회화의 기능을 수행한다. 가족은 현재 정권에 대해 긍정적으로 지지하는 태도는 아니라고 하더라도 최소한 정권의 권위를 수용하고 정상적으로 진행되는 방법을 보수적으로 받아들이도록 하는 사회화의 중요한 역할을 한다. 또한 가족이라는 조직은 어린이나 병자, 노인을 돌보는 기능도 담당한다. 동시에 가장을 기존의 질서에 끌어들여서 가장들의 필요를 제공한다.

초기의 논쟁은 국가의 출현이 가부장적 핵가족의 강화를 필요로 한다는 것이다. 영국에서 고용보호법을 만든 이들은 오랜 시간 동안 계속되는 매우 고된 일을 여성이 담당하게 될 경우에는 노동자계급 가족의 삶이 위협받을 수 있고 그렇게 되면 사회적 안정도 위협을 받을 수 있다고 생각하였다. 윌슨에 의하면 이론상으로나 실제상으로 경제관계의 재생산을 돕는 가정이라는 체계를 떠받들고 있는 당시 영국의 복지국가의 역할은 분명히 정치적 안정을 위한 압력이었다. 비록 가족이라는 체계가 더 이상 엄격한 가부장적 성격을 띠지는 않게 되었지만, 여전히 자녀를 양육하고 가사일을 담당하는 것이 여성의 주요한 의무로 여겨졌다.

혁명적 운동이 가부장적 가족체계를 공격했지만 일단 권좌에 앉으면 사회의 기본적인 단위로서 전통적인 노동의 분리에 입각한 가족을 재확인하였다. 프랑스 대혁명 기간 동안에 제안된 가족개혁안은 이후의 기준에 의하면 온건한 형태이지만 여성을 위한 진정한 진보였다. 포프는 나폴레옹 시민법전이 매우 가부장적인 가족형태를 포함하여 '국가의 안정을 보장하기 위한 제도'를 지지하는 반동적인 노력을 하였다고 설명한다(Pope 1980, 221). 1920년대 소련의 실험 이후 스탈린은 핵가족을 지지하였으나 지금은 사회주의 자체를 강화시킨다고 하는 '이상적 사회주의 가족형태'로 변형되었다. 라피두스는 '가족에 대한 오늘날의 숭배를 야기시킨 가장 큰 원동력은 안정된 관계의 위계를 유지하고 권위와 권력을 위한 4천만 젊은이들의 지지를 공고히 하기 위해 필요한 관료주의 때문이다'라는 1936년에 트로츠키가 한 말을 인용하고 있다(Lapidus 1978, 112). 1951년부터 1956년까지 계속된 중국의 첫 5개년 계획 기간 동안에 당은 전통적 가족에 대한 공격을 완화하였다. 그 이유는 이후의 정치적 불안정이 경제계획을 위험에 빠뜨릴 수 있기 때문이었다.

몰리너가 설명한 것처럼, 쿠바나 남예멘, 북한, 베트남, 모잠비크뿐만 아니라 중국의 현재 헌법(1980)은 가족을 '사회의 기본단위'로 언급하고 있다. 결혼문제·토지문제를 개혁하려는 사람들이 전통적이며 가부장적인 가족형태에 대해 위협을 가하여도 재산관계와 노동인구의 변화를 허용할 수 있을 정도로 충분한 또는 새로운 '공식적으로는 인류평등주의적인, 실제로는 핵가족적인' 가족형태가 전통적 형태를 대신하여 사회질서의 토대 역할을 맡게 되었다. 때때로 가족이라는 은유가 국가적 차원으로까지 확대되기도 한다. 국가는 '새로운 가족'이 되고 북한의 김일성과 같은 국가의 지도자는 '인민의 아버지'가 된다(Molyneux 1985). 개혁적인 힘은 약화되고 전통적이거나 전자본주의적 힘이 상대적으로 강해지고 있던 다른 '사회주의' 국가에서는 우리가 이미 보았듯이 가족관계가 여전히 변화되지 않고 있었다. 알제리의 사회주의 정권은 이슬람적 가족법을 개혁하기 위한 시도를 감행하려 하지 않았다.

나는 여성정책을 형성한 원인으로 3가지 중요한 국가적 필요를 들 수 있다고 주장하였다. 이 점들은 여성정책에서 비교적 일정한 변수들이다. 그러나 이것으로 다양성을 완전히 설명할 수는 없다. 우리는 이런 점들로 스웨덴

여성의 지위가 높은 것을 설명할 수 있는데, 스웨덴은 호전적이지도 않을 뿐
만 아니라 지나치게 국수적이지도 않으며 작은 영토 안에서 동족이 살고 있
으므로 정치적 안정에 문제가 없다는 것을 알아내는 것은 흥미롭다. 여성 경
험의 다양성을 설명하기 위해서는 국가의 필요가 정치체계의 특별한 특성을
통하여 어떻게 굴절되었는지를 알아낼 필요가 있다.

정책들이 직접적으로 국가조직을 대표하든, 어느 정도 국가 정책 입안자
들을 새로 영입하든 또는 정책들이 반박할 수 없을 정도로 강력한 것이든
상관없이 여성정책은 정책상의 명확한 이익을 계산하여 고려한 것이다
(Goodin 1982). 우리가 이미 살펴보았듯이 이것은 대부분 계급적 이익이다.
그러나 조직화된 종교는 여성정책에 직접적으로나 간접적으로 큰 영향을 행
사할 수 있다. 이슬람 국가에서는 종교가 서구의 경제적·문화적 '제국주의'
에 대항할 수 있는 그들 나름의 국가적·문화적 정체성을 제공하였다. 스페
인이나 이탈리아, 아일랜드와 같은 근대 서유럽의 국가들에서조차 로마 카
톨릭 교회는 오늘날까지 결혼이나 피임, 낙태 등에 대한 정책을 결정하는 데
영향력을 행사하고 있다. 민족적 이익 또한 여성정책 형성에 영향을 미치는
데, 가장 두드러진 예는 나치 독일에서 찾을 수 있다. 헤취트와 유발데이비
스는 대부분의 이스라엘 여성들이 종교적이지 않다고 하여도 이스라엘에서
는 유대법이 계속적으로 결혼을 규정하는 역할을 하고 있다고 주장하였다.
그 이유는 여성은 '국가 집단의 생산자'이기 때문이다. 유대인을 가려낼 수
있는 확실한 기준은 유대 여성에 의해 태어났는가 그렇지 않은가이다(Hecht
and Yuval-Davis 1978). 소련에서는 출산 촉진정책이 추진되었음에도 불구하
고 회교도 지역에 대한 출산율 억제 노력은 계속되었다고 라피두스는 주장
하였다. 즉, 회교도 지역의 출산율이 높아질 경우 이 지역에 대한 슬라브 집
단의 지배력이 약화될 수 있기 때문에 회교도 지역의 출산율을 억제하는 것
이다(Lapidus 1978, 298).

두번째로 고려할 것은 정부의 권력이 더욱 중앙화되고 정치적 권력이 집
중화되고 있다는 것이다. 미국에서는 낙태, 강간, 결혼과 관련된 여성에게
영향을 미치는 정책들은 여러 측면에서 오랫동안 주 의회의 결정사항이어서
오늘날까지도 주별로 다양하다. 우리가 앞으로 살펴보겠지만 집중화의 정도

는 여성운동의 전술에 중요한 의미를 갖는다. 의회, 대통령, 사법부, 50개 주의 입법부, 정치적 영향력을 위한 많은 이익단체들 사이에서 정부 권력의 분산화는 여성운동가들에게 접근할 수 있고 동맹을 맺을 수 있는 넓은 영역을 제공하였다. 그러나 동시에 점진적이며 합의에 의한 정책의 변화가 일어나게 된다. 정치권력은 그렇지 않지만 정부는 상대적으로 중앙집권화되어 있는 영국에서는 많은 전술적 동맹이 가능하지만, 정치적 압력을 행사할 선택의 여지는 거의 없었다. 다른 한편 새로 생긴 정책이 '증가할' 필요는 없었다. 이러한 것들은 1967년 낙태법안에서처럼 공식적 입장을 형성하기 위해 도움이 될 수 있었다. 소련에서처럼 정부와 권력이 둘 다 매우 집중화되었을 때 권위로 그것들을 배열하는 것은 더욱 중요하게 되었다.

권력의 집중화와 확실한 이익의 특성과 관련시켜서 세번째로 고려해야 할 것은 정부의 범위이다. 우리는 이미 이런 측면에 대해 스웨덴과 미국의 비교는 좋은 대조를 이루고 있음을 보았다. 아담스와 윈스톤이 지적한 대로 경제침체기에도 미국 정부의 일반적 대응은 세금을 삭감하는 것이었다. 그렇게 하여 공공지출의 수준을 낮추었다. 반면 산업화된 국가사회주의 국가에서 정부의 범위는 매우 넓다. 여성에게는 이득이 되는 완전고용과 같은 정책을 지지할 때 이러한 정책들은 정부에 의해 실제로 집행되었다.

이러한 3가지 정치적 변수는 적절하지만 중요한 변수들의 목록을 다 나열한 것은 아니다. 제6장에서는 페미니스트 전술과 전략을 위한 정치적 변수들의 함의를 살펴볼 것이다. 그러나 이러한 논의에 결론을 내리기 전에, 내가 의도적으로 페미니즘 자체의 영향을 평가절하했다는 사실을 말해야만 하겠다. 1960년대 페미니즘이 부활하기 전에 여성운동은 결혼법, 산아제한, 여성의 고용과 교육에 관한 정책 등에 그 자취를 남겨놓았다. 다음의 두 장에서는 페미니즘의 영향과 잠재성이 중심적인 내용이 될 것이다.

제5장

여성운동의 정치학

　현대 서구사회에서 여성과 정치의 관계를 설명함에 있어서, 중심적인 논의는 여성운동 women's movement에 두어야만 한다. 앞장에서는 여성의 정치 참여와 여성에게 영향을 미치는 정책들에 대한 암시만을 언급해왔는데, 이제 이 장에서는 좀더 밀도 있게 고찰되어야 할 것이다. 여성운동의 가치와 성과에도 불구하고, 또는 그러한 것들 때문에 이 장의 고찰은 분리된 관점에서 이루어져야 할 것이다. 시기적으로 여성운동의 목표와 상치되는 시기에 접하게 되면 더 뚜렷이 나타나듯이, 강점과 약점들을 지적할 것이다.

　이 책의 목적에 맞게 페미니즘은 가능한 한 광범위하게 정의되었다. '여성운동'이라는 용어가 비록 좀더 구조와 상호작용을 암시할지라도, 그리고 개념상 그 말이 여성을 지지하는 남성을 배제시키는 경향을 보일지라도, 여기에서는 페미니즘만의 이데올로기적 입장을 포괄할 수 있는 것으로 이해하기로 한다. 1960년대 후반 새로운 급진주의 페미니스트들이 '여성해방' women's liberation이라는 특별한 강령과 연계하였고, 이는 여성해방과 여성운동간의 관계에 대한 의문을 불러일으켰다. 많은 논쟁자들은 이 두 용어를 제2기 페미니즘을 서술하는 데 번갈아 사용하고 있다. 급진주의 페미니스트들은 그 용어의 사용을 오직 혁명적 페미니즘만을 위한 것으로 사용하기를 원했다. 왜냐하면 그들은 여성이 진정으로 해방될 수 있는 것은 혁명적인 인식과 행동을 통해서뿐이라고 믿었기 때문이다. '개혁주의자들'은 이러한 독설에 대항하였다. 미국에서 제2기 페미니즘의 훌륭했던 첫 10년에 대한 역사인『여성해방의 정치학』*The Politics of Women's Liberation*의 저자이자, 전미여성조직(NOW: National Organization of Women)의 활동가인 조 프리만 Jo Freeman이 주장하기로는, 여성운동의 맥락에서 '급진주의' 또는 '혁명적'인 것과 '개혁주의자'들의 차이를 구분한다는 것이 어렵다는 것이다. 그녀는 좀더 체제지향적이고 점진주의적 집단들이 '우리 사회를 완전히 변화시킬 수 있는 강령'을 가질 수 있는데 반해서, 체제에 대한 급진주의자들의 무관심은 일종의 무기력한 내향성으로 끝날 수 있다는 것을 인식하지 못한다고 말했다(Freeman 1975, 50). 이에 따라서 그녀는 '여성해방'이란, 여성운동의 최근의 관점에서 여성들에게 공개된 생활의 선택을 급격하게 넓혀줄 모든 행동들을 포함하는 것으로 이해되어야만 한다고 제안한다. 이처럼 정의와 관련된 문제들은 중요하지만, 학문적 명제에 의해 잘 정착되지는 않는다. 이러한 이유로 이 장은 1960년을 기점으로 여성해방을 여성운동과 일치시키지는 않을 것이지만, 그와 관련된 논의들이 논쟁의 주제라는 것을 인식할 것이다.

1. 제1기 페미니즘

먼저 19세기에서 20세기 초의 여성운동을 간략히 살펴보는 것으로 시작한다. 이 작업은 규모가 방대하고 계속되는 학문의 주제이므로, 우리의 논의는 오늘날 페미니즘에 특별하게 적절한 몇몇 중심적 발전들과 관찰들만을 짚어야 할 것이다.

여성의 권리를 위해 최초로 구체화된 정치적 요구는 프랑스 대혁명 기간 동안 이루어졌고, 최초의 체계적 논문은 1792년에 발행된 메리 울스톤크레프트 Mary Wollstonecraft의『여성권리의 옹호』*Vindication of the Rights of Women*였다. 역사를 통틀어서 개별적 여성들이 페미니스트 사고를 진전시켜온 것으로 볼 수 있는데, 영국에서는 17세기에 많은 중류계급 또는 귀족 여성들이 평등을 요구한 바 있다. 이중 메리 에스텔 Mary Astell은 여성 교육에 대한 필요성을 강조하였다. "여성은 유아기 시절부터 앞으로 여성들이 비난받게 되는 결핍을 보충하지 못하고 교육적 혜택으로부터 제한되어왔고, 여성들이 질타를 받는 원인이 되는 악덕 속에 갇혀 있도록 양육되어왔다"(Jayawardena 1983, 10에서 인용; Mitchell 1976 참조).

하지만 실질적인 페미니스트 운동은 1830년대 노예폐지 운동에 여성이 참여한 미국에서 처음으로 시작되었다. 300여명의 여성과 남성은 1848년 그 유명한 대회인 세네카 폴즈Seneca Falls에 참석하였고, 여기서 이후로 계속 영향을 미친 '감정의 선언' Declaration of Sentiments[1]과 여성의 참정권을 포함한 12개의 결의안이 채택되었다. 미국 시민전쟁에 뒤이어서, 흑인(좀더 구체적으로는 흑인 남성)에게 명목상 보장되던 정치적 권리가 여성에게까지 확대되지는 않았다. 그 결과 페미니스트들은 점차로 참정권 논의에 초점을 두게 되었다(처음에는 이 문제만을 배타적으로 논의하지 않았다). 이에 2개의 주요 참정권 관련 단체가 등장하였다. 하나는 전국여성참정권 연합(NWSA: National Woman Suffrage Association)으로, 엘리자베스 캐디 스텐톤 Elizabeth Cady Stanton과 수잔 앤소니 Susan B. Anthony가 주도하였는데, 폭넓은 급진적 분석과 프로그램들을 일정 정도 보유하였다. 다른 하나는 미국여성참정권연합(AWSA: American Woman's Suffrage Association)으로, 루시 스톤 Lucy Stone이 주요 활동가였으며, 항상 NWSA보다 좀더 보수적이었다. 이와 동시에 오닐이 여성의 참여를 "일반여성 또는 여성에게 특별한 이익이 되는 개혁이나 자선"(O'Neill 1969, 33)으로 명명한 '사회적 페미니즘'은, 여성기독교절제회 Women's Christian Temperance Union의 활동에서 보이듯이, 보수주의적 형태를 취하기는 했어도 점차 성장해나갔다.

1880년대에 이르러 NWSA는 상당히 큰 조직이 되었고, 1890년에는 ASWA와 합하여 전미여성참정권 연합 National American Woman's Suffrage Association을 결성하였는데, 이 단체의 관심은 그야말로 여성의 참정권이었다. 20세기 첫 20년간 좀더 호전적이고 사회적으로 덜 보수주의적 요소들이 미국 페미

---

1) 1848년 7월 뉴욕주 세네카 폴즈에서 열린 제1회 여성의 권리대회에서 발표된 선언으로, 1776년의 미국 독립선언을 따라 작성된 것으로서 '여성의 독립선언'이었다 (여성학교재편찬위원회 편, 『여성학』, 한서출판, 1985, 96쪽 참고-역자주).

니즘 내에서 다시 등장하였다. 사회적 페미니스트는 그들의 제한적인 성공에도 불구하고, 운동의 정착과 산아제한 운동에 있어서 여성 노동자들을 하나로 결집시키려 하였다. 사회주의 페미니즘은 그리니치 빌리지 Greenwich Village의 급진주의자들 내에서 그리고 샬롯테 퍼킨스 길만 Charlotte Perkins Gilman[2]의 저작에서 그 모습을 보여주었다. 참정권 운동 그 자체는 좀더 호전적 국면으로 접어들게 되었다. 캐리 채프만 Carrie Chapman의 NAWSA에 대한 리더십과 영국 참정권론자들에 영감을 받은 앨리스 폴 Alice Paul의 여성당 Woman's Party의 좀더 공격적인 캠페인 조합은, 마침내 1920년 수정헌법 제19조의 통과를 보장하게 되었다. 이 수정헌법 제19조가 바로 여성에게 주단위 선거뿐만 아니라 전국선거의 투표권을 부여한 것이었다. 그러나 당시 일반 대중뿐 아니라 대다수 여성활동가들은 여성해방은 성취되어졌다고 생각했고, 더 나은 개혁을 이루기 위해 투표권을 활용하기를 원했던 페미니스트들은 목적이나 전략 측면에서 의견의 일치를 볼 수 없었다. 그 결과 1920년대 정치적 후퇴의 배경 하에서, 페미니즘은 사라지지는 않았지만 침체되었다.

영국에서는 페미니스트적 인식이 1840년대에 중류계급 여성 가운데 확산되어 있었다. 최초의 여성참정권 팜플렛이 1847년 퀘이커 Quaker 교도인 앤 나이트 Ann Knight에 의해 등장했고, 첫번째 참정권 조직인 여성참정권을 위한 세필드연합 Sheffield Association for Female Suffrage이 1851년에 형성되었다. 그러나 조직화된 운동으로서의 페미니즘은 1850년대 중반에 등장하였는데, 이는 미국보다 거의 10년 후의 일이었다. 이 조직은 런던 랭감 광장 Langham Place에 기반을 둔 소수 여성집단이 중심이 되었는데, 기혼여성의 법적 권리와 여성 고용의 기회를 향상시키는 것을 목표로 삼았다. 참정권 문제는 1860년대 중반부터 전면에 드러나기 시작했고, 이같은 움직임은 밀 J. S. Mill이 1867년 개혁법 Reform Act 조항에 여성을 포함시키고자 한 시도가 실패된 이

---

2) 미국의 작가인 길만은 여성 억압에 관한 일관된 이론을 세우기 위해 사회주의와 페미니즘을 결부시켜 여성의 권리운동을 이론적으로 뒷받침하였다. 1892년 『노란색 벽지』를 필두로 많은 저작을 발표하면서 불평등의 시작은 가정이며 가사노동을 폐지하고 성 역할 분담을 없애갈 것을 제안했다(역자주).

후에 특히 두드러졌다. 이는 여성참정권을 위한 전국협회 National Society for Women's Suffrage의 형성을 유도하였다. 동시에 사회적 페미니즘은 미국과 유사한 형태를 취하면서 번성하기 시작했다. 하지만 절제라는 이슈는 페미 니즘 이슈로서 관심을 끌지 못했는데 반해, 조세핀 버틀러 Josephine Butler의 전염병법 Contagious Diseases Acts에 대항하는 캠페인을 통해서 매춘이 좀더 현저한 이슈가 되었다. 1873년 엠마 패터슨 Emma Paterson에 의해 만들어진 영국여성노동조합연맹 British Women's Trade Union League은 이 단체에 의해 영감을 받아 설립되었던 미국의 조합보다 더 성공적이었고, 특히 메리 맥아 더 Mary MacArthur가 사무집행권을 이어받은 1903년 이후에 더 성공적이었다.

참정권운동은 전국여성참정권 단체연합(NUWSS: National Union of Women's Suffrage Societies)의 지휘로 자유당에 가까웠는데 거의 두각을 나타내지 않고 있었다. 이 조직의 지도자 가운데 한 사람 에멀린 팽크허스트 Emmeline Pankhurst는 새로운 독립노동당(ILP: Independent Labour Party)과 합류하기 위 해 단체를 떠났고, 다른 분파는 1903년에 호전적 성향의 여성사회·정치연합 (WSPU: Women's Social and Political Union)을 창설하였다. 1904년 의회가 ILP 또는 노동당 대표 위원회로부터 아무런 저항이 없이 여성참정권 법안에 대 해 논의할 때, 팽크허스트와 그녀의 딸 크리스타벨 Christabel은 좌파와의 연 맹에서 탈퇴하였다. 그녀는 재산권에 대한 전면적 공격으로 사기가 높아지 고 파리의 지하 중심 조직으로부터 지도되어, 1910년 의회가 교착상태에 직 면하던 때 WSPU의 유명한 직접 행동운동 캠페인으로 WSPU를 발전시켰다. 그러나 이러한 전술은 좀더 온건파인 NUWSS 또는 런던 동부 노동자계급 여성 가운데 참정권 캠페인을 하고 있는 팽크허스트의 다른 딸인 실비아 Sylvia의 지지를 받지는 못했다.

페미니스트들은 더 나아가 제1차 세계대전의 참전을 지지하느냐 아니냐 하는 것으로 분리되었다. 그럼에도 불구하고 전후에도 페미니즘은 여전히 활발하였다. 미국에서 그러하듯이, 그 힘을 발산시킨 것은 투표권을 얻는 것 이었다. 투표권 획득은 두 단계로 볼 수 있는데, 첫 단계로 1918년에 나이 30세 이상의 여성이 투표권을 가졌고, 둘째 단계로 1928년에 모든 성인 여성 이 투표권을 가질 수 있었다. 이렇듯 1920년대에 영국 페미니즘이 좀더 활력이 있었다고 뱅크스가 제시하였다(Banks 1981, 163-164).

이와 같은 간략한 대강의 줄거리가 암시하듯이, 미국과 영국의 여성운동 간에는 상당한 유사점과 차이점이 있다. 미국의 운동에서는 좀더 일찍이 계기를 마련하여 더 많은 여성들이 참여하였다. 오닐이 제시하기를, 영국 페미니즘이 좀더 호전적이 되어감에 따라 미국 페미니즘은 20세기 첫 10년은 좀 호전적이었지만 일반적으로는 그렇게 되지 못했다(O'Neill 1969, 81). 더 나아가 사회주의 페미니즘이 미국 운동에서 전혀 역할을 다하지 못하는 가운데, '평등권' 페미니즘은 미국에서보다 영국에서 언제나 더 강력하였다고 뱅크스는 주장하였다.

페미니즘은 이들 국가들에서 초기의 형태를 탈피하고 엄청난 악명을 얻었지만 페미니즘은 결코 이들 국가에만 한정되지는 않았다. 북구 국가들에서의 운동은 "제1차 세계대전 이전 유럽에서 가장 성공적이었을 것"(Evans 1977, 69)이다. 조직화된 페미니즘이 비교적 늦게 발달하여 1870년대 또는 1880년대에 나타났지만, 여성인구의 상당 부분을 움직이는 데 성공하였다. 스웨덴과 덴마크에서 여성들은 경제적 권리-결혼생활에서의 재산과 고용 기회-를 옹호하는 캠페인으로 시작하였으나, 세기말에 가서는 헌법적 개혁의 조류를 따라 역시 투표권을 요구하였다. 핀란드와 노르웨이에서는 여성을 정치화시킨 것은 민족적 투쟁이었고, 따라서 이들 국가는 제1차 세계대전 이전에 여성에게 투표권을 부여한 유일한 국가가 되었다. 오스트레일리아와 뉴질랜드 페미니스트 운동은 좀더 소규모적이고 절제회 조직들에 의해 지배되고 있었으며, 도덕적 개혁과 투표권에 주로 초점을 두었으나 그럼에도 불구하고 자신들만이 성공적이라고 느낄 수 있는 수준이었다.

그밖의 다른 곳에서 조직화된 페미니즘은 별로 의미가 없었다. 많은 유럽 국가들에 있어서, 운동은 정치적 권위주의나 로마카톨릭의 영향으로 또는 양자 모두에 의해 영향받아 금지되었다. 에반스에 따르면, 프랑스 1789년 대혁명에서 페미니스트 활동은 어떤 경우에서건 '주변적 현상'이었는데, 1793년에 이르면 완전히 탄압되었다. 나폴레옹 법전의 심각한 가부장제는 '여성은 공적 사회가 아닌 가족에 귀속된다'라고 기꺼이 생각하고 더 나아가 1850년 팔루법 Falloux Law에 의해 여학생 교육의 실질적인 독점권을 가지게 된 카톨릭 교회에 의해 강화되었다. 이 때문에 1860년대 말기부터 등장한 페미니스트 운동은 공화주의자와 반교권적 경향과 긴밀하게 연합하게 되는 역설적 결과를 가져왔으나, 여성이 투표권을 갖게 되면 보수주의자와 카톨릭 정당을 지지할지도 모른다는 공화주의자들의 염려를 극복할 수 없었다.

독일의 경우 1860년대 중반부터 루이스 오토-피터스 Louise Otto-Peters의 지휘 하에 형성된 여성운동의 보수주의는, 부분적으로 독일의 정치적 권위주의에 대한 적용일 뿐 아니라 이에 대한 동감이 되는 부분이 있었다. 1890년 비스마르크 말기의 정치적 이완과 더불어 1914년까지 급격하게 증가한 회원들로 인해 전통적 운동조직은 그들의 요구에 있어 더욱 용감해졌고, 이와 분리된 좀더 급진적인 투표권연합 Suffrage Union 역시 일정 정도의 진보를 이루기 시작하였다. 그러나 갑자기 전쟁이 발발하면서 투표권 연합은 극보수주의적 성향의 여성연맹 Women's League에 의해 흡수되었으며, 이에 따라 독일 페미니즘은 깊은 반동의 시기에 들어서게 되었다(Evans 1977).

제1기 페미니즘은 네델란드에서 일정한 뿌리를 내리게 되는데, 네델란드는 1913년까지 여성투표권 연합 Association for Women's Suffrage이 회원 1만 4,000명을 보유하고 있었다. 그러나 벨기에, 이탈리아, 합스부르크 제국에서는 그 영향이 훨씬 적었다. 짜르 시대의 러시아에서도 1890년대에 확대된 기반과 좀더 급진적 요구들의 압력으로부터 성장한 젊은 세대의 페미니스트들은 1905년 혁명에 뒤이은 헌법 개혁의 짧은 기간을 잘 이용하기도 하였지만, 그들의 활동은 확고한 반동의 국면에서 격감되었다(Evans 1977).

자야와데나는, 수많은 중동과 아시아 국가들에서 좀더 독립적인 페미니스트 운동을 고무시킨 민족주의 지도자들에 의해 도입된 여성의 결혼상의 지위와 교육을 향상시키기 위한 조치들이 얼마나 제한적이었는가를 기술하였다. 일반적으로 이것이 극단적으로는 온건한 규모였지만, 민족주의 투쟁이 고양된 기간 동안 이루어진 투표권 캠페인은 때때로 좀더 호전적 성격으로 나타났는데, 중국에서 1911년, 이란 1917년, 일본 1924년, 스리랑카 1927년이 그러하였다. 자발적인 페미니스트 조직들은 거의 없었지만 2개의 예외로서, 1911년에 일본에서 형성된 세이토 Seito(파랑색 스타킹)그룹과, 주진 Jiu Jin에 의해 설립된 중국여성연합 Chinese Women's Association이 있었다(Jayawardena

1986).

오늘날 페미니즘의 적실성과 관심의 대상이 되는 제1기 페미니즘에 대한 많은 관찰들이 있다. 우선, 산업자본주의의 등장, 그리고 평등이라는 새로운 이데올로기와 결합된 여성의 사회적 위치에 있어서 변화의 접합점들로부터 일어난 광범위한 동의가 있었다. 페미니즘의 주요한 촉매는 구드의 말을 빌리자면, "개인의 권리와 책임성에 대한 본연의 프로테스탄트 개념이 여성으로 점진적·논리적·철학적으로 확장된"(Goode 1963, 56) 것이다.

에반스가 주장했듯이, 자유주의 프로테스탄티즘은 '신부나 교회가 아닌 개인이 그 자신의 구제에 책임을 진다는 신념'에 근거하고 있으며, 그 원칙은 남녀 모두에게 적용되는 원칙이다(Evans 1977, 17). 17세기 자유주의 프로테스탄티즘이 인간의 '본질적' 평등이라는 영향력 있는 원칙을 발전시켰으나 여기에 여성은 배제되어 있었다. 이런 모순은 존 로크 John Locke의 사고에서도 보여진다. 브레남과 페이트만이 지적하듯이, 로크가 인간들이 공유한다고 가정한 자연상태에서의 평등은 의미상 추상적이고 도덕적인 것이다. 왜냐하면 그는 신체적 그리고 정신적 재능의 차이를 알기 때문이다. 그러나 로크는 심지어 '자연'상태에서도 여성은 신체적·정신적 차이 때문에 평등하지 않다고 가정한다(Brennan and Pateman 1979).

그러나 디드로 Diderot와 콩도르세 Condorcet와 같은 프랑스 계몽주의 철학자들은, 여성의 권리에 대해 좀더 논리적으로 일관성 있게 호의적이었다. 페미니스트 사상가들은 미국과 프랑스 혁명에서 이루어진 급진적 자연권 원칙의 실용적 현실화에 영향을 받았다. 실제로 메리 울스톤크레프트의 책은 프랑스 혁명 기간 동안에 발행되었고, 세네카 폴 선언은 미국 독립선언에 의해서 직접적으로 영감을 받은 것이었다(Banks 1981, 28-29). 에반스는 19세기 자유주의를 프로테스탄티즘의 도덕적 언명과 계몽사상의 합리주의적 융합을 나타내는 것으로 보았다. 이는 밀의 논문 「여성의 종속」 "The Subjection of Women"에서 잘 요약되고 있다. 이 글은 급속도로 여러 나라 언어로 번역되었고, 그 당시 교육받은 여성들에 미친 영향은 '과장하기도 어려울 정도'였다. 실제로 밀이 전반적인 페미니즘에 대해 그의 에세이에서 호소하는 바는 "출생으로 인한 개인의 형식적·법적 차별의 철폐를 정당화시키고자 하는 일

반적인 지적 운동의 한 부분으로서 페미니즘이 형성되었다"(Evans 1977, 22)
는 것이다.

물론 19세기 자유주의 사상은 영국이나 미국의 헌법 개정 논란에 적용될
수 있을 뿐만 아니라 프랑스의 교권주의, 오스트로-헝가리나 중동과 아시아
등에서의 민족주의를 위한 지적인 공격수단을 제공해주었다.

자유주의의 출현 그 자체는 초기 자본주의의 발달과 밀접한 관계가 있다.
에반스의 주장에 의하면, 자유주의 출현으로 인한 중요한 결과는 상업, 경영
등 직업에 기초를 둔 비교적 강하고 자신만만한 중간계층이 등장했다는 것
이다. 이러한 중간계층은 개신교 국가에서 현저하게 발달되었고, 따라서 강
력한 개신교적 중간계층은 자유주의나 페미니즘을 위한 선행조건이라는 것
이다. "자유주의 그 자체와 마찬가지로 페미니즘은 개신교 중간계층의 신조
였다." 프랑스와 같이 대부분이 카톨릭교도인 나라에서조차도 페미니즘 지
도층은 대부분 개신교적이거나 반교권주의적이었다(Evans 1977, 30).

좀더 구체적으로, 영국과 미국의 페미니즘에서는 여성이 자기자신을 평등
원칙에 적용할 준비를 갖추게 된 것은 자신의 역할과 지위에 대한 산업자본
주의의 영향 때문이라는 주장이 있어왔다. 산업화는 먼저 가정에서 전통적
여성의 역할을 제거하였다. 잠재적으로 이것은 결혼한 중간계층의 여성을
적어도 과거 많은 가정 내에서의 의무로부터 해방시켜주었으며, 더욱이 점
점 축소되는 가정이라는 영역에 여성을 가두어 두려고 하던 논리를 타파하
였다. 그러나 그들 신흥부르주아 남편들로 인하여 비생산적이고 수동적인
빅토리안 여성들을 이상화하는 결과가 초래되었다. 동시에 가정이라는 영역
에서의 생산은 줄었으며 생필품을 구하기 위해 돈에 의존하게 되었고, 많은
중간계층의 독신 여성들은 사회가 용인하는 선택의 범위가 별로 없는 직업
영역에서 일하게 되었다. 이러한 직업은 때로는 불쾌할 뿐만 아니라 굴욕적
인 작업조건을 지닌 것이기도 했다. 가장 억압받은 사람들은 노동자계급 여
성이었다. 그들은 남성 노동자의 반대와 빅토리안적인 개혁가의 종교적 반
감에도 불구하고 점차 공장에서 그리고 가정에서 노동할 수밖에 없었다. 단
순히 여자이기 때문에 낮은 임금과 차별대우에 고통받아야 했으며, 또한 주
부라는 이유로 그들은 이중의 추가적 부담을 참아야만 했다.

린다 고든이 강조한 바에 따르면, 이러한 사회적 변화의 결과 중 하나는 출산률의 감소이다. 비록 몇 사람들은 출산률의 감소가 페미니즘 그 자체 때문이라고 하지만, 출산률 감소는 이미 19세기 초부터 현저했고 그 원인은 아마도 영아사망률의 감소와 농사를 짓지 않게 된 가정에서 아이들의 수가 더 이상 경제력을 나타내는 것이 아니기 때문일 것이다(Gordon 1977). 페미니즘과 이러한 경향의 상관관계는 많은 논란을 야기시켰다. 그러나 아마도 페미니즘이 출산률을 감소시키는 데 상당한 역할을 했던 것으로 보인다.

19세기 페미니즘의 기원은 페미니스트들의 특징을 설명하는 데 도움을 준다. 무엇보다 페미니즘은 상위 계층과 중간계층 여성의 운동이었다. 그들은 매우 날카롭게 '여성의 제한된 영역과 남성의 확장된 영역의 차이'(O'Neill 1969, 17)를 인식하였으며, 이것을 대변할 시간과 욕구불만에 찬 에너지를 가지고 있었다. 하지만 이것은 그들이 결혼법이나 작업 조건으로 고통받는 노동자계급 여성들의 구체적인 문제에 대해 무관심했다는 것을 의미하는 것은 아니다. 리딩턴과 노리스 Liddington and Norris(1978)가 주장한 바와 같이 영국에서 역사가들이 여성운동, 특히 참정권운동에서 노동자계급 여성들과의 관련성을 잘 기술하지 못한 것은 사실이다. 1900년대 초 랭카셔 지역에 대한 이들의 연구에서 노동자계급의 여성들이 조합운동에서의 경험을 참정권운동에 적용하여 '급진주의 여성 참정권운동가'로서 기여하였음이 밝혀졌다. 에반스는 뉴질랜드에서는 1890년대까지 여성 참정권운동에서 노동자계급의 여성들이 지도부의 온건성에도 불구하고 기여를 하였다고 말한다. 그러나 이것은 예외적인 것이다. 중간계급이 된다는 것의 가장 중요한 결과는 학교 교육에 접근했다는 것이다. 자야와데나가 강조하듯이 교육은 아시아나 중동지역 여성들에게 다른 나라의 진보적이고 페미니즘적인 생각과 업적을 접할 기회를 제공한다는 점에서 중요하다.

때때로 결혼한 여성에 비해 미혼여성이 운동에 별로 참여하지 않았다는 것이 제기되고 있다. 물론 영국에서 1850년대에 남성들의 이민으로 인하여 남성보다 여성의 수가 많았던 점이 제1기 페미니즘의 원인으로 일컬어지고 있다. 그러나 케인 Caine(1982)은 기혼여성의 이익과 기혼여성 자체가 운동의 초기부터 두드러졌다고 주장한다.

비록 초기 여성운동가들은 다른 관심사들을 제외한 채 여성의 권리, 특히 참정권에 초점을 맞추었음에도 불구하고, 19세기 여성운동가들은 괄목할 만한 활동영역과 전망을 가지게 되었다. 많은 운동가들은 여성의 참정권이 노동법이나 매춘 규제와 같은 특정한 정책을 향상시킬 수 있는 도구로 활용될 수 있다는 것을 점차 인식하였다. 뱅크스는 이를 3가지 주류로 나누었다. 첫째, 평등권 페미니즘 equal right feminism은 계몽사상의 직접적인 산물이다. 이 여성운동은 미국과 영국에서 강하게 나타났는데, 특히 영국에서는 본질적인 성차를 줄이고 결혼법이나 교육, 취업, 투표 등에서 성평등을 추구하는 방향으로 나아갔다. 둘째는 복음주의적 페미니즘 evangelical feminism이다. 특히 미국에서 페미니즘에 대한 부수적인 이념적 영향은 18세기 말과 19세기 초의 복음주의적 페미니즘이었다고 뱅크스는 주장한다. 대다수의 여성들이 종교적 개종과 선행에 착수했다. 특히 1830년대와 1840년대 등장하여 매춘부를 개종시키고 금욕을 촉진시켰던 이 운동은 성에 대한 이중적 잣대와 남성들의 음주에 대해 공격하면서 페미니스트의 목소리를 높일 것을 요구하였다. 이러한 경험에서 나온 복음주의적 여성운동은 페미니스트들의 지위를 개선하기 위한 노력보다는 그들보다 불행한 사람들, 즉 노동자계급 여성, 타락한 여성, 어린이, 가난한 사람들을 위해 보호를 제공하고 도덕적인 생활 향상을 위해 노력했다. 이때 그들은 여성의 도덕적 우수성을 강조하였지만 이것은 어머니·주부로서의 전통적 역할에 기반을 둔 것이었다. 이런 연장선상에서 복음주의 페미니스트들은 사회적으로 보수적인 철학에 치우쳐 있었다. 셋째로, 사회주의 페미니즘 socialist feminism은 미국에서는 거의 나타나지 않았으며 영국에서도 다른 두 페미니즘만큼 영향이 크지 않았다. 그러나 몇몇의 견해를 보면, 초기의 사회주의자들(생시몽 Saint Simon과 푸리에 Fourier, 톰슨 Thompson과 오웬 Owen)은 맑스나 엥겔스와 마찬가지로 사회주의 여성운동이 3가지 여성운동 중 가장 진정한 페미니스트 운동이라고 생각했다. 사회주의 여성운동은 현재의 결혼·가족형태에 의문을 품었으며 자녀양육과 가사일의 집단화를 옹호하였다.

사회주의 페미니즘은 사회주의 운동과 거의 일치하지는 않는다. 프랑스에서조차 그리고 특히 독일에서 19세기 말까지, 사회주의 정당들은 여성의 권리운동을 그들의 프로그램에 통합시켰는데, 여성에 대한 전통적인 생각을 기반으로 한 부르주아 페미니즘에 대한 깊은 불신과, 여성의 권리는 언제나 사회주의 과업에 종속적인 것으로 또는 부차적인 것으로 여기는 사조가 공존하였다(Sowerwine 1982; Mies 1983). 여성에게 투표권을 부여하는 것은 양면성이 있었는데, 독일의 사회민주당이 많은 여성을 동원하였음에도 불구하고, 에반스가 지적한 바와 같이 여성노동자보다는 차라리 노동자의 아내들을 동원하였던 것이다.

이러한 다양성으로 인해 주목할 만한 결과 두 가지가 있었다. 하나는, 초기 페미니스트들은 1960년대 여성운동에 의해 계속적으로 추구되어온 이론적 토대를 두루 망라하고 있었다는 점이다(Sabrowsky 1979 참조). 주류 페미니즘이 더 신중했던 것에 반하여 개별적인 페미니스트들은 다양하게 성 평등, 여성의 도덕적 우월성, 여성만의 분리된 페미니스트 단체에 대한 요구, 여성 가장의 존재, 남성과 여성의 성 비교, 여성의 경제적 독립, 결혼과 자녀로 인한 구속에서 벗어나기 위한 필요 등과 같은 오늘날 우리에게 익숙한 요구를 주장하였다. 다른 한편으로, 비록 사회주의 페미니스트들은 여성이 집단적 자녀양육과 가사노동을 분담해야 한다고 가정했지만, 제1기 페미니즘은 가정 내에서의 성별 노동분업에 의문을 품지 않았다. 적어도 1910년대까지는 피임보다 금욕을 옹호하는 식으로 그들은 여성의 성성 sexuality을 직시하지 않았다.

둘째, 운동의 다양함은 통합을 위협하였다. 참정권운동의 동기는 실제 여성운동에서의 통합이 아니라 허위적인 통합을 강요하였다. 평등권 페미니즘, 복음주의적 페미니즘, 사회주의 페미니즘 사이에는 관심사와 관련된 갈등이 내재해 있었다. 밀과 런던 소재 여성 참정권운동 조직의 회원들은 개인적으로는 전염병 법령에 대항한 조세핀 버틀러의 운동에 동조하였지만 참정권운동은 타협의 여지가 있는 것과는 분리되어야 한다고 주장하였다(Caine 1982). 그러나 이러한 흐름에서는 전술의 차이뿐만 아니라 관심사의 차이도 있었다. 미국의 엘리자베스 캐디 스탠톤은 교육받은 여성에게만 참정권을 제한적으로 허용해야 한다고 하였다. 그리고 1890년대에 많은 여성 참정권운동가들은 백인 우월주의를 지키기 위해서 백인여성에게만 참정권을 주자

고 주장하기까지 했다(Banks 1981, 141). 영국에서는 1889년 여성 참정권운동
이 분열되었는데 이는 '남편의 보호 하에 있는 아내의 지위'에 관한 의문 때
문이었다. 즉, 선거권을 독신 여성이나 미망인에게만 줄 것인가 아니면, 법
적 의제에 따라 남편이 권리를 대신하는 기혼여성에게도 줄 것인가를 둘러
싼 논쟁 때문이었다(Morgan 1975, 16). 독일에서는 투표권 연합이 재산을 근
거로 여성들의 참정권을 제한할 것인가 모든 여성들에게 참정권을 허용할
것인가를 두고 분열되었다(Evans 1977). 사실 뱅크스는 여성이 참정권을 획득
함과 동시에 여성운동을 구성하던 부분들도 분열되었기 때문에 1920년대 이
후 페미니즘이 소강상태였다고 설명한다.

제1기 페미니즘은 제2기 페미니즘을 위해 중요하다. 왜냐하면 그것은 성
취하는 방법과 실증적 사례, 미래를 위한 교훈을 전해주었기 때문이다.

페미니스트들이 여성 참정권으로부터 너무 많은 것을 기대했다 할지라도
투표권을 얻은 것은 단순히 상징적 승리만은 아니었다. 만일 참정권운동에
서 승리하지 못했더라면, 이는 미래에 분명히 장애로 남아 있었을 것이다.
그러나 페미니즘은 참정권 이상의 것을 얻어냈다. 즉, 참정권으로 인한 압력
으로 영국에서는 여성에 대한 교육의 기회가 확대되었으며, 기혼여성과 미
혼모의 권리가 향상되었다. 또한 여성과 어린이를 대상으로 한 복지가 영국
과 미국 두 나라에서 모두 확대되었다. 아마도 가장 중요한 영향은 평등한
대우에 대한 여성의 주장에 정당성을 부여할 수 있게 되었다는 것이다. 더
나아가 논쟁은 참정권 주장의 타당성이라기보다는 여성 참정권의 의미에 대
해서 진행되었다.

두번째 분명한 증거는 그것의 사례이다. 윌슨이 지적한 바와 같이 비록
영국의 페미니스트들이 역사적 근원에 대한 재발견이 더디다 해도, 오늘날
페미니즘이 활발한 것은 분명하며 이는 미국 문학작품에 잘 드러나 있다.

마지막으로 페미니즘의 이러한 면을 통해 다양한 교훈을 얻을 수 있다.
그것은 참정권운동과 같은 하나의 고정된 목표에 중점을 둠으로써 (오늘날
에는 평등권수정안[ERA: Equal Rights Amendment]일 것이다) 다양한 운동방
향의 원심적인 압력에 반대하려는 시도를 경고한다. 동시에 페미니즘의 주
장을 넓히고 전략적 개방성을 최대화하려는 노력에서 페미니즘이 그 명분만

을 유지하려고 하거나 도구적이었기에, 미래의 가능성에 대한 급진적 태도를 상실하였다. 뱅크스에 의해 규정된 3가지의 전통적 페미니즘은 각각 방법적 면에서 다르다. 복음주의적 페미니즘은 여성의 전통적 가치를 이상화하였고 평등권 페미니즘은 중간계층의 여성들만이 실제로 향유할 수 있는 권리를 추구하였으며, 사회주의 페미니스트들은 여성에 대한 억압을 종식시키는 데 있어서 사회주의 운동의 성과에 의존하였다. 비록 역사가 가르쳐주는 데는 늘 한계가 있고 페미니즘의 맥락은 인식을 초월해서 변화되었지만, 이러한 교훈들은 그 나름의 적실성을 보유하고 있다.

2. 현대 페미니즘의 기원들

제1기 페미니즘 이후에 페미니즘은 결코 사라지지 않았다. 비유적인 표현으로 바꾸면, 페미니즘의 조류는 결코 제1기 페미니즘 이후 완전히 가라앉아 버린 것은 아니다. 오늘날 페미니즘의 부활은 그동안의 페미니즘에 대한 새로운 연구를 고무시키고 있으며 완전한 쇠퇴라는 초기의 가정에 대한 의문을 불러일으키고 있다.

그것은 여성운동이 왜 사라졌는가에 대한 의문을 풀어가는 것과 관련이 된다. 왜냐하면 진부한 표현으로 여성들이 투표권을 가졌다는 것은 사실이지만, 여성은 더 이상 공동으로 노력해야 할 목표를 공유하지 않았으며 현실은 훨씬 복잡해진 것처럼 보였기 때문이다. 틀림없이 몇몇 페미니스트들은 "여성의 종속, 과연 그런 종속이 있기나 하다면, 이제 법 제정과 관계되지 않을 것이다.…과거 페미니즘이 선동한 것은 더 이상 그 토대와 정당성이 존재하지 않게 되었다"(Bouchier 1983, 8에서 인용)라는 영국의 수상 스탠리 볼드윈 Stanley Baldwin의 의견에 동의했을지도 모른다. 그러나 참정권의 획득은 시작에 불과했다.

에반스는 제1차 세계대전 이후 페미니즘의 쇠퇴를 일반적으로 자유주의의 쇠퇴와 연관시킨다. 페미니즘의 쇠퇴는 독일이나 이탈리아에서 단순히 억압적인 정부뿐 아니라 특히 '스파이더즈 웹 차트' Spider's Web Chart가 개별적인 여성 기업인 모임과 여성기독교절제회를 포함하던 1920년대 '레드 스케어' Red Scare시기의 미국에서조차도 그러하였다. 페미니스트들은 필연적으로 보수 진영과 사회주의 진영으로 양극화되었으며 그들 사이의 격차는 더욱 첨예해졌고, 페미니스트 이슈는 계급정치 속으로 빠져들고 말았다. 이것은 대륙에서도 그러하였다. 소워와인 Sowerwine이 주장한 것같이 페미니스트들은 위기상황에서 성 gender보다는 계급으로 문제를 해결하려 했다. 자야와데나는 이러한 경향으로 인해 중동이나 아시아 지역에서 제1기 페미니즘이 민족개혁운동과 함께 침체되었다고 설명한다.

부카이에 Bouchier(1983)와 뱅크스(1980)는, 1920년대 미국과 영국의 신세대 여성들은 증대된 자유를 즐겼는데 이는 여성운동의 결실로서 교육과 고용기회, 복장, 그리고 특히 성적 표현의 부분에서 획득한 자유의 결과였다. 이 시대는 인습을 거부하고 '양성' 스타일을 시도한 '말괄량이 소녀'의 시대였다. 최근 몇몇 진보적 페미니스트 작가들은, 이런 변화들을 언급하면서 그 의미에 대해서는 사뭇 다른 해석을 하고 있다. 세기의 전환점에 즈음하여 소규모이지만 목소리를 높인 페미니스트 단체는 이성애적 결합을 통해 자신의 가치를 하락시키기보다는 독신으로 있을 것을 주장했다. 이 '독신여성들'은 동료 페미니스트들로부터 공격을 받기도 하였다. 그러나 제프리 Jeffreys(1984)의 주장에 의하면 하벨록 엘리스 Havelock Ellis와 그 동료들이 주장한 '자유주의적' 성에 대한 강령은 남성의 특권에 도전한데 대한 남성의 반응이라는 것이다. 엘리스는 여성의 권리를 옹호해야 한다고 주장했다. 그러나 사실 그의 주장은 지배하고 정복하고자 하는 전통적인 남성의 요구와 일치했다. 엘리스의 공헌에 힘입은 1920년대의 이러한 새로운 성적 자유는 과거의 '청교도적'인 여성운동의 신념을 손상시켰고, 젊은 여성들에게 청교도적 여성운동이 더 이상 그들과 관련이 없다고 설득하는 데 성공하였다. 동시에 여성의 차이와 열등성을 영속화시키는 데도 한몫 하였다(Jackson 1984 참조).

이러한 복합적 상황은 1920년대와 1930년대까지 대부분의 국가에서 계속되어온 여성 억압의 실체를 분명하게 하는 데 도움을 주었으나 페미니즘 단체들은 축소되었고 파편화되었다. 그러나 달럽 Dahlerup과 굴리Gulli가 지적하였듯이, 스칸디나비아 지역은 이러한 경향에서 예외적이었다. 스칸디나비아 지역에서 여성의 권리를 주장하던 단체들이 참정권을 얻은 이후에 해체되지 않았고 1950년대를 통틀어 그 운동을 지속하였으며, 여성해방이 등장하기 이전에 성 평등권에 대한 논의를 이루어나갔다.

미국에서는 참정권 획득에 이어, 평등권 특히 평등권수정안을 추구했던 단체는, 회원이 줄기는 했지만 여성당 Woman's Party이었다. 후에 여성유권자연맹 League of Women Voters이 된 NAWSA는 여성의 시민교육에 중점을 두었으며 또한 의회공동위원회 Joint Congressional Committee를 통해 복지 관련 법률, 특히 모성성과 아동양육에 관련된 것에 대한 입법을 추진하였다. 1920년 중반까지 명맥을 유지해온 운동은 보호입법문제로 분열되었는데 '복지적' 페미니스트들은 이 문제가 여성권익의 핵심이라고 생각했고 평등권수정안 제안 때문에 위협받고 있다고 믿었다. 그러나 클라인 Klein은 비록 운동의 대중적 기반은 분열되었다 할지라도 명맥을 유지해온 여성 권익단체들은 1950년대까지 지속적으로 정치적 경험을 쌓아나가서, '의회에서 256개의 법안을 발의하도록 로비를 할 정도로 발전하였다'고 지적한다. 또한 그들은 1960년대 '개혁주의' 페미니즘이 다시 나타날 수 있도록 방법과 기술을 제공하였다.

영국에서는 WSPU가 1919년 이후 급속하게 분열되었다. 그러나 현재 전국평등시민연합 National Union of Equal Citizens으로 불리는 NUWSS는 평등권을 위한 주장을 계속 펴나갔다. 이 운동의 핵심은 30세 이하의 여성들에게 투표권을 확대하고자 한 것이었다. 한편, 여성운동가들은 노동당의 지지를 얻어 여성의 권리를 확대하였다. 여성들은 이혼이나 양육권에서 동등한 권리를 가지게 된 것이다. 여성운동가들 또한 복지문제를 추구하였지만 그런 것들은 평등권운동과 상치되는 것처럼 보이지는 않았다. 뱅크스가 주장하듯이 이것은 부분적으로 노동당 조직과 특히 여성의 협동조합 Cooperative Guild이 서로 다른 페미니즘 경향을 한데 수용할 수 있는 우산과도 같은 것을 제공하였기 때문이었다. 여성운동이 나뉘어지기 시작한 것은 우선, 가족수당 문제 때문이었다. 엘리노어 래드본 Eleanor Rathbone은 가족수당이 평등권 때문이 아니라 어머니로서 여성의 역할 때문에 아버지가 아닌 어머니에게 주어야 한다고 주장하였다. 평등권 페미니스트들은 1927년 공장법안 Factory

Bill에서 제안한 보호조치 문제로 복지 페미니스트들에 반대했으며 마침내 운동은 분열되었다.

1930년대 두 나라 모두에서 좀더 투쟁적이면서 평등권을 주장하던 페미니스트들은 좌절을 경험하였다. 이때부터가 뱅크스는 '복지주의 페미니즘' welfare feminism이라고, 윌슨은 '이성적 페미니즘' reasonable feminism이라고 이름 붙인 페미니즘의 전성기였다. 복음주의 페미니즘의 전통에서 이것은 여성의 어머니로서의 역할과 기여를 강조하였으며 이 때문에 사회적 복지 혜택을 받을 수 있다고 주장하였다. 경제공황 동안 뉴딜 New Deal에 의해 가난을 없애고자 했던 정책을 이 집단은 지지했다. 특히 미국에서는 페미니스트들이 평화운동에 빠져들어 갔다. 이러한 이름의 페미니즘은 1920년대와 1930년대의 산아제한운동에서 제한된 역할밖에 하지 못했지만, 산아제한 그 자체는 점차 명분을 얻어갔으며 페미니스트 이슈를 넘어선 좀더 보편적인 논의가 되어갔다.

윌슨은 제2차 세계대전 이후 영국에서는 대부분의 페미니스트들이 남녀 간 평등이 제도화된 새로운 사회가 도래하였음을 믿게 되었다고 주장하였다. 더 나아가 그들은 이런 사회의 건설에서 결혼이라는 상황이 이제는 '동료관계'로 의미가 바뀌었지만, 여성은 여전히 자녀양육과 가사에 대한 책임을 맡는 것이 당연하다고 받아들였다. 여성은 오직 아이들에 대한 양육기간을 제외한 기간에만 직업을 가져야 했던 것이다(Wilson 1980). 미국에서도 여성은 이미 동등한 권리를 향유하고 있다는 의견이 널리 퍼져 있었다. 새로운 그리고 억압적인 '여성의 신비' feminine mystique가 지배적이 되어감에 따라 다른 호전적인 페미니즘은 실제 조롱거리가 되었다(Friedan 1963). 미국의 전국 여성당과 6개 핵심집단,[3] 전투적인 영국의 여성자유연맹 Women's Freedom

---

[3] 론다 자작부인이 1921년 설립한 영국의 페미니스트 조직으로 여성의 이익을 위해 토의하고 정치압력을 행사하던 조직. 이 조직의 이름이 'SIX POINTS'라고 붙여진 이유는 여성 지위 향상을 위해 의회에 요구한 법안이 6가지 요점을 중심으로 이루어졌기 때문이다. 6가지 요점이란 ①아동학대에 대한 효력 있는 법률, ②남편이 사망한 아이 있는 여성에 대한 효력 있는 법률, ③미혼모와 그 아이에 대한 효력 있는 법률, ④평등한 친권, ⑤교사의 남녀동일임금, ⑥공무원의 남녀동일임금 및 기회균등(역자주).

League은 1960년대에도 유지되었는데 이들 단체를 제외하고 덜 알려진 페미니즘 단체들은 "지하로 들어가거나, 억압의 청산을 주장하는 사회에서의 잠자는 숲 속의 미녀와도 같았다"(Wilson 1980, 187).

그러면 1960년대의 전투적 페미니즘의 부활은 어떻게 설명할 수 있을까? 페미니스트들은 이러한 의문이 여성운동의 미래에 대해 시사점을 준다는 점에도 불구하고 그 가치만큼 주목하지 않았다. 그들이 이 문제에 대해 논의를 깊이 하면 할수록 그들이 서로 강조점을 달리함에도 불구하고, 가장 적절한 요소가 어떤 것인가에 대해 일반적인 합의를 도출한다. 여기에서 그 인과관계를 3가지 수준으로 구별해보는 것은 유용할 것이다. 첫째 요소는 여성들이 자신의 억압을 인식할 수 있게 해준 여성들이 처한 상황이다. 둘째 요소는 페미니즘의 부활을 정당화해주었던 이데올로기적 발달과 새로운 구성원을 받아들일 수 있게 해준 사회적⋯구조적 연결망과 같이 페미니즘 부활을 유지하게 해준 요인이다. 마지막 요소는 페미니즘의 부활을 유발시킨 특별한 사건이다.

1950년대에는 여성의 실제 역할과 여성 역할에 대한 규범적 인식 사이에 모순이 증폭되었다. 즉, 일각에서는 여성이 이미 평등권을 획득했다는 믿음이 있었다. 그와 동시에 미국에서는 『여성의 신비』 *The Feminine Mystique*[4]가 여성의 자기성취는 여성을 실제로 다르게 만드는 것, 즉 여성성feminity을 실현하는 데 달려 있다고 말하였다. 영국에서는 복지국가의 보호 아래 평등하지만 다르다는 것으로 해석되었다. 그러나 여성의 가정 내에서의 역할에 대한 규범적인 강조는 노동을 줄일 수 있게 해주는 가전제품 생산의 증가와, 여성 스스로 산아제한을 할 수 있고 출산주기를 조절할 수 있게 해준 피임법이 확산됨에 따라 모순에 직면하게 되었다. 더 나아가 남성 노동력의 부족으로 인하여 가정 밖의 직장에 종사하는 여성, 특히 기혼여성의 수가 증가함에 따라 전통적 여성의 역할을 강조하는 주장은 더 심각하게 부정되었다. 평등이라는 것이 동일임금 또는 동일한 직업 기회를 의미하는 것이 아니라는 것도 밝혀지게 되었다.

---

4) 일반적으로 '여성의 신비'라고 알려졌으나 실제 제목이 의미하는 바로는 '여성성의 신비'가 적합한 표현이다(역자주).

여성은 가정에서나 일터에서나 첨예한 모순을 경험했다. 여러 측면에서 이것은 19세기 페미니즘의 등장을 둘러싼 상황을 상기시켰다. 산업자본주의의 요청이 비록 다르게 작용한다 하더라도 그들은 산업자본주의의 사회적 결과의 연장선상에 놓여 있었다. 진정으로 새로운 요소는 피임 기술에 있어서의 획기적인 발전이었다. 파이어스톤은 당시의 페미니즘을 "성적 재생산의 역할이라는 굴레로부터 여성을 자유롭게 할 수 있는 기술의 발전에 대한 불가피한 여성의 반응"(Firestone 1970, 37)으로 보았다. 이것은 가장 진보적인 이론의 창출에 대해서 설명할 수 있게 한다. 그러나 비록 이러한 피임법의 새로운 형태는 잠재적으로 여성을 자유롭게 하지만, 1950년대 후반에 피임법이 허용되면서 여성을 남성의 희롱상대로 만들 수도 있었다. 미지 덱터 Midge Decter는 전통적으로 규정되는 가정중심적인 여성의 역할을 옹호했던 반페미니즘 작가였다. 그러나 그녀의 작품에서는 여성해방의 의미에 대한 그녀의 통찰이 상당히 나타나 있다. 여성의 자유는 '새로운 순결' 또는 남성과의 성적 평등이라는 이름의 "합의할 수 없는 상황으로부터 쫓겨나거나 물러났을 때, 또는 책임을 지게 되었을 때 여성의 권리를 외칠 수 있는 것"(Decter 1973, 95)이라는 게 그녀의 통찰이다. 그녀는 물론 공감을 얻지 못하였다. 왜냐하면 그녀는 여성의 성적 '해방' liberation이 남성의 필요에 의해서 결정되고 정의된 성성 sexuality의 확장에 지나지 않는다는 것을 인식하지 못했기 때문이다.

비록 수많은 여성들이 이러한 역할 중압감을 경험했지만, 프리만은 남성 동료와의 비교에서 상대적인 박탈감을 가장 많이 느끼는 고학력 여성들이 역할 중압감에 가장 예민하다고 주장하였다. 전후 초기 몇 년 동안 미국에서 여성의 학문적 성과는 갑자기 감소하였다. 1950년까지 여성 학사와 전문학위는 24% 정도밖에 되지 않았다. 1960년대 다시 그 비율이 올라갔으며 1968년에는 43.5%를 차지하게 되었다. 영국에서도 고학력에서 여성이 차지하는 비율은 크게 향상되지 않았다. 1970년 영국에서는 학부과정에 여성이 30%를 차지하였다. 그러나 그들의 절대적 숫자는 1960년대에 고등교육의 확대와 함께 지속적으로 증가하였다. 고학력 여성의 수는 1960년대 말에 두 나라 모두에서 급격하게 증가하였다.

로씨는 여성권리운동에서 미혼여성이 중심적인 역할을 한다고 설명한다.
왜냐하면 그들은 남성으로부터 비교적 독립적일 뿐만 아니라 여성에 대한
전통적 역할의 이점이 그들에게는 적실성이 덜하기 때문이다. 1971년 출판
된 책에서 로씨는 "1960년 이래 결혼 연령은 높아졌으며 출산률은 1930년대
말 수준까지 떨어졌고 오랜 기간 함께 살아온 부부의 이혼률이 증가하였다"
(Rossi 1971, 66)고 지적하고 있다. 로씨의 주장이나 프리만의 주장 중 어느
것을 따르더라도 그들이 시사하는 바는 1960년대에 여성 자신들의 억압을
인식할 수 있게 해준 상황에 놓여 있던 여성인류 womankind의 영역이 확대
되고 있다는 것이다.

그러나 19세기에서처럼 호전적 페미니스트들의 의식에 대한 돌파구로 이
념적 촉매제가 요구되었다. 1950년대는 여성들에게 스스로 즐겁게 성적인
행동을 하도록 하는 쾌락주의적 소비에 강조점을 두었다. 그러나 단기간 존
재했던 '이렇게 좋은 사회는 결코 없었다'에 대한 비판은 신좌파 New Left[5]
와 흑인의 자유를 주장하던 미국 인권운동에 의해 제기되었으며 이로 인하
여 페미니즘은 새로운 목소리를 내게 되었다. 신좌파측은 형식적인 정치적
평등과 물질적 풍요의 배후에는 정치권력의 집중과 경제적 불평등, 소외 등
이 있다고 주장하였다. 여성과 관련하여서 신좌파측은 '사적인 것은 정치적
이다' personal is political라는 어구에서 표현되었듯이 사회적·정치적 행동을
통하여 인간의 자유를 요구하였다. 이는 1950년대에 널리 퍼져 있었던, 개인
적 문제는 개인적 또는 정신분석적 해결을 요구한다는 신념과 대조될 수 있
을 것이다. 마지막으로 인권운동과 관련하여 활동하던 젊은 여성들은 1840
년대에서처럼 '여성은 이 세상의 흑인이다'라는 모토와 함께, 여성들의 경험
과 흑인들의 어려움은 같다는 것을 인식하게 되었다.

아직 두 가지 조건이 남아 있다. 페미니즘에서 새로운 구성원들을 모을
수 있게 해준 연결망과 페미니즘의 부활을 촉진시킨 특별한 사건이 그 두
가지이다. 이것들은 제2기 페미니즘의 발달 부분에서 잘 논의된다. 이 발달
에 대한 설명은 작자의 경험과 이념에 의해서 달라질 수 있으므로 '객관적'

5) 1960년 이후 인종통합, 군비축소, 반전 등 급진적 사회개혁을 부르짖는 자유주의
지식층(역자주).

시각으로 설명한다는 것은 어려운 일이다. 그러나 나는 참고가 된 주요 자료를 지적할 것이며 마지막 부분에서는 이런 '사실'들이 어떻게 해석될 수 있을까라는 질문으로 돌아갈 것이다.

3. 미국에서의 여성해방

미국의 제2기 페미니즘이 하나의 운동이 아니라 각각 고유의 기원을 지닌 두 운동으로 구성된다는 것은 인정되고 있는 사실이다. 연대순으로 볼 때, 먼저 나타나는 것은 '구세대' The Older Branch인데 이의 설립자들은 나중에 등장한 운동의 설립자들보다 당연히 나이가 많다. 뱅크스는 이들이 몇몇 호전적 단체들, 특히 전국여성당에 의해 명맥을 유지해온 평등권 페미니즘의 전통을 이어오고 있다고 분석하였다. 프리만은 이들을 형성시키고 이들에게 동료를 흡수할 수 있게 해준 연결망을 제공했던 두 가지의 중요한 사건을 지적하였다. 1961년 여성국 Women's Bureau[6]('복지주의 페미니즘'과 비슷한 경향을 띤 1920년에 설립된 정부기구)의 국장이었던 에스더 피터슨 Esther Peterson의 제안에 따라 케네디 대통령은 여성지위위원회 Commision on the Status of Women를 설치하였다. 이 위원회에서는 『미국 여성』 *American Women* 이라는 보고서를 작성하였다. 이 보고서는 다른 출판물과 더불어 여성의 지위와 기회에 있어서의 불평등이 여전히 폭넓게 존재한다는 것을 자료화했으며 50개의 각 주마다 이와 비슷한 위원회가 설치되도록 독려하였다. 이 위원회의 활동을 통해서 이 위원회가 없었더라면 "여성과 직접적으로 관련된 문제에 대해서 함께 일할 수 없었을 많은 지식 있는 그리고 정치적으로 활동적인 여성들이 함께 일할 수 있게 되었으며, 뭔가 이루어지리라는 기대가 고조되었다"(Freeman 1975, 52). 그후 1964년에는 고용에서 차별을 금지시킨 새로운 시민권법 Civil Rights Act의 제7조에 성 sex이라는 기준이 추가되었다(성이라는 기준을 포함시키려는 제안은 스미스 의원에 의해서 이루어졌는데, 그

---

6) 여성국은 1920년 설립되어 현존하고 있는 노동부 산하 부서이다(역자주).

의 목적은 7조 전체를 빼도록 의회를 설득하는 것이었지만 그의 시도는 실패했다). 이 법의 집행을 위해서 평등고용기회위원회 Equal Employment Opportunity Commission가 설치되었다. 이 위원회는 처음에는 성차별을 금지하는 것을 별로 내켜하지 않았기 때문에 위원회 내부의 페미니스트들은 위원회에 압력을 가하기 위해 개인적으로 외부에서 로비를 형성하였다.

이 상황에서 더욱 자극을 준 것은 1963년 베티 프리단 Betty Friedan의 『여성의 신비』의 출판이었다. 이는 1966년 전미여성조직 NOW의 형성을 촉발시켰다. 이 단체는 여성해방운동에서 중심적인 역할을 맡아온 단체이다. 첫 지도자인 프리단의 지도하에 NOW는 공식적인 규정과 위계질서를 갖추어 전통적 조직의 형태를 채택하였으며 그 역량을 정부에 대한 로비활동에 집중하였다. 비록 평등권 운동에서 시작하긴 하였지만 이 단체의 강령은 매우 '급진적'인 요소를 포함하고 있었다. 특히 전체 여성운동에서 다른 운동단체와의 관계가 변화함에 따라 이러한 점이 두드러졌다. 1967년 대회에서 채택된 권리장전은 고용기회의 평등뿐만 아니라 당시로서는 상당한 논쟁거리였던 낙태의 합법화도 요구하였다. 낙태를 둘러싼 논쟁은 결국 NOW의 가장 보수적인 회원들의 이탈을 초래하였다. NOW에서 이탈한 이들은 기회평등의 법적·경제적 측면에 더욱 치중하는 단체인 여성평등행동연맹 Women's Equality Action League을 1968년에 결성하였다. 이와 때를 같이하여 한 변호사 집단은 성차별에 관한 사건에서 도움을 줄 수 있도록 '여성을 위한 인권' Human Rights for Women이라는 단체를 설립하였다. 그러는 동안, NOW의 다른 측면에서는 단체가 중앙집권적이 되고 엘리트화되는 것에 대해 반대하는 많은 '급진적' 회원들이 '젊은 세대' Younger Branch'로 분리되기 시작했다.

이러한 상황에도 불구하고 NOW의 회원수 및 중앙직위와 직원수는 계속 증가하였다. 1973년 이 단체는 500개의 지방 지부(비록 지방 지부는 초보적인 지역수준의 단체에 불과하고 빈약할 뿐만 아니라 논쟁하기만 좋아하는 집단이었지만)와 5만명의 등록회원을 보유하고 있었다. 1972년 NOW는 자체적으로 글로리아 스타이넘 Gloria Steinem의 편집 하에 《미즈》 Ms라는 상당히 영향력 있는 잡지를 발간하게 되었다. NOW의 강령은 부분적으로 젊은 세대의 압력에 대응하여 더욱 급진적이 되어갔는데, 1973년 매춘에 대한 해금과 레즈비언들의 권리를 지지하였다.

 이러한 '구세대' 내부의 또 다른 중요한 성과는 1971년 전미여성정치연맹
(NWPC: National Women's Political Caucus)의 형성이었다. 이미 살펴보았듯이
이 단체의 목적은 국가적 차원에서나 주정부적 차원의 정치제도에 여성의
참여를 진작시키는 것이었다. 그러나 여기에는 여성의 지위에 대한 연방 차
원의 법안을 위한 로비활동도 포함되어 있었다.

 '구세대'의 진보를 더 살펴보기 전에, 다소 다른 시대적 환경에서 탄생한
'젊은 자매들'에게 관심을 돌려보자. 젊은 세대들의 여성운동을 촉발시킨 것
은 시민권과 신좌파운동에서의 경험이었다. 위에서 살펴보았듯이 이러한 운
동은 의미 있는 평등이라는 여성 열망의 정당화를 제공해주었고 이 운동을
통해 여성들의 비슷한 한 예를 발견할 수 있었다. 더 구체적으로 말하면, 에
반스는 개인적인 희생을 무릅쓰면서도 운동에 참여하였던 젊은 여성들이 어
떻게 영향력과 자기개발의 새로운 가능성을 실현하기 위한 '사회적 영역'
social space을 획득하였는지 설명하고 있다. 또한 그러한 상황에서 그들의 남
성 동료들의 남성 우월주의에 의해 가로놓인 장애를 어떻게 극복하였는지도
설명하고 있다. 이러한 '새로운 가능성에 대한 위협'에 직면하였을 때, 남부
지역에 기반을 둔 시민권운동에 참여하고 있던 두 여성은 1965년『성과 계
급』Sex and Caste: A Kind of Memo이라는 소책자를 발간하였다. 이 책에서는
어떻게 해야 할지에 대한 방안은 제안하지 않았지만, 흑인에 대한 억압을 여
성에 대한 억압과 동일시하였다. 그들은 급진적 여성들간에 성장하고 있는
인식을 명확히 하고 집중화시키는 데 도움을 주었다. 1967년 시카고에서 새
로운 정치를 위한 전국회의에서 여성문제가 의제로 적당하지 않다고 거부당
했을 때, 이에 격분한 다수의 여성들은 그들 자신들의 단체를 결성하기로 결
정하였으며「좌파 여성들에게」To Women of the Left라는 연설문을 배포하였
다. 같은 해 연말에는 이런 여성들의 단체가 급속도로 생겼으며, 이러한 단
체들은 시민권운동과 신좌파운동 내부 여성들간의 협동적 사회연결망에 기
반을 두었다. 1968년 말 이들 단체들은 대부분의 주요도시에 지부를 두게 되
었다(Evans 1979).

 이러한 기원의 차이를 반영하듯이, 젊은 세대는 동시대의 구세대보다 '진

보적'이며 덜 조직화되었다. 설득력 있게 말하자면 뉴욕 급진여성 New York Radical Women과 같은 단체나 그것의 분파 단체인 레드스타킹 Redstockings 같은 단체들은 성에 대한 억압은 뿌리깊은 위계질서를 형성하였다고 주장하면서 이러한 위계는 페미니스트 혁명에 의해서만 타파될 수 있다고 하였다. 처음에는 몇몇 회원들이 정치가라고 불려졌던 신좌파 단체와 관계를 완전히 끊는 것을 꺼렸지만, 흑인의 권력의 예에서 강화된 이러한 분석에 대한 핵심적인 공격이 조직을 남성으로부터 완전히 결별시키게 하였다. 또한 이들은 남성 지배적인 전통적 정치에 대항하고 젊은 여성운동 자체의 '남성적' 조직과 위계에 대항하도록 자극하였다. 결국 여성들이 개인적인 경험을 일반적인 성 억압의 수준까지 연결할 수 있도록 하고, 함께 배워가면서 혁명적 유대감과 자매애를 얻을 수 있도록 자의식 형성의 핵심적인 역할을 해야만 했다. 시작 시기에 아이디어와 사례, 실제적 조언이 시카고와 뉴욕에 소재한 단체로부터 나왔는데 이들은 매우 지방분권적이며 분열되어 있었고 유동적이었다. 이들은 1969년부터 정기적으로 개최된 전국 회의와 이들 분파의 많은 정기간행물, 뉴스레터, 출판물을 통해서 단체들간의 형식적인 조정을 이루어냈다.

젊은 세대는 처음부터 대중매체에 의해 불려진 여성해방이라는 꼬리표에 대해 저항하였다. 그러나 곧 그들은 그것에 대한 배타적인 권리를 주장하게 되었다. 『페미니스트 혁명』 *Feminist Revolution*(1978)을 쓴 급진주의 페미니스트들과 부카이에에 따르면, '급진적 입장을 버리려는 경향'이 나타나기 시작했다(Bouchier 1979). 이유는 나중에 설명되겠지만 1970년 초 단체활동에서 의식화운동은 뒷전으로 밀려나기 시작했다. 결과적으로 몇몇 단체들은 쉽게 해체되었다. 그러나 다른 단체들은 그들의 역량을 지역이나 특정적인 페미니스트 프로젝트로 전환하였다. 프리만이 인용한 1973년 봄의 한 여론조사에서는 다음과 같은 상황이 나타났다. "대충 틀만 잡힌 설립. 163개의 출판사, 18건의 소책자 출판, 23개의 강간방지 단체, 5개의 영화 관련업체, 116개의 여성센터, 35개의 건강클리닉과 프로젝트, 6개의 법률 서비스제공 단체, 6개의 페미니스트 극장 단체, 12개의 해방학교, 18개의 직업소개소, 12개의 서점, 그리고 3개의 수공예점"(Freeman 1975, 197)이 나타났다. 이러한 변화는

'문화적 페미니즘' cultural feminism을 형성시켰다고 평가되었으며 브루크는 이를 "대안적인 여성 문화를 통해 여성이 자유로워질 수 있다는 믿음"이라고 정의하였다. 특히 여성센터는 외부 지향적인 정치보다 여성들간의 우애를 촉진시킬 수 있는 사회적인 기능을 담당하였다(Brooke 1978).

두번째 변화는 부카이에에 의해 지적된 바와 같이 그들의 주요 출판물들의 성향이 온건해졌다는 점이다. 처음에 출판된 『연례노트』 Annual Note 두 권은 슐라미스 파이어스톤에 의해 편집되었으며 따라서 비교적 급진적이었다. 그러나 1970년 후임자인 앤 코에트 Anne Koedt의 편집 하에서는 주로 공격적인 논문들이 제외되었다.

세번째로 젊은 세대는 내부적 갈등과 외부적 정치분위기에 의해 약화되었다. 1970년부터 1972년까지는 여러 여성해방 집단들을 넘겨받으려는 사회주의 노동당 Socialist Worker's Party(영국의 동명 정당과 관계없음)의 분파인 청년사회주의연맹 Young Socialist Alliance의 시도를 성공적으로 막아냈다. 이들은 또한 정치적 레즈비어니즘의 새로운 출현과 함께 나타난 주장과도 경쟁을 해야만 하는 상황이었다. 이러한 주장 덕분에 1970년대 중반 사회주의 페미니스트들의 분명한 입장이 표출되었는데, 이들은 대부분 과거에 정치가였던 자들이었다. 1975년 젊은 세대는 내부적으로 약화되었으며 온건화되었고, 또한 구세대 단체회원과 활동부분이 겹치는 부분이 많아 그들 고유의 특성은 많이 희석되었다.

프리만에 의하면, 젊은 층이 좀더 '실용적'인 활동을 하기 위해 NOW에 참여하였고, 그 결과 NOW 회원 중에 젊은 층이 증가하였으며 이 단체의 활동도 좀더 급진적인 성격을 띠게 되었다고 한다. 이는 NOW가 "모든 종류의 여성운동을 아우를 수 있는 우산과 같은 단체"(Freeman 1975, 93)가 되었음을 의미하는 것이다. 1975년 NOW 회의에서는 좀더 급진적인 '다수파 간부회의' Majority Caucus에 지도권이 넘겨졌다. 그래서 낙태와 동성애 권리의 인정을 요구하는 조항을 포함한 25개 요구안이 1977년 휴스턴 대회에서 받아들여지게 되었다. 이것을 본 많은 사람들은 여성운동의 두 줄기(신세대·구세대)가 통합되었다고 생각했다. 그러나 사실은 더욱 복잡한 상황으로 진행되고 있었다. 그러한 제안이 나타나자 확연하게 급진적인 여성운동의 부활 조짐이 보였다. 그것은 레드스타킹에 의해 발간된 『페미니스트 혁명』이라는 출판물을 통해 자유주의 페미니즘이 한계에 도달했으며 좀더 급진적이고 혁명적인 방법을 통한 급진주의 페미니즘의 재기의 시기가 왔다고 주장한 것이었다(Bouchier 1983, 137). 달리 말하면 새로운 리더십으로 인해 NOW는 좀더 공격적이 되었음에도, 기본적인 방향에서는 변화가 없었다고 부카이에는 주장한다. 조직은 너무나 규모가 컸으며 위로부터의 변화가 파급되기에는 지역적으로 너무나 분산되어 있었다.

그러므로 구·신세대의 통합은 없었으며 NOW가 페미니스트 이론의 구심점이 되었다고 하는 것은 지나친 과장이다. 1974년에 계속된 평등권수정안 ERA운동과 카터 정권에 대응했던 1976~80년의 운동은 둘 다 자유주의적이었으며 주요 정치과정에 영향을 미치려는 구세대의 성향을 그대로 보여주는 것이었다. 여성단체와 네트워크는 워싱턴과 그외의 지역으로 계속적으로 확장하였다. 1977년에 설립된 전국여성노동자위원회 National Commission on Working Women와 전국여성보건 네트워크 National Women's Health Network, 1981년에 세워진 전국여성법률센터 National Women's Law Centre와 같이 단일 이슈를 위한 단체이든, 1976년 형성된 워싱턴 여성 네트워크 Washington Women's Network같이 여러 이슈를 위한 단체이든, 여성단체나 정부 단체에서 여성들이 함께 일할 수 있게 되었다(Tinker 1983 참조). 부카이에는 이러한 여성단체들이 "여성운동의 핵심에 확고히 서 있었으며, 여성운동의 간판 역할을 하였다"(Bouchier 1983, 139)고 주장하였다. 평등권수정안 운동의 최종기한인 1982년이 다가올 때까지 ERA 캠페인은 계속되었는데, 이 운동은 여성운동 단체의 폭넓은 스펙트럼을 보여주었으며 여성단체에 대한 좀더 긍정적인 이미지를 대중에게 심어주어야 했음을 깨닫게 해주었다. 이것은 1983년 NOW가 등록 회원을 17만 5,000명까지 증가시킬 수 있도록 도움을 주었다. 부카이에는 NOW, WEAL, NWPC와 같은 대규모의 여성운동 단체들의 활동적인 회원이 전체적으로 약 30만명에 이르게 되었다고 추산하였다.

그러나 미국 사회주의 페미니즘은 이론부분에서는 중요한 공헌을 해왔음에도 불구하고 시카고 이외 지역의 운동에서는 중요한 역할을 하지 못하였다. 반면 급진주의 페미니즘은 세력을 잃지 않고 계속적으로 자유주의 페미니즘에 대한 진정한 반체제적 대안을 제공하였다. 급진주의 페미니즘(그것이 문화적이든 혁명적이든)은 그들에게 있어서 가장 근본적인 논쟁거리인 여성의 육체적·성적 억압문제에 중점을 둠으로써 자유주의 페미니즘의 한계를 지적해왔다. 1976년 폭넓은 지지 및 대중적 관심과 논쟁을 야기시켰던 두 운동단체(포르노 그래피에 반대하는 여성 Women Against Pornography, 여성폭력에 반대하는 여성 Women Against Violence Against Women)이 출범하였다. 1983년에는 약 5만명의 여성들이 실제로 급진주의 또는 사회주의적 여성운동 단체와 관련을 맺고 있었다(Bouchier 1983, 180-181).

4. 영국에서의 여성해방

영국의 여성해방운동의 발생은 "미국을 따라하는 것이었다"(Currell 1974, 114)는 커렐의 주장은 고려해볼 만한 문제이다. 영국의 여성운동은 결코 미국 못지 않게 그 뿌리가 깊으며 완전히 사라져버린 것은 아니었다. 전후 영국 여성들은 미국의 여성과 마찬가지로, 1962년에 가정에만 묶여 있는 젊은 기혼여성들의 소외를 덜어주고자 한 전국가정주부등록운동 National House-wives Register의 형성의 예에서 나타난 것과 같은 불쾌감을 경험하였다. 1960년대 많은 젊은 여성들, 특히 학생들은 처음에는 핵무기 해체를 위한 운동과 같은 급진적 정치에, 나중에는 베트남 연대운동, 다시 활성화된 맑스주의 정당과 같은 신좌파 학생운동과 연관을 맺고 활동하였다. 이러한 활동무대에서 미국의 여성운동가들과 마찬가지로 새로운 정치적 태도와 그들의 운동에 대한 남성들의 반대를 동시에 발견하게 되었다. 윌슨의 표현대로, 영국에서의 여성해방운동이 등장하는데 '어떤 기폭제'로서 평가받았던 것은 여성참정권 50주년 기념식을 개최한 여성평화단체 Women's Peace Group였다(Wilson 1980, 184).

여성해방운동에서 두번째로 중요한 자생적 요소는 이 당시 미국에서는 뚜렷이 나타나지 않았던 노동자계급 여성의 투쟁성 증가이다. 1968년 빌로카 Billocca 여사는 저인망 어업자를 위한 높은 수준의 안전기준을 위한 운동을 헐 Hull에서 이끌었는데, 이 운동에 대한 반감으로 헐에서 평등권 단체가 형성되었다. 같은 시기에 로즈 볼란드 Rose Boland는 다겐햄 Dagenham의 포드 작업장에서 여성 기계공들의 파업을 일으켰다. 이것은 산업현장에서의 여성의 투쟁성을 폭발시켰으며 1969년 여성의 평등권을 위한 전국연합행동위원회 National Joint Action Committee를 형성시키는 데 결정적인 역할을 하였다. 이 조직은 비록 단명하였지만 중요한 상징이라고 할 수 있다. 이것은 노동자계급을 동원하기 위한 방법에 항상 관심을 가지고 있는 국제맑스주의 단체(IMG: International Marxist Group)와 같은 맑스주의 단체의 주목을 끌었다.

미국에서뿐만 아니라 독일에서 부활된 여성운동의 실례와 운동에 대한 논쟁은 중요한 촉발제였는데, 이것이 마침내 1968년 말에는 영국에 영향을 미쳤다. 국제사회주의자(IS: International Socialist)로서 활동해왔던 로우보텀 Rowbotham은 여성해방운동을 접했을 때, 그녀 내부의 분노와 불만이 여성운동을 어떻게 갑자기 이해할 수 있었는지 설명하였다. IMG, IS 그리고 다른 사회주의 단체의 여성들은 1969년 초부터 사회주의 여성단체를 설립하였고 ≪사회주의 여성≫ Socialist Women이라는 자체의 신문도 발간하였다. 같은 해에 첫 여성해방 단체가 런던지역에서 설립되었다. 이 단체는 맑스주의 단체, 미국 운동단체, 베트남 연대운동을 포함하는 폭넓은 배경을 지닌 여성들에 의해 설립되었다. 이런 것들은 런던여성해방워크샵 London Women's Liberation Workshop을 위한 토대를 형성하였다. 이 조직은 많을 때는 70개까지 되었던 지역단체들을 아우르고 자체 신문인 ≪잔소리꾼≫ Shrew을 발간하였다. 그러나 전국 여성해방운동의 형성은 옥스퍼드에서 1970년 2월에 첫 전국대회가 열리면서이다. 이 대회에서는 4개의 요구안을 채택하였는데 동일임금, 24시간 보육시설, 자유로운 피임과 낙태가 그것이다(Rowbotham 1972).

제2기 페미니즘이 미국에서와 다소 다르게 영국에서 일어났다 해도 그것의 발전은 마찬가지로 분열되었을 것이다. 아마도 근본적인 차이는 NOW와 같은 조직이 없었다는 것과 맑스주의 페미니즘의 영향이 컸다는 것이다. 미국에서와 같이 여성해방단체가 일단 씨가 뿌려지자 놀라운 속도로 성장하였다. 지역 단체가 미국에서보다 여성의 의식화에 강조를 덜 두었다는 것과 좀더 즉각적으로 구체적인 페미니스트 프로젝트로 옮겨가야 한다는 것이 제안되었다(Rowbotham 1972, 97). 이것들은 미국에서 이룬 것과 필적할 만한 수준의 활동을 포함하였다. '매맞는 아내들'을 위한 피난처에 대한 준비는 영국이 먼저 한 것으로서, 미국에서는 1970년대 후반에야 이루어진 것이었다. 그러나 미국 운동에서의 젊은 세대측과 같이 영국 단체들도 연례회의, 출판, 정기적 출판물(1972년 시작된 ≪스페어 리브≫ Spare Rib) 등을 제외하면 조정기제가 부족하였다. 런던워크샵도 1973년에 중단되었다. 1975년 맨체스터에서 열린 회의에서는 대회 기간 사이에 다음 대회를 준비하기 위한 위원회를 설치하는 것에 합의하였다. 그러나 여성을 위한 정보·소개·문의 서비스(WIRES: Women's Information, Referral and Enquiry Service)라고 알려진 이 위원회는 '권력독점'의 의도가 있다는 혐의를 곧 받았으며 이 위원회 역할도 많이 제한되었다(Spare Rib, 1978. 5).

비록 1970년대 중반까지 전체적으로 운동을 위한 연합체는 없었지만 두 개의 가장 성공적 캠페인이 그들 자체의 조정기제를 구축하여왔다. 1975년 전국여성지원연합 National Women's Aid Federation이 지역 단체와 쉼터들을 연결하고 이를 대표하기 위해 설립되었다. 전국낙태캠페인(NAC: National Abor- tion Campaign)은 같은 해에 설립되었다.

부카이에는, 초기에 영국 여성해방운동이 본질적으로 사회주의적이었으며, 1960년대 후반 신맑스주의자와 명백한 신좌파들의 이론과 회원들에 의하여 그 운동이 지속되었다고 제시한다. 자유주의 또는 평등권 페미니즘은 미국보다 약했고, 급진주의 페미니즘도 그 속도가 더 느렸다. 그는 이런 면에서 1970년대 중반이 전환점이라고 주장했다. 동일임금에 찬성하고 성차별에 반대하는 법률이 시행되기가 어렵고 실망스러운 결과를 낳았다. 이것은 평등권 페미니즘을 손상시킬 뿐만 아니라 경제적 문제와 고용문제에 관심을 가지는 사회주의 페미니스트들의 주장을 손상시키는 경향이 있었고, 미국에서처럼 남성 폭력과 성성 sexuality에 대해 보다 많은 관심을 두는 방향으로 전환되었다.

다시, 미국에서처럼 여성해방운동의 초기에는 분리주의의 문제를 둘러싸고 갈등이 일어났다. 레즈비언 페미니스트들 Lesbian feminists은 초기엔 방어적이었는데, 1974년에는 이미 다섯번째 요구사항으로서 레즈비언에 대한 차별을 없앨 것을 전국대회에서 주장하고 있었다. 부카이에가 말한 것처럼, 레즈비언들이 사회주의 페미니스트들보다는 오히려 급진주의 페미니스트들과 잘 연합되는 경향이 있긴 하지만, 이러한 구분들은 명확하지 않았다. 하지만 1977년에 전투적인 급진주의 페미니스트들은 쉘라 제프리 Sheila Jeffreys의 「혁명적 페미니즘의 필요성」 "The Need for Revolutionary Feminism"이 유통됨에 따라, 스스로를 '혁명적 페미니스트' revolutionary feminists라고 부르기 시작했다. 그들은 남성 조직과 여성 조직의 완전한 분리를 주장함과 동시에 자신들의 입장을 '문화적' 페미니스트들과 구별하였다(Coote and Campbell, 1982). 그들은 또한 점점 혁명적 페미니즘을 정치적 레즈비어니즘(반드시 능동적인 레즈비어니즘은 아니지만 이성애적인 성관계를 부인한다)과 동일시했다. 혁명적 페미니스트들은 1978년에 버밍햄에서 열린 회의에서 사회주의 페미니스트들과 충돌했다. 그들은 현재의 6가지 요구사항들이 폐기되고, 여성 폭력에 반대하는 요구로 대체되어야 한다고 제안했다. 격렬한 논쟁이 뒤이어 일어났고 그 이래로 어떠한 전국 단위의 대회도 열리지 않았다.

맑스주의자들과 사회주의 페미니스트들은 모두 페미니스트 계획의 완전한 범위 안에 포함되었는데, 그 예로 그들은 NAC에서 매우 활동적이었다. 동시에 몇몇 사람들은 주로 맑스주의와 페미니즘 사이에 이론적 관계에 대하여 관심을 가졌고, 좀더 실제적인 수준에서 사회주의 페미니스트들은 특별히 노동자계급의 여성들에게 손을 뻗어 그들을 대변하는 데 열성적이었다. 이러한 노력들에 대한 하나의 매체가 여성노동자헌장 Working Women's Charter 이었다. 1974년 런던 조합협의회 London Trades Council의 분과 위원회에 의해 작성된 이 헌장은 비록 급진주의 페미니스트들의 기준에서는 온건했으나, 많은 페미니스트들의 요구사항을 통합시켰고, 노동조합에 적용될 최소의 프로그램으로서 설계되었다. 맑스주의 페미니스트들은 다수의 지역 직업여성헌장 그룹을 형성하고, 그 제안들에 대해 토론하고 그 지역 노동조합들이 그것을 받아들이도록 하는 데 중요한 역할을 했다. 1978년에 영국노동조합회의(TUC: Trades Union Congress)가 이러한 요구사항들을 과제로 삼았다는 사실만으로 일종의 성공으로 생각될 수도 있었지만, 이 그룹들은 수공업 여성 노동자들을 끌어들이는 데는 완전히 성공하지 못하였다. 겔브 Gelb(1985)가 말한 것처럼, 부분적으로 영국 정치의 다른 제도적 문제 때문에 사회주의 페미니스트들은 노동조합과 노동당 조직 내에서의 변화에 미국의 페미니스트들보다 훨씬 더 많은 관심을 가지고 있었다. 1970년 후반부터 여성운동에서의 문제점들과, 노동자계급의 여성들과 연계를 구축하고자 하는 계속적인 희망으로 인해 사회주의 페미니스트에서 노동당으로의 실제적인 유입이 있었지만, 무엇보다도 당의 이데올로기적 양상의 변화와 페미니스트들의 주장에 대한 민감함이 더욱 커짐에 따라 이러한 유입이 발생했다(Perrigo, 1986). 여성 위원회들과 노동당을 지지하는 협의회 계열에 의해 수립된 비슷한 조직체들은, 1982년에 GLC와 함께 시작하여 사회주의 페미니스트들의 목표를 추구하는 데 더 넓은 범위를 제공했다(제6장 참조).

1970년대 말에는 급진주의 페미니스트들이 우세를 점하였고, 그들이 운동 의제를 선정하였다. 1980년에는 99개의 여성 지원단체와 200개의 보호시설이 있었다. 1983년에 ≪스페어 리브≫는 잉글랜드에만 20개의 강간위기센터 목록을 제시하였다. 1970년대 후반부터 남성 습격자로부터 '밤길 되찾기 운동' Reclaim the Night 행진이 있었고, 가장 최근에는 1983년 '포르노그라피는 여성에 대한 폭력'(PIVAW: Pornography is Violence Against Women)의 창설과 함께, 포르노그라피의 문제가 대두되었다. 그러나 사회주의 페미니즘의 혼란이 과장되어서는 안되며 경기침체와 실업으로 인해 1980년대 중반의 경향은, 만약 달라진 것이 있다면 내 생각에는 사회주의 페미니스트들의 분석과 우선순위의 적합성에 대한 새로운 평가로 진행되고 있다.

하지만 급진주의 페미니즘과 현재의 여성해방운동에 대한 실제 도전은, 의심할 여지없이 아프리카·카리브 연안 출신의 흑인 여성과 아시아 후손인 들로부터 나왔다. 미국의 여성해방운동에서는 이런 갈등이 10년 먼저 일어났다. 비록 이것이 해결될 수 없는 것처럼 보이지만, 급진주의 페미니스트들은, 시민권운동에서 흑인 남성의 쇼비니즘에 대한 초기의 경험 때문에 최소한 덜 공격받을 것이라고 느끼는 것이 가능하다. 간단히 말해서 국제 페미니스트 운동의 성장과 함께, 그리고 제3세계 여성 억압의 특별한 형태에 서구 사회가 연루되었음을 인식함에 따라 흑인 여성은 영국에서 그들만의 조직, 그중에서도 1978년에 설립된 아프리카·아시아 후예 여성기구(OWAAD:

Organization of Women of African and Asian Descent)를 세우게 되었다. 이들은 인종차별주의자의 태도를 가지고 있는 백인들의 운동을 정의롭게 비난하면서 자신감을 얻었다. 이들의 영향력이 성장하고 있다는 것의 한 전조가 바로 팔레스타인의 지원에 대한 논쟁이었다. 1983년에 ≪스페어 리브≫의 논설진은, 비록 시오니스트들이 그들의 기사에 대한 응답을 허락할지에 관해서는 의견이 나뉘었지만, 만장일치로 팔레스타인을 찬성하는 입장을 선언했다. 관련된 발전으로 1983년에 NAC는, 옛날의 이름을 유지하고, 1967년 법령의 규정을 옹호하고 연장하려는 목표를 유지하려는 한 분파와, 더 넓은 경제적이고 문화적인 배경 속에서 여성의 '선택할 권리'를 이해하면서, 스스로를 여성의 재생산권 캠페인 Women's Reproduction Rights Campaign이라 부르는 다른 분파로 분열되었다. 흑인 페미니즘의 영향력은 그 운동의 대중 전달매체로 확장되었다. 1982년에 출발한 새로운 페미니스트 일간신문인 ≪아우트라이트≫ *Outwrite*가 제3세계의 여성들과 영국에서 흑인 여성들의 위치에 관심을 집중시킨 반면, ≪스페어 리브≫의 편집위원의 절반은 '유색 여성들'이었다.

하지만 1980년대의 또 다른 놀랄 만한 특징은 나이든 여성, 젊은 여성, 장애 여성, 무정부주의 여성 등을 위한 대회나 조직으로 인해 여성운동이 다양화되었다는 것이다. 1982년에 시작된 그린햄 평화캠페인 Greenham Peace Campaign은 많은 수의 영국 페미니스트들을 끌어들였다. 하지만 몇몇 급진주의 페미니스트들은 이 캠페인이 여성운동의 목적을 일탈시키고 있다고 생각했다(Finch 1986). 1983년 부카이에는 모든 종류의 페미니스트 집단이 300개 정도 활동하고 있다고 했는데, 활동자의 총수는 헌신적으로 활동하는 약 1만명과 그리고 가끔 활동에 참가하는 약 2만명으로 추정된다고 말했다. 활동의 핵심은 각각 약 2,000명씩의 급진주의 및 사회주의 페미니스트들로 구성되었다(Bouchier 1983).

5. 그 이외 지역에서의 운동

제2기 페미니즘은 서구 민주주의 국가에서부터 대부분의 제3세계 지역에 까지 제1기 페미니즘보다 훨씬 넓은 범위의 국가들을 포함시켰다. 하지만 소비에트 블록 국가들에는 최소의 영향을 주었다. 그 운동은 항상 서구에서 가장 활발해서, 러벤더스키 Lovenduski(1986)는 여성해방운동의 필수 전제조 건이 완전한 자유-민주정치적 권리라고 제안한다. 따라서 우리는 스페인, 그 리스, 터키, 브라질에서 정치적 자유화와 억압에 따라서 페미니즘이 부침(浮 沈)한다는 것을 알 수가 있다.

모든 서구 민주주의 국가들은 페미니스트 집단에 있어서 제2기 페미니즘 이 진행 중에 있다(1987년 현재). 하지만 그 국가들의 주요 이데올로기적 관 심이나 실질적 목표, 지속력과 영향력은 국가적 배경의 특수성에 따라서 다 양하다. 그래서 프랑스에서 페미니스트운동은 비교적 규모가 작았고, 특정 한 지도적 인물 주변을 계속 맴도는 내부적 다툼의 쓰라림뿐 아니라 주지주 의 intellectualism적 경향으로 구별된다. 제2차 세계대전의 뒤를 이어 프랑스 는 이성적 페미니즘의 독특한 변형이 나타났는데 공산당과 사회당과 관련된 여성조직 내에서 이런 일이 발생했다. 비록 이런 연합들은 개혁주의로서 남 아 있었지만, 많은 연합들이 여성해방운동의 등장에 의해 급진적이 되었고, 그 이후로 낙태를 합법화하고 여성의 법적 독립을 얻는 캠페인에서처럼 중 요한 보조 역할을 하게 되었다.

프랑스에서 제2기 페미니즘은 '여성해방운동' Movement de Liberation des Femmes(MLF)으로서의 존재가 1970년까지 대중매체에 의해 인식되어지지는 않았지만, 1968년 학생폭동으로 인해 사실상 분출되었다. 다른 곳에서처럼 이 운동을 자신과 동일시했던 여성들은 이데올로기적으로 사회적으로 매우 다양한 배경을 가지고 있어서, 여성에 대한 계속적인 억압이라는 데 대해 공 통된 인식을 넘어서는 전술에서는 일치를 보지 못하였다. 초기의 운동을 이 끌었던 수많은 단체 중에서 (프랑스어로는 'groupuscule'라는 말이 그들의 분 열을 더욱 잘 이끌어낸다) 두첸 Duchen(1986)은 3가지 주요 흐름을 뚜렷하게 구분한다. 첫째는, 1970년에 형성된 여성혁명가 Femmes Revolutionnaires로 출발한 급진주의 페미니스트들이다. 둘째는 '싸이크 에 포 Psych et Po'(심리분석과 정치)인데, 그 이름에서 알 수 있듯이 여성 억압의 심리-문화적인 메커니즘에 대해 관심을 집중시키고 있다. 셋째는 '써클 드미트리에프' Cercle Dmitriev 같은 사회주의 페미니스트로서 1972년에 성립된 신급진좌파와 가장 근접하게 연계되었다. 영국에서처럼 개혁주의 페미니즘은 MLF에서 별다른 역할을 하지 못했다. 하나의 예외가 있었는데, 유명한 페미니스트 법률가인 지젤 알리미 Gisele Halimi로서 1971년에 '선택하라' Choisir라는 새로운 조직을 세웠는데, 낙태법에 반대하는 청원을 낸 343명의 서명인을 변호했다. 이어서 알리미는 '여성공동프로그램'을 만들었는데 MLF는 이를 운동의 리더십을 위한 시도로 받아들여 이를 불신하였다. 1974년 10월에 '선택하라'는 페미니스트 정당인 프랑스페미니스트통합당(PFUF: Parti Feministe Unifiée Française)을 만들었지만, 1978년 총선에서 43명의 후보들 중 한 명도 당선시키지 못했다.

처음 몇 년간 페미니스트들은 이데올로기적 다양성에도 불구하고 낙태를 합법화하는 데 집중하였다. 낙태의 자유와 피임을 위한 운동(MLAC: Movement pour la Liberté de l'Avortement et pour la Contraception)은 1973년에 시작되어 빠르게 퍼져나갔고, 1975년에는 낙태법의 자유화를 보증하는 것을 도왔다. 하지만 그 캠페인은 운동의 분열을 노출시켰다. 두첸은, 처음에는 분열을 막아주었던 낙태문제가 곧이어 모성성과 여성성의 본질에 대한 잠재적으로 논쟁의 여지가 있는 문제점이 되었다고 말했다. 혁명주의 페미니스트들은 모성애를 주로 남성 지배의 수단이 된다고 보는 경향이 있었으며 강간과 가정폭력에 대항하는 캠페인을 지속해나갔고, '긴급 여성대피소' SOS Femmes Alternatives와 같은 여성쉼터를 세웠다. 싸이크 에 포는 1970년에 설립되어 앙뜨와네트 푸케 Antoinette Fouque라는 부유한 정신분석학자에 의해 운영되었다. 그것은 점차로 여성의 차이를 분석하는데 열중하였고, 우리가 아는 것처럼 프랑스 전통의 비판철학에 영향을 받아서 진정한 여성적 '담론' discourse을 만들어 나갔다. 1974년에 싸이크 에 포는 여성 Des Femmes이라는 출판회사를 세웠고, 프랑스에서 페미니스트 출판과 서점에 있어서 실질적인 독점을 하였다. 이 회사는 다른 MLF 단체를 지나치게 가부장적 이데올로기에 묶

여 있다고 거부하였으며, 다른 MLF의 서적들을 그 회사의 출판이나 판매 대
상에서 제외시켜서 결과적으로 1977년에는 법정 소송까지 일으켰다. 결국
1979년 10월에 그 단체는 MLF라는 용어에 대한 독점권과 함께 유한회사로
서 선정되었다. MLF는 저항했으며, 그 위치를 되찾기 위한 시도 덕분에 다시
태어나게 되었다(Lewis 1981).

이 시기에 사회주의 페미니스트는 이렇게 대개 사라져버렸지만 1970년대
말 영국에서와 같이 페미니스트들은 점차로 사회당(PS: Socialist Party)으로 끌
렸다. 한편 프랑스 공산당(PCF: French Communist Party)은 단일 중앙결정 체
제를 강조하고, 1978년, ≪류마니테≫ l'Humanité라는 당기관지는 여성 정당
원들과 여성의 권리에 대한 여성 활동가들의 대변을 싣는 것을 거부했다. 이
와는 다르게 PS은 서로 다른 이데올로기적 '분파'의 혼합체였다. 사회주의
페미니스트들은 그들만의 '분파 G' Courant G를 형성하려고 노력했지만, 전
당대회 투표에서 필요한 투표수를 얻는 데는 실패했다. 1981년에 사회당 정
부의 형성은 페미니스트를 위해 더 나은 결과가 되었다. 여성의 권리를 확장
시키는 선거 프로그램에서 행해진 것 중에서, 아마도 가장 중요한 단계는 독
립적인 여성권리부 Ministry of Women's Rights를 만든 것인데, 이 부서의 1982~
83년 예산은 일년에 약 1억 프랑이 넘는 액수였다. 영국 지방정부의 여성 노
동자위원회보다 더 큰 규모를 가지는 이 여성권리부는 여러 도시에 있는
140개 여성권리 전국정보센터 National Centres for Information on the Rights of
Women를 포함하여 셀 수 없이 많은 여성 프로젝트들에 자금을 지원했다.
따라서 한편으로 페미니즘에 개방된 이 새로운 기회는 그 제도 내에서 일하
고자 하는 욕구를 상승시켜 주었고, '현실주의'를 더욱 고무시켜 주었다. 동
시에 이런 '여성운동의 실제적인 제도화'(Northcutt and Flaitz 1985)는 MLF의
자율성을 위협하였고, 사회당 내의 페미니스트들의 목소리를 당 통합이라는
이해를 내세우면서 주변화시켰다.

1980년대 중반에 몇몇 사회주의 페미니스트들은 민중단체와 국가적인 정
치계 사이를 중재할 새로운 페미니스트의 자치구조에 대한 필요성을 토론하
고 있었지만, 그것이 등장할 징후는 거의 보이지 않았다. 1986년 3월에 사회
주의 정부의 붕괴가 있기 훨씬 전 여성 프로젝트들은 악화되어가는 경제상

황과 정치적 반대에 대한 반응으로 가장 먼저 중단하게 되었고, 새로운 보수 정부는 여성권리부를 폐지하였다. 싸이크 에 포는 앙뜨와네트 푸케가 미국으로 떠남에 따라 조직이 쇠퇴하였고, 다른 모든 운동들도 소강상태에 있는 것으로 나타났다(Duchen 1986).

프랑스와는 대조적으로 독일의 운동은 오히려 규모가 작았고 정책에 별다른 영향을 주지 못했으며, 아주 급진주의적 페미니스트의 성향을 가지고 있었다. 독일의 페미니스트에서 본 것처럼 19세기부터 시작되는 페미니스트 전통은 나치즘과 그 계속된 영향에 의해서 말소되었다. 독일연방공화국의 전후세대 여성들은 특이하게 1960년대까지는 정치에 관심이 없었다. 새로운 페미니즘은 1960년대 말 학생운동에서, 1968년 봄에 서베를린에서 여성해방을 위한 행동위원회 Action Council for Women's Liberation의 형태로 직접적으로 발생되었지만 일반적으로는 1970년에 시작된 낙태 합법화 캠페인으로부터 생겨났다고 알려졌다. 1971년에 최초의 전국적 여성집회가 프랑크푸르트에서 열렸다. 처음에 그 운동은 급진주의 페미니즘에 의해서 지배되었으며, 좌파에 대하여 의심이 많았는데, 그것은 제1차 세계대전 이전에 조직된 사회주의와 페미니즘의 접촉과, 독일좌파에 남성 쇼비니즘이 계속됨으로써 발생한 쓰디쓴 유산의 결과로서 생긴 것이었다. 비록 슐레거Schlaeger(1978)는 자조의 주도권은 독일 정치문화의 권위주의에 의해 그들의 성공에서 제한된다고 하지만 그것은 민중과 문화적 프로젝트, 그리고 낙태 문제에 집중하는 개혁주의자와 인습적인 정치조차 의심했다. 그 운동의 직접적인 영향은 독일 정치와 매체에서 합의와 존경을 받음으로써 온건했다. 1975년에 더 관대한 낙태법을 받아들이는 것조차도 그뒤에 연방법원에서 4가지 양심조항선언을 더함으로써 방해가 되었다.

지난 10년간 그 운동이 점차적이지만 여성의 기대에 중요한 변화가 일어나는데 공헌을 했고, 1980년에 이것들이 주요 정당에서의 정책과 충원기준에 영향을 미치기 시작했지만, 어떤 놀랄 만한 진보는 이룩하지 못했다(Hall 1981). 독일은 가사 캠페인 housework campaign에 대해 적극적인 대가를 지불해왔다. 독일 테러리스트[7]에 대한 정부의 극심한 탄압은 1970년대 후반 페미니스트 사이에 폭력과 평화주의와 여성의 관계에 대한 격렬한 논쟁을 촉발시켰다(Altbach 1984). 1980년대 초, 슐츠 Schultz(1984)는 자신이 두려워하던 정신적으로나 육체적인 모성애를 이상화하는 경향이 많아지고 있어, 이 경향이 새로운 기독교민주당 정부의 사회적 보수주의와 너무나도 잘 일치한다고 지적했다.

프랑스와 서독의 운동과 대조되어, 이탈리아에서의 제2기 페미니즘은 특별히 활기에 넘치고 효과적인 것으로 나타났다. 헤르네스 Hernes(1984b)는 그것을 모든 유럽의 운동 중에서 '가장 크고, 가장 활기차고 성공적인' 것으로 묘사하였다. 비록 급진주의 페미니즘이 조직을 구체화하고 우선순위를 형성했지만, 페미니스트의 이론적 분석은 주로 맑스주의의 틀에 의존하고 있었다(Lovenduski 1986a). 그리고 아마도 카톨릭 교회가 가장 강력한 지역에서는 불가피하겠지만, 페미니스트의 캠페인들은 낙태와 강간에 대한 정책에서처럼 여성의 성적 자기결정권 sexual self-determination을 강조했다. 페미니스트 캠페인은 지지세력으로 계급투쟁, 노동조합, 좌파정당 등의 제도를 그럭저럭 동원하고 있었다.

개혁주의 페미니즘은 공산주의 계열의 '이탈리아 여성동맹'(UDI: Uniona Donne Italinae)의 형성과 함께 전후 잠깐 동안의 부흥을 즐겼다. 하지만 1950년대에 이탈리아공산당 PCI은 냉전에 의해 수세에 몰리게 되었고, 인습적 구조를 가진 공산주의 가족에서 '저항의 소단위'를 목격하였다. 에르가스 Ergas (1982)는 그 당시와 그 이후에도 페미니스트운동의 운명은 대개 이탈리아 정당정치에서의 발전에 의해 결정된다고 주장한다. 제2기 페미니즘은 1968년에 학생 동원에서부터 나오게 되었다. 거기에서 급진주의 페미니스트의 경향은 초기에는 의식화 작업과 '피꼴리 그루피' piccoli gruppi라는 단체를 확산시키는 것을 강조했다는 데에서 분명했다. 러벤더스키(1986a)는 만일 그렇지 않았다면 단지 두 개의 구조화된 페미니스트 단체만이 있었을 것이라고 지적한다. 하나는 '여성해방운동'(MLD: Movimento Liberazione Donna)으로서 급진당과 동맹을 맺었고, 낙태법을 수정하는 캠페인을 이끄는 데 있어서 기존의 정치적 경로를 사용할 준비를 하고 있었다(Weber 1981 참조). 그리고 다

---

7) 독일테러리스트는 가시캠페인에 참여한 페미니스트를 의미하는 듯함(역자주).

른 하나는 '로타 페미니스타' Lotta Feminista로서, 여성해방과 자본주의에 대한 투쟁을 연결시키려 했으며 가사노동 임금화 캠페인을 이끌었다. 그럼에도 불구하고, 이탈리아 운동이 좌파 정당이 무시할 수 없었던 전폭적 후원을 동원하는 데 성공한 것은(비록 PCI도 꺼려하면서 참여하긴 했지만) 바로 압도적으로 중산층의 지지에 의해서였다. 조직적 자치를 유지하는 동안, 페미니스트들은 노동조합과 좌파 단체, 정당의 대표자들과 조절위원회를 설립하였다. 다음 장에서 더욱 자세히 설명하겠지만, 1978년에 캠페인은 낙태법의 수정을 확보했다. 수정의 단점에도 불구하고 이 성취의 결과는, 그 여파 안에서 페미니스트의 활동이 침체되는 경향이 있었다. 그 운동이 마련한 진료소는 이제 그다지 필요하지 않게 되었고, 비슷하게 조절위원회들도 감소했다. 페미니스트들은 생활양식에 관심을 가지며 물러나는 듯이 보였다. 에르가스는 좌익 정당의 상대적 지위에서의 변화와 함께 이러한 발달을 연관지었다. 1976년 선거 이후로 PCI는 더 이상 페미니스트의 지원을 받지 않아도 될 만큼 충분히 강화된 반면, 극좌 세력은 감소되었다.

에르가스는 그 운동의 침체를 과장했을지도 모른다. 베크위스 Beckwith (1985)는 1970년대 말, PCI가 페미니스트의 의제를 상당 정도 내부화했다는 사실을 발견한다. 1970년대 초부터 독립 여성단체인 '코오르디나멘티 도네' Coordinamenti donne는 노동조합으로 뛰어들어, 여성의 의식과 결속을 제고하는 것을 돕고, 낙태와 강간과 관련하여 남성 노동조합원의 태도를 바꾸는 것을 도왔다(Froggett 1981). 1970년대 말, 젊은 여성들의 실용적인 접근을 반영하여, 직업연맹이나 조합과 정당 등으로 페미니스트들이 꾸준하게 침투했다(Lovenduski 1986a). 동시에 기민당이 성폭력과 성희롱에 대한 법률 개정을 제한했을 때, 약 5만명의 여성들이 로마 시내에서 저항행진을 했다(Spare Rib 1983. 4). 하지만, 여기서 급진주의 페미니즘은 거의 드러나지 않았다.

1970년에 형성된 '돌레 미나스' Dolle Minas를 시작으로, 여성해방운동은 네덜란드에서 매우 활동적이었다. 스페인에서 1976년 프랑코가 죽고 민주주의가 복원되었을 때, 페미니스트 운동은 마치 잃어버린 시간을 보충하는 것처럼 아주 놀라운 속도로 성공하였다. 처음에는 주로 사회주의의 성격을 띠고 있었던 운동은 곧 여성의 성성 Sexuality에 관심이 옮겨지면서 급진주의 페미니즘과 더욱 동일시가 되었다. 하지만 1982년에는 사회주의 정부 하에 열려진 새로운 기회에 대응하여 현재의 사회주의 페미니스트가 다시 그룹을 형성하여 주도권을 다시 가지게 되었다(Threlfall 1985). 여성해방운동들은 또한 스칸디나비아의 국가들에서도 나타났다. 달럽과 굴리(1985)는 이 운동들이 스웨덴이나 핀란드에서보다 덴마크와 노르웨이에서 더욱 강했다고 말한다. 왜냐하면 그 나라들의 레드스타킹과 신페미니스트 New Feminists에서 비교적 '가장 순수한' 표현을 발견했기 때문이다.

남녀간 기회의 평등함을 촉진하고자 하는 스웨덴의 기록을 볼 때, 그 기록이 혁명적 페미니스트의 감각에서 언뜻 보기에 여성해방 단체들이 극히 드문 점은 놀랍다. 그들 중에서 1968년에 설립된 '그룹 8' Group 8이라는 중요한 단체가 있는데, 1980년에는 주로 스톡홀름을 거점으로 약 1,000명의 구성원을 가지고 있다고 보도되었다. 그것은 사회주의 페미니스트의 성향을 가지고 있었다.

다른 한편, 개혁주의 페미니스트는 잘 유지되고 있었다. 자유주의 또는 '평등권적인' 프레데리카 브레머 협회 Frederika Bremer Association는 1894년에 세워졌는데 9,000명이 넘는 회원을 가지고 있었다. 하지만 더 중요한 것은 복지 페미니즘의 전통이 사회민주주의 정당과 긴밀하게 연계되어 있다는 것이다. 정당 내 여성분과가 여성의 주장과 정당 지도자들 일부의 의지에 반해서 1892년에 생겼는데 그 이래로 정당의 여성정책에 큰 영향을 미치고 있다. 그들은 또한 "실제적으로 국가 내의 모든 정당과 노조, 전문적이고 사회적이고 종교적인 조직들 내에서"(Adams and Winston 1980) 여성분과의 성장을 위한 실례가 되었다. 전쟁 직후 다른 곳에서처럼 스웨덴 페미니즘은 여성이 아이와 직업을 동시에 가질 수 없다는 것을 받아들이면서 보수적이었다. 하지만 1962년 프리단보다 먼저, 에바 모버그 Eva Moberg는 가정에서의 역할 분담을 옹호하는 『여성과 인류』 Women and the Human Beings를 썼다. 비록 보편적으로 받아들여지지는 않지만, 그녀의 관점은 기존의 스웨덴 페미니스트들의 네트워크를 급진화시켰다. 이것은 우리에게 급진주의 페미니스트 운동의 명백한 패러독스를 보여주는데 분석과 목적에서는 급진적이지만 개혁이라는 전략에 의존할 뿐 아니라 분리된 여성만의 조직의 필요성을 부정하고 있는 것이다. 이런 형태의 페미니즘은 스웨덴의 정치적 분위기에 맞고, 확실히 다른 국가에서의 페미니즘과 비교하여 보면 정책에 영향을 미치는데 이런 형태의 페미니즘은 매우 성공적이라고 주장한다. 아담스와 윈스턴은, 분리적인 페미니스트 조직은 스웨덴의 정치체계에 부적합하다고 말한다(Adams and Winston 1980, 151-152). 사필로스 로드차일드 같은 연구자들은, 스웨덴에 강력한 분리적인 페미니스트 운동의 부재는 여성들을 본질적으로 해방되지 못하게 하고, 반동적인 움직임에 심각할 정도로 취약하게 되었다고 본다(Safilios-Rothschild 1974, 6).

자칭 여성해방 단체들도 제3세계에서는 여전히 극히 드물다. 하지만 점차적으로 여성의 권리를 위한 캠페인을 하는 자치적인 여성조직들이 늘고 있다고 보도하고 있다. 이중에 많은 것들은 주로 서구의 페미니스트 운동에 의해 영향을 받고 있다. 하지만, 1975년 '세계여성의 해' International Women's Year를 지정하고, 향후 10년을 'UN여성 10년' UN Decade for Women'으로 지정한 멕시코 세계여성회의가 더 많은 자극을 준 것으로 나타났다. 여기에 덧붙여 국내 정치에서 자극을 주는 것들이 있었는데 학생폭동, 노동자쟁의, 민주화 복원 등이 그것이다.

여성의 캠페인은 라틴아메리카에서 가장 분명하다. 그들은 군부 또는 극도의 권위주의 정권, 그리고 압도적인 이슬람교의 정책 등 가장 큰 장애물들에 직면하고 있었다. 아랍여성 연대협회 Arab Women's Solidarity Association의 첫 대회가 2,000명이 넘는 여성이 참여한 가운데 '강한 페미니스트의 작은 목소리'라는 모토로 1986년 9월에 열렸다는 사실은 참으로 고무적인 일이다(Toubia 1986). 하지만 이슬람 국가의 많은 여성은 심각한 남성의 비난뿐만 아니라 그들 스스로도, 더 많은 자유를 위한 욕구와 서구 페미니즘을 모방하려하는 '문화적 불충실자'로 비난받는 것 사이에서 고통스러워했다(Ahmed 1982). 적어도 그들은 자신들을 페미니스트라고 부르는 것을 꺼리고 있다. 이런 경향은 라틴아메리카 여성들에게서도 나타나는데, 좌파 내의 남성 동료들이 이런 부르주아 이데올로기를 경멸하는 지역적 특성 때문이다.

카톨릭과 강한 남성의식이 함께 강력한 정치적 문화를 형성하고 있는 라틴아메리카에서는, 많은 페미니스트 운동이 성적 자기 결정권과 남성 폭력과 관련된 문제에 중점을 두고 있다. 최근 5년이 넘게 ≪스페어 리브≫는 멕시코, 브라질과 베네수엘라에서 낙태를 합법화하는 캠페인을 보도하고 있다. 최초의 강간위기센터는 1982년 멕시코에서 문을 열었고, '밤길 되찾기운동' 행진이 페루에서 열렸다. 또한 여성 권리를 위한 광범위한 운동들이있었다. 1980년에는 '여성해방과 권리를 위한 민족전선' National Front for the Liberation and Rights of Women이 멕시코에서의 이런 활동들을 조정하기 위해형성되었다. 1979년에는 브라질에서도 마찬가지로(Schmink, 1981) 적어도 8개의 페미니스트 단체가 있었고, 1982년에 리오데 자네이로에서 있었던 선거에서는 여성들이 일련의 문제들에 대하여 당선 가능한 후보자들로부터 공약에 대한 보증을 찾는 '페미니스트 선거감시단' Feminist Alert for the Elections을 만들었다. 평등권 단체는 1983년에 아르헨티나에서도 일어나고 있었다.

아시아에서 파키스탄 여성들은 1981년에 이슬람 가족법을 부흥시키려는움직임과 투쟁하기 위해서 '여성 행동포럼' Women's Action Forum을 세웠다. 지난 2~3년 동안 태국의 페미니스트들은 매춘과 관련된 문제들을 이슈화시켰다. 하지만 여성운동이 가장 진전된 곳은 인도였다. 데이비스 Davies(1985, v)는 인도를 제3세계의 운동 중에서 가장 '진실로 가부장제에 반대를 하고, 자본주의에 반대를 하는' 곳이라고 하였다. 서구의 페미니즘과의 접촉과 1974년의 정치적 혼란으로 처음으로 일련의 페미니스트 단체들이 형성되었으나 곧 쇠퇴해버렸다. 실제로 운동을 자극했고 가장 활동적인 조직으로 강간을 반대하는 봄베이 포럼이 만들어진 것은 1975년에서 77년까지의 긴급조치 기간이라고 비부티가 주장했다(Vibhuti et al 1985). 반면에 부탈리아 Butalia (1985)는 1977년에 『평등을 향하여』 Towards Equality의 발간과 인도에서의 페미니즘의 부활을 연관시켰는데, 이것은 여성의 위치가 실제적으로 최근 30년 동안 악화되고 있었음을 보여주었다. 1978년에는 조정기구인 삼타 Samta가 인도에서 국제적으로 유명한 페미니스트 저널인 ≪마누쉬≫ Manushi의 논설진과 같은 단체들과 연계해서 세워졌다. 캠페인은 강간, '성희롱', 지참금 살인과 가장 최근에는 포르노 영화의 문제들에 집중하였다. 대중 매체는 그들에게 광대하고 합리적으로 공감이 가는 기사를 내보냈고 비록 이런 의지가실제에 있어서는 약간의 영향을 준 것처럼 보이지만, 그들은 공식적인 정책에 대해 성공의 척도를 매겼다. 1985년에 최초의 페미니스트 출판사인 '칼리 포 우먼' Kali for Women이 문을 열었다. 부탈리아는 이런 업적의 한 가지이유는 구세대 여성들이 포함되었기 때문이라고 말한다. 왜냐하면 이전에민족독립투쟁에서 그녀들의 역할은 상당한 존경을 받고 있었기 때문이다.이것은 압도적으로 그 운동의 성향이 중산층과 도시민적인 특징을 잘 보여주고 있다. 하지만 지난 몇 년간 개인 단체들은 인도의 가장 가난한 공동사회에서, 특수하고 절망적인 여성문제들에 대한 활동을 조직하고 조사하는데 특별한 노력을 기울였다.

제2기 페미니즘의 전국 운동의 확산에 덧붙여 얼마나 분명하게 우리는 국제적인 여성운동에 대하여 이야기할 수 있는가? 몇 년 전 글을 쓰면서, 나는자신만의 조직적 기반을 가진 그런 운동은 아직 나타나지 않았다고 말했었다. 이 말은 이미 일어났고, 그리고 오늘날 분산된 운동을 일소할 수 있는그런 발전을 지나치게 과소평가한 말이었는지도 모른다. 결과는 다음 장에서 토론되겠지만 여성 유럽의회의원 MEPs와 EEC 관료의 생산적인 협동이광범위한 범유럽공동망을 자극시키지 못하였다. 1980년에 위크햄 Wickham은, EEC 법률과 지도지침을 사용하기 위한 여성단체들 사이에 협력은 눈에띌 정도로 미흡했다고 지적했다. 그 이래로 '유럽 여성연구센터'(CREW: Centre for Research on European Women)를 통해서 약간의 협동을 이루어보려는 시도가 있었는데, 이 단체는 1984년 5월에 런던에서 최초의 회의를 열었다(Vallance and Davies 1986).

전세계적인 토대 위에 대화를 이룩하기 위한 주도적 움직임은 역설적으로 더욱 성공적이었다. 조직적인 자극은 1975년에서 1985년까지 '유엔 여성10년'이었다. '유엔 여성지위위원회' UN Commission for the Status of Women는 제2차 세계대전이 끝난 후 바로 설립되었는데, 1970년에는 UN 총회를 설득하여 1975년을 세계 여성의 해로 선언하고 그 이후의 10년을 여성을 위한10년으로 정하도록 하는 결의안을 받아들이도록 했다. 그 '10년'을 출범시킨 국제회의는 멕시코에서 열렸는데 100개국이 넘는 국가의 대표들이 참석하여 유엔여성 10년 계획을 받아들였다. 이것은 여성을 위한 3개의 중요 분야, 즉 남성과의 평등성 획득, 국가적으로 경제생활과 발전 프로그램의 통합,

그리고 세계 평화에 대한 여성의 공헌 인식 등을 지적했다. 진행 상태를 점검하는 중간회의는 1980년에 코펜하겐에서 열렸다. 공식적인 UN 회의와 더불어 비공식적으로 비정부기구 포럼 NGO Forum이 있었는데, 약 8,000명이 참석했다. 공식적 회담은 주로 헌신적인 페미니스트나 관련 전문가라기보다는, 지위나 개인적 관계의 기초에 의해 선택된 대표들로 구성되었다. 결과적으로 미리 결정된 의제의 범위 내에서 회의를 진행하다보니, UN의 토의를 통해 채택된 문항들에 참가자들은 그저 동의를 반복할 뿐이었다. 비정부기구 포럼은 이보다 자발적이었다. 하지만 여기서 애쉬워스 Ashworth(1982)는 많은 참가자들이 공식적으로는 지명되어지고, 실질적인 대화에 참여하기보다는 정해진 연설을 하는 경향이 있다고 보도하였다.

유엔 여성 10년이 끝났음을 알리기 위해 세번째 세계여성회의가 나이로비에서 열렸다. 회의 몇 달 전 예비위원회가 비엔나에서 열렸고, 본회의에서는 2000년을 목표로 잡고 세계행동계획 World Plan을 기초로 해서 '여성지위향상을 위한 나이로비 미래발전전략'(FLS: Nairobi Forward Looking Strategies for the Advancement of Women)을 이끌어냈다. 이것은 정부간 회의의 기초가 되었는데, 이 회의의 각국 대표는 페미니스트 또는 전문가가 거의 포함되지 않았다. 미국 대표는 대통령의 딸인 머린 레이건 Maureen Reagan이 단장이었고, 이멜다 마르코스 Imelda Marcos는 필리핀 대표를 선도했으며 샐리 무가베 Sally Mugabe는 짐바브웨 대표단을 이끌었다. 또한 많은 대표들이 몇몇은 예외가 있었지만, 대개 남성이었다. 159개 UN 국가들 중에 152개국이 FLS에 동의했다. 하지만 몇몇 국가는 특정한 조항에만 관련하여 단서를 두었고, 많은 페미니스트들은 그 문서가 여성문제의 원인에 대한 부적합한 분석을 포함하고 있다고 주장했다. 그 문서의 실제 단점은 그것이 의무적이 아니라는 것이었다.

이틀 먼저 시작되었던 NGO 포럼은 7,000명만을 기대했었던 것과는 다르게, 151개국으로부터 1만명이 넘는 사람들을 이끌어냄으로써 대회 초기에 혼란을 야기시켰다. 실제적으로 그 대표들의 대다수는 공식적인 자격으로 그곳에 있었다. 게다가 미국에서만 2,000명이 넘는 대표들이 참석하였는데, 거기에는 흑인 여성 대표단도 있었다. 100개가 넘는 워크숍에서 토론이 이루어졌고, 여러 논쟁점 중에서 가장 격렬하고 신랄한 논쟁이 '흑인' 의식의 본질, (일반적으로 만장일치를 이끌어낸) 남아프리카의 해방운동, 팔레스타인의 '해방운동', 레즈비어니즘, 매춘이 합법화되어야 하는 것인가, 자치적 여성조직이 필요한가(민족해방운동과 공산당에서 온 대표자들은 필요가 없다고 말하는 경향이 있었다), 그리고 여성들을 위한 발전정책에 대한 것들이었다(Hendessi 1986).

이런 논쟁들이 모두 확실히 국제적 여성운동에서의 관점과 경험에서의 차이점들을 드러내고 있다고 주장되고 있다. 더군다나 이러한 더욱 페미니스트적 관점은 현재 각국의 공식적인 대표들에게 직접적으로 영향을 주는데는 거의 성공하지 못하고 있다. 하지만, 나이로비와 그 이전의 10년은 아직도 여성의 위치에 대하여 훨씬 더 격렬하고 체계적인 정보를 발전시키고 여성들이 서로를 더욱 잘 이해하기 위해 대화를 하도록 도움으로써 여성 의식을 높이는 데 아주 중요했다. 쿠트 Coote(1985)는 어떻게 이스라엘과 팔레스타인의 여성들이 평화에 대한 공동 워크샵을 가졌는지를 지적하였고, 몇몇 국가의 대표자들은 포럼 일간신문을 만드는 데 있어 서로 협동하고 있음을 보이고 있다. 10년 동안의 몇몇 사건들은 좀더 전문화된 국제회의와 네트워크, 그리고 소식지들을 등장시키는 계기가 되었다.

6. 여성운동의 위기?

지난 몇 년 동안 여성운동이 위기에 처해 있다고 하는, 즉 여성운동이 쇠퇴하거나 또는 소강상태 내지는 침체기를 경험하고 있다는 주장들이 다시 일고 있다. 몇몇 문헌에서 보면, 여성운동은 그 방향을 잃었다는 것이다(Barrett et al. 1986). 또 다른 문헌에서는 구식의 페미니즘은 이제 더 이상 필요하지도 적합하지도 않은 '포스트 페미니즘' post-feminism 단계에 접어들고 있다고 주장한다. 다소 다른 주장들이 여기서 논의될 것이고, 이에 대해 풀어나가도록 하겠다.

우선, 제2기 페미니즘의 평가에 있어서 이미 성취해온 것을 과소평가해서

는 안된다. 골든과 뒤보아가 말했듯이 "우리가 언제 어디서 승리하고 패배했
는가를 아는 것은 전략을 세우는 데 있어 핵심적이다. 우리의 승리에 대해서
주장하지 못하고 자부심을 갖지 못한다면 아무 것도 변한 것이 없다는 거짓
된 결론만을 만들어낼 뿐이다"(Eisenstein 1984, 140에서 인용). 여성운동이 이
루어낸 성취들을 간략히 요약하고 정책에 집중해보면, 비록 미국 내 입법에
서 여성운동의 역할이 1960년대에 아마 가장 적었을지라도 다음 10년 동안
여성에게 도움이 되는 1974년 동등기회법 Equal Credit Opportunity Act, 1972
년 교육법수정안 Education Amendments Act 제9조, 낙태를 자유화시킨 1973년
대법원 판결 등의 일련의 조치들에 기여한 것을 알 수 있다. 영국에서는 여
성운동의 역할이 1967년 낙태법 Abortion Act이 제정된 이후에 출현하였고,
EEC의 권고사항으로 인해 동일임금을 지지하고 성차별에 반대하는 입법이
있었지만, 제2기 페미니즘은 이런 이득을 보호하고 이용했다. 여성운동의 역
할은 1970년 결혼절차와 재산법 Matrimonial Proceedings and Property Act, 1975
년 고용보호법 제2항 Part 2 of the 1975 Employment Protection Act, 1976년 가
정폭력 및 결혼절차법 Domestic Violence and Matrimonial Procedures Act과 같은
여러 가치 있는 법안들에 지대한 영향을 미쳤다. 프랑스나 이탈리아 같은 나
라에서는 여성운동이 직접·간접적으로 여성의 정치 참여를 증대시키는 데
기여했다. 아마 여성운동은 최소한 미국과 영국에 있어 수용 가능한 여론과
대중행동에 대한 인식을 전환시켰고, 성 역할에 대한 전통적 태도들을 잠식
시키기 시작했다. 가정에 있어서 중간에 개입한 놀라운 혁명을 이해하기 위
한 가장 단순한 방법은 그저 10년이나 15년 전의 영화나 책을 보는 것이다.
프랑스에서 장송 Jenson은 여성운동이 낙태와 같은 문제들에 대한 논쟁의 화
두를 변형시키고, 정치담론의 세계를 변화시켰다고 주장한다.

이런 모든 것들에도 불구하고 여성운동은 쇠퇴하고 있는가? 이것에 쉽게
대답할 수는 없다. 영국 도처에서 수많은 활동가들이 몰락하고 있는지 명백
하지 않고, 부카이에가 지적하듯이 이것이 반드시 판단의 주요한 기준이 되
는 것은 아니다. 보다 중요한 것은 참여자의 참여정도이다. 지난 몇 년 사이
스코틀랜드에서는 여성운동이 실제적으로 증가하고 있다. ≪스페어 리브≫는
주요 영국의 도시 중심지에서 여성센터, 강간위기센터 등과 같은 새로운 단

체들이 계속 늘어나고 있다고 보도했다. 1986년 7월 '오늘날의 맑스주의' Marxism Today 출신의 여성들이 '살아 있고 도약하는 여성들'이란 주제로 협의회를 조직했을 때, 거의 대부분이 31세 이하로 최소 1,500명의 여성들이 모여서 출범하였다. 참가한 사람들 중 어느 누구도 사회운동으로서 혹은 사상으로서의 페미니즘이 쇠퇴해가고 있다고 믿는 이는 없었다. 또 하나 주목할 만한 발전은 페미니스트 출판이 늘어났는데, 처음에는 1974년 '온리 우먼' Only Woman을 통해서 이루어졌고, 이어서 1976년에는 '비라고' Virago, 1978년에는 '위민즈 프레스' Women's Press, 1980년에는 '쉐바' Sheba를 통해 출간되었다. 미국에서 평등권수정안운동은 여성운동을 재충전시키고, NOW의 구성원을 증대시키는 데 도움을 주었다. 최근에 민주화된 몇몇 유럽국가들과 많은 제3세계 나라들에 있어 제2기 페미니즘은 현재 진행 중에 있고, 국제적 페미니즘은 추진력을 잃었다기보다 추진력을 얻고 있다.

　비록 그렇다 하더라도 당시대 여성운동의 여러 국면들은 다시 자신감을 얻게 해주는 데 미약하다. 널리 나타나고 있는 하나의 경향은 여성운동이 오래되고 더 확대되어감에 따라 이론·구조·전략활동에 있어서 극도로 다양해지고 있다는 점이다. 이는 분열과 희석으로 해석되거나 긍정적으로는 보다 넓은 사회로의 진정한 통합으로 해석된다. 스칸디나비아에서 달립과 굴리는 핵심적인 활동가의 수가 줄어드는 반면 페미니스트들은 점차 정치와 경제조직으로 들어가는 주요 흐름에서 자신의 길을 발견했다고 지적한다. 또한 러벤더스키는 제2기 페미니스트들의 제2세대들은 급진적인 제1세대와는 달리 이미 형성된 구조 안에서 활동하려고 준비하고 있는 것을 발견할 수 있다고 한다. 이런 면에서 볼 때, 여성운동의 다각화는 하나의 진보이다. 하지만 급진적 활동가들의 핵심과 자치적 페미니스트 조직의 약화는 경제의 쇠퇴와 정치적 반동의 시기에서 여성운동을 취약하게 만들 것이다.

　페미니스트 이론의 최근의 발전과 다른 곳에서도 발견되지만 주로 미국에서 나타나는 스테이시 Stacey(1983)가 이름 붙인 '보수적 페미니즘'의 등장은 확실히 놀라운 것이다. 가족과 어머니 역할의 중요성을 재확인시켜주고 가족과 어머니의 보살핌이라는 특성을 공공의 영역으로 전환시키려 한다는 내용을 담고 있는 프리단의 『제2단계』 The Second Stage(1983)와 엘슈타인

Elshtain의 후기 저작(Elshtain 1982)에서처럼 여성중심적 pro-woman이고 자유주의적인 분파 liberal strands가 새로운 수정주의 입장과 융합하였다. 나는 이 논쟁에 대해서 결론에서 좀더 논의하겠다. 이것은 혁명적 페미니즘의 보다 극단적인 교리에 대한 반동으로, 그리고 주도적인 페미니즘 저자들의 변화된 개인적 환경이 반영된 것으로서 이해될 수도 있을 것이다. 로씨는 미국에서 제2기 페미니즘의 등장과 자식 없는 독신여성의 비율 증가간의 상호성을 제시하고, 그런 여성이 여성운동에서 특별히 두드러지고 있다고 하였다. 최근 들어 이런 페미니스트들의 대부분은 어머니가 되는 것을 택한 듯하다. 영국, 미국, 서독(Schultz 1984 참조)에서 이것은 헤론의 표현에 의하면(Heron 1980) 새로운 '모성의 신비' mystique of motherhood에 기여해왔다. 한 가지 불안한 것은 이런 논쟁이 여성의 일자리를 축소시키고 보수적인 사회정책을 부활시키는 등의 압력과 동시에 일어나고 있다는 점이다.

이로부터 우리는 운동의 다양화 혹은 수정주의적 경향에 관심을 보이게 되는 진정한 이유가 무엇인지를 알게 된다. 즉, 정치·경제적 상황인 것이다. 제2기 페미니즘의 성취는 실질적이었지만, 이들은 여성의 불평등한 대우의 단면을 지워버렸을 뿐이었다(Oakley 1979, 392). 그들은 일종의 기초를 형성해야만 했다. 그러나 1970년대 말 정치적 반발이 진전되었다. 이것은 미국 내에서 미국 페미니스트 운동세력에 대해 가장 추앙받는 찬사가 되었으며, 역사적으로는 부흥의 계기를 만들었다. 광범위하게 정치적 반동을 뒷받침하고 있고 더욱 불안하게 하는 것은 경기침체와 그것이 여성의 지위와 운동에 대한 함의이다. 경기침체는 이미 성취한 것을 위기에 빠뜨렸고, 힘겹게 얻은 변화들이 남의 도움에 의지하고 있었다는 것을 알게 해주었다. 우리가 앞으로 살펴보겠지만, 고용, 육아, 여성의 쉼터 그리고 산아제한과 같은 여성 권리 정책의 실행을 심각하게 손상시켰다. 경기침체는 일견 사치스러운 것으로 보일 수도 있는 페미니스트 요구의 이데올로기적 수용 가능성을 위협하였다. 동시에 감소되는 자원과 계급의 양극화는 여성운동 내에 갈등을 격화시켰다. 레이건의 정책이 미국 페미니스트들을 분리시킨다는 논쟁이 있었다. 레이건 정부의 정책은 저임금 여성에게 혹독했지만, 전문직 여성들은 합법적인 기업의 지출로서 보육을 인식하고 있는 소득세 정책으로부터 혜택을

받았다. 이에 따라 조건이 더 나은 페미니스트들은 협의의 전문직업적 이해
또는 삶의 방식 문제에 중점을 두는 경향이 있어왔다(*Spare Rib* 1982. 8. 15).
비록 분리시키지는 않는다 해도 경기침체는 정책의 지속적 마찰과 여성이
일상생활에서 점점 더 직면하는 어려움들을 통해서 운동을 약화시키고 혼란
시킬 수는 있었다.

운동의 내부적 강점과 단점이 새로운 중요성을 가정한 것은 바로 이 맥락
에서이다. 이것들을 조사한 저자들은 운동에 가입한 구성원, 이데올로기, 조
직 또는 전략을 다양하게 강조하는 수많은 해석들을 하나로 모으는 견해 이
외에 불가피하게 각기 다른 축을 가지게 되었다. 이들 해석들을 보면서, 우
리는 현 시대의 페미니즘 성격을 좀더 깊게 이해할 수 있을 것이다.

7. 페미니즘 운동의 구성원과 이질성

모든 여성이 어떤 의미에서 남성에 의해 집단적으로 억압받는다면, 페미
니스트 운동의 잠재적 구성원은 성별 그 자체가 구분의 경계가 될 것이다.
그러나 제1장에서 이미 보았듯이, 여성 역시 분리되어 있다. 카스트의 구성
원, 소수집단이나 계급은 자의식적 단결의 정도를 암시하고 있는 반면, 여성
은 가족이라는 기본적 사회단위를 통해서 세분화되고 여성들 사이에서보다
여성에 대한 억압자들에게 더욱 귀속되었다(Rossi 1965; Lees 1986). 따라서 여
성들간의 분리는 사회 내의 분리를 반영하고 그래서 한편으로는 대다수의
여성들을 배제하고, 다른 한편으로는 운동 자체 내 갈등을 야기시키면서 심
각한 운동의 구성원 문제를 제기하고 있다.

페미니즘은 일종의 사회운동이다. 또는 "개인이나 사회의 제도와 구조를
변화시키려는 일군의 사람들의 의도적이고 집단적인 시도"(Zald and Ash
1966, 327)이다. 비록 페미니즘 운동을 구성하는 많은 조직들은 공식적인 회
원을 필요로 하지만, 페미니즘은 공식적인 운동원을 요구하지 않는다. 조직
에의 참여가 미미한 지지자들을 포함시킨다 해도, 전체 여성이 되는 경우는
거의 드물다.

19세기에서처럼 현재도 가장 빈번하게 왜곡된 것으로 보여지는 것은 운동의 사회계급 구성에 있다. 그 구성은 중산계급이 압도적이다. 이는 이탈리아나 영국에서처럼 노동조합, 정당 그리고 미디어를 통해서 노동자계급 여성이 성 평등 이념과 점차 관계를 맺게 되었다는 것을 부인하는 것은 아니며, 개별 노동자계급 여성이 운동에 있어서 활발했다는 것을 부인하는 것도 아니다. 페미니즘의 입장에서는 중산계층 지배가 좌파정당을 포함해서 거의 모든 국가차원의 제도적 특성인 계급분화된 사회에서 작동한다고 할 수 있다. 앞에서 여성의 정치참여에 있어서 특정한 실제적 장애물들을 보았다. 이런 장애들은 노동자계급 어머니들이 '이중부담'을 겪어야 했건, 또는 가사일에 대한 보조자를 둘 수 없었든지 간에, 노동자계급 어머니들에게 가장 고통스러웠다. 카벤디쉬 Cavendish(1982)가 발견한 것은, 일련의 작업라인에서 함께 일하는 여성들은 그들의 위치와 남성에 의한 착취에 대한 조금의 환상도 가지고 있지 않으며, 이중부담의 힘든 작업에 그저 묻혀 있을 뿐이라는 것이다. 이들은 다른 종류의 삶의 방식 또는 페미니스트 정치를 실험해볼 만한 에너지도 기회도 모두 가지고 있지 않았다.

그러나 내가 제시해왔던 것은 여성들은 좀더 형식화된 정치적 맥락보다는 여성운동과 같이 좀 덜 구조화된 정치형태에 참여하는 것이 더 수월하다는 점이다. 노동자계급 여성들의 경우 페미니즘이라는 인식에 대해 특히 거부반응을 보인다는 것이 가능한 가정으로 보인다. 이는 부분적으로 미디어 때문이지만, 좀더 근본적으로는 운동의 형태와 선점한 사람들이 분명히 부르주아적이기 때문이다. 평등권 페미니스트들의 요구는 종종 의심스럽게도 이미 특권화된 여성의 특별한 탄원처럼 들릴 뿐 아니라 해방과 비형식성을 강조하는 급진주의 페미니즘은 노동자계급 여성의 경험과 거의 일치할 수 없다. 이런 경험의 차이가 일으킬 수 있는 문화적 충격 같은 것은 놀랍게도 노동자계급 페미니스트들의 저항에서 보여진다. "나는 빈곤, 더러움, 추함을 추구하지 않는다. 나는 너무나 오래되어서 축 처진 셔츠를 입고 싶지 않다. 나는 카밀레 차를 정말 좋아하지 않는다. 나는 마취향기의 아지랑이와 인디언 겉옷 같은 옷 속에서 진정한 감정으로 혁명적 토론들을 하면서 싸우고 싶지 않다"(Tension 1981, 87). 사회주의 페미니스트들의 주지주의는 노동자계급 여성을 배제할 수도 있었으나 그들은 노동자계급 여성들에게 호소하기 위한 노력을 일부러 더하였다. 영국에서 여성노동자헌장 단체의 쇠퇴에 따라 이러한 연계가 쇠퇴하였다는 분위기가 있었는데 이는 멕크린들 McCrindle 이 암시하였듯이 1984~85년의 광부 아내들에 의한 파업에 대한 지원이 얼마나 가치가 있었는가에 대한 이유가 된다(Rowbotham and McCrindle 1986; Barrett et al. 1986). 라틴아메리카의 페미니스트들은 여성들간의 계급 분화의 중요성을 특히 잘 알고 있었다. 쉬밍크는 브라질에서는 페미니스트 단체들이 노동자계급 여성 단체들과 연계를 하기 위한 계속된 시도가 있었으나 어느 정도의 성공에 그치고 말았다고 했다(Schmink 1981).

　미국과 영국에서의 여성해방운동은 거의 백인들에 의해 시작되었는데, 흑인이나 유색 여성 또한 그들 자신들을 대변하기 위해 연합하여 백인의 세력에 도전했다. 하지만 프랑스에서 MLF는 여전히 '압도적으로 백인들의 운동'이고 인종 차별의 문제는 아직 해결해야 할 문제로 남아 있었다(Duchen 1986).

　이러한 것은 여성운동의 참여에 배제된 명백한 요소(성 자체를 제외하고)들 중의 단지 두 가지에 해당할 뿐이다. 그러나 이러한 여성들 사이에서의 '객관적'인 차이가 운동 내부에서는 대부분 심각한 갈등의 원인이 되었다. 그리하여 뱅크스는 3가지 주류인 평등권 페미니즘, 복음 페미니즘, 사회주의 페미니즘을 오늘날의 개혁주의적, 급진주의적, 그리고 맑스주의적 경향에서 찾고 이들이 서로 다른 여성들에게 호소할 수 있다고 보았다. 카셀 또한 1970년 초에 구세대 회원들이 "다소 나이가 좀더 많을 뿐 아니라 기혼이 많고, 교육을 많이 받았고, 생활이 좀더 안정적이고(주로 전문직 여성이거나 성인 자녀를 둔 가정주부이므로), 수입이 더 많다(그들 혹은 그들의 남편들이 돈을 벌든)는 사실을 발견했다." 젊은 세대 회원들은 수입이 적고(학생이거나 저임금의 사무원이므로), 미혼이거나 자녀가 없는 경우가 많았다. 그들은 이른바 카셀의 표현대로 '과도기 여성'이다(Cassell 1977, 103-104). 급진주의, 사회주의 페미니즘이 무엇보다 이러한 여성들에게 계속 호소할 수 있을 것이라는 인상을 받았다. 한편, 이미 서술했듯이 많은 페미니스트들이 그들이 나이가 들어감에 따라 생활이 안정적이 되고, 아이를 갖는 것에 대해 점점 관심을 가지게 되면서 이미 주요 쟁점에 관해서는 승리를 거두었다고 쉽게 믿어버리게 되고, 자녀를 가져서 어머니가 되는 것에 대한 신비와 보수적 페미니즘의 논리에 쉽게 유혹된다.

여성해방운동은 대결의 연속이다. 즉, 급진주의와 사회주의 페미니즘간, 정치적 레즈비언, 혁명적 페미니스트, 흑인 페미니스트와 그리고 이들이 비판하는 사람들간의 충돌을 겪어왔다. 이러한 모든 충돌은 운동의 발전에 관한 실질적 문제들을 둘러싸고 진행되었다. 아딜 Ardill과 오설리반 O'Sullivan (1986)이 말하는 '억압의 위계화'의 출현을 조장하는 위험이 아직 있는데 이는 '가장 핍박받는 자가 가장 덕 있는 자'라는 주장으로, 이것은 레즈비언들 사이의 성 관계에서 새도-마조키스트적 sado-masochistic 관행을 허가할 것인가 하는 논쟁(이것이 진정한 문제가 아니라는 것은 아니나 이것은 누가 자기 자신들을 페미니스트라고 부를 수 있을지를 결정하는 충분한 근거처럼 보이지는 않는다)과 같이 다소 우스꽝스럽게 극단적으로 여겨질 수가 있다.

또한 전국적 여성운동은 그들 사이의 분리에서 정치문화의 커다란 틈을 반영한다. 예를 들어 민족문제에 대한 태도 차이는 아일랜드공화국 페미니스트들간의 논쟁의 원인이 되었다. 하지만 패러다임에 관한 경우는 북아일랜드에서 찾아볼 수 있는데 그 지역 페미니스트들은 카톨릭 통합주의자의 경계를 초월하기는 거의 불가능함을 알았고, 당시 경기침체의 여파로 인하여 가중되는 더 큰 부담에 대항하여 투쟁하고 있는 페미니스트 운동은 큰 진전이 없었다(Loughran 1986). 국제적인 여성운동이 진전을 하고 서로 다른 문화·경제적인 위치의 여성들이 밀접하게 교류를 하게 되면서 더 큰 분열이 발생했다. 이러한 많은 문제는 남북문제로 대응할 수 있는데 1980년대에 팔레스타인 문제는 꾸준히 불화의 원인이 되어왔다. 이러한 모든 분열이 사라지기를 기원해봐야 별 소용이 없고 오늘날까지 여성운동이 가지고 있는 다양하게 쉽게 변할 수 있는 무정형의 특성으로 인하여 이러한 분열을 그런대로 추스릴 수 있었다. 그러나 이러한 특성은 또한 여성운동이 쉽게 공격받을 수 있는 빌미를 제공할 뿐 아니라 가끔은 치명적인 마비상태로 이끌 수도 있었다.

8. 탈급진화

두번째 논쟁은 '탈급진화' deradicalisation라 불릴 수 있는 페미니즘의 이데 올로기적인 성격과 영감에 중점을 두는 것이다. 이것은 처음에 급진주의 페미니스트들이 『페미니스트 혁명』에 글을 쓰면서 상세히 설명되었는데 좀더 조직적으로 발전된 것은 부카이에에 의해서이다(1979). 급진적 혹은 유토피아적인 이론들은 사회운동에 활기를 주는 데 아주 중요한 것이라고 부카이에의 논문은 말하고 있다. "꾸준히 미해결된 문제와 새로운 문제를 제기하고, 협력과 후퇴에 대처하고 있는 급진단체는 기존 권위로 편입하는 것에 반대하는 운동을 유지하는 데 필요하다"(Bouchier 1979, 397). 그의 이러한 주장의 구체적인 적용은 미국 여성해방운동에서 찾을 수 있고 영국에도 적용될 수 있다고 주장했다. 부카이에에 의하면, 미국 여성해방운동의 탈급진화는 1970년대 초반에 시작되었다. 언론은 이 운동의 극단적인 발언과 전술을 희화하고 비웃는 데 중요한 역할을 했고 좀더 '안전한' 문제에 대해서는 채택하고 찬사를 보냈다. 급진주의 페미니스트들은 언론을 통해 그들의 명분을 전달하는 것을 거부했고, 이로 인해 젊은 세대 내부의 의사 소통경로를 확보하는 것이 더욱더 필요하게 되었다. 우리가 보아왔듯이, 부카이에는 어떻게 급진주의 페미니스트들이 급격하게 소멸됐는가를 설명한다. 시민권이나 신좌파운동 같은 급진 배경이 부족한 여성들은 비타협적이고 길고 어려운 투쟁에 덜 적극적일 수밖에 없고 이러한 여성들이 운동에 유입됨으로 운동은 소멸하게 되었다고 부카이에는 설명한다(Bouchier 1979, 393). 급진주의 페미니즘의 이러한 퇴색은 구세대 내의 제도화와 전문화로 나타나고 특히 NOW의 결속에서 나타났다. 이러한 변화에 의해 붕괴되고 또한 좌파로부터의 조직적 침범에 직면하여 급진 페미니스트들은 '생활방식' 페미니즘으로 후퇴하게 되거나 지역사회 프로젝트를 수행했다. 하지만 두 가지 어느 경우에도 그들이 탈급진화된 것은 마찬가지이다. 1975년까지 이상과 같은 탈급진화과정은 완성됐다고 부카이에는 설명한다.

미국에서의 제2기 페미니즘 초기 발전과정을 설명할 때 이 명제(탈급진화)는 지나치게 단순화되었는지 모른다. 프리만은 특히 NOW와 같은 개혁지향

단체의 급진화를 강조했다. 탈급진화라는 급진주의적인 비판의 등장했다는 것 자체가 새로운 전환점을 나타내준 것으로 보인다. 우리는 『페미니스트 혁명』의 출판이 1970년대 후반에 급진주의 페미니스트들의 주장을 새롭게 부활시키는 신호탄이 된 것을 보았다(Brooke 1978 참조).

이 명제를 영국에 적용하기는 더욱더 어렵다. 우선 급진주의 페미니즘이 영국 여성운동을 주도한 적이 있었다고 주장할수 있을까? 원래의 이론적이고 조직적인 추진은 환상에서 깨어난 맑스주의 페미니스트들로부터이다. 급진주의 페미니스트들은 맑스주의 페미니스트들에 도전했고 1974년을 전후하여 1978년까지 급진주의 페미니스트들이 많은 이론적·실제적인 주도권을 가지고 있었다. 그러나 1970년대가 끝날 무렵 상황은 교착상태가 되었다. 더 이상 평등권 페미니즘이 조직적으로나 실제적으로 그 운동을 주도한다고 말할 수 없게 될 것이다. 그렇지만 1980년대 초반에 사회주의 페미니스트들이 노동당이나 노동조합으로 급속히 통합되었다. 완더는 "공공연히 나타나는 새로운 형태의 해방주의 페미니즘 emancipationist feminism의 출현에 주목했다. 이것은 다양한 관리자 계층의 여성들 사이에서 아직까지는 자의식화된 정치적 성향이라고 보기는 어려운 여성개인주의를 지칭하는 것이다." 이러한 '관대한 관점'의 페미니즘은 1980년대에 성장해서 특히 회원의 영입에 취약할 것이라고 그녀는 예측했다(Wandor 1981, 40-41). '포스트 페미니즘'에 관한 논의도 같은 경향을 반영할 수 있을 것이다.

1980년대 중반까지의 미국에서도 탈급진화의 징조를 보이는 경향이 있었다. ERA 캠페인의 실패, 부통령 후보 제랄딘 페라로 Geraldine Ferraro의 패배와 희생화, 레이건 행정부의 보수주의 정책 그리고 낙태진료소에 대한 폭격 등에 낙담한 자유주의 페미니즘은 재정비를 하고 목소리를 누그러뜨리고 여러 주에서 비교적 구체적이고 비논쟁적인 법률 제안인 '경제의 형평성' 등의 문제를 제기하는 데 힘을 기울였다(Lawrence 1985). 보수주의 페미니즘과 가정에 관련된 문제가 운동 내에서 힘을 얻고 있었던 것이다. 마찬가지로 스칸디나비아, 프랑스, 독일 등에서 이론적이든 실제적이든 급진주의는 쇠퇴한 것처럼 보였다.

탈급진화가 문제가 되는가? 급진주의 페미니즘은 모든 남성에 대한 모든 여성의 싸움으로서 타협할 수 없는 핵심적인 정체성을 여성운동에 부여했다. 따라서 이러한 기본적이고 내 생각으로는 근본적으로 올바른 인식이 약화된다면 제2기 페미니즘의 추진은 어려워질 것이다. 반면에 급진주의 페미니즘의 초기 이론들은 이제 어설퍼 보이고 여성들의 다양한 경험에 민감하게 대처하지 못하는 것으로 보인다. 이 이론들을 좀더 실제적으로 만드는 시도는 탈급진화의 부담을 안게 되고, 또 부카이에가 한때 주장했듯이, 하나의 통합된 이론을 만들려는 시도는 그것이 가능하다면 운동을 더 큰 분열의 위험에 처하게 할 것이다.

9. 무구조성의 횡포

여성운동의 세번째 비판은 그 조직상의 약점에 있다. 이상하게도 이러한 것은 개혁적·맑스주의적·급진주의적 경향을 대표하는 페미니스트들에 의해 발견되었다. 그러나 일반적으로는 맑스주의자와 개혁주의자들은 급진주의 페미니즘의 '무구조성'structurelessness을 비판해왔다.

현재 모든 국가적 여성운동은 계급구조를 갖고 있고 전문 분야를 두고 있으며, 공식적 규칙을 가진 기구를 볼 수 있지만 그것들은 전형적인 형태가 아니고 종종 더 많은 급진단체에 의해 인정받지 못한다. 국가적 조정 혹은 포괄조직 umbrella structures이 나타났는데 특히 NOW에서뿐 아니라 영국의 NWAF와 NAC 등에서 볼 수 있는 이러한 단체의 영역과 효율성은 일반적으로 제한되었다. 미국에서처럼 개혁 페미니즘이 수많은 기구를 생성·통합하여 공식적인 회원제도, 관리의 계급제도, 높은 수준의 전문화 제도를 가지는 것은 일부분의 예외적인 것이고 일반적으로 여성해방운동의 실제 활동영역은 작고 지역적 단체여서 어떤 결정을 내릴 때 공식적 규칙과 리더십에 의존하기보다는 회의를 통해 결정하는 것을 선호한다.

이러한 조직 패턴은 적절하게 이용되면 의심할 바 없이 장점이 될 수가 있다. 이것은 특히 의식화 작업이라는 중요한 기능에 알맞다. 또한 이러한 노선으로 운영되는 작은 단체는, 이상적으로 모든 구성원들이 참여하여 자기 의식, 자존감, 정치적 안목, 그리고 기본적인 정치적 기술 등을 개발할 수 있는 기회를 가질 수 있다. 이러한 경험은 객관적으로도든 주관적으로도든 소외되고 억압받았던 여성들이 정치의식화하는 데 대단히 소중한 경험이 된다. 더 나아가 로우보팀이 지적했듯이 좌파의 중앙집권적 관료조직(이것은 필요한 목적을 달성하기 위한 과도기적 악으로 여겨지는데 역사가 말해주듯 그들의 혁명적 과업보다 필요 이상 기구가 존재하는 나쁜 습관이 있다)과는 다르게 여러 종류의 페미니스트가 민주적으로 참여하는 경우 미래의 원하는 제도를 구현할 수 있고, 따라서 본질적으로 혁명적이라는 면에서 '예지적'이라 말할 수 있다(Rowbotham 1979). 이 운동의 분권적인 특성은 일반 대중들로부터의 독창적인 생각을 수용해서 발전시킬 수 있게 한다. 이렇게 이념적으로 서로 다른 단체가 참여할 때의 부차적인 장점은 급진파들의 극단적인 사고가 개혁주의자들의 주장을 좀더 받아들이기 쉽게 만들어준다. 하지만 결정적으로 이러한 덜 조직된 패턴의 가장 중요한 장점은 그 다양한 구성원들을 통합하게 해주는 능력에 있다 하겠다.

하지만 이러한 이상이 항상 실현되는 것은 아니다. 프리만이 상기시키듯이 무구조가 항상 독재를 예방하는 것은 아니다. 어떤 음모보다는 친분에 기초한 파벌로 인한 엘리트 문제는 풍토적이다. 어떤 공식적 절차가 없을 때는, 이들이 연합하여 암묵적 규칙을 조작·획책하여 사실상의 통제권을 갖게 되고 외곽의 반대 단체를 불허하게 된다. 보부아르 Beauvoir는 이러한 것은 MLF의 경우도 마찬가지라는 것을 알았다(Beauvoir 1977).

이런 단체는 기능 면에서 심각한 제약이 있다고 한다. 이러한 단체가 비교적 작고 이념적·사회적 구성상 비교적 동일하고 그리고 광범위하지 않은 구체적인 사안을 다루고 또 높지 않은 전문기술과 많은 의사소통을 필요로 할 때 가장 효율적이라고 프리만은 말한다. 그럴지라도 많은 대인 접촉으로 인하여 참여하는 데 많은 시간을 요구하고 또한 단체 목적보다는 토의과정에 많은 에너지가 사용될 것이다(Freeman 1975, 126). 그렇지 않으면 무구조는 독재가 될 수 있다. 무구조는 개인의 특별한 기술이나 능력을 나타내는 것을 방해한다. 자칭 혁명주의 페미니스트인 하니쉬가 인식하듯이 현재 여성들의 능력은 서로 다르다. "따라서 우리의 주요 관심사가 페미니스트 혁명을 발전시키는 것이라면 그 일에 가장 적임인 사람이 책임을 맡아야 한다" (Hanisch 1978; 165)고 말한다. 이러한 조직 패턴은 새로운 순응을 조장한다. "자매애는 일종의 강제된 합의를 만들어내는데 이는 해방적이 아닌 속박이다"(Rowbotham 1979, 41). 또 이러한 조직 패턴은 단체의 발전을 방해할 수 있는데 이는 새로운 구성원을 거부하거나 혹은 과거의 토의사항이나 결정사항들의 기록을 하지 않아 과거와 같은 구식 관습을 답습하게 되고 또 회의에 참여하는 누구도 이전 회의에서 결정됐던 문제를 전면 개편할 수 있도록 허락되기 때문이다.

'무구조에 따르는 독재'를 대표할 수 있는 것은 전국적 페미니스트운동의 결속력과 효율성의 파괴이다. 새로운 도발과 기회에 대처하여 빠르고 효과적인 대응을 하기가 점점 더 어려워진다는 것이다. 이러한 주장은 최근 영국에서의 심한 불경기로 인하여 정부가 여성의 일자리를 위협하게 되고 가정에서는 더 많은 가사노동 부담을 지게 되는 정책을 취함에 따라 재등장하게 되었다. 이제 예고를 짧게 하고도 대규모 군중행동을 할 수 있도록 하는 것이 절실히 필요하고 작은 규모의 지역적 행동은 더 이상 충분하지 않다고 가디너는 말한다(Gardiner 1984, 203). 또한 조직이 없으면 단체들간의 잦은 충돌로 에너지를 낭비하게 된다는 주장도 제기됐다. 분권화 decentralisation로 인해 주변 단체는 외부의 다른 인수자에 의해 희생이 되기도 하는데, 이는 미국 운동의 초창기에 청년사회주의 동맹 Young Socialist Alliance의 경우에서 볼 수 있다. 또 공식적 리더십의 부재는 언론으로 하여금 한 개인 여성을 '스타'로 지목하게끔 하여 여성운동의 대표로 부각시킬 수 있게 되어 여성운동의 입장이 잘못 해설될 수도 있고 운동 내부에서의 비난도 일게 만든다.『페미니스트 혁명』의 기고가들은 급진주의 페미니즘은 진정 지도자가 있었으며, 리더십에 대항한 반작용은 자유주의적 인수 liberal takeover의 일부라고 주장한다. 최근에 비판가들은 그 운동의 비효율적인 전국적 조정기능 때문에 이 운동이 다른 정치단체들에 의해 덜 중요하게 받아들여졌다라고 말한다.

좀더 구조화된 운동이 어떤 의미로는 설득적이지만 그것은 문제에 대한 너무 심한 기계적인 이해를 반영한다. 페미니즘은 그것이 필요로 하는 구조를 만들어낸다고 주장될 수 있다. 이탈리아에서 낙태 캠페인은 조정위원회를 발생시켰는데 이것은 노동조합과 정당들의 연계를 효과적으로 제공해주었다. 겔브(1985)는 미국에서 여성의 쉼터(이것은 외부 압력과 페미니스트 원리와의 중재로서 '수정된 집단' modified collective의 형태를 채택하고 전문 가들을 많이 이용했다)의 예를 들면서 급진 페미니스트들은 필요할 때마다 새로운 조직 단위를 만들어낸다고 말한다. 물론 조직이 만병통치약이 아님은 인식되어야 한다. 기구는 정책 발전이나 융통성에 장애로 작용할 수 있고 (많은 사람들이 NOW에 퍼부었던 질타) 또한 기구의 존재가 충돌을 예방할 수 있는 것도 아니다. 오히려 충돌을 구체화할 수도 있다. NOW와 NWPC에서 국가적·지역적 마찰을 겪었는데 표면상으로는 구성원 문제 혹은 재정문제였지만 실제로는 캠페인 목적과 전술에 관한 깊은 차이를 반영하고 있는 것이었다(Costain 1982). 그러나 탈급진화와 더불어 진정한 문제는 이 운동의 빈약한 응집성을 깨지 않고 좀더 구조를 확보할 수 있느냐의 문제였다.

10. 적절한 전략 찾기 - 좌파와 함께?

마지막으로, 제6장과 마무리 부분에서 다루어질 문제를 제기하면서 우리는 이제 현재의 페미니즘에 관한 올바른 전략에 관련된 문제로 넘어왔다. 특히 이 운동의 현재 한계점을 진단하는 많은 관계자들은 여성의 의식화와 특히 좌파로부터의 독립 혹은 연계에 따르는 문제점에 관해 의문을 품어왔다.

의식의 제고를 주요 활동으로 통합시키고 발전시킨 사람들은 1968년 급진 페미니스트들이었는데 우리가 보아왔듯이 그들은 종종 다른 문제로 이동하여 갔고 이에 반해 구세대들이 대신하여 의식 향상 운동을 했다. 기술상으로 이것은 시민권 캠페인의 소산이고 여성을 정치의식화시키는 데 특히 도움을 주었다. 이것은 '개인적인 것은 정치적이다'라는 인식과 맥을 같이했다. 첫째로, 맥윌리엄스가 지적했듯이 여성만이 다룰 수 있는 여성의 핍박에 관한 측면이 있다. "일반적으로 여성이 소외되어 있거나 여성에 대한 적에 대항하기에는 힘든 존재인 경우이다. 가족이나, 애인 혹은 상관에 대해 단체행동을 취하는 것은 거의 불가능하고 또한 메디슨 거리[8]나 포르노영화 제작자

같은 교묘하게 도망가기 쉬운 여성에 대한 압박자들을 다루는 것도 또한 어렵다"(McWilliams 1974, 162). 의식 향상 단체는 이러한 여성들에게 정치적 안목과 정신·도덕적 후원을 제공한다. 둘째로, 여성에 대한 의식 향상운동은 여기에 참가하는 여성으로 하여금 그들 과거의 경험을 재평가하게 하여 남성들로 인해 강요받는 여성들 공통의 핍박상황을 인식하여 호전적인 새로운 연합을 형성하게 해준다. 의식 향상운동의 세번째이자 가장 중요한 기능은 아이젠슈타인 Eisenstein(1984)이 지적했듯이 여성에 관한 총체적인 지식을 제공해준다. 이 기능은 페미니스트들로 하여금 처음으로 낙태, 가정 폭력, 강간 등에 관한 문제의 중요성을 이해하게 해주었다. 의식 향상운동에 관한 지침은 1968년에 처음으로 레드스타킹에 의해 만들어졌는데, 여기에서는 모든 참가자가 순서대로 현재 토의되는 문제에 대해 증언하고 그 이외의 참가자는 발표하는 동안 방해할 수 없고 발표자의 증언에 대해 어떤 의견도 제기못하게 하고 오직 발표자의 증언이 끝난 다음에 가능하게 하는 권고사항을 포함하고 있었다. 이러한 의식 향상의 붐은 대단하여서 1972년 한 추측에 따르면 맨해튼의 모든 블록에 적어도 하나씩은 이러한 단체가 있었다고 한다(Cassell 1977, 34).

그러나 이러한 운동으로의 전적인 집중은 곧 단점을 드러냈다. 프리만이 주장하기로 그들 스스로 '의식화'되었다고 생각하는 많은 여성들이 새로운 안목을 가지고 무엇인가 해보기를 원해 곧 에너지를 발산하기 시작했다. 물론 모든 단체가 단지 '랩 그룹' rap group(토론그룹)에서 캠페인이나 실제적인 활동중심으로 전환한 것은 아니다. 종종 그들은 실패하였고 의식개혁은 그들의 문제에 대한 정치적인 해결책을 제공하는 것 대신에 개인적이고 일상적인 문제에 해결책을 주게 되었다는 아담스와 윈스턴의 주장에 힘을 실어주었다. 그리고 의식 향상운동은 여성운동에 새로운 생기를 불어넣는 데 아주 중요한 역할을 하였고 새로운 회원을 유입하는 데 중요했지만 여성운동을 정치적으로 막다른 골목에 몰리게 하기도 했다.

급진주의 페미니즘에서 분리주의 전략도 나왔다. 급진주의 페미니스트들

---

8) 미국 뉴욕의 광고회사들이 모여있는 곳. 흔히 광고업계라는 뜻으로 쓰임(역자주).

뿐 아니라 이들로부터 영향받은 다른 페미니스트 단체들도 남성 후원자가 회원이 되는 것을 거부했다. 남성 제외는 이러한 단체들의 형성 단계에서 여성 회원들이 그들 자신만의 공고함, 분석력, 기술 등을 발전시키고자 원했다면 아주 현명한 전략일 수 있다. 아담스와 윈스턴은 여성단체들의 분리에 대한 필요성에 의문을 제기하기 위해 스웨덴에서의 페미니스트적 사고가 성공을 거둔 것을 예로 들면서 이것을 거대하고 큰 목소리를 내지만 제한된 성공밖에 하지 못한 미국 여성운동과 대조했다. 그러나 스웨덴에서의 페미니스트 통합에 대한 압력은 페미니스트운동의 목적에 주변 여건이 좋을 때만 효과적일 것이다. 상황이 안 좋아져서 페미니스트에 대한 필요가 절실할 때는 분리된 여성운동만이 그들의 주장을 지켜낼 수 있을 것이다. 경제적으로 선진화된 동부 유럽에 있어서 실제적으로 페미니스트의 관점이 부재했다는 것은 거기에서 독립적인 여성단체를 만드는 것이 정치적으로 불가능했다는 사실과 연결해야 한다. 제3세계 국가에서는 현재 페미니스트들이 자치적인 여성운동에 대한 필요성을 주장하고 있다. 어떤 한 토론에서 라틴아메리카의 한 여성들은 자치가 과거 소외된 여성들이 겪는 사적인 문제로 치부되어왔던 문제들을 어떻게 정치문제화할 수 있는가를 설명하고 자치는 여성들로 하여금 그들의 요구를 주장하는 데 논리적이고 자신감을 갖게 해준다고 말한다(Davies 1985, 176-177).

반면에 분리주의를 주장하는 것은 때때로 남성들의 단체와 연합하는 것을 배제했으며 이것은 더욱 유감스런 일이다. 미국에서 개혁주의적 페미니스트 단체들은 특정한 캠페인에서 다양한 정치성향의 배경을 가진 페미니스트가 아닌 단체와도 연합을 하는 데 주저하지 않았다. 가장 주목할 만한 예는 1978년에 ERA의 마감시간을 연장하기 위한 투쟁에서 찾을 수 있는데 이때 노동조합, 시민단체, 종교단체 등을 포함하는 75개가 넘는 단체가 연합하였다(Kolker 1983, 219). 많은 미국의 페미니스트들이 1980년 후보자를 지지하는 과정에서 그 후보들의 페미니스트에 대한 자세가 충분히 건실하다고만 한다면 정당에 상관없이 지지할 것에 대해 고려하고 있었다는 사실은 흥미로운 일이었다. 결국 레이건 행정부가 페미니스트 주장에 대해 반대하는 것을 분명히 하고 있어 민주당 출신 대통령을 지지했다(Katzenstein 1984). 영국과 다른 유럽 국가들에서 주로 좌파 계통인 노동조합이나 정당과 연합이 가능했다는 것은 명백하였다. 맑스주의 페미니스트들과 사회주의 페미니스트들이 주도하여 그러한 연합에 대해 계속된 찬반양론 토론이 있었다. 1970년대 후반 영국에서 좌파연합이 힘을 얻었는데 이는 노동당에서의 비노동자 좌파와 페미니스트의 영향력이 증대했음을 나타내준다. 웨인라이트는 "여성들의 요구가 이런 다른 단체들의 필요가 융화되지 않으면 그들이 반대하고 있는 강력한 기득권을 다루는데 있어서 필요한 지원을 얻기가 힘들 것이다"(Wainwright 1979, 5)라고 주장했다. 하지만 이때에 좌파는 상당히 와해되어 있었다. 이리하여 일부에서 여성들이 이러한 좌파의 통합을 보살펴야 하는가, 혹은 페미니즘이 '사회주의라는 녹슨 수레바퀴의 윤활유' 구실을 해야 하는가에 대한 의문을 제기했다(Cartledge 1980). 또한 이러한 연합을 하려는 시도가 여성운동 자체를 분열시키는 데 촉진제 역할을 하는 게 아닌가 하는 두려움도 있었다(Wilson 1980).

결국 많은 사회주의 페미니스트들이 노동당을 통해 '노동의 승리를 위한 여성의 반격운동과 여성행동위원회' Women's Fightback Campaign for a Labour Victory and the Women's Action Committee와 같은 단체에서 일하지 않기로 결정했다면 이러한 광범위한 연합운동은 가능하지 않았을 것이다(Coultas 1981). 그러나 이러한 전략의 부분적인 성공은 지방 정부의 여성위원회와 이와 동등 기회를 갖는 단체들의 증가로 새로운 딜레마를 만들어냈다. 이리하여 오래된 근심거리였던 회원의 영입, 여성들의 프로젝트가 자금을 얻기 위해 그들의 원래 목적과 타협에 따르는 탈급진화, 불충분한 책임성 등의 문제를 일으켰다.

1980년대 초반 프랑스에서는 사회주의 정부 하에서 페미니스트들의 딜레마는 더욱 심했다. 사회당 내부에서 페미니스트들의 목소리가 약해져감에도 불구하고 여성권리부는 페미니스트 주도권을 위해 전례 없는 큰 규모로 자금과 기회를 제공했었다. 정부 지원이 멈춰지고 이어서 1986년에 보수 정부가 집권함에 따라 프랑스 페미니즘은 좌초된 것처럼 보였는데, 이것은 아무리 동조적이고 유행인 것처럼 보여도 좌파와의 너무 친밀한 연합에 대한 하나의 경고였다.

사실 좌파와의 연합에 관한 문제는 쉽게 해결될 수가 없다(Randall 1986a 보라). 장기적으로 보면, 제4장에서 제시했듯이 사회주의(지금까지 알려진 형태)가 페미니즘에 더 적대적일지라도 사회주의가 자본주의보다는 다소 여성들에게 좋다는 것이다. 하지만 나는 페미니스트들이 단기간에 걸쳐 고려해야 할 사항에 더욱 관심을 가져야 된다고 생각한다. 현재 서유럽과 영연방의 좌익 정당이나 정부는 최소한 그리고 어떤 실제적인 이유로 인해서든지 여성들을 정치적인 면에서 향상시키고 여성들의 권리를 증진시키는 정책을 취할 가능성이 크다. 불경기 동안에 페미니스트들이 복지비의 감축과, 교육문제·취업문제·보건문제에 대항하여 투쟁하는 것은 좌파와 유사하다는 것은 명백하다. 이러한 이유로 인해 어느 정도의 협력은 바람직하지만 이 운동을 분열시킬 정도가 되어서는 안되며 가장 중요한 것은 여성운동의 자치성을 대신해서는 안된다는 점이다.

현재 여성운동의 근본적인 장점과 약점은 실제적 혹은 잠재적인 회원의 크기와 다양성에 있다. 이러한 의미로 볼 때 이 운동은 지속성, 조정능력, 그리고 전략 등을 마련하기 위한 최소한의 조직적 틀이 필요할 뿐만 아니라 이 운동의 정체성 identity, 통합을 위한 혁신적인 사고방식의 핵심이 필요하다. 급진주의와 조직이 항상 충돌하는 것은 아니다. 그러나 사회운동의 바탕 부분이 이질적일 때는 거의 충돌할 것이다.

이러한 것은 이 운동이 정치·경제적인 환경의 변화에 취약할 수 있다는 것을 보여준다. 반면에 이러한 변화가 페미니스트의 호전성에 새로운 활기를 불어넣을 수 있도록 자극한다면 이 호전성을 수용하고 유지시킬 수 있는 충분히 유동적이고 조직적이며 이론적인 운동의 바탕이 형성될 것이다.

제6장

페미니즘과 정책결정

페미니즘의 물결은 최근 의심할 여지없이 정책에 영향을 미치고 있다. 이전에 중시되지 않던 문제를 전면에 부각시켰고 재정의하였으며 공식정책을 변화시켰고 최소한 부분적으로라도 이런 정책들이 실제로 집행되도록 하였다. 이 장에서는 세부적인 정책결정과정에 페미니즘이 어떻게 개입하고 있는지에 초점을 맞추려고 한다. 가장 효과적인 페미니즘의 전술은 무엇인가? 페미니스트들이 이런 유형의 정치참여를 통해서 얼마나 많은 것을 성취하였는가? 1970년대의 성공은 1980년대의 불리한 경제적·정치적 환경 때문에 어느 정도나 위험에 빠졌는가? 그리고 이런 상황은 페미니스트 행동에 다른 전략이 필요하다는 것인가?

몇 년 전만 하더라도 페미니스트의 관심을 끄는 정책이나 문제에 관한 정책결정 과정을 다룬 사례연구는 손으로 꼽을 정도였으며 그나마도 영국과 미국의 경험에 한정된 연구들이 전부였다. 여기로부터 시작하여 사례연구는 천천히 그 범위를 여러 국가들로 넓혀가고 있고 좀더 명시적으로 교차국가적인 비교분석을 시도한 연구도 등장하고 있다. 이런 연구들은 대체로 서구민주주의국가들에 관한 것이지만 어쨌든 어떠한 사례연구에서든지 나타나는 결론은 오늘날의 페미니즘은 대부분 정책결정에 영향을 미치고 있다고 것이다.

정책결정과정이라는 맥락을 살펴보기 위해서 이 장에서는 두 종류의 비교적 서로 다른 유형의 정책, 그러면서도 페미니스트 활동의 중요한 목표가 되었던 주제, 즉 낙태와 고용평등권을 중심으로 보려고 한다. 영국과 미국을 중심으로 이들 문제에 대한 세부적인 정책결정 과정을 살펴보면서 동시에 다른 서구 국가들의 경험도 살펴볼텐데 여기에서는 EEC의 역할이 논의될 것이다. 마지막 절에서는 특히 1980년대에 있어서 정책결정의 변화 추이가 가지는 함의에 대해서 언급하겠다.

1. 낙태권

낙태문제는 1970년대 초반에 현대 페미니즘의 거의 최종적인 관심사로서 등장하였다. 급진주의 페미니스트들에게는 낙태가 여성의 성적인·재생산적인 자기결정으로 상징되었지만 그들에게서 영향을 받은 다른 페미니스트들에게는 낙태문제가 여성의 개인적인 선택의 자유라는 관점에서 그리고 공공영역에의 효과적인 참여라는 관점에서 중요하다고 생각하게 되었다. 이 문제를 중심으로 프랑스, 이탈리아, 서독의 여성해방운동이 하나로 뭉쳐지게 되었다. 낙태를 이미 자유화했던 스웨덴을 제외한 대부분 서구 국가의 페미니즘운동은 이 시기에 낙태법의 개정이나 개정의 확대를 요구하였다. 낙태문제가 최근 서구 페미니즘의 관심사에서 중심의 위치에서 밀려났다면, 그것은 부분적으로 낙태법이 자유화되었기 때문이다. 그러나 라틴아메리카에서는 대조적으로 한창 발전단계에 있는 페미니즘운동의 주요 관심사가 바로 낙태문제이다.

처음에는 몇몇 보수적인 페미니스트들이 낙태에 반대했지만(1967년 NOW는 이 문제로 분열되었다) 1970년대 말에는 낙태를 법으로(물론 그 법이 전혀 아무런 제약요건도 두지 않은 것은 아니지만) 허용하는 데 반대하는 페미니스트가 있다면 자기모순적인 것으로 사람들은 생각하게 되었다. 필요한 개혁의 정도, 즉 '요구에 의한 낙태'9) abortion on demand까지로 낙태의 자유를 확대하는 데 대해서는 페미니스트들도 서로 동의하지 않았다. 시간이 흐르면서 낙태문제는 도덕적으로·이데올로기적으로 페미니스트 사이에서 다양한 견해를 나누어졌다. 프랑스 페미니스트들은 여성이 된다는 것 그리고 잠재적으로 어머니가 된다는 것은 어떤 의미를 지니는지에 대해서 좀더 깊은 연구를 하였다(Duchen, 1986). 낙태찬성 캠페인에 참여했던 이탈리아 여성들은 이 문제가 얼마나 복합적인 성격을 가지고 있는지 깨닫게 되었다. 피임의 효과적인 수단이 용이한 곳에서조차도 많은 여성들이 낙태를 원했는데 이것은 여성들이 자손을 얻기 위해서보다는 단지 즐거움을 위해서 성행위를 한다는 사실에 여전히 죄책감을 느끼고 있다는 것을 암시한다(Caldwell 1986). 사회주의 페미니스트들은 낙태법 개정요구가 여성의 개인적인 '선택의 자유'라는 근거로부터 출발하고 있다는 데 불안해했다. 힘멜바이트가 지적하였듯이 이런 요구는 결과적으로 여성이 사적 영역으로 전락하는 것을 묵인하게 되기 때문에 페미니스트들은 다른 방식으로 이에 대해 오히려 이의를 제기해야 한다는 것이다.

우리는 생산과 재생산의 이런 분리를 사회적 그리고 사적인 영역에서 사실상 받아들이고 있는 것인가? 우리는 사회주의 하에서 또는 우리가 추구하고 있는 사회를 무엇이라고 부르더라도 그 사회 내에서 생산이 그렇게 민주적으로 모든 사람의 이익을 위해서 계획되지만, 재생산은 여전히 사적이고 개인적인 결정이며 개인적인 권리로 남아 있다는 것을 받아들이고 있는가?

그러나 힘멜바이트는 자본주의 사회에서 우리가 가진 개인적인 자유가 무엇이든지 우리는 그것을 주장해야 하며 재생산에 관한 결정을 통제하는 시장과 같은 메카니즘이 없는 상황 하에서는 선택의 자유라는 것은 자본의 권리를 침식하는 데 도움을 줄 수 있다고 결론짓고 있다(Himmelweit 1980, 68). 이와 비슷한 견해를 재거는 표명했는데 여성의 선택권은 "자기 자신의

---

9) 낙태 자유화 초기의 법들은 모두 상당히 제한적인 경우에만 낙태를 허용하였다. 예를 들어 임신기간에서의 제약이나 낙태이유의 제약, 치료 목적 여부 등의 제한이다. 그러나 점차 일부 여성들은 자유로운 낙태, 여성의 요구에 의한 조건 없는 낙태를 요구하였다. 이는 곧 NAC의 낙태요구원칙이 되었다(역자주).

신체에 대한 모호한 권리로부터 나온 것이 아니며 프라이버시에 대한 권리의 일부도 아니다. 그것은 절대적인 권리이기보다는 부수적인 권리이며 우리 사회에서의 여성의 지위로부터 발생하는 것이다." 그것은 무엇보다도 우선 "여성의 삶은 자기 아이들의 탄생과 더불어 상당히 영향을 받지만 이에 반해 공동체 전체로서는 단지 아주 조금만 영향을 받기" 때문이다. 만약 어떤 사회에서 모자(母子)에 대한 복지를 공동체가 주로 책임진다고 가정할 때 그런 공동체에서는 선택의 자유도 또한 공유해야 한다는 것이다(Jagger 1976, 356). 최근에는 낙태권에 대한 관심이 배타적으로 한 곳에만 집중되어 있다는 비판이 활발히 이루어지고 있다. 좀더 세련된 '재생산기술'이 등장하면서 이런 비판들이 촉진되었다. 즉, 인공수정이나 대리모의 허용에 관한 새로운 문제들이 나타난 것이다. 좀더 결정적인 것은 제3세계 여성들의 주장이다. 임신을 방지하는 방법－피임기구, 낙태, 불임－이 의식하지 못하는 사이에, 그리고 부적절하게, 때로는 일종의 적나라한 강요처럼 제3세계국가들에 도입되었다고 이들은 주장한다. 그 결과 페미니스트들은 낙태라는 좁은 이슈 대신에 재생산권 전체를 옹호해야만 하는 상황이었다. 그러나 우리가 보게 되듯이, 낙태 그 자체는 해결되든지 혹은 인정되든지 하는 것과는 거리가 먼 상황이다. 낙태법이 개정된 국가에서조차도 개정법안의 표현이나 조건들이 여전히 재협상의 요구와 끊임없는 도전을 받고 있다.

비록 오늘날 낙태 허용문제가 1970년대보다는 좀더 복잡한 문제로 페미니스트들에게 비춰지기는 하지만 대부분의 페미니스트들은 낙태법 개정을 여전히 지지한다. 페미니스트의 입장에서 볼 때 문제를 어렵게 하는 것은 사람들이 낙태를 여성의 권리 혹은 자율권의 선상에서 인식하고 있지 않다는 것과, 그래서 많은 사람들이 낙태 자유화정책에 심각하게 반대하고 있는 현실이다. 사실 낙태권을 둘러싼 투쟁의 대부분은 어떻게 이 문제를 정의하느냐 하는 것과 관련되어 있다. 낙태 정책은 처음에는 특별히 사회주의 국가에서 인구성장을 규제하려는 국가의 관심이 반영된 것인데, 노동력과 국방의 필요를 만족시킬 수 있을 만큼으로 인구성장률을 억제하려는 국가차원의 이익에서 고려되었다. 영국과 미국에서는 근년에 이런 정책이 공공연히 논의되고 있지는 않는데 자유주의 가치가 널리 퍼져 있는 상황을 생각할 때 모순

처럼 보이기도 한다(Riley, 1981). 프랑스에서는 1975년의 법안을 둘러싼 의회
의 토론과정에서, 감소추세에 있는 출생률의 논리-"낙태가 보편적으로 행
해지던 로마의 몰락은 출생률의 감소 때문에 불가피한 것이었다"-가 동원
되었다(Mossus-Lavau 1986, 91). 이 논리는 1980년대 초 사회당 정부의 정책에
도 영향을 미쳤다.

그러나 낙태는 의학적인 문제 또는 법적인 문제로 정의되는데 이 경우 기
술적이거나 혹은 비정치적인 성격을 띤다. 페미니즘에게 가장 심각한 도전
이라고 할 수 있는 경우는 낙태문제가 도덕적인 문제로 간주되는 것이다. 대
표적인 경우가 종교지도자들의 의견이 그들 종교의 추종자들에게 영향을 미
치는 경우라고 할 수 있다. 서구 사회에서 낙태에 대한 도덕적인 주장은 무
엇보다도 로마 카톨릭 교회에 의해서 표명되고 조정된다. 카톨릭 교회는 성
적 방종의 증거라는 이유로 낙태를 항상 인정하지 않았지만, 19세기에 낙태
를 금지시킨 가장 중요한 이유는 의학적인 주장 때문이었다. 즉, 낙태가 여
성의 건강에 아주 위험하다는 논리 때문이었다. 오늘날 카톨릭 교회에서 낙
태에 반대하는 이유는 태아의 생명권 때문이다. 카톨릭 교회는 현재 인간의
삶은 수태의 순간부터 시작된다는 견해를 공식적으로 고수하고 있다. 그러
나 초기의 카톨릭 신학자들 모두가 이 의견을 가지고 있었던 것은 아니다.
교황 그레고리 14세는 1591년의 성명을 통해서 수태 이후 40일까지의 낙태
는 인정하였다. 교황 피우스 9세만이 1869년 모든 낙태를 금하였는데 이 입
장이 정식으로 재확인된 것이다. 1974년 「낙태행위에 관한 선언」에서 "인간
의 첫째 권리는 자신의 생명이다. 결코 어떤 구실로도 여성이 낙태에 호소해
서는 안된다. 또한 누구도 자연이 여성에게 요구하는 것으로부터 여성을 면
제할 수 없다"(Bishop 1979, 66-67). 태아의 생명권은 상당히 감정적인 주제임
이 확인되었고 그것이 여성을 싫어하는 사람들의 정당화로서 서둘러 결론지
어버리는 것은 분명히 불공평한 점도 있다. 그러나 이것만은 분명히 해야 하
는데 태아의 생명권 옹호자들은 대부분 사형제도를 지지하고 평화주의에 반
대한다는 것이다(Richards 1980, 216-320). 낙태를 도덕적인 문제로 인식시키
는 데 성공하고 있는 한,타협의 가능성은 줄어든다. 타협이 이루어진다고 하
더라도 그것은 이 문제와 관련된 세력균형이 한 쪽으로 기울기를 기다리는

중에 나타나는 일시적인 것일 가능성이 높다.

이렇게 낙태는 전형적인 정치적 이슈, 즉 그 문제 내에서 이익들의 상충을 가정하는 그런 이슈는 아니다. 그럼에도 불구하고 나 자신을 포함한 많은 연구자들은 로이(Lowi 1964)가 구분한 대로 정책이 지향하는 목표에 따라 정책을 분류하는 방법을 사용한다. '규제'정책은 개인이나 집단이 가진 자원을 사용하는 방법을 규제하는 정책이고, '재분배'정책은 주로 가진 자와 가지지 못한 자라는 대단위 사회계급들 간의 자원의 재분배를 수반하는 정책이다. 낙태문제가 이 구도에 맞을 수 있는지에 대해 논의한 연구도 있다(Outshoorn 1986 참조). 타탈로비치와 데인스 Tatalovich and Daynes(1981)에 따르면 낙태문제가 로이 모델이 가정하고 있는 경제적 사익이 그렇게 두드러지게 나타나지는 않지만, 특이한 변인을 가진 규제정책으로 보는 것이 타당하다고 했는데, 내가 보기에도 낙태는 우선 규제적인 성격을 가지고 있다. 그것은 규제정책으로서 계급에 기초한 주요 정당의 관심사와는 거리가 있다. 한편 낙태 허용법의 집행이라는 것이 국가가 무료 혹은 국고보조로 낙태시술을 제공한다는 것을 의미하므로 상당한 재분배적인 함의를 내포한다. 일단 페미니스트들이 낙태자유화 법안을 통과시키게 되면 이런 문제들이 앞을 가로막고 드러나게 된다.

1) 영국의 낙태법 개정

영국에서는 낙태를 합법화하려는 투쟁은 최소한 1936년 ALRA의 형성까지로 거슬러 올라가야 한다. 최초의 입법안인 리브 의원 발의법안 Reeve's Private Member's Bill[10]이 1952년에 만들어졌다. 원내 정당들은 낙태법안을 입법계

---

10) 영국 법률안은 크게 정부제출 법률안과 의원발의 법률안으로 나뉜다. 정부제출 법률안은 정부와 여당간의 장기간에 걸친 연구를 기초로 정부가 발의하는 법안을 말하고 의원발의 법률안은 각료가 아닌 상·하원의 일반의원이 제안하는 법률안으로 일반의원은 의사규칙에 의해 자유로이 법률안을 제출할 수 있다. 이러한 의원발의 법률안은 소속정당의 정책이라기보다는 정부가 제출해야 할 법률안이지만 여러 사정에 의해 의원이 발의하는 법률안을 일컫는다. 영국의 낙태 관련법률안은 국민의 의견이 민감하게 반응하는 사안이면서 정당은 다음 선거를 의식하지 않을 수 없기 때문에 대부분 의원발의 법률안으로 발의되었다. 의원발의 법률안의 심의과정은

획에 포함시키기에는 너무 논쟁적이고 부적절하다고 판단하여서 리브 의원 발의법안의 뒤를 이은 모든 낙태법안은 의원발의 법안이거나 '10분 규칙' 하에서 제출되었다.

이렇게 낙태법 개정의 진행과정은 상당히 모험적이었다. 평의원들은 각 회기에 자신들에게 배당된 16일 중의 하루에 낙태법안을 제출하기 위해서 추첨으로 경합을 벌인다. 여기에서는 운이 좋아서 자신의 법안이 선택되었다고 하더라도 자신의 법안이 '2차 독회'[11]에서 토론의 대상이 될지는 미지수이고 더 나아가서 상임위원회로 넘어가서도 할당된 제한시간 내에 최종 보고단계에까지 도달해야만 하는 어려움이 도사리고 있다. 사실 말쉬와 챔버스는 기술적이고 비논쟁적인 문제에 관한 것이 아니라면 의원발의 법안은 별도의 시간을 확보할 수 있는 정부의 적극적인 지지가 있을 때에만 의회를 통과할 수 있을 것이라고 결론짓고 있다(Marsh and Chambers 1981, 187). '10분규칙' 하에서 제출된 법안은 '2차 독회'까지도 보장할 수 없다.

1967년 성공한 스틸 법안은 의학계의 의견에도 불구하고 상당히 우세했다. 당시 여론조사에 의하면 이 법안의 개혁조치에 대한 대중의 지지가 아주 높았다. 그러나 실제 제정된 법에 대한 대중지지는 그보다 더 높았다. ALRA의 로비와 탈리도마이드 스캔들[12]도 법안 통과에 유리한 환경을 제공해주

정부발의 법률안과 마찬가지이지만 의회에 상정될 때까지 일련의 절차를 통과해야 한다. 우선 의회에서는 매 회기에 추첨에 의해 심의시간을 확보한 뒤 20명의 의원에게 발의 기회를 준다. 또는 회의 시작 전 10분간의 연설기회를 통해서 법률안이 소개되는데 이때 반대가 있으면 표결까지 가서 이기면 의회에 소개된다(역자주).
11) 영국 의회의 법안 심사과정은 최소한 5단계를 거친다. 우선 1차 독회로서 순수하게 형식적인 단계이다. 이 단계에서는 법안의 제목이 읽혀진다. 그 다음으로 2차 독회가 있는데 이 단계가 중요한 단계이다. 여기에서 주로 법안을 둘러싼 찬반논쟁이 벌어진다. 여기에서 통과가 되면 다음 단계인 위원회로 넘어간다. 3단계는 위원회에서의 심사단계이다. 이 단계에서는 법안의 조항별로 세밀하게 심사하면서 조항들을 수정하지만 수정안이 원칙적으로 법안의 일반적인 원칙들을 변경할 수는 없다. 따라서 법안의 원칙을 받아들이기로 결정한 2차 독회가 법안 통과의 초기 단계에서 가장 중요하다고 할 수 있다. 위원회에서 심사를 거친 법안은 다시 본회의로 넘어가 위원회 심사결과의 보고를 거치게 된다. 여기에서 정부는 이 수정된 법안을 다시 위원회에 회부하여 심사하게 할지 아니면 어떤 수정안은 받아들이고 어떤 수정안은 받아들이지 않을지를 결정한다. 마지막으로 3차 독회가 기다리고 있다. 여기에서 통과되면 법안은 법으로 인정되는 것이다(역자주).

었지만 의회 자체의 전개과정이 보다 결정적이었다. 실킨 경이 상원에 제출한 성공적이었던 낙태법안은 귀중한 선례가 되었다. 노동당의 긍정적인 평가를 통해서 하원에서 별도의 시간까지 얻으면서 순조로웠다. 3차 독회로 넘길 것인지에 관한 중요한 투표에서 234명의 지지표가 노동당으로부터 나왔고 보수당에서는 20표, 자유당으로부터는 8표의 지지를 얻었다. 이런 의회의 호의적인 태도는 의회에서 노동당이 다수당이었기 때문만은 아니다. 1964년 의회에는 젊고 교육수준이 높은 중산층 출신의 의원이 대거 진출했기 때문이다. 그들은 사형제도의 폐지와 동성애의 합법화와 같은 사회적 개혁을 선호했다.

1967년 법은 타협을 상징한다. 이 법은 2명의 공인된 의사가 산모와 다른 어린이들의 생명이 위험하거나 또는 태아가 장애일 가능성이 높다는 이유로 낙태에 동의한 경우에 임신 28주까지 낙태를 허용한 것이었다. 임신한 여성이 산모로서 심각할 정도로 지나치게 무리하였을 경우에 낙태를 허용하도록 한 원래 법안에 있던 조항은 삭제되었다. 또 하나는 단서가 붙어 있었는데 의사와 간호사가 양심을 이유로 낙태시술에 참여하기를 거절할 수 있는 권리가 있다고 되어 있다. 비평가들은 스틸이 이런 타협을 받아들인 것은 전략적으로 옳았다는 데 동의한다. 그렇다고 하더라도 그린우드와 킹은 이 법을 초안한 사람들은 이 법이 '정상적인' 여성이 아닌 '문제를 가진' 여성들에게 적용될 것을 기대했다고 하면서 이 법의 한계를 강조한다. 뒤이은 낙태 요구는 그들을 놀라게 했다(Greenwood and King 1981, 178).

스틸의 법안은 또한 반발을 불러일으켰다. 그 법안에 대한 반발로 필리스 바우먼 Phillis Bowman이 이끄는 태아보호협회(SPUC: Society for the Protection of the Unborn Child)의 형성되었다. 처음에는 이 협회에서 카톨릭이 제외되었는데 바우먼이 카톨릭으로 개종함에 따라 1970년대 말이 되면 이 협회의 대

---

12) 탈리도마이드를 복용함으로써 일어나 약해사건. 최면제 탈리도마니이드계 약제를 임신 초기에 복용함으로써 일어난 기형아 출생사건이 1962년 전세계적으로 화제가 되었다. 1961년 함부르크 대학의 소아과 전문의 렌은 임신 초기 임산부가 이 약을 계속 복용하면 기형아를 출산할 가능성이 있다는 주장을 논문으로 발표하면서 6일 후 독일에서 시작하여 벨기에, 네덜란드, 영국 등지에서 탈리도마이드계 약품의 제조·판매를 중지하는 조치가 일어나게 한 사건이다(역자주).

부분 회원은 카톨릭교인이었다(물론 러시아정교회, 불교, 복음주의자와 침례교인들도 포함되어 있다). 1980년 전체 회원수는 약 2만 6,000명 정도였는데 1984년 1월에는 3만명에 도달했다(Lovenduski 1986b). 말쉬와 챔버스는 주장하기를 SPUC는 종종 설교를 통해서 선거구에서 여론을 동원하는 일에 활동의 초점을 맞추었고 의원들과 직접적인 연계를 가지는 것은 아주 제한적으로만 관심을 가졌다. 가장 극단적인 반발은 1970년 LIFE가 형성되면서 나타난 것이다. 이 단체는 의원개인들에게 로비하는 것에는 별로 관심을 가지지 않았다. 대신 그들의 주활동은 임신 여성들을 낙태하지 않도록 조언하거나 그들의 충고를 받아들인 여성들에게 실질적인 도움을 제공하는 것이었다. 그러나 1981년에는 이 단체는 세인의 이목을 집중시켰다. 그것은 심각한 불구일 수도 있는 태아의 살 권리에 대해 그리고 낙태와 연관된 수많은 소송을 이 단체가 법정으로 끌고 갔기 때문이다. 또 특정분야를 대표하는 전국 차원의 하부단체-즉, LIFE NURSES, LIFE LABOUR 등과 같은 그룹-를 조직하는 뛰어난 전술을 추구하였다. 1979년 LIFE는 전체 회원이 2만명에 이른다고 발표했다. 한 가지 더 서술할 만한 것은 이 단체들이 낙태운동을 벌이는 단체들보다 훨씬 더 많은 재정적인 지원을 받았다는 것이다.

1967년과 1983년 사이 이 법에 대한 제한적 개정안이 꼭 9번 시도되었다. 처음 4번은 의회에서 한 단계도 진행되지 못했다. 1971년 보건장관은 저스티스 레인여사 Mrs Justice Lane를 위원장으로 하는 의회위원회를 만들어서 이 법의 집행을 심사하도록 했다. 이 위원회는 2년 넘는 기간 동안의 자세한 증거를 청취한 뒤에 28주를 24주로 줄이자는 주장과 더불어 이 법에 대한 사실상의 승인을 보고했다. 이에는 특별히 영국 의료연맹과 왕립 산부인과 학회의 의견이 결정적으로 영향을 미쳤는데 이 두 단체는 낙태법을 시행할 수밖에 없었던 자신들의 경험을 통해서 낙태법 시행에 찬성하는 방향으로 선회하였다.

그러나 동시에 SPUC는 효과적인 운동을 선거구에서 전개하였는데 이것은 미디어의 지지를 얻었다. 특히 선정적이면서 적절히 구성된 그러나 꾸며낸 낙태법의 남용사례들을 적은『소각되기 위한 아기들』이라는 책자가 출간되자 관심이 집중되었다. 이 전략은 여론에 영향을 주었고 이와 더불어 누구

보다도 낙태법을 지지하고 있던 많은 노동당 출신 의원들의 태도에 영향을
주었다. 1975년 제임스 화이트James White가 합법적인 낙태의 조건을 대폭
강화시키려는 자신의 의원발의 법안을 제출하였을 때 그 법안을 2차 독회에
보내자는 의견이 203: 88로 우세하였다. 이것은 전술적인 측면이 있기는 하
지만 의원들의 분위기가 상당히 변화되었음을 반영한 것이기도 하다.

화이트의 법안은 낙태 찬성로비를 활성화하였다. 1970년 2월 옥스포드에
서 열린 제1차 여성해방회의에서 이 운동의 제3의 요구로서 '자유로운 피임,
요구에 의한 낙태' Free contraception, abortion on demand를 채택하였지만 이
요구를 지지하는 활동들은 국지적이었고 산발적이었다. ALRA가 화이트 법
안을 저지하기 위하여 1975년 회의를 소집했을 때 그 반응은 고무적이었다.
그 결과로 전국낙태운동(NAC: National Abortion Campaign)은 '요구에 의한 낙
태'를 위해서 전국적으로 활발한 운동을 전개하였다. 7월 NAC은 집회를 열
었는데 그 집회에는 2만명 정도가 참여하였다. 그것은 '여성 참정권 이래로
가장 큰 집회'가 되었다(Marsh and Chambers 1981, 47). 이것은 또한 노동조합
과 노동당 등과의 연계를 촉진하였다. 러벤더스키(1986b)는 노동조합 내의
NAC 회원이 어떻게 노동조합의 의제에 낙태문제가 계속 포함되도록 하면
서, NAC과 노동조합의 연계망을 형성해나갔는지를 잘 설명하고 있다. 블루
칼라 조합은 전국고용인조합(NUPE: National Union of Employees)이나 전국지
방정부공무원연맹(NALGO: National Association of Local Government Officers)과
같은 사무직 근로자 조합보다 낙태문제에 대해서 훨씬 반대입장이었다.
NAC 회원은 지부 모임이나 캠페인에서 지역 노동조합운동가들을 끌어들이
려고 노력했고 전국적인 운동에 전국 차원의 조합을 가맹시키려고 설득하였
다. 동시에 NAC은 전국적인 노동·낙태권운동Labour Abortion Rights
Campaign의 지부를 만드는 데 있어 노동당 지구당과 연계하려고 노력하였
다. 결과적으로 보건장관이 이 문제를 특별위원회에 회부하자고 화이트 법
안의 후원자들을 설득하였기 때문에 이 법안은 2차 독회 이상은 가지 못하
였다. 아마도 장관이 이 문제를 흐지부지하게 만들려는 의도가 있었는지도
모르지만 그 법안은 강력한 반대를 불러일으킨 것은 사실이다.

NAC은 처음부터 낙태문제에 있어서 급진적인 입장을 견지하였다. 1976

년 NAC은 '1967년 법 고수를 위한 조정 위원회 Co-ord'를 만들었는데 그 목적은, 이름에서도 시사하듯이 상당히 방어적이며 포괄조직으로서 행동하는 것이었다. 1980년까지 이 조직은 56개 회원단체의 운동을 조정하였다. 동시에 앞에서 이미 보았듯이 조 리차드슨 Jo Richardson과 우나 맥도날드 Oonagh Macdonald 등과 같은 많은 노동당 출신 여성 의원들이 낙태법 개정을 수호하기 위해서 의회에서 긴밀하게 공조하기 시작하였다.

화이트 법안의 뒤를 이어 윌리엄 베니온과 버나드 브레인에 의해서 각각 발의된 2번의 낙태법 개정시도가 있었는데 역시 성공하지 못하였다. 베니온 법안은 화이트 법안의 요구에 의해 만들어진 특별위원회에 제출된 보고서로부터 얻은 정보가 시발이 되어 1977년에 제출되었는데 위원회 단계에까지 이른 최초의 개정안이었다. 그러나 위원회의 낙태찬성론자들이 요점을 잘 이해하였고 지연작전을 써서 그 법안은 시간부족으로 통과되지 못하였다.

1979년 5월 존 코리가 의원발의 법안 추첨에서 첫 순위에 뽑혔을 때 합법적인 낙태를 대폭 축소하려는 그의 법안이 성공할 시기가 된 것처럼 보였다. 2차 독회에서 그 법안은 242 : 98로 우세하였는데, 이는 그 법안이 회부된 상임위원회에 그 법안 지지자가 많았다는 것을 의미한다. 그러나 법안 반대파의 캠페인이 효과를 거두었고 찬성파의 표 관리가 잘못되었기 때문에 최종적으로 그 법안은 통과되지 못하였다. 상임위원회 내의 낙태 찬성파에는 조 리차드슨이나 이안 미카르도와 같이 이 분야에 익숙한 운동가들이 포함되어 있었다. 그들은 조정위원회의 도움으로 잘 준비되어 있었다. 게다가 노동당 원내그룹은 긴급동원명령 three-line whip13)을 내리려 했지만, 1977년 연례회의에서 노동당 공식정책으로 1967년 법을 지지하기로 결정했었기 때문에 뜻을 이루지 못하였다. 노동당 여성국장이었던 조이스 굴드 Joyce Gould는 이를 지켜보고 노동당 소속 의원들에게 보고하였다. 동시에 의회 밖에서 NAC은 반낙태법 로비활동을 저지하기 위하여 반코리운동 Campaign Against Corrie을

---

13) 영국에서, 중대의안이 표결에 붙여지는 날 정당의 표를 단속하기 위하여 소속 의원들의 등원을 촉구하는 것이 긴급동원명령이다. 긴급함을 강조하기 위하여 밑줄을 3번 그은 데서 유래하였다. 정당소속 의원이 이를 지키지 않고 등원하지 않거나 또는 정당의 방침에 따라 투표하지 않을 경우에는 제재를 받을 수 있다(역자주).

전개하였다. 10월 법안에 반대하기 위하여 영국노동조합연맹이 준비한 공식
적 행진대회는 대략 10만명 정도를 동원하여서 "가장 많은 인원이 참석한
찬낙태권 행진으로 인정되고 있다"(Lovenduski 1986b, 61). 코리 법안은 그렇
게 잘 만들어진 법안은 아니었다. 영국 의료연맹은 이 법안을 비판했다. 반
낙태 로비단체들은 자신들 사이의 목적이 서로 달라서 분열되었고 잘 정리
되지 못하였다. 코리 자신은 거의 타협하지 않으려 했고 타협을 시도했을 때
는 이미 너무 늦어서 법안이 통과되지는 못했다. 결국 공식적으로 1980년 3
월 25일 그 법안은 철회되었다.

코리 법안 이후 낙태찬성론자들은 마침내 반낙태 로비의 방향을 당분간
선회시켰다고 믿었으나 사실은 그 문제는 해결되지 않고 이후의 갈등의 중
요한 원인으로 남아 있게 되었다. 1982년 12월 로버트슨 경은 낙태의 허용범
위를 한층 더 제한하는 개정안을 상원에 제출하였는데 심의과정에서 별로
의원들의 호응을 얻지 못했다. 말쉬와 챔버스에 따르면 역설적으로 반낙태
론자들로서는 법을 개정하는 것보다 그 법을 수호하는 것이 더 유리한데 그
법을 수호하면 여론, 특히 의회 내의 여론이 그 법의 급진적인 개정으로 바
뀔 수 있기 때문이다. 그럼에도 불구하고 그 법의 수호자들은 경계를 계속해
야만 했다. 1985년 에녹 포웰 Enoch Powell이 인간의 수정란을 연구목적으로
사용하는 것과 체외수정을 금지하는 법안을 의원발의 법안으로 제출하였는
데 이것이 낙태에 대한 새로운 공격의 토대를 형성할지도 모른다는 두려움
이 퍼졌다(South 1985).

그러나 낙태허용 법조항에 대해 정말로 위협이 되는 것은 그 법의 집행과
시행에서 지역적인 다양성, 그 법의 집행에 관한 관리 등의 문제를 해결하기
위한 규제의 변화, 그리고 국가 보건재정의 삭감 등이었다. 1982년 1월 낙태
의 필요를 확증할 때 사용될 새로운 서식이 도입되었는데 이것은 행정적인
제약요건이 되었다(The Guardians, 1982. 1. 23). 1985년 낙태가능 최대 임신기
간을 기존의 28주로부터 24주로 낮추려는 요구가 급증하였다. 영국 의료연
맹과 왕립 산부인과학회의 권고에 따라 정부에서는 새로운 입법 없이 임신
24주 이내에만 낙태를 시행하는 조건으로 사설 낙태시술병원을 인정함으로
써 사실상 낙태가능 임신기간을 24주로 낮추기로 결정했다. 이 자체로서는

그렇게 심각하지 않을 수도 있지만(낙태가능 최대임신기간의 감소가 얼마나 불리한 규제냐 하는 문제를 놓고 여론이 분열되었다) 이것은 정부에 의해 법이 재해석될 수 있는 범위를 보여준다는 점에 있어서는 중요할 수도 있다.

법은 의사에게 상당한 재량권을 위임했기 때문에 지역에 따라 국가의료 제도에 의한 낙태시술 가능성에는 지역적 다양함이 나타난다. 이런 다양함은 의심할 바 없이 국가 의료지원 삭감의 영향으로 복잡한 양상을 띠게 되었다. NAC은 장기적으로 '요구에 의한 낙태원칙' Abortion on demands을 고수하였다. 이것을 위해서 국가의료제도 하에서 낙태시설을 필수로 설치해줄 것을 요구하는 법안이 1981년 7월 '10분 규칙'으로 제출되었다. 이 법안은 215 : 139로 철회되었다(Parker 1981). 그러나 더 긴급한 문제는 낙태시술 가능성이 줄어든 것이다. 지역적인 불공평을 해소하기 위해서 요구되었던 낙태 주간진료센터가 생겼지만 서서히 생겨났고 지금은 폐쇄의 위기에 놓여 있다. NAC은 1983년 한 분파가 여성 재생산권 운동단체를 만들어나가면서 분열의 위기가 있었지만 잘 극복하고 국민보건정책을 확대해야 한다는 요구를 중심으로 지역활동을 활성화하는 일에 매진하고 있다.

2) 미국의 낙태법 개정

미국에서의 낙태법 개정과정은 상당히 다르게 진행되었다. 낙태법 자유화 및 법의 해석이 상당히 진전되었지만 이런 법적인 승리는 안전하기 못하였고 실제 시행은 만족스럽지 못한 수준이었다. 이것은 우선적으로 1960년대 말 이래로 '요구에 의한 낙태'를 요구하는 낙태찬성론자들과 어떤 이유라도 낙태는 반대라는 낙태반대론자 사이의 팽팽한 갈등이 지나치게 양극화되어 있었기 때문이다. 그러나 또한 미국 정치의 분권화 성격이 정책결정 과정을 지배하고 있었고 특히 여기에서 연방주의와 법원이 중요한 역할을 담당하고 있었기 때문이기도 하다.

우리가 보았듯이, 1960년대까지 낙태는 위법이었다. 1960년대에 낙태가 중요한 정치적 이슈로 등장한 것은 페미니스트들의 압력 때문은 아니었다. 이보다는 낙태가 아직까지 처벌받는 위법행위라는 법률가들의 관심과, 낙태

에 대한 의사들의 의견 변화, 의사들의 결정에 변호사들이 간섭하는 것을 혐
오하는 의사들의 감정 등이 전문적·의학적 의견과 여론의 광범위한 변화를
이끌어냈다.

1959년 미국의 법 연구소는 당시의 현행법을 개정하는 시안을 마련했는
데 그것은 영국의 스틸법과 매우 비슷한 조건으로 낙태를 허용하려는 것이
었다. 당시 막강한 힘을 가지고 있던 미국 의료연맹과 미국 시민자유연합
(ACLU: American Civil Liberties Union)이 이 시안을 지지했고 곧 이어서 5개주
에서 시안을 기초로 한 개정안을 통과시켰다. 그러나 이때까지만 해도 새로
등장한 급진주의 페미니스트들은 법의 개정이 아니라 철폐를 주장하기 시작
하였다. 지금까지 이루어진 개정이라는 것이 합법적인 낙태로의 접근에 그
다지 도움이 되지 못하였다고 확신하면서 법 철폐를 주장한 것이다. 게다가
1960년대 말에는 ACLU의 후원 하에 낙태법이 법정에서 시련을 당하고 있었
다. 워싱턴의 법정에서는 낙태법이 위헌이라는 판정을 내려짐으로써 절정에
달했다. 1969년 로렌스 레더는 '낙태법 철폐를 위한 전국협회'(NARAL: Na-
tional Association for the Repeal of Abortion Laws. 1973년 대법원의 결정에 따라
전국낙태권운동연맹 National Abortion Rights Action League을 대표하게 되었
다)를 창설하였는데 이 단체는 낙태법 철폐를 위한 중요한 미국 압력단체가
되었다. 1969년 뉴욕주에서 낙태법 개정안이 제출되었다가 통과되지 못한
일이 있었는데 이 사건은 NARAL을 탄생시키는 중요한 배경이 되었다. 1970
년 뉴욕주에서 임신 24주까지 요구에 의한 낙태를 허용하는 입법안이 통과
되었다.

전국적인 차원의 중요한 진전은 대법원에 의해서 이루어졌다. 정책결정
과정에서 대법원이 수행하는 보편적인 역할에 대해서 미국 정치학자 사이에
는 의견이 나누어진다. 달 Dahl과 같은 학자는 일반적으로 대법원은 지배적
인 정치적 연합과 더불어 정치적인 역할을 수행한다고 주장한 반면 다른 학
자들은 1960년대 대법원이 인권의 발전에 미친 영향을 인용하면서 지배적인
정치적 가치들을 미리 논의하거나 심지어는 형성하는 일을 한다고 주장한
다. 1969년에 닉슨에 의해 임명된 워렌 얼 버거 Warren Earl Burger가 재판장
이었던 버거 법정은 여성의 권리를 옹호할 것 같아 보이지는 않았다. 그러나

이 법정은 "역사에서 다른 어떤 단일 정책결정기구보다도 미국 여성의 자유를 고양시키는 데 많은 일을 했음"(Goldstein 1979, 105)을 골드스타인은 시사했다. 버거 법정은 낙태에 관한 판결로 여성발전에 기여하였다. 쿡은 자신의 저서에서 여성의 권리에 대한 그 법정의 태도 속에 흐르고 있는 광범위한 가치를 밝히려고 노력했다. 여성의 역할에 대한 법정투표에서 나타난 것은 그 법정의 판사들이 가진 입장이 시장을 규제하거나 평등지향적이라기보다는 시민의 자유를 중시하는 경향과 더욱 밀접한 관계가 있다고 쿡은 밝히고 있다(Cook 1977). 그래서 대법원에서 여성문제가 다루어질 때 여성들은 아마도 인권운동의 수혜자인 셈이다.

1973년 1월 22일 대법원에서 낙태에 관한 두 판결이 나왔다. '로 대 웨이드' Roe v. Wade사건에서 법정은 1965년 피임에 관한 판결에서 제시되었던 것과 같은 근거로, 헌법수정안 제14조의 프라이버시권이 낙태여부에 대한 여성의 결정을 옹호한다고 주장했다. 임신 첫 3개월에는 해당 여성과 그녀의 의사에게 유일하게 결정권이 주어지고 두번째 3개월에는 여성의 건강이 위험하다면 주(州가) 개입할 수 있고 세번째 3개월에는 미래 어린이의 이익이라는 점에서 낙태가 금지될 수도 있다는 것이다. '도 대 볼튼' Doe v. Bolton 사건에서 재판정은 낙태에 여성의 남편과 부모의 동의가 필요치 않다는 판결을 내렸다. 이러한 판결들 덕분에 점증적으로 낙태의 입법화는 영국의 1967년 법보다 한 걸음 더 진보된 것이다. 그러나 이들의 후속편은 더 이상 없었다. 열정적인 반낙태 로비의 압력으로 대법원과 하원은 원래의 법적 지침을 수정했다. 이로 인해 법 집행과정의 불완전성이 강화될 뿐이었다.

낙태 입법화운동의 성공요인 가운데 하나는 반대파가 분열되고 비조직적이었다는 것이다. 반낙태운동은 1970년 뉴욕주에서 시작되었는데 이것은 카톨릭 교회와 긴밀히 연결되어 있었다. 이 운동 초기에는 지금과 같은 형태의 좀더 자율적이고 체계적인 조직을 염두에 두고 있지는 않았다. 로마 카톨릭의 위계질서로부터 계속적으로 많은 지도자가 나왔다. 1975년 카톨릭 주교회의는, 자신들이 스스로 캠페인을 벌이는 것은 채택하지 않았지만, 낙태 반대 헌법 개정을 위한 캠페인 조직을 도와주기로 서약했다. 그러나 헤일러가 시사하였듯이 이 운동의 지지자들은 그들이 속한 종교단체의 다양성만큼이나 그들의 종교적인 열심도에 따라, 또 그들의 정치적·도덕적 문제에 접근하는 보수적인 성향의 정도에 따라 뚜렷이 구별되었다(Hayler 1979).

낙태반대운동의 등장은 1970년대 중반부터 특히 미국 중서부 및 남부에 번지기 시작한 '신우파' New Right운동과 그 궤를 같이하고 있다. 이 운동은 급진적인 우파정치와 도덕적 보수주의의 재평가를 시도했다. 더햄은 신우파의 전략이 형성되는 것을 1974년부터로 보고 있는데 그해는 4명의 지속적인 우파운동가들이 함께 활동하게 된 시기이다. 그들 중에 리차드 비거리 Richard Viguerie가 있는데 그는 '자유를 위한 젊은 미국인'이란 단체의 사무총장을 지냈고, 발전된 기술과 포괄적인 우송용 고객명부를 활용하여서 보수적인 출판물을 수백만의 잠재적인 지지자들에게 보내는 다이렉트 메일회사를 설립한 사람이기도 하다(Durham 1985, 180). 우파 활동가들은 자신들과 견해를 같이하는 하원의원 후보들을 재정적으로 후원하고, 공격대상이 되는 자유주의자들의 명단을 만들고 이들을 공격하는 여러 조직을 구성하였는데 그중 가장 유명한 것은 전국보수주의자 정치행동위원회 National Conservative Political Action Committee(Nik-Pak이라고 알려진)이다. 그들은 자신들 주변에 있는 보수적인 단체, 즉 NLRC 같은 단체를 끌어들이려고 노력했고 가족주의 지지운동이라고 알려진 운동을 통해서 종교적인 근본주의자나 도덕적인 보수주의자들과도 연결하려고 노력했다. 후자에 대한 노력의 일환으로 그들은 1979년 3개의 새로운 조직의 형성에 착수했는데 가장 대표적인 조직이 텔레비전 설교가인 제리 팔웰 목사가 이끄는 '도덕적 다수' Moral Majority라는 단체였다. 더햄도 암시했듯이 '신우파'가 어떤 단체였는지에 대해서 해석이 일치하지는 않는다. '신우파'가 가족이나 성적인 도덕성 문제에 관심을 보인 것은 국방이나 경제정책 분야에서, 그들의 진정한 목적과 연결하기 위해서이거나 또는 자신들의 진정한 목적을 대중화하기 위해서라는 견해가 있는 반면, 이런 도덕적인 문제가 사실 그들에게 가장 중요했고 그 점이 오늘날의 '신우파'와 구별되는 면이라고 생각하는 견해도 있다. 보다 분명한 것은 낙태반대라는 주장은 없어서는 안될 연결점이 되었다는 것이다. 한 관찰자에 의하면 1970년대 말 낙태반대는 '새로운 권리의 첫번째 우선순위'가 된 것이다(St Claire 1981, 32).

낙태반대 조직에는 2개의 중요한 조직이 있다. 1977년 6월 현재 1,100만의 열성적인 회원을 확보하고 3,000개 지부조직을 가진 NLRC가 있는데, 1981년에 1,300만명 으로 회원이 증가된다. 이 조직은 영국의 SPUC보다는 좀 배타적이었지만 SPUC처럼 일반시민의 여론을 동원하는 일에 초점을 맞추고 활동을 전개하였다. 연방의회와 주 의회 의원들은 자신들의 선거구로부터 쏟아지는 편지를 받곤 하였다. 1980년 연방의회 선거 기간 동안에 NLRC는 의원들 가운데 공격대상이 되는 인물의 명부를 작성하였는데, 프랜컴에 따르면, 이는 어느 정도 성공을 거두었다. 다른 조직은 '생명을 위한 행진' March for Life인데, NLRC보다 규모가 작고 더 극단적이었다(Francome 1984).

낙태반대는 이미 충분한 목소리를 내고 있어서 1976년 세출예산안의 '하이드 수정안' Hyde Amendment이 통과되도록 의회를 설득할 수 있었다. 이 수정안은 의학적으로 필요하다고 판단되는 경우가 아니면 메디케이드Medicaid[14] 프로그램 내에서 가난한 여성들에게 낙태를 위한 보조금으로 연방기금이 사용되는 것을 금한 것이다. 1977년 대법원은 한층 더 나아가, 주정부는 '비치료적인' 낙태에 대해서는 메디케이드 혜택을 지급하지 않아도 된다고, 6 : 3으로 판결했다. 그 결과 노동자계급의 여성과 흑인 여성의 합법적인 낙태 가능성이 상당히 줄어들었다. 헤일러에 따르면 "저임금 여성의 경우 연방정부의 재정적인 지원을 받는 낙태는 1년에 25만건 정도에서 1978년에는 2,400건으로 급감했다"(Hayler 1979, 320). 1977년 대법원의 이 판결 직후 미국가족계획연맹에서 발표한 보고서에 의하면, 공공자금에 의해서 지원받는 낙태는 20주 이상에서 폐지되었다. 대도시지역을 포함한 14개주 정도에서만 공공자금의 지원을 쉽게 받을 수 있는 낙태가 가능했고 이런 곳에서는 영국보다도 더 쉬웠다(Palley 1979). 낙태반대론자들의 최후의 일격은 1981년 5월 의회에서 하이드 수정안의 조항 중 강간이나 근친상간의 피해자에 대한 예외를 삭제한 것이었다.

낙태반대운동의 또 다른 전략은 모든 낙태를 불법화하기 위해 미국 헌법의 수정안을 내는 것이었다. 제시 헬름스 상원의원이 후원했던 가장 급진적

---

14) 저소득자 의료보조제도(역자주).

인 형태로서, '최고의 생명권' paramount right to life이 수태도 되기 이전인 수정과 더불어 시작된다는 주장이다. 공화당이 원칙적으로 지지하기로 했고 많은 남부 민주당 소속 의원들도 지지했지만 이 시도는 그렇게 성공하지는 못했다. 어느 정도 어려움을 인식한 헤치 상원의원은 1982년 겉으로 보기에는 훨씬 온건한 수정안을 제출했는데, 그 수정안은 단순하게 "낙태권은 이 헌법에 의해 보장되지 않는다"라고 선언하는 것이었다. 이 수정안만으로 의회와 주 의회에서 헌법에 저촉되지 않고 낙태를 금지하는 입법을 할 수 있도록 한 것이었다. 그러나 충분한 지지를 받지 못하고 이 수정안은 폐기되었다.

세번째 전략은, 중요한 낙태반대론 로비스트들은 용납하지 않았지만, 물리적으로 낙태시술병원을 공격하는 것이다. 이런 공격은 1970년대 말부터 보고되었는데 1982년에는 절정에 달하였다. 이런 행위는 낙태반대운동집단들이 직접적으로 보조한 경우는 거의 없었고 심지어 레이건도 이런 행위를 개탄해야 한다고 느꼈다. 그러나 이런 행위는 낙태찬성운동의 사기를 꺾는 데 상당한 효과가 있었다.

그렇지만 일반적으로 이런 공격들은 낙태찬성 진영의 새로운 분발을 촉발했다. NARAL는 1981년까지 공식회원이 12만 5,000명이었고 이념적으로 다양한 스펙트럼을 가진 그룹들이 함께 참여했는데 그중에 가장 중요한 단체가 NOW와 '가족계획' Planned Parenthood이었다. 여러 종교단체도 참여했고 카톨릭 계통의 단체도 2개가 있었다. 1983년에 낙태찬성연대에는 30개의 단체가 포함되었다(Kolker 1983).

1980년 11월 레이건이 대통령에 선출되자 레이건을 자신들 최대의 희망으로 생각하고 있던 '신우파'뿐만 아니라 낙태반대운동에도 큰 힘이 되었다. 레이건은 생명권옹호운동에 대한 지지를 여러 차례 표명했었다. 그러나 레이건 행정부로부터 나온 언질은 뒤섞여 있어서 낙태반대론자들은 제멋대로 행동할 수는 없었다. 1981년 레이건은 낙태찬성론자로 알려진 산드라 데이 오코너를 대법원판사로 임명했다. 다른 한편으로 1985년 레이건은 자신의 두번째 임기를 시작한 직후, 로이 대 웨이드 사건의 판결을 재검토할 목적으로 소송개요서를 제출하라고 대법원과 함께 법무성에 지시했다. 레이건은 1986년 1월에는 1973년 대법원 판결을 파기하는 일에 착수할 의도를 재확인하였다. 그러나 6월 대법원이 위의 판결과 모순되었던 펜실바니아 법을 5 : 4의 아주 근소한 표차로 폐기시킴으로써 1973년 판결을 계속 존중한다는 것을 분명히 표명하였다. 영국에서와 아주 유사하게 낙태문제는 해결되지 않은 채로 남아 있게 된 것이다.

3) 낙태법 개정: 비교

영국과 미국의 경험을 비교해보면 우선 낙태찬성운동은 상당히 다른 통치구조 속에서 이루어지고 있음을 알 수 있다. 영국에서는 압력행사 활동의 초점―의회―이 모호하다. 물론 의회 내에서 상원이 귀중한 '배양기'의 역할을 하고 있기는 하지만 명확하지는 않다. 가장 문제가 되었던 것은 의회 내의 여론 향방이었다. 미국에서는 압력이 행사되는 대상이 주 의회, 연방의회, 법원 등 다양했다. 이들 중의 한 기관이 호의적이었을 때―예를 들면 뉴욕주 의회나 대법원의 경우처럼― 싸움은 진전되어 나아갈 수 있었다. 그러나 장기적으로 보아서 권위의 분권적인 성격이 큰 장애가 되었기 때문에 '서서히 형성되는 합의' creeping consensus 이외에 다른 어떤 것들도 국가 정책을 변화시키는 데 의미 있는 영향력을 행사하지는 못하였다.

두번째로 정당정치는 영국의 입법과정에서보다 미국에서 덜 중요한 역할을 수행한다. 낙태가 영국에서조차도 엄밀하게 정당정치의 영향을 많이 받은 것은 아니다. 어떤 정당도 정당의 지침을 강요하지는 않았다. 결과적으로 하원의원은 원외의 로비활동, 특히 자신의 선거구로부터의 압력에 평상시보다 좀더 직접적인 영향을 받았다. 그렇다고 하더라도 하원의원들의 투표는 자신의 소속정당과 밀접하게 연결되어 있어서, 원내 노동당에는 강한 '비공식적인' 기율이 존재했고 노동당 정부는 스틸 법안에 추가 시간을 주었다. 1976년 공화당의 전국 선거공약이 낙태금지를 요구하고 있고 민주당의 공약은 이에 반대했지만 상원의 투표에서 민주당, 특히 북부 출신 민주당 소속 의원은 헌법 수정안을 별로 지지하지 않았다. 미국에서의 낙태문제는 이렇게 덜 정당정치적인 문제로 인식되었다. 정당 기율이 없다는 것은 실제로 연방의회의원이나 주 의회의원이 로비의 압력, 무엇보다도 자신의 선거구로부터의 압력에 좀더 민감하다는 것을 의미한다.

영국과 미국 양 국가 모두에서 법률적인 변화를 법 집행으로 옮기는 데에
는 각각의 문제가 있었다. 그러나 미국이 더욱 격심했다. 사회 편의시설에
대한 공공 지출의 필요를 둘러싼 끊임없는 문제제기는 '주 state의 권리' 원칙
과 연결되어 있었고 1970년대에 조용히 주의 권리가 소생하면서 개별 주에
사회복지정책과 관련하여 상당한 재량권을 위임했다.

이 점과 관련하여 정책결정 과정의 성격과 양당정치 이외의 낙태법 개정
에 부정적이든 긍정적이든 영향을 미친 추가요인을 조명하는 서구 유럽의
사례에 관한 최근 연구성과를 살펴볼 필요가 있다. 특별히 이 연구들은 정당
정치의 영향과 로마 카톨릭의 영향을 추가로 연구한 것이다.

최근 영국과 미국의 정당제도는, 특히 자유민주연맹의 등장과 같은 변화
를 겪고 있는데 그 변화는 영국의 경우 양당제로 불러야 할지 의문을 제기하
게 한다.15) 또 미국의 제도는 아주 분권화되어 있어서 4당 혹은 5당제도로
미국의 정당제도를 이해하는 사람들도 있다. 그럼에도 불구하고 영국과 미
국은 일반적으로 양당제국가로 인식되고 있다. 대부분의 서유럽 국가들은
다당제국가로 이데올로기적인 좌우 축을 중심으로 하여 여러 정당들이 나열
되어 있다. 종종 종교적이거나 인종적인 분리가 이데올로기적인 양상과 결
합되기도 한다. 이런 점에서 네덜란드는 아웃선 Outshoorn(1986)이 말한 대로,
하나의 모델이 될 수도 있다. 1960년대에는 네덜란드 사회에 대한 고전적인
해석은 3개의 하부문화 혹은 기둥(verzuiling)—카톨릭, 프로테스탄트, 비종교
적인 문화인데 후자는 사회주의와 자유주의로 다시 나누어진다—을 가지고
있다는 것이다. 정당제도는 이런 분리를 반영하여서 복잡한, 그러나 본질적
으로는 '균형 잡힌' 형태여서 한 정당이나 분파도 지배적이 되지 않는 구도
를 유지하였다. 세련된 '게임의 법칙'이 정치 엘리트들간에 발전되어 있어서

---

15) 자유민주연맹의 등장으로 영국의 정당제도가 전통적인 양당제로 불릴 수 없다고
주장하는 학자들이 있다. 자유민주연맹은 1981년 노동당 내 우파적인 성향을 가진
로이 젠킨스에 의해 지도되던 분파가 분열한 이후 기존의 자유당과 합당하여 만들
어진 정당이다. 1985년 연합공천, 공동정책 발표 이후 합당하였다. 유권자의 지지율
은 많게는 20%를 상회하기도 하였으나 소선거구 다수대표제의 영향으로 의석에서
는 10%를 얻지 못하고 있다(역자주).

합의를 형성하는 정책결정 양식으로 귀결되었다.

이런 '조화의 정치'에 있어서 하나의 특징이라고 할 수 있는 것은 정치지도자들이 낙태문제와 같이 합의를 깰 것 같은 문제나 분리를 강화시킬 수 있는 문제는 암묵적으로 피한다는 것이다. 1950년대까지 다른 서구 국가에서와 같이 낙태는 사실상 금지되었다. 1960년대 좀더 자유주의적인 태도를 가진 사람들이 이 금지에 대해서 다시 고려할 것을 지적하기 시작했을 때, 이 논쟁을 재개하고 강하게 전개시킨 사람들은 의사들이었다. 그들은 진보적인 견해를 가진 사람들이었고 치료를 목적으로 하는 비합법적인 낙태를 자신들이 시술해왔고 그래서 낙태법의 개정을 요구했던 사람들이다. 당시의 연합여당, 즉 자유주의자들과 3개의 주요 종교정당들로 이루어진 지배연합은 의사들에게 재정의를 위임했는데 이것은 낙태문제를 기술적인 문제로 다루겠다는 것을 의미했다. 그러나 의사들 사이에서는 의견이 분분했다. 그 가운데 한 단체, 즉 임신에 대해 의료적으로 책임 있는 개입를 위한 재단 Foundation for Medically Responsible Interruption of Pregnancy(Stimezo)에서는 사실상 요구에 의한 낙태를 개인병원을 주축으로 시술하기 시작하였다. 1970년 정부는 조사위원회-'유예정책이면서 동시에 비정치화정책의 한 예로서, 종교적인 분리를 건드리는 문제를 다루는 전통적인 방법'-를 구성하였다 (Outshoorn 1986, 19). 이때쯤 여성해방운동이 '자기 자신의 몸의 주관자'가 되는 여성의 권리를 인식하면서 이 문제에 대해 이미 존재하고 있는 정의에 돌 미나스Dolle Minas의 형태로 도전하기 시작했다. 이를 저지하기 위해 정부는 미약한 개혁조치를 근간으로 하는 개정안을 제출하였지만 (이 문제 때문이 아니라) 연정 내의 계속 자라고 있었던 위기의 일부가 불거져 나옴으로써 연정 자체가 무너지게 되자 이 법안은 폐기되고 말았다. 새로운 정부가 들어섰는데 이 정부는 이번에는 노동당과 2개의 종교정당이 연정한 것이었다. 새 정부는 모두가 수용할 수 있는 낙태정책에 동의를 도출해내기에는 여전히 역부족이었지만 이 문제를 좀더 광범위한 공공논쟁으로 이끌어내는 데는 어느 정도 성공하였다. 여성해방단체는 노동조합의 여성들과 좌파정당 내의 여성들, 그리고 동성애권리조직들과 연계하여 1974년 '우리 여성은 요구한다'(WVE: We Women Demand)라는 연대조직을 만들었는데 이는 정통

프로테스탄트가 이끄는 '태아구조위원회'(CROK: Committe to Save the Unborn Child)가 주축이 된 반대세력의 도전에 직면했다.

아웃션이 지적했듯이 "CROK과 WLM의 계속적인 압력으로 유예정책은 실패했다"(1986, 21). 낙태법 개정을 위한 의원발의 법안이 제출되었는데 정부가 의회 내 자유투표를 허용했지만 자유주의자들은 종교정당 내에서 자신들의 미래의 잠재적인 연정파트너를 잃어버리게 될까 두려워했기 때문에 법안은 통과되지 못하였다. 그러나 1977년 총선에서 3개의 주요 종교정당의 합당에 기초한 기독민주당과 자유당의 연정이 이루어졌다. 이 연정은 좀더 지속적이고 안정된 정당동맹을 통해서 오래된 엘리트 합의정치를 재확인했다. 이 연정은 마침내 낙태문제에 대한 법안을 억지로 밀어붙일 수 있을 정도로 강하다고 느꼈다. 그렇지 않았다면 그 법안이 그렇게 진행되리라고는 예상되지 못했다. 게다가 이 법안은 절차상의 장애를 통해서 낙태조항을 제한하려 했을 뿐 낙태를 허용하는 조건에 대해서 사실상은 아무런 제한도 명시하지 않았다.

그리고 나서 낙태시술과 낙태에 대한 대중의 태도가 변화되면서 대체로 정치 엘리트는 할 수 없이 항복하게 되었다. 새로운 법이 1984년 말 시행되었을 때 이런 분위기 자체에는 별 변화가 없었다. 네덜란드의 예를 통해서 다당제국가에서 연립정부의 형태는 양당제도 하의 리더십에 비해서 낙태와 같은 분극화시킬 수 있는 문제를 해결하는 데는 훨씬 더 꺼리는 경향을 보인다는 것을 알 수 있다. 연립정부가 그렇게 할 때 결과는 교착상태에 빠지게 될 수도 있다. 낙태문제는 1977년 네덜란드 정부의 붕괴를 가져왔고 이와 유사하게 이탈리아, 서독 그리고 벨기에 정부의 붕괴에도 기여하였다.

이탈리아는 낙태문제와 다당제정치 사이의 역동적인 상호작용에 대해서 좀더 좋은 예를 보여준다. 특별히 흥미로운 것은 강력하게 확립되어 있는 카톨릭 교회와 이미 지적하였듯이 가장 강력한 현대 페미니즘 운동 가운데 하나를 탄생시킬 수 있었던 잘 정립된 이탈리아 사회주의의 전통 사이에 나타나는 갈등관계이다. 이탈리아의 1931년 형법은 낙태를 구금의 벌을 가할 수 있는 형벌로 규정하고 있었다. 1971년까지 이 법은 피임기구의 판매와 광고를 금지하였다. 이런 상황 속에서 낙태 외에 산아제한의 또 다른 형태들에 대해 알지 못하거나 또는 종교적인 부인 때문에 불법적인 낙태가 실제로 산아제한의 주요한 수단이 되었다. 불법적인 낙태는 그런 식으로 행해져서 일년에 많게는 300만에서 적게는 80만에 이르는 것으로 계산되었다!

우리가 보았듯이 낙태에 대한 교회의 지침은 단호한 것이었다. "성성과 가족에 대한 교회의 입장표명은 신자들에 대한 공적인 진술의 가장 중요한 부분을 차지한다. 그것은 교리영역의 한가운데에 놓여 있고 이것을 통해서 교회는 낙태통제를 강화하고 확장하려는 의도를 가지고 있다"(Caldwell 1981, 51). 이탈리아에서 로마 카톨릭 교회는 여러 방법으로 정치적인 영향력을 행사한다. 첫째는 정당제도를 통해서이다. 1948년 이래로 (카톨릭)기독교민주당이 권력을 장악하고 있다.16) 중요한 야당은 공산당(PCI)인데 1973년 기독민주당과의 유명한 '역사적인 화해'를 통해서 연계가 가시화되기 훨씬 이전에도 공산당은 카톨릭의 이익을 존중하는 것을 배웠다. 1970년까지 모든 정당들은 독점적인 재판권을 요구할 수 있는 문제에 관해서는 교회에 도전하는 것을 두려워하였다. 둘째로 교회는 지방수준에서 다양한 범위의 공동체적인 봉사를 하고 있다. 이것은 세속적인 복지국가 발전에 장애가 되었고 전통적인 카톨릭의 가치를 강화하는 데 소중한 수단을 제공하였다.

낙태는 제2기 페미니즘의 명백하고 당면한 이슈였다. 이탈리아의 여성해방운동이 적어도 북부 이탈리아에서 견고한 지지기반을 가지고 있던 보다 세속적이고 평등적인 기존의 전통으로부터 강력하고 생기 있는 활동을 끌어낼 수 있었다는 것은, 카톨릭의 사회적 도덕성을 직접적으로 도전하는 것은 내키지 않는다고 하더라도 하나의 대안적 정치시각을 제공해준다는 것(간단하게 언급하게 될 아일랜드공화국과 대조적으로)을 의미했다. 이런 배경으로부터 교회에 대항하는 것임에도 불구하고 새로운 여성해방운동은 교회를 상대로 전개될 수 있었다.

1970년대 초에 치료가 목적인 낙태를 합법화하기 위한 2개의 법안이 제출되었는데 토의단계에 이르는 데는 실패하였다. 그러나 동시에 급진적인 페

---

16) 1987년 현재를 의미한다. 1990년대에 들어 세력을 확장한 이탈리아 좌파는 1997년 중도좌파 연합정당의 형태로 정권을 획득했다. 현 총리는 좌파민주당 소속의 마시모 달레마이다(역자주).

미니스트의 논리가 공산당의 지지를 계속해서 받지는 못했지만 시민 자유론적 civil libertarian 급진당과 사회당 소속 의원들에게는 상당히 영향을 미치기 시작하였다. 1973년 새로운 이니셔티브가 3번 이루어졌다. 헌법재판소에 낙태법의 재해석을 요구했고 국민투표를 요구하기 위해 필요한 50만명 서명운동이 시작되었으며 한 사회당 소속 의원은 낙태를 합법화하기 위한 법안을 제출하였다. 이 법안의 조항들은 매우 제한적이었음에도 불구하고 이탈리아 주교 위원회는 이를 비난했다. 동시에 몇몇의 페미니스트들은 좌파정당 및 노동조합과 연대했고, 조정위원회를 만들어서 같이 활동했다. 다른 페미니스트들은 프랑스를 본떠서 자구적인 낙태사업을 시작하였는데 낙태와 불임을 위한 이탈리아센터(CISA: Italian Cetre for Abortions and Sterilizations)를 만든 것이 그것이다. 여기에서는 급진당과 여성해방운동 MLD이 두드러졌는데 덜 조직적이며 비공식적 연결망을 통해서 이 사업을 추진했다.

1975년 정당들은 낙태문제가 사라지지 않을 것이라는 사실을 받아들여야만 했다. 국민투표를 요구하는 데 필요한 수만큼의 서명이 모아졌고 헌법재판소는 치료 목적의 낙태를 합헌이라고 판결했다. 1976년 총선에서 공산당 의석수의 증가와 더불어 하원에는 낙태에 찬성하는 의원이 다수가 되었다. 1977년 1월 통과된 법은 좀더 보수적인 상원 때문에 6개월이 연기되었고 기독교민주당에서 상정한 일련의 개정안 때문에 한번 더 연기되었다.

1978년 6월에 통과된 새 법은 절차상의 어려움은 최소한도로 줄이고 임신 3개월까지 18세 이상의 여성들에게 낙태를 허용했다. 이는 유사한 법 중 '서구 유럽에서 가장 진보된 형태 중의 하나'(Caldwell 1981, 49)였다. 1979년 공식통계에 따르면 18만 8,000건의 합법적인 낙태가 행해졌고 1983년에는 23만 3,976건으로 증가하였다. 그럼에도 불구하고 시행에서는 심각한 문제가 있었다. 우선 1975년 법이 국가가족계획 및 보건센터를 건설하는 일을 정부에 위임하였음에도 불구하고 그 센터의 수가 굉장히 적었는데 특히 남부지역에서 센터가 적었기 때문에 여성들은 여전히 불법 낙태시술에 의존하고 있다. 낙태병원시설이 부족한데도 법은 사적 영역으로 낙태시술을 확대하지는 않고 있었다(급진당에서 발의한 1981년의 국민투표법안은 이것을 허용하려 하였지만 실패하였다). 그 법은 게다가 낙태를 시술할 의무로부터 의사들을 면제시키는 양심조항을 포함하고 있다. 이탈리아 대부분의 좋은 의사들은 카톨릭 신자였기 때문에 1979년 카톨릭 교회에 의한 대대적인 캠페인에 따라 72%의 의사가 이 면제를 요구했다. 1983년 이 숫자는 여전히 59%를 넘었다.

이탈리아에서 카톨릭 교회의 영향은 낙태를 둘러싼 논쟁을 지연시키면서 동시에 분극화시키는 것이었다. 좌파적인 전통과 여성해방운동이 상당히 강했기 때문에 교회는 결과적으로 낙태법 개정을 저지할 수 없었다. 1981년의 국민투표에서 68%의 유권자가 낙태법 개정에 찬성했고 이 법을 제한하기 위해 '생명을 위한 로마카톨릭운동'에서 발의한 두번째 국민투표는 성공하지 못하였다. 낙태권을 위한 캠페인은 네덜란드에서와 마찬가지로 심지어 좌파정당들의 지지도 받지 못했지만 1970년대의 불안정한 정당동맹을 이용하여서 이 문제를 외면할 수 없음을 정당정치인들에게 설득할 수 있었다. 영국과 네덜란드에서와 마찬가지로 캠페인을 벌인 사람들은 궁극적으로 노동조합과 좌파정당들의 귀중한 지지를 동원하는 데 성공하였다. 그러나 교회가 그 법의 제정을 저지할 수는 없었다고 하더라도 계속해서 그 시행을 불안하게 할 수는 있었다.

낙태정책에 관한 한 이탈리아와 아일랜드공화국 사이의 진정한 차이점은 아일랜드에서는 카톨릭 교회가 대안적인 세속적 혹은 사회주의 문화전통으로부터 교회의 도덕적 우월권에 대해서 의미 있는 도전을 받지 않았다는 것이다. 다른 서구 국가에서는 다소간 점진적으로 낙태법이 자유화되었지만 아일랜드에서는 1983년 9월의 국민투표에 의해 헌법 개정이 이루어지면서 실질적으로 존재하고 있었던 금지를 더욱 강화했다. 이 수정안은 단지 증가하고 있는 반낙태감정의 증거로 해석될 뿐 아니라 자유화를 요구하는 점증하는 압력에 대한 반응이기도 하다면, 아직도 가야 할 길은 상당히 멀었던 것이다.

아일랜드에서는 아직까지 영국법인 1861년의 신체에 대한 상해법 Offences Against the Person Act이 효력을 가지고 있다. 영국 내 규제가 완화되면서 낙태를 위해서 영국으로 가는 여성들이 늘어났지만 다른 한편으로 아직도 많은 여성들은 여전히 뒷골목 낙태의 위험을 각오해야만 했다. 공식적인 통계에 의하면 낙태를 위해 영국으로 가는 여성들은 1981년 한 해에 3,604명으로 추정되었는데 상당히 과소평가되고 있었음이 분명하다.

아일랜드의 제 2기 페미니즘이 시작된 것은 1970년대 초이지만 일차적으로 낙태문제를 들고 나오지는 않았다. 1970년대 중반까지 페미니스트는 소개 업무를 제공해서 아일랜드 여성들이 영국에서 낙태하도록 주선해주었다. 이 결과 영국에서 낙태하는 아일랜드 여성수는 상당히 증가하였다. 그럼에도 불구하고 아일랜드 내의 낙태금지조치는 별 도전을 받지 않았다. 수정안을 옹호하는 사람들에게 동기를 부여한 것은 아일랜드가 낙태자유화라는 국제적인 물결을 저지하는데 일익을 해야만 한다는 믿음과, 낙태문제는 아일랜드 내에서 전통적인 카톨릭의 가치가 서서히 그러나 확고하게 부식되고 있는 데 대해 다시 결속할 수 있는 이상적인 근거가 된다는 약삭빠른 인식이었다고 할 수 있다.

생명을 지지하는 낙태반대운동 Pro-Life Abortion Campaign은 1981년 4월에 시작되었는데 많은 카톨릭 평신도 연맹과 의사, 그리고 SPUC의 아일랜드 지부 등이 관련되었다. 3주도 되지 않아 2개의 주요 정당지도자들과 국민투표를 실시하는 데 동의했다. 양대 주요 정당지도자가 이에 동의할 수밖에 없었던 것은 그들 사이의 세력균형이 너무 이슬아슬했기 때문이며(이때로부터 국민투표 사이의 기간에 정부가 3번이나 교체되었다) 또한 역사적으로 정당들은 국가적인 문제에 관한 의견차이를 중심으로 형성되거나, 그렇지 않으면 그 문제를 제외한 다른 점에서는 사회적 기반에서 유사하여서 '포괄' catch-all정책을 추구하고 있었다. 그래서 어느 쪽도 카톨릭적 성향이 압도적으로 강한 선거구를 화나게 할 수는 없었다.

사실 자신의 정당 내의 자유주의자들과 연정파트너인 작은 노동당의 압력을 받고 있던 멋진 게일인 Fine Gael이라고 불렸던 지도자 갸렛 피츠제랄드는 이 수정안을 받아들이고 싶지 않았다. 왜냐하면 아일랜드 헌법을 좀더 세속화하고 그래서 북부가 이를 받아들이도록 하려는 자신의 '성전(聖戰)'이 이 수정안으로 인해 위태롭게 될까 두려워했다. 그래서 결과적으로 발의된 수정안에 표현들을 고쳐서 삽입하려고 하였다. 그러나 그는 국민투표의 의회단계에서도, 국민투표까지 남은 마지막 3주의 기간 중에서도 카톨릭에 대해 공개전투를 선언할 수 없다고 느꼈다. 결국 그는 국민들에게 반대표를 던질 것을 권했다. PLAC은 완전히 아일랜드 페미니스트의 허를 찔렀지만 아일랜드 페미니스트는 재빨리 1981년 6월에 착수한 수정안반대운동(AAC: Anti-Amendment Campaign)을 본궤도로 올려놓았다. 이 운동의 전면에는 이에 동조하는 법률가와 의사 그리고 성직자를 내세우고 페미니스트들은 그들을 뒷받침하는 형태를 취했다. 그들은 자신들의 논리를 낙태권에 맞추지 않고 의학적이며 법률적이고 기술적인 문제로 하는 것이 가장 현명하다고 판단했다. 이 AAC는 극단적으로 무례하지만 한편으로 상당히 효율적인 개정안 찬성운동에 직면했는데 이 운동은 미국 조직으로부터 기금과 경험이라는 측면에서 도움을 받았다. 지방 카톨릭 사제와 SPUC 회원은 소교구의 설교단으로부터 지지를 동원했다. 결국 투표결과 대충 2대1로 개정안을 찬성했는데 별로 놀랄 만한 것은 아니었다. 어떤 서부의 농촌에서는 거의 100% 가까운 찬성이 나왔다. 선거에 참여하지 않은 사람들이 45.4%로 많았는데 이것은 말없는 '반대'를 의미한다고 생각하는 사람들도 있었지만 이 문제를 체계적으로 분석한 연구(Walsh 1984)에 의하면 만약 투표율이 높았더라면 찬성표는 더 많았을 것이라고 주장했다.

2. 동등권 정책결정

평등권을 위한 운동, 특히 동등고용권을 위한 운동, 그리고 미국에서 평등권헌법수정안 ERA을 둘러싼 운동은 영국과 미국에서 페미니스트들의 또 다른 중요한 활동영역이 되었다. 동시에 이 운동은 낙태법 개정과 주목할 만한 대조를 보여준다. 페미니스트들 사이에는 그 중요성에 대해서 의견이 분분하고 국가차원의 페미니스트 운동의 최우선적 목표라고 보편적으로 말하기는 어렵다. 다른 한편으로 1960년대 후반 동등한 경제적인 권리를 굳은 결심으로 추구하려고 하던 시기로부터 더 나아가서 (좀더 광범위하게 동등권 개정을 펼쳤던 시기를 제외하고) 동등한 경제적인 권리를 입법화하는 데 반대는 별로 없었다. 정말 어려웠던 것은 시행단계에서였고 이 단계에서 어려움이 너무 컸기 때문에 전체적 시행의 가치에 대한 의문이 제기되기도 하였다.

평등권을 주장하는 페미니즘은 19세기 운동의 중요한 구성요인이었다. 여러 이유로 이 운동이 점점 주춤하다가 뒤이어서 소강상태가 왔다. 제2기 페미니즘과 더불어 평등권운동이 특히 미국에서 다시 소생되었다. 평등권운동은 NOW 같은 조직을 통해 좀더 발전하여서 기본적인 기회의 평등을 위한 요구로 발전하였다. 그럼에도 불구하고 혁명적 페미니스트들은 이 운동을 의심쩍은 개혁주의와 동일시했다. 이에 대한 정당화와 더불어 혁명적 페미니스트들은 평등권운동이 이미 특권을 가진 전문직 여성들의 이익에 우선적으로 도움을 준다고 인식하였다. 그들은 평등권운동이 자유민주주의의 웅변과 정치적인 메커니즘을 이용한다고 비난했고 그래서 결국 그 제도를 지지하고 있다고 비난한다. 엘스타인—혁명적 페미니스트는 아니지만—은 평등권운동의 딜레마를 다음과 같이 잘 표현했다. "기회균등을 주장하는 페미니스트들이 간과하는 문제가 있는데, 그것은 평등기회라는 것이 개개인의 여성과 흑인들이 제도 내로 병합되는 방법이며, 과거에 제도로부터 제외되었던 집단의 개인들이 이렇게 개별적으로 하나, 둘 제도 내로 포함된다는 것은 (다른 형태의 사회개조에 대해서는 철저하게 막아놓은 채) 이런 개인들을 제도화된 계급, 성, 인종의 불평등과 연루시키는 것은 아닌지 하는 것과, 그래서 존경과 대우의 불평등에 대한 근거로서 뛰어남의 개념을 정당화하는 것은 아닌지 하는 문제이다"(Elshtain 1975, 469).

어떤 경우에도 급진주의 페미니스트는 여성을 억압하는 물리적인 근거와 관계된 문제를 선호한다. 사회주의 페미니즘은 동등임금과 노동조합 내의 여성 승진문제에 대해 관심을 가지기는 하지만 그것도 이런 요구사항이 과도기적인 목표로 이해될 경우에 한해서이다(Rowbotham 1973, 100-101 참조). 그래서 혁명적인 형태의 페미니즘이 평등권 페미니즘의 비교적 온건한 요구가 받아들여지도록 돕는다고 하더라도, 그들의 직접적인 지지는 제한적일 수밖에 없다.

모든 개혁주의 페미니스트가 다 평등권 전략을 찬성하는 것은 아니다. 앞장에서 우리는 복지적 페미니스트로 뱅크스가 묘사했던 사람들이 특별히 평등권헌법수정안운동에 반대하는 것을 보았는데, 그 이유는 (잠재적인) 어머

니와 노동자계층 여성들의 이익에 관건이라고 생각되는 보호입법을 평등권
헌법수정조항이 잠식할 수도 있기 때문이었다. 당시 사실상 모든 개혁주의
적 성향을 가진 미국 페미니스트 조직들이 이를 지지했음에도 불구하고 여성
유권자연맹은 1972년까지 평등권헌법수정안을 계속 반대했다(Boles 1979). 영
국에서도 많은 여성 노동조합주의자들은 지속적으로 보호입법을 지지했다.

경제적 기회의 평등을 추구하다보니까 1970년대에는 캠페인의 목표가 동
일 임금이나 성차별에 대항하는 입법을 넘어서서 가족 내에서의 여성의 역
할을 고려하는 영역까지 확대되어야 할 필요를 인식하게 되었다. 이는 모성
(그리고 부성)휴가와 육아를 위한 국가의 지원 같은 것을 의미한다. 루이스
가 쓰고 있듯이 만약 그렇게 되지 않는다면 "자기 가족들에 대한 책임감이
라는 추가적인 짐 때문에 평등하게 출발할 수 없는 위치에 있는 개인들에게
기회균등라는 것이 확대되었을 때 얻은 기회균등라는 권리는 본질적이기보
다는 형식적인 권리가 되기 쉽다"(Lewis 1983a, 2). 유사하게 여성들은 주로
시간제 노동자로 고용되기 때문에 많은 사람들이 주장하기를 평등권운동은
모든 시간제 노동자의 노동조건 개선에 초점을 맞추어야만 한다는 것이다.
이와 같이 동등고용권의 목표는 보다 더 광범위한 영역으로 확대되었지만
운동단체나 페미니스트 단체들이 자신들이 다루어야 하는 문제의 범위와 우
선순위에 대해서 항상 동의하고 있었던 것은 아니다.

과도기를 거쳐서 최근에는 평등한 경제적 기회의 주장에 사용된 것과 같
은 근거에 기초하여, 여성에게 이익이 되는 긍정적인 차별을 요구하게 되었
다. 이를 위한 제안에는 '적극적 행동조치' affirmative action programmes에 대
한 권고와 장려조치로부터 할당제(지위 혹은 혜택의 일정 비율을 여성에게
할당하는 것)와 우선고용(여성이 다른 사람만큼 자격이 있을 경우 혹은 때에
따라서는 여성이 다른 점에서는 가장 자격이 훌륭한 사람보다 그렇게 자격
이 훌륭하지는 않는다고 하더라도 여성지원자를 선택하는 것)까지 그 범위
가 다양하다. 긍정적인 차별을 옹호하는 사람들은 집단으로서 혹은 개인적
으로서의 여성에 대한 과거의 부정의를 보상한다는 의미로 이를 정당화하기
도 하고, 또는 미래의 평등사회를 이루기 위해 필요한 조치로 정당화하기도
한다(Thalberg 1976). 그러나 이 역시 모든 개혁주의 페미니스트들이 긍정적

차별을 옹호하지는 않는다. 고전적인 평등권의 입장에서 어떤 이들은 긍정적 차별이 남성들에게 불공평한 것이라고 생각한다. 그들은 또한 그 제도로부터 혜택을 입은 여성들의 신뢰도가 낮아질 수도 있다는 점을 지적하면서, 그 제도가 전략으로서 얼마나 효과가 있을지 의문을 제기한다(Segers 1979, 336-337 참조).

현대 여성운동이 평등권문제 때문에 분열되어 있다면 같은 이유로, 상이한 국가의 페미니스트들은 이 문제에서 상이한 면을 강조한다. 평등권운동은 미국에서 가장 활발하였다. 영국에서는 동일임금과 성차별에 대항하는 입법이 만들어지기까지, '여성의 권리와 시민적 자유를 위한 전국위원회'의 '여성권리분과'와 같은 단체가 평등권의 쟁취를 위해서 만들어지기는 했지만, 이런 단체들의 영향력은 미국에 비해서 별로 중요하지 않았다.

정당이나 노동조합으로 들어갔던 페미니스트들이 스칸디나비아에서, 그리고 1970년대 말 프랑스와 이탈리아에서, 정당이나 노동조합 내에서 활발하게 이 문제를 거론하였지만 이것은 예외에 속하고 일반적으로 다른 서구국가에서는 (영국과 미국과 마찬가지로) 자율적인 페미니스트 단체들은 이 문제에 별로 큰 관심을 보이지는 않았다.

그러나 동일임금과 고용에서의 기회균등 요구에 대한 반대는 낙태법 개정에 대한 열정적인 반대반응과는 비교할 수 없을 정도로 약했다. 이것은 역시 그 문제가 어떤 종류의 것인가 하는 것과 관련이 있다. 이 문제는 우선 자유주의적 자본주의 철학의 중심에 놓여 있는 기회평등이라는 말로 인식되고 전개되었기 때문이다. 페미니스트들이 유사하게 개인의 권리라는 이유로 낙태법 개정을 옹호하였다고 하더라도 그들은 생명의 권리라는 도덕적인 원칙에 직면해야 했다. 동등한 경제적 기회에 대항하기 위해서 동원될 수 있는 역원칙, 즉 낙태법 개정의 경우와 같은 효과적인 역원칙은 존재하지 않았다. 둘째로 이 문제는 남성으로부터 여성에게로 묵시적으로 자원이 이동되는 것을 궁극적으로 요청하는 재분배적인 성격을 가지고 있기는 하지만 그것의 효과는 분산되었다. 노동조합과 고용인 조직 모두가 결정과정에 개입하겠지만 궁극적으로 그 대가를 지불하는 것은 개인기업이나 노동자들이다. 그러므로 의원들은 기업이나 노동계 어느 쪽에서도 자신들이 공개적으로 지지하고 있는 평등한 경제적 권리를 위한 입법을 저지하려는 압력을 받은 일이 없었을 것이다.

저항은 남성 인력의 이익을 위협한다고 보여졌기 때문에, 이런 조치를 실시하려고 했을 때 나타났다. 지속적인 페미니스트들의 압력이 없는 상태에서 시행기관은 자원이 부족했고 지나치게 신중했다. 노동조합 지부와 고용자 개개인은 협조하기를 꺼렸다. 여성들은 자신들의 권리에 대해서 충분히 알지 못했고 또는 단순하게 앞으로 나서는 것을 두려워했다. 보다 근본적인 장애는 여전히 여성의 직장일과 계속되는 가사책임감 사이의 광범위한, 그리고 뿌리뽑을 수 없는 분리현상이었다. 경제적인 침체는 이미 제기된 엄청난 장애를 더욱 악화시켰다.

1) 영국에서의 동일임금과 고용의 기회균등

우리가 살펴보았듯이, 영국에서의 동일임금 입법에 대한 요구는 오래 전으로 거슬러 올라간다. 사실 뱅크스가 지적하였듯이 "여성의 노동조합운동에서 동일임금을 위한 투쟁이 한번도 실질적으로 포기되었던 적은 없다" (Banks 1981, 177). 1963년까지 그것을 비산업적인 공공부문까지 단계적으로 적용하려는 결정이 내려지자 원외의 압력은 어느 정도 줄어들었다. 그러나 1964년 노동당은 선언을 통해서 동일노동에 대한 동일임금정책을 장래의 노동당 정부에 위임했다. 1969년 바바라 캐슬이 5년 후, 즉 1975년에 효력을 발생하게 될 동일임금 입법을 예고하기 전에 때맞추어 권좌에 오른 노동당 정부는 CBI[17]와 TUC에 자문을 구했다.

정부의 법안은 의회에서 놀랍게도 거의 어려움 없이 통과되었다. 이것은 보수당의 생각과 같았기 때문이었다. 로버트 카는 야당을 위해서 그것을 환영했다. 위원회 단계에서 어떤 중요한 수정도 제기되지 않았다. 그러나 의회의 토론에 참석한 의원수는, 바로 전에 있었던 낙태문제에 관한 토론에서 보

---

17) CBI(Confederation of British Industry)은 영국경제인연합회, 즉 기업가이익집단(역자주).

여주었던 높은 투표율과는 대조적으로 적은 수였다.

법은 여러 중요한 예외를 인정하면서, 여성에게 비교할 만한 또는 동등한 직업에 있는 남성과 동일임금을 지급할 것을 요구하고 있었다. 개인들은 우선 '충고·화해·중재과'(ACAS: Advisory Conciliation and Arbitration Service)의 담당자에게 호소해야 한다. 다음에는 산업재판소에, 그리고 마지막으로 고용항소재판소에 호소하도록 되어 있었다. 이 모든 기관들은 기존의 산업관계 기구의 일부들이다.

동일임금법에 대한 몇몇 중요한 의회의 비판 가운데 하나는 이 법이 충분히 성공적이지 못하다는 것이다. 그 법의 조항들은 다른 고용분야에서 차별이 허용되는 한 쉽게 피해갈 수 있는 것이었다. 그러므로 어떤 면에서 성차별금지법 Sex Discrimination Act은 논리적으로 동일임금법의 당연한 결과였다. 1967년 성차별문제에 관한 최초의 의원발의 법안은 조이스 버틀러에 의해서 제안되는 데 그쳤지만 의원발의 법안은 점점 더 많은 지지를 끌어내어 확대되면서 뒤이은 4년 동안 매년 의회에 제출되었다. 이중에 마지막 법안은 1972년 윌리 해밀톤에 의해 제안되었다. 이 법안을 기초로 하여 상원에 제출된 법안은 시어 남작부인의 법안이었는데 이는 상원 특별위원회에 관한 법안이었다. 이 특별위원회는 성차별의 증거를 요구할 수 있는 권한을 가지도록 되어 있었고 효과적인 입법적 대항조치를 강구할 수 있는 권한도 행사하도록 되어 있었다. 1973년 하원은 이 법안을 심사하기 위하여 특별위원회를 소집하였다. 같은 해 보수당 정부는 법안을 발의하였는데 이 법안에는 기회균등위원회 Equal Opportunities Commission를 창설하는 내용을 포함하고 있었다.

1974년 2월 새로운 노동당 정부가 들어섰는데 급진적인 백서를 펴냈다. 1974년 10월 총선결과에 따라 형성된 노동당 정부는 백서보다 한 걸음 더 나아가서 '간접적인' 차별까지도 포함시킨 새 법안을 제출했다. 다시 이 법안에 대해서는 최소한의 원칙적인 반대만 나타났다(보수당 의원인 로날드 벨과 에녹 포웰의 반대가 눈에 띈다). 그리고 위원회나 혹은 보고단계에서 채택된 수정안은 세부적인 문제에 그치는 것이었다.

성차별금지법은 고용에서뿐만 아니라 대체로 보수당 안(案)에서 제외되었던 교육과 주택, 재화, 시설, 복지에 있어서도 성차별을 없애는 것이 그 목적이었다. 이 법은 '직접적인' 차별, 즉 개인이 성 때문에 불공평하게 대우받았을 때뿐만 아니라 '간접적인' 차별, 즉 한 성의 실질적인 비율이 대우기준에 부합하지 않아서 적절하지 않을 때 혹은 이 법에 의거하여 차별을 호소하는 사람을 희생자화시키는 일 등의 간접적인 차별까지도 '불법'으로 정의하고 있다. 특별히 이 법은 고용에서 약간의 예외를 두고 있기는 하지만, 5명 이상의 노동자를 고용하고 있는 기관에서의 충원과 승진, 훈련까지를 그 적용범위에 포함하고 있다. 개인들이 산업재판소나 지방법원에 제소할 수 있도록 했을 뿐만이 아니라 상당한 권한을 가지고 있는 기회균등위원회를 설립하게 했다. 이 위원회는 성차별에 대해서 또는 동일임금법 위반에 대해서 조사할수 있고, 외부 단체를 대신해서 또는 외부단체의 제안에 의해서 재판을 청구하고, 이를 통해서 동일임금법과 성차별금지법의 위반을 지적하는 일을 하는 것이다. 또한 개인적인 호소에 대해서도 충고를 줄 수 있다.

  1960년대 초반에는 동일임금이 전혀 관심을 끄는 문제가 아니었고 성차별은 정치적 의제 가운데 포함되지 않았는데 1970년대에 양법안이 그렇게 순조롭게 통과될 수 있었던 것을 어떻게 설명할 수 있을까? 중요한 이유 중의 하나는 원외단체의 직접적·간접적 영향력이다. TUC는 1960년대 동안 줄곧 동일임금 입법을 위해 압력을 행사했다. 부분적으로 이것은 호전적인 여성 노동조합주의자와 여성 조합원의 수적 증가가 꾸준히 압력으로 작용했음을 의미한다. 그러나 이것은 일차적으로 여성 노동자의 낮은 임금 때문에 남성 임금이 낮아지는 것을 저지하려는 조합의 지속적인 관심 때문으로 돌려져야 한다. 제2기 페미니즘이 동일임금운동에 영향을 미치기에는 너무 늦게 시작된 감이 있기는 하지만 제2기 여성운동이 1970년대 초의 정치적인 태도를 바꾸는 데 간접적으로 기여했음은 분명하다. 여성 노동자조직 전국연합위원회 National Joint Council of Women Workers' Organizations와 동일임금과 기회균등운동(EPOC: Equal Pay and Opportunities Campaign)과 같은 여성조직들이 의회에 로비했고 상원 특별위원회에 중요한 증거들을 제출했다. 심지어 랜델은 암시하기를, 그들이 특히 미디어에 있는 여성들을 통해서 '효과적으로 대중들에게 자신들의 의견을 표명함으로써' 보수당 정부가 1973년 그들의 법안을 제출할 때 '후방의 수비' 역할을 했다는 것이다. 그러나 이것은 아마도 성차별금지 입법에 대한 보수당의 반대를 가장 과장한 것이다(Rendel 1978, 900).

그러나 원외로부터의 로비는 상대적으로 약했었고 문제가 되었던 것은 의원들이 어느 정도 이 문제를 주목했느냐일 수도 있다. 의원들의 태도가 바뀐 것은 부분적으로 낙태문제에서처럼 하원 내에 새롭게 형성되기 시작했던 '사회적 개혁주의'라는 분위기 때문이라고도 볼 수 있다. 좀더 자세히 미한이 말했듯이, 이것은 누가 정책의 수혜자여야만 하는가에 대한 의견의 변화를 수반한다. 비록 영국의 20세기 정치적 가치는 미국에서처럼 '자유민주주의적'으로 광범위하게 특징지어질 수 있지만, 이 가치는 특별히 노동당의 경우에서 보면 보다 집단적이고 사회계급에 초점을 둔 정치모델을 통해서 굴절되었다. 노동당은 평등권 정책이라는 개인주의적인 원칙에 대해서 불편한 감정이었다. 사실 리챠드 크로스맨의 일기를 보면 내각은 동일임금문제로 분열되었다고 지적하고 있다. 그러나 1970년대 초가 되면서 복지국가는 자신의 모든 구성원에게 동일하게 혜택을 베풀지는 않는다는 것이 점차 분명해졌고 '개별적이고 쉽게 동일함을 증명할 수 있는 집단을 보호하는 것이 옳다'는 견해가 광범위하게 받아들여지게 되었다. 이것이 최초로 그리고 가장 진지하게 적용된 것은 인종관계였는데, 곧 이 적용은 여성에게로 확대되는 데 선례가 되었다(Meehan 1985, 84-85).

의원들은 특별히 대중, 엘리트, 여론을 통해 퍼지고 있던 새로운 페미니즘의 물결로부터 영향을 받았다. 밸런스는 개별적인 여성 의원들의 역할을 경시하는 경향이 있다. 확실히 이 여성들은 낙태법을 옹호할 때처럼 한 마음이 되어서 재결속되지는 않았다. 밸런스는 심지어 그 여성 의원들 중 몇몇은 냉소적으로 1975년 입법안을 국제여성의 해를 향한 공허한 움직임으로 인식했다고 지적했다(Vallance 1979, 41). 그렇다 하더라도 데임 이렌 워드와 르네 쇼트 같은 오래 전부터 여권옹호자였던 사람들은 조 리챠드슨, 모린 콜콘, 샐리 오펜하임과 같은 의원 초년생들과 성차별금지 입법을 위해 의회 내에서 압력을 행사하는 데 힘을 합했다.

의회 내에서 또는 적어도 정부 내에서 우리가 주목할 만한 일이 2가지 더 있었다. 첫째는 ILO(국제노동기구)와 EEC 조항을 승인해야 할 필요이다. TUC가 동일임금법을 위한 압력을 행사했던 또 다른 이유는 그렇지 않으면 국제노동기구 협약의 협정 110을 인준할 수 없기 때문이었다. 좀더 시급했던 것은 노동당이나 보수당 어느 정부든지 영국이 유럽공동시장에 가입하는 것을 원했다는 것이다. 로마조약18)에는 동일임금원칙이 삽입되어 있고 EEC 지도부는 1975년과 1976년에 회원국가들이 동일임금과 직업평등을 진작시키기 위해서 어떤 조치들을 취했는지를 보고하도록 요구하고 있었다. 이런 EEC의 선언은 정부가 동일임금 입법을 실행에 옮기는 데 박차를 가하도록 의심할 바 없이 도와주었다.

두번째 관심을 끄는 것은 계급중심적인 정책결정 과정을 지양하고 인종차별문제와 같은 집단문제로 정책방향이 전환되는 과정이라는 맥락이다. 성차별금지법을 초안한 사람들만이 영국과 미국의 인종 관계입법으로부터 시사점을 얻었던 것은 아니다. 1974년 2월에 구성된 노동당 정부의 내무부장관 로이 잰킨스는 성차별 입법을 기존의 인종 관계기구를 수정하는 데 모델로 사용하려고 생각했다(Byrne and Lovenduski 1978). 이런 이유 때문에 노동당 정부의 백서는 EEC의 권고나 1973년 보수당의 제안보다도 더 급진적이었던 것이다.

두 법의 통과에 있어서 특징이 속도와 합의라면, 두 법의 시행은 분명히 용두사미격이다. 1980년 한 연구는 "직업의 분리와 불공평한 임금의 영속화를 야기시키는 차별의 뿌리깊은 형태가 새 법들에 의해 저지되었다고 볼 수 있는 어떤 분명한 징조도 없다"(Robarts 1981, 10)라고 결론지었다. 동일임금법은 최소한 처음에는 성차별금지법보다 더 영향력이 있었다. 1979년 이 법들의 시행에 대한 한 평가에서는 동등화시키는 인플레이션의 효과를 감안한다고 하더라도 성별 임금의 차이, 특히 육체노동자에 있어서의 차이는 상당한 정도로 줄어들었는데 이것은 동일임금법의 덕분으로 돌려져야만 한다고

---

18) EEC, EURATOM을 탄생시킨 조약. 1957년 프랑스, 독일, 이탈리아, 벨기에, 네덜란드, 룩셈부르크 사이에 맺어진 이 조약에 의해 유럽경제공동체가 생겨났다. 1973년 이에 가입한 영국은 가입하기 위해서 로마조약의 원칙인 동일임금원칙을 받아들여야 했다(역자주).

주장했다(Snell 1979). 후에 그 차이는 다시 넓어지기 시작해서 EOC의 1980년 연간보고서에 의하면 전년 여성 고용자의 시간당 평균임금은 남성의 73%로서 1977년의 최고였던 75%로부터 사실상의 하락이었다. 그 보고서는 결론 짓기를 "1977년 이래로 동일임금입법의 결과로 이루어진 여성 임금의 향상은 끝났다"(EOC 1981, 70)고 하였다. 남성 임금의 일부밖에 되지 않는 여성의 임금은 이때로부터 이 수준에서 머물러 있었다. 성차별금지법으로 인한 개선을 측정하는 것은 좀더 어렵다. 그러나 일반적인 비평가들은 그것으로 인해 제기된 소송의 수와 결과 모두가 실망스러운 것이라는 데 동의한다. 1976년 제기된 243건의 소송 가운데 51%가 조정되었고 10%는 재판에서 승소했다. 그 비율은 1978년에는 줄어들어서 전체 171건의 소송이 제기되었는데 그중 71%가 조정되었고 30%가 재판에서 승소했다. 소송 건수에서의 감소를 재판소에서의 승소율이 만회해주고는 있으나 법원심리에서의 성공률은 26%를 넘지 못하였다(Atkins 1986, 59).

이런 만족스럽지 못한 결과에 대한 설명 중 하나는 법이 구성되어 있는 방법에 있다. 이 법들은 우선 적용범위가 제한되어 있다. 수많은 중요한 예외들을 인정하고 있고, 호소는 개인에 의해 혹은 개인을 대신해서만 이루어져야 했고, 증명해야 할 부담은 의심받고 있는 차별자보다는 차별당했다고 호소하는 사람이 져야 했고, 재판에 회부된 소송의 경우에는 어떤 법적인 도움도 받지 못했다. 게다가 두 법 중 어떤 법을 적용해야 할지가 항상 명확하지 않다. 끝으로 동일임금법에서는 여성의 노동이 남성에게 필적할 만하다는 것을 보여주는 것이 종종 어려웠다.

집행기구에도 취약점이 있었다. 산업재판소는 이미 다른 일들로 과부하되어 있는 상태였지만 동일임금 소송에 적절한 수준에서 도움을 주었다. 그러나 종종 냉담해 보였고, 미한이 표현했듯이, 성차별금지법에 의해 제기된 소송에는 '왠지 편안해 보이지 않았다'(Meehan 1982, 15). 그녀는 이 재판소로부터 2가지 특별히 문제가 될 만한 것을 뽑아냈다. 첫째, 재판정이 3명으로 구성되었는데 재판장은 법률 관련 훈련이 잘 되어 있는 사람이고 2명의 평위원은 CBI와 TUC에 의해서 각각 임명된 사람들이다. 이것은 페미니스트의 시각에 동조적인 사람이나 여성이 구성원 중에 포함될 가능성을 줄이고 있다. 둘째, 재판 청구자를 출석시키기보다는 예상되는 비공식성 때문에 재판 청구자는 불가피하게 재판과정을 지배하는 불문의 규칙을 미리 감지할 수 없다는 것이다(Meehan 1985, 148). 성차별금지법의 집행은 한층 더 EOC의 역할을 축으로 움직이는데 최근까지도 EOC의 지나치게 신중함이 광범위한 비판의 대상이 되었다. 이것은 우선 법률적인 응답을 요구하는 개인 호소자들의 문의가 쇄도했기 때문이었다. 기구의 예산도 충분하지 못했다. 그러나 주원인은 민간부분과 기업, 노동자 등을 각각 대표하도록 정부가 임명한 15명의 위원—대부분의 정부기구가 구성되는 방식이다—들의 태도 때문인데 1978년에 임명된 구성원들 중에는 "페미니스트의 주장에 직업적으로 관심을 가진 사람은 있었을지 모르지만, 입법을 후원하는 일에 주도적인 역할을 한 사람은 거의 없었다"(Byrne and Lovenduski 1978, 162). 동시에 영국 공무원의 중립성이라는 본질적인 성격 때문에 위원들은 정책결정을 실무 부서에 위임하는 것을 주저했다. 결과적으로 비록 EOC가 광범위하면서 귀중한 조사를 수행하고 혹은 의뢰하였고 유용한 출판물을 펴냈고 법에서 필요하다고 생각한 변화에 대해서 정부에 충고를 주기도 했지만, 법에서 부여한 상당한 강제력을 사용하는 일에는 주저했다. 1976년 인종 관계법 조항에 의거하여, 개인고용주에게 적용될 실천규약을 공포할 수 있는 권한을 인정받았지만 1984년까지 단지 8건의 공식적인 조사만을 수행했고 그 결과로 어떤 실천규약도 공포하지 않았다.

다른 2개의 기관이 동일임금법과 성차별금지법을 집행하는데 보조적인 역할을 수행했다. 중앙 중재위원회—일반산업 관계기구 중의 일부—는 상대적으로 도움을 주었음이 증명되었지만 이 기관은 단체협약의 조건이 문제가 될 때나 고용인이나 노동조합의 신청이 있을 때만 활동할 수 있었다. ACAS의 표면적인 역할은 법정으로 가기 전에 분쟁을 해결하도록 도와주는 것이었다. 그러나 동일임금법과 성차별금지법에 의거하여 호소한 사람들에게 충고한 기록은 그렇게 많지 않다(Gregory 1982).

부분적으로 이런 취약점들 때문에 특별히 노동조합과 여성 고용인들 사이에서는 이 입법에 대해서 잘 알려져 있지 못했다. 게다가 많은 고용주들은, 여성들의 작업분리와 같은 방법을 통해서 법망을 피해갈 수 있어서 여성

호소자들은 종종 조합의 지원이나 특히 작업장 수준에서의 지원을 거의 받지 못했다. 경제적 침체가 시작되자 어려움은 악화되었다. EOC의 보고서를 인용하면, "전후 전기간을 통틀어서 여성의 기회균등를 진작시키는 일에 착수할 수 있는 기간 중에서 이보다 더 도움이 안되고 시기가 좋지 않았던 5년의 기간도 없을 것이다"(EOC 1981, 1).

1980년대의 경제발전은 고무적이면서 동시에 실망시키는 측면을 보여준다. 주로 EEC의 압력 때문에 입법 자체는 향상되었다. 그래서 직접적으로 고용과 관련되고 고용분야에 적용될 수 있는 입법들이 이루어졌다. '지역적인 페미니즘' municipal feminism과 연결되는 새로운 기회가 생겼고, 직장 내에서의 성희롱에 대항하는 투쟁으로 옮겨지게 되었으며 적극적 행동조치를 적용할 기회가 생겼다. 그러나 한편 이런 변화에도 불구하고 집행기구가 계속해서 부적절하였고 여성들의 특별한 상황을 충분히 고려하는 입법이 이루어지지 못했기 때문에 변화의 의미는 제한되었다. 게다가 경기침체와 이에 따른 보수당정부의 정책 때문에 직접적으로 고용보호원칙을 침해되었고 혜택받을 수 있는 자격도 줄어들었다. 간접적으로는 육아보호조치도 줄어들었다.

아마도 유일하게 가장 순조로왔던 발전은 EEC의 평등정책의 범위와 구속력에 있었다. 여기에서 정치적인 상황설명이 간단하게 필요하다. 호스킨스 Hoskyns(1985)가 표현하였듯이 로마조약은 기본적으로 경제구조와 경제정책에 관한 문서이다. 그 조약의 사회정책은 주로 경제정책에 부수적인 것으로, 물론 변화로 인한 최악의 영향으로부터 노동자들의 피해를 완화시키고 작업환경을 개선하려는 것도 고려되었지만 주로 노동력 동원을 수월하게 하기 위해서 그리고 노동임금을 평준화함으로써 회원국가들 간의 공정한 경쟁을 보장하기 위해서 고안되었다고 할 수 있다. 그래서 성 평등이라는 문제도 원래 일차적으로 노동력시장에서 여성들이 자유롭게 경쟁할 수 있도록 하는 견지에서 바라보았다. 그러나 1970년대가 되면서 페미니스트 변호사들은 동일임금 조항의 함의를 알아보기 위한 소송을 제기하기 시작하였다. 유럽이사회 Council of Europe[19]는 사회정책에 좀더 관심을 두었는데 특히 여성정책

---

19) 유럽공동체의 한 기구로, 유럽공동체의 특별한 정치적 상황에 따라 부정기적으로 회동하던 유럽 정상회담이 1974년 파리 정상회담부터 연간 3회의 정기적인, 그리고

을 유럽공동체가 '좀더 인간적인 모습'을 가졌다는 이미지를 주기 위한 전략으로 관심을 가졌다. 사회문제담당관 Social Affaires Directorate(DGV)은 사회적 행동조치 Social Action Programme를 초안하는 일을 담당하고 이 조치는 다시 특별그룹에 2가지 중요한 지침[20]의 초안을 작성하도록 위임했다. EEC의 지침 Directives은 규정 Regualtions과는 달리 직접 구속력을 가지는 것은 아니지만 회원국가들에게 성취되어야 할 결과를 이루도록 구속한다.

이와 관련하여 중요한 역할을 자끌린느 노농이 수행했는데 그녀는 DGV의 프랑스 출신 공무원으로 특별그룹에 여성의 고용분야에 대한 특별한 지식과 관심을 가지고 있는 많은 여성들을 위촉했다. 그들의 영향력은 두번째 지침, 즉 동등대우에 관한 문제에서 특히 두드러졌다. 그렇지만 이 그룹의 첫번째 초안은 전원이 남자인 고위 간부로 구성된 이사회의 사회문제실무그룹 Social Affaires Working Group에 의해 상당히 수정되었다.

로마조약 제119조는 동등한 일에 동일임금이 주어져야 한다고 결정했다. 이것은 영국의 입법보다 더 진전된 형태인데 우리가 보았듯이 영국의 입법은 '같거나 비교할 수 있는 일'이라고 상술하였다. 동일임금에 관한 1975년의 지침은 '동등한 일'을 동일한 가치를 가진 일을 의미한다고 한층 정교하게 다듬었다. 이것은 비교성을 증명할 수 있는 가능성을 상당히 고양시켰다고 할 수 있다. EOC는 EEC 노선의 단어사용과 같게 영국의 동일임금법을 수정해야 한다고 오랫동안 주장했다. 1980년 3월 웬디 스미스는 이전에 자신의 직위에 있었던 남성이 받았던 임금과 같은 임금을 지급하도록 해달라고 유럽사법재판소에 소송을 제기했는데 여기에서 승소했다. 이 문제에 대한 영국법의 함의는 명확하지 않았다. 결국 1983년 영국 정부는 이 판결과 일치하도록 동일임금법을 개정한다고 발표했다. 그러나 1984년 5월이 되어서야 이 발표가 실행에 옮겨졌다. 그 이래로 동일임금법에 의거해서 제기된

공동체의 정치상황에 따라 필요하다고 판단될 경우에 개최되는 기구이다. 유럽이사회의 권한은 분명하지 않는데 제도적으로 유럽공동체의 핵심적인 정책결정기구는 각료이사회와 유럽공동체위원회이다. 그럼에도 불구하고 유럽이사회는 공동체 회원국들의 최고 정치책임자들에 의한 국가간 정치협력을 도모하는 기구라는 점에서 공동체의 정책 방향을 설정하고 유럽 통합에 새로운 활력을 불어넣는 역할을 수행한다(역자주).

20) 1975년의 동일임금에 관한 지침과 1976년의 동등대우에 관한 지침(역자주).

소송의 수가 급격하게 증가해왔지만 이 많은 소송이 이길지 어떨지는 현재
로서는 아직까지 분명하지 않다.

1976년 동등대우에 관한 지침은 영국의 법보다 훨씬 더 광범위하게 성차
별의 문제를 이해하고 있었는데 이 지침은 '특별히 혼인관계 혹은 가족관계
내에서 직접적이든 간접적이든 성을 이유로 한 어떤 차별도 없을 것'이라고
규정하고 있다. 이 지침은 관련조항들의 내용이 좀 모호하지만 고용을 위한
면접과 직업훈련, '근무조건'까지 포함하고 있다. 결과적으로, 위원들은 어
버이로서의 휴가 같은 문제도 포함시키려고 했지만 영국을 포함한 대부분의
회원국가들은 근무조건을 특별히 구체화하지 않기로 했다. 더 나아가서 이
지침에서는 동등대우원칙에 대한 예외 혹은 '훼손' derogations을 인정하고 있
어서 이것이 또 다른 취약점이 되고 있다. 영국 정부는 회원국가들 가운데서
가장 긴 예외적인 행위 리스트를 내놓았는데 여기에는 5명 이하의 고용인을
고용한 사업장이나 회사에서 일하는 모든 여성들도 포함된다(Vallance and
Davies 1986). 사실 유럽사법재판소는 1982년 이런 특별한 예외를 인정하지
않는 판결을 내렸다. 그 결과로서 영국 정부는 새로운 성차별금지법안을 제
출하였는데 1986년까지도 여전히 상원의원에 계류중이다. 이 법안은 작은
기업이나 가계고용의 상태에 있는 여성들을 보호하는 데까지 적용범위를 확
대시키고 있다. 이 법안은 또한 여성의 정년퇴직 나이를 남성과 같이 65세까
지 상승시키고 있고 이것은 1984년부터 효력이 발생된 EEC 1978년 사회안전
에 관한 지침에 의거한 유럽사법재판소의 다른 판결과 같은 내용이다.

일반적으로 EEC의 지침들은 영국에서 정부 자체가 자주 이에 저항했음에
도 불구하고, 동일임금과 성차별입법의 범위를 확장시키라고 호소했다. 또
한 1982년에 설립된 GLC의 여성위원회를 필두로 하여 여성위원회들, 기회
균등 관련 부서와 공무원, 그리고 노동통제 관련 지방기구의 여성권리 관련
부서 등의 증가는 상당히 중요하다. 궁극적으로 9개의 런던 내 지방자치기
구와 12개의 런던 밖의 다른 도시의 관청들도 1984년 가을까지 이 예를 그대
로 따랐다. 이런 발전은 지포드(Gyford 1985)가 '새로운 도시좌파'라고 불렸
던 집단의 권력장악과 연결되었다. 플래너리와 뢸로프스(Flannery and Roelofs
1984)는 암시하기를 이런 상황이 런던에서 가장 진전되었는데 그곳에서는

페미니스트 시의원들이 부추기는 역할을 잘 수행한 반면, 쉐필드와 리즈에 서는 기회균등 관련기구는 일차적으로 인종갈등과 시의회 밖으로부터의 페 미니스트들의 압력에 대한 반응이었다. 이것은 '새로운 도시 좌파'는 북부선 거구에서는 대체로 별다른 진전을 보지 못했기 때문이다. 심지어는 '일반적 계급투쟁에 쏟아야 할 에너지를 소진시키는 여성문제를 원치 않는다'고 한 데이비드 블런케트의 말이 자주 인용된다(Gyford 1985, 51에서 인용).

이런 다양한 여성 관련위원회는 혁명적 페미니즘의 상당한 비판을 받았 다. 많은 위원회가 자신들의 의제를 토론하기 위한 광범위한 대중적 회합을 조직하면서, '페미니스트 민주주의'를 정책결정 과정에 도입하려고 시도하 였다. 그러나 결과적으로 혼란과 갈등이 때때로 모든 것을 무력하게 하였고 여전히 엘리트주의와 이기적이라는 비판을 받았다. GLC의 위원회는 확실히 가장 야심찼다. 흥미로운 것은 이 위원회는 1981년 노동당 성명에서는 계획 되지 않았다는 점이다. 그러나 여성의 고용정책을 조정하는 책임을 가진 단 일한 기관이 필요하다는 시의원인 발레리 와이즈의 견해에 따라 이 위원회 가 만들어졌다. 이런 기관이 없으면 시의회의 서로 다른 위원회 사이에서 여 성고용정책이 분절화될 수 있기 때문이다. 1984년 이 위원회는 96명의 직원 을 가지고 있었는데 1983년 4월부터 12월의 기간에 227개의 여성 관련 프로 젝트에 총 450만 파운드를 지원했다. 로레타 로취는 《스페어 리브》에 기 고하면서 '여성위원회는 의심할 바 없이 런던에 있는 여성들에게 혜택을 주 었다'라고 결론짓지 않을 수 없었다. 그러나 1986년 3월에 GLC와 산하 위원 회는 보수당 정부 때문에 상처를 입었다. 런던 당국의 노동연맹이 여성위원 회 지원부서의 몇몇 업무를 그대로 지원할 수 있을지는 아직까지 명확하지 않다. 그러나 이 위원회가 재정적으로 지원했던 많은 프로젝트는 심각한 재 정적인 어려움을 만나게 될 것이라는 것은 확실하다(Spare Rib, 1986. 3).

NCCL의 여성권리부서가 마음에 들어 하는 또 하나의 진전분야는 '적극적 인 행동' 프로그램의 발전이다. 이것은 미국의 경험으로부터 많은 영향을 받 았는데 미국에서는 이런 프로그램들이 배가되었고 의심할 바 없는 성공을 거두었다. 영국에서는 이와 같은 계획이 특별히 노동조합들간의 협력에 의 존하고 있다(Robarts 1981). 이런 방향으로 전환되는 중 유망한 것은 1981년

TUC 총회에서 승인을 받은 '긍정적인 행동조치를 위한 여성총회' Women's Conference for a Positive Action Programme가 내놓은 제안이다. 이 전략의 한 줄기는 계약승낙조치를 통한 것이다. 그것은 자세한 여성 고용기록을 제출하고 적극적인 행동프로그램에 동의한 사기업에만 정부가 수주계약을 해야 한다는 것이다. NCCL의 여성권리부서는 사적 분야에서 수많은 선구적인 적극적 행동 프로젝트를 착수했지만 이런 접근이 중앙정부에 의해서는 아직 취해지지 않고 있다.

또 하나의 진전은 직장에서의 성희롱이 차별의 한 측면이라는 것을 인식하게 하는 것이다. 1985년 7월 도라 칸타라 여사는 얼링에 있는 개인병원을 상대로 낸 성차별금지법 위반소송에서 승리했다. 그녀는 이 소송에서 자신이 성적으로 희롱당했다고 주장했다. 1986년에는 '성희롱에 대항하는 여성'이라는 단체가 설립되었는데 이 단체는 법적인 조언을 주는 것을 일차적인 목적으로 하고 있다.

내가 이런 고무적인 발전에 대해서 자세히 설명했지만 이런 이론적인 고용권리를 여성들이 이용하는 데 방해가 되는 장애들이 늘어나고 있다는 것도 인식해야 한다. 무엇보다도 여성 고용기회의 문제는 그들의 어머니됨과 가족에 대한 책임감과 분리될 수 없다는 것이 고조되는 경기침체와 더불어 분명해지고 있다. 러벤더스키가 지적했듯이, "가족과 복지가 여성의 고용기회에 있어서 중요한 문제가 된다는 것을 인식하지 못하는 성평등정책은 궁극적으로 실패할 수밖에 없도록 운명지어져 있다"(Lovenduski 1986a, 259). 동일임금법과 간접적인 차별 개념까지도 포함시킨 성차별금지법은 너무 협의로 이해되고 있다. EOC의 소송사건은 이 법들과 동일한 범위를 가지기 때문에 여기의 소송사건에서는 혜택을 받을 수 있는 자격의 부여나 부모로서의 휴가 같은 문제로 확대해서 적용하지 않는다. 동시에 1980년 정부는 1976년 고용보호법에 의거하여 2년 이상 현재의 직장에서 근무한 여성들이 산후휴가를 신청할 때 고용보호를 제한했다(그럼에도 불구하고 고용항소법정은 1985년 '헤이스 대 맬러블 일하는 남성클럽'의 소송에서 고용된 지 5개월밖에 안된 임신여성을 해고하는 것은 위법이라는 판결을 내렸다). 1982년 새로운 '구직신청'양식 UB671은, 어린이가 있는 여성들에게 직장이 제의된다면,

어린이 양육을 어떻게 할 것인지를 미리 밝히도록 하는 항목을 도입했고 이 것이 고용의 한 조건이 됨을 넌지시 암시하고 있다. 동시에 지방관청의 탁아 소 예산은 한번도 넉넉한 적이 없었는데 1980년 교육법의 시작과 더불어서 점차 더욱 줄어들었고 학교급식에서도 비슷한 일이 일어났다(Gardiner 1983).

여성들은 계속되는 가정 내의 책임 때문에 불균형적으로 시간제직장에 집중되어 있고 여성의 고용기회에 진정으로 영향을 미치기 위해서는 시간제 고용의 전체적인 조건들이 개선되어야만 한다는 것이 점점 분명해지고 있 다. 1983년 EEC는 지침의 초안을 만들었는데 시간제 노동을 전일(全日)노동 과 비례해서 동등한 권리를 부여하도록 하는 것이었다. 그러나 영국을 포함 한 몇몇 회원국 정부는 그 지침을 인준할 준비가 되어 있지 않았다.

동시에 평등정책을 실행하기 위한 기구는 계속해서 부적절했다. 정부예산 이 삭감된 결과로 EOC는 직원을 400명에서 148명으로 감원해야만 했다(*The Guardian*, 1980. 7. 10). 안 로빈슨이나 산드라 브라운 같은 페미니스트들이 포 함됨으로써 위원회의 성격이 변했고, 위원들 자체도 좀더 공격적인 입장을 견지하리라는 징조가 보였지만 위원들은 여전히 칸타라 여사의 성희롱사건 -재판에서 승소하긴 했지만-을 지지하는 것은 거절했다. 항상 작았던 NCCL의 여성권리부서는 GLC로부터 많은 재정적인 지원을 받았는데 GLC가 폐지되자 심각한 재정적인 어려움을 겪게 되었다.

1983년에는 조 리챠드슨이 하원에서 성평등에 관한 의원발의 법안을 제 출했는데 이 법안은 많은 문제를 공격하는 것을 목표로 하고 있었다. 이 법 안은 우선 동일임금법과 성차별금지법을 합병하려고 하였다. 왜냐하면 이 두 법의 겹치는 부분 때문에 법 적용에 나타났던 혼란을 없애고 임금에 간접 적인 차별 개념을 적용하기 위해서였다. 이 법안에 따르면 시간제 노동자는 전일제 노동자의 임금과 비례해서 동일임금을 지급받도록 요구할 수 있다. EOC의 관할권이 부모로서의 휴가 같은 문제를 보호할 수 있도록 확대되며 직장 내 성희롱도 위법이 될 것이었다. 최종적으로 이 법안은 정부 부처와 100명이 넘는 고용인을 가진 모든 고용주들에게 동등고용원칙을 준수하도 록 강제할 것이었다. 여성들의 조직이 이 법안을 중심으로 광범위한 운동을 벌였음에도 불구하고 이 법안은 198 대 118로 통과되지 못하였다.

2) 미국에서의 동일임금과 고용기회

지난 10년 동안 낙태정책의 발전이 미국에서보다 영국에서 전망이 밝았다면 동일임금과 고용에서의 기회균등 문제는 그 반대이다. 입법은 일찍이 확실했고 적어도 영국에서보다는 빨리 이루어졌다. 입법을 적용하기 위해서 취해진 조치라는 점에서 집행은 좀더 활발했다. 물론 실제적인 성과를 평가하고 비교하기는 어렵다. 여성과 남성의 임금 차이가 영국보다 컸고 사실 1960년대 이래로 이 차이는 더욱 넓어져서 1973년부터는 60%를 선회했다. 그러나 직업의 분리정도는 과거에는 영국보다 심했는데 지금은 많이 완화되었다. 물론 전통적인 남성 직업의 요새였던 영역에 들어가서 남아 있는 여성의 절대적인 수는 여전히 얼마 안된다(Meehan 1985). 그러나 정부의 정책이 이런 차이에 얼마나 기여했는지는 분명하지 않다.

미국에서 최초로 연방 차원에서 동일임금법이 통과된 것은 1963년인데 반대가 아주 적었다. 동일임금은 평등권과 복지적 페미니스트가 1920년 이래로 동의해왔던 문제였다. 최소한 제2차 세계대전이 지나자 많은 노동조합들이 여성의 임금 때문에 남성의 임금이 삭감되는 것을 저지해야 한다고 덧붙였다. 전국제조업자연맹으로 대표되는 고용주들은 일찍이 동일임금에 반대했지만 1963년이 되면서 원칙적으로는 받아들였다. 사실 많은 주에서는 이미 동일임금법을 통과시켰다.

이 법은 '동등한 일에 대한 동일임금'을 규정하고 있는데 이것은 영국의 가장 최근의 입법보다 다소간 광범위한 기준을 제시했다. 영국에서처럼 중요한 예외들이 인정되었다. 가장 두드러진 것은 이 법이 '공정 노동기준법'에 대한 수정안으로서 통과되었기 때문에, 1972년 또 한차례의 수정이 있을 때까지 모법(母法)에 의해 보호받는 임금노동자의 61%에 한정된 것이었다. 다른 한편으로는 이 법은 익명으로 소송하도록 되어 있고 노동부의 임금 및 노동시간국에 의해서 운영되도록 되어 있었다.

이미 지적했듯이, 동일임금법은 일반적으로 성공적이었던 것으로 평가된다. 노동부는 이 법의 위반을 감시했고 소송을 빠르게 처리했고 법적인 조치를 취할 필요가 있을 때면 언제든지 취할 준비가 되어 있었다. 법원도 이 법을 관대하게 해석했다. 그러나 이런 인상적인 기록에도 불구하고 법 시행으로부터 8년이 지나서도 남성과 비교해서 여성의 임금은 평균 70%에 머물렀는데, 부분적으로 동일임금정책을 지지할 수 있는 효과적인 고용기회균등정책이 없는 상태에서 동일임금정책은 한계를 가질 수밖에 없었다는 것을 지적할 수 있다. 그후의 8년 기간에서도 단지 72%로 증가했을 뿐이었다.

만약 동일임금이 노동정책의 혜택이었다면 기회균등은 인종 관계의 부산물로서 시작되었다. 여성지위에 관한 대통령위원회 President's Commission on the status of Women는 성불평등에 관심을 가지기 시작했지만 고용에서의 차별을 금지하고 있는 인권법의 제7장에 '성'이라는 기준을 첨가하는 것은 어느 특정한 페미니스트운동의 압력 때문은 아니었다. 사실 여성국 Women's Bureau의 복지주의 페미니스트는 이에 반대했다. 로빈슨에 의하면 "제7장에 '성'을 확실히 집어넣을 수 있다는 생각은 마샤 그리피스와 하워드 스미스 사이에 공유되고 있었음이 틀림없는데 이것은 빈틈없는 의원들의 이상한 협조였다"(Robinson 1979, 415). 스미스는 위의 첨가를 제안했던 의원인데 '딕시크래트' Dixiecrat[21]이어서, 법안 지지자들이 분열하기를 바랐다. 그리피스는 하원 여성 의원들로부터 거의 만장일치에 가까운 지지로 수정된 제7장을 의회에서 통과시킬 수 있는 기회를 잡았다. 이 수정안은 상원에서도 통과되었다. 로빈슨은 인권법의 반대자들은 "법의 초점을 확대시킴으로써 흑인들에게 미치는 영향을 줄이기를 희망했다"고 주장했다. 반면 인권법의 옹호자들은 '성'을 집어넣는 것이 법안의 진정한 목적을 산만하게 하는 것으로 보았지만 그들은 그것을 반대함으로써 야기하게 될지도 모르는 추진력의 상실을 두려워했다. 그리고 그들은 법 집행단계에서 '성'이라는 조항은 아무런 지장도 주지 않고 사라지게 될 것을 희망했다(Robinson 1979, 419). 이 법안이 가진 여성을 위한 함축적인 의미는 그래서 의회에서 별로 토론되지 못했고 유쾌한 법석 정도로 끝났다.

여성들이 인권입법의 후광에 편승할 수는 있었지만 그들은 이에 대한 의회의 뿌리 깊은 반대의 결과로 상당한 제한을 받아들여야 했다. 제7장에서

21) 1948년 대통령 선거에서 민주당 탈당파로서 주로 미국 남부 여러 주 출신이다(역자주).

는 주정부와 교육분야의 고용이 제외되었다. 이 법에 의해 고용기회균등위원회 Equal Employment Opportunity Commission가 설립되었는데 영국의 EOC보다 공식적인 권력은 더 작았다. 의회가 케네디 행정부의 원래 안(案)을 변경하기까지 위원회는 심지어 강제력도 가지지 못했다.

제7장에 '성'을 집어넣은 초기에는 정치적인 관심을 별로 끌지 못했다. 처음으로 임명된 5명의 EEOC 위원 가운데 오직 1명만이 여성이었는데 그녀는 흑인이었다. 그녀는 이 위원회가 여성을 돕는 데 관심이 부족하다는 이유로 1년 후에 사임했다. 게다가 이 위원회는 과도한 업무와 부족한 재정으로 빠르게 과부하되었다. 그러나 제7장은 여성을 위한 고용기회균등에 있어서 중요한 정책적 진전을 가져왔다.

이렇게 정책적 진전이라고 할 수 있는 근본적인 이유는 여성해방운동의 등장과 조직 때문이었다. 위원회 내에서 일했던 페미니스트들은 여성들에게 불만을 이 위원회에 제기하도록 격려했는데 첫해에 모든 불만의 25%가 여성들과 관련된 것이었다. 프리맨은 지적하기를, 그들은 또한 개인적으로 페미니스트 로비조직과 초창기의 NOW를 많이 격려했다(Freeman 1975). 여성운동이 강해지고 영향력을 얻자 여성운동을 좀더 수용하는 위원들이 임명되었다. 위원회는 여성의 고용권리에 관해 연구하고 선전하였다. 그것은 그때까지는 거의 관심을 받지 못했었다. "1968년과 1971년 사이에 점차적으로 위원들은 제7장을 여성노동자를 위한 대헌장으로 바꾸었고 1964년에나 그리고 아마도 10년 후에도 의회에서 통과될 수 없었을 것이 분명했던 여러 규칙들과 규정들을 제7장에 끼워 넣었다"(Robinson 1979, 427). 1969년에는 성차별에 항의하는 엄격한 지침들을 발표했을 뿐만 아니라 같은 해 어떤 종류의 고용으로부터 여성을 '보호한다는' 법22)이 제7장과 모순된다고 판결했고 1970년에는 산후휴가에 대한 권리를 옹호하였다.

---

22) 예를 들어 영국에서 1842년 광산법을 시작으로 하여 19세기 보호입법이 발달하면서 여성의 직업과 노동시간 등을 규정하였다. 여성으로서 보호받아야 하기 때문에 국가에서는 법을 통하여 여성을 보호한다고 하고 있지만 그 이면에는 가족중심적인 사회관과 그 속에서 여성은 가정에서의 책임을 희생당하지 않는 범위 내에서 사회활동을 해야 한다는 암묵적인 전제가 놓여 있었다(제4장 참조-역자주)

페미니즘을 성장시키는 계기가 되었던 이런 발전들은 또한 흑인에 대한 기회균등을 증진시키려는 연방정부 정책의 팽창과 더불어 더욱 발전하였다. 왜냐하면 EEOC에게 1972년 강제력을 행사할 수 있는 권한이 주어졌고 또한 이런 정책들이 선행되었고 뒤이어서 여성들에게 적용될 수 있었기 때문이다. 1965년 존슨 대통령은 인종관계가 악화되고 있다는 경계심을 가지고 행정명령 11246에서 연방계약승낙사무국 Office of Federal Contract Compliance의 설치를 명령하였다. 이 기관의 업무는 모든 연방정부와 관련된 계약에 인종차별을 금지할 뿐만 아니라 동등한 기회를 진작시키기 위하여 적극적인 행동을 약속할 것을 포함시키는 것이었다. 1967년에는 여성의 지위에 관한 부서간 위원회가 새로 만들어졌는데 이 위원회가 만들어지기까지 많은 페미니스트 조직의 로비가 있었다. 그리고 새로 만들어진 위원회는 연방정부를 몰아댔다. 연방정부는 행정명령 11375에서 성차별을 다루는 조건을 확대했다. 연방정부는 행정명령을 내렸을 뿐만 아니라 이처럼 사적 부문에서 여성을 위한 기회균등을 고무했는데 연방정부와 관련된 모든 고용에서 여성에게 동등한 조건을 확대했다. 1969년에는 또 하나의 행정명령이 새로운 '여성을 위한 연방정부의 적극적 행동계획'이 무엇을 수반해야 하는지를 자세히 설명하였는데 이것을 통해서 동일임금과 기회균등은 상당히 강화되었다. 적극적 행동조치에 의해서 고용주들은 우선적으로 기회균등정책을 천명해야 하고, 그리고 나서 적극적 행동조치를 관리할 사람을 임명해야 하는데 이 사람은 충원의 대상이 되는 인적 자원 가운데 잘 활용되지 못하는 자원이 어떤 것인지를 밝히고, 장차 여성을 충원하는 목적을 위해서 일정표를 짜는 일을 담당하게 된다. 다음으로 고용주는 이런 목표들을 달성하기 위해서는 고용관행에서의 어떤 변화가 필요한지를 정해야만 하고 마지막으로 진전과정을 감시할 제도를 마련하는 것이다. 만약 이 모든 것이 행해진다면 고용주는 '성의' 있다는 것을 보여주는 것으로 평가된다. 마지막으로 1972년은 여성에게 유리한 조치가 풍성한 수확으로 의회에서 통과된 해인데 여성운동과 인권운동이 같이 압력을 행사하여 EEOC에 엄청난 집행력을 부여하게 했을 뿐만 아니라 제7장을 확장하여 주정부와 교육, 노동조합에 이르는 영역의 고용에 적용되도록 하였다.

　세번째 요소는 법정이 보인 일반적으로 동조적인 태도라고 할 수 있다. 제7장에 의거한 일련의 소송이 항소법정에서 승소했다. 1971년에 처음으로 대법원까지 간 소송이 있었는데 대법원은 유치원 어린이를 둔 여성을 고용하기를 거부한 것은 인권법―즉, ‘유사한 조건을 가진 사람은 그들의 성에 상관없이 고용기회가 주어져야 한다’는 조항―의 필요조건에 모순된다는 판결을 내렸다. 적극적 행동조치에서 특별히 이론(異論)의 여지가 있는 것은 ‘소수’집단에 할당을 두는 것이었다. 1978년의 유명한 바크 Bakke 사건에서 대법원은 한 백인 엔지니어의 손을 들어주었는데 그는 자기보다 덜 자격이 있는 흑인 학생을 채용하기 위해 자기를 거부했던 대학을 상대로 소송을 제기했었다. 그 재판은 5 대 4로 간신히 백인 미국인 엔지니어가 승소했던 사건이었다. 그러나 1년 뒤인 1979년 7월 카이저 알루미늄 대 웨버 사건에서 법정은 자발적인 할당계획을 지지했다.

　이미 언급되었듯이 이런 다양한 이니셔티브의 자세한 결과들을 평가하는 것은 쉬운 일이 아니다. 심지어 일단 EEOC가 자신의 열정의 반(半)을 여성의 고용기회균등 문제에 써야 한다는 것을 받아들이고, 그리고 나서 집행력을 부여받게 되자 위원회의 업무는 소송의 엄청난 잔무(殘務) 때문에 방해를 받았다. 그럼에도 불구하고 1973년 1월에는 가장 성공적인 소송사건으로 기억될 소송을 제기했는데 그것은 세계에서 가장 큰 기업인 미국 전화·전보주식회사를 상대로 낸 소송이었다. 그 결과 1만 3,000명의 여성 고용인에 대한 차별적 관행의 보상으로 1,500만 달러가 이 회사에 부과되었고 적극적 행동조치가 도입되었다. 연방계약승낙사무국은 일차적으로 18개의 서로 다른 정부기구들의 실제적인 집행에 의존하고 있음으로 해서 활동에 많은 방해를 받았다. 1970년부터 페미니스트 조직인 평등 활동을 위한 여성연맹(WEAL: Women’s Equality Action League)의 압력 하에서 점차적으로 고등교육에서의 고용에도 행정명령 11375가 적용되는 단계를 밟아갔다.

　1970년대 말까지 자유주의 페미니스트들 사이에서는 무엇을 성취했는가에 관하여 회의가 넓게 퍼져 있었다. 연방정부의 여성 프로그램에도 불구하고 1969년과 1975년 사이에 연방 사무직 고용에 있어서 전체적인 여성의 수에서도 그렇고 고위 공무원 수준에서의 그들의 대표성에서도 최소한의 변화밖에는 없었다(Murphy 1973; Freeman 1975). 1977년 대법원은 '성의 있는 연공서열안 bona fide seniority plan은 제7장을 위반하지 않는다'고 판결했을 때 왠지 징조가 불길했다고 싸스와 윌슨은 주장했다. "경제의 불황 때문에 일시적 해고가 강요된다면 이 판결은 최근에 고용된 여성들을…위태로운 상황에 남게 한다"(Sachs and Wilson 1978, 215)는 것이다. 그러나 로바츠는 "적극적 행동조치의 직접적인 영향으로부터 진정한 이익이 여성들에게 주어졌다"(Robarts 1981, 4)고 강조했고, 미한은 고용기회균등에 대한 여성들의 요구가 정당하다는 생각은 영국에서보다 미국에서 더 광범위하게 대중들에게 받아들여졌다는 것을 발견했다. "고용주들은 적어도 공개적으로 자신들의 기회균등정책에 관해서 우열을 다투었던 것이다"(Meehan 1982, 14).

3) 평등권헌법수정조항 ERA

이 단계에서 평등권 헌법수정조항운동에 관해서 살펴볼 필요가 있다. 이 운동은 지금까지 논의된 고용평등 발의안들과 협력해서 진행되었다. 이 수정조항은 고용정책을 위한 함의를 가지고 있기는 하지만 그 효과는 분명히 보다 광범위했다. 그것은 고용평등 정책결정과 관련이 있었지만 1970년대 말 자유주의 페미니스트들의 가장 중요한 관심사가 되었다. 이들은 아마도 이 문제가 단편적인 입법이나 재판의 판결보다 훨씬 유망하다고 생각한 것 같다.

ERA는 단순한 고용에 있어서의 평등보다는 좀더 광범위한 인권문제이다. 게다가 그것은 고용평등 문제와는 달리 특별한 재분배적인 함의를 가지고 있지 않다. 한편으로는 더욱 자유주의의 가치와 조화를 이루었고 다른 한편으로는 해석의 여지를 남겨두고 있는 성격 때문에 반대파의 입장에서는 미국의 전통적인 가치, 특히 가족이라는 가치를 위협하는 것으로 받아들여졌다. 볼스가 지적하듯이 ERA는 전부가 아니면 받아들이지 않는 그런 요구로서, 타협의 여지가 거의 없다는 것이다(Boles 1979).

우리가 보았듯이 ERA를 처음 제안한 것은 전국여성당 National Woman's Party이다. 여성참정권이 성취되면서 이 정당이 여론조사를 실시했는데 거기에서 여성에 대한 합법적 차별이 상당하다는 것이 드러났다. 특별히 재산, 어린이의 후견인, 이혼 등의 영역에서 그런 차별이 두드러졌다(Banks 1981, 156). 그래서 이 정당은 1923년 평등권헌법수정조항안을 의회에 제출했고 이어서 1971년까지 매년 이것을 제출했다. 여성유권자연맹이나 여성의회공동위원회 Women's Joint Congressional Committee, 그리고 여성국과 같은 대부분의 페미니스트 조직들은 이 수정안에 반대했는데 그 이유는 이 수정조항안이 보호입법을 침식하게 될 것으로 보였기 때문이다. 그렇지만 여성당은 혼자가 아니었다. 1930년대에 영향력 있는 조직이었던 전국여성사업가 및 전문직여성클럽연합(NFBPWC: National Federation of Business and Professional Women's Clubs)과 전국여성법률가협회 National Association of Women Lawyers가 이 수정안을 지지했다(Banks 1981, 207).

1940년에는 공화당이 이 수정안을 지지한다고 밝혔고 이어서 1944년 민주당도 지지를 표명했다. 1945년에 이미 처음으로 하원에서 이 수정안이 승인되었지만 반대가 너무 뿌리깊어서 더 이상 진전되지 못했다. 1950년과 1955년에 상원에서 통과되었지만 이때에는 받아들이기 어려운 '하이덴 부칙' Hayden rider이 붙은 상태였다. 이 부칙은 수정조항이 "여성들에 부여한 어떤 권리나 혜택이나 혹은 예외라도 지금과 그리고 차후에 보다 악화시켜서 해석될 수 없다"(Freeman 1975, 211 참조)라고 되어 있다. ERA에 진정한 기회를 준 것은 1960년대 말에 급증한 페미니즘의 물결이었다.

평등권 헌법수정조항이 무엇이며 이를 지지한 사람들은 왜 이것이 성평등에 본질적이라고 믿었을까? 이것은 미국 헌법에 수정조항으로서 제안되었는데 원래는 다음과 같았다. 즉 "남성과 여성은 미국과 이 법이 적용되는 모든 곳에서 평등한 권리를 가질 것이다." 1943년부터 표현된 말이 바뀌어서 "법에 의한 권리의 평등성은 합중국과 어떤 주에서도 성을 이유로 부인되거나 축소되지 않을 것이다"로 되었다.

이 수정조항이 주는 분명한 이점은 그것이 가지는 상징성이다. 그린버그가 말하고 있듯이 "도덕적인 견지에서 보면 헌법의 수정조항은 우리의 법제도에서 최고의 구속력을 가진다"(Greenberg 1977, 1). 이것은 새로운 페미니즘운동을 재결속시켜주는 초점이 되었는데 19세기 여성참정권운동과 같은 위

험을 가지면서 같은 역할을 수행한 것이다. ERA를 둘러싼 가장 중요한 논쟁
은 법에 있어서 여성의 평등권을 인정하는 데 가장 효과적이며 변함없는 근
거를 제공한다는 것이었다. 입법적인 전진은 더디게 진행되었고 불확실했
다. 특별히 해석과 이후의 집행에 있어서 중심적인 역할을 할 것으로 기대되
는 법원은, 성은 법을 적용하는 것과는 관계가 없는 구별이라는 원칙을 세워
야만 한다. 법원이 이런 선례를 구축할 수 있었던 가장 좋은 예는 1974년의
프론티에로 대 리챠드슨 사건이다. 이 소송에서 9명의 대법원 판사 중 4명이
"성간의 법에 근거한 구별은 종종 여성이라는 계급 전체를 개별적인 그 계
급 구성원의 실질적인 능력과는 관계없이 열등한 법적 지위로 불쾌하게 좌
천시키는 효과가 있다"(Sachs and Wilson 1978, 213에서 인용)는 의견을 견지
했다.

성평등원칙이 연방 차원에서 인정되지 않았고 그 법을 구축하는 데 있어
서 법원의 영향력이 중요했기 때문에 여성권리에 대한 해석은 연방법안에서
뿐만 아니라 주별로도 상당히 달랐다. 예를 들어 어떤 주에서는 여전히 여성
을 배심원 일에서 제외하고 있다. 사우스캐롤라이나 주에서는 결혼한 여성
은 결혼 기간 동안 부부재산에 대해서 권리가 없고 미망인이 되어도 부부재
산의 1/3 이상에 대해서는 권리가 없다. 이런 상황을 해결하려는 평등권 수
정조항에 대한 대안에 관해 싸스와 윌슨은 자신들의 저서에서 논하고 있다.
하나는 '단편적인 접근'으로서 유리한 법과 법원의 판결을 계속 추구해나가
는 것이다. 그러나 저자들은 논평하기를 "단편적인 입법 개정은 거의 150년
전 '결혼한 여성의 재산법'으로부터 시작되었다. 그것은 또 다른 150년을 끌
어도 여성을 위한 완전한 평등은 이루어지지 않을 수도 있다"(Sachs and
Wilson 1978, 222). 또 다른 가능성은 법 앞에서의 성평등은 헌법에 이미 있는
조항들 속에 포함되어 있다고 논증하는 것이다. 가장 그럴 듯한 조항이 수정
안 제14조의 구절인데 그 구절은 법의 평등한 보호를 보장하고 있다. 그러나
법원에서 이 구절을 이렇게 해석하려는 경향을 보이지 않고, 좀더 지배적인
의견은 수정안 제14조에 더 이상의 조작은 어떤 경우에라도 반대한다는 것
이다. 그래서 모든 대안들이 그렇게 좋아 보이지는 않는다.

ERA의 옹호자들은 나아가서 이미 ERA와 유사한 법안을 통과시킨 16주에

서의 여성에게 생긴 이점들을 인용할 수 있다. 이런 조항을 가진 주에서 제기된 많은 소송들은 아직까지 그렇게 진전되지는 않지만 '전체적으로 그 결과는 매우 호의적이다'이라고 한 연구는 밝히고 있다(Brown et al. 1977, 29).

ERA을 위한 페미니스트들의 주장이 설득력이 있다 하더라도 헌법 수정안의 통과과정은 위압적이다. 이론적으로 연방의회나 미국 전체 주의 2/3에서 수정안이 발의되어야 한다. 그러나 실제적으로는 언제나 연방의회에서 이루어진다. 의회는 이어서 각 주에 그것을 제출하기 이전에 상·하 양원에서 2/3의 다수로 발의된 수정안을 재가해야 한다. 모든 주의, 혹은 모든 주 의회의 3/4이 승인해야 한다. 헌법에 이 과정을 규정한 구절에는 시간적 제약을 두고 있지는 않지만 관례에 따라 7년으로 정해져 있다. 그럼에도 불구하고 1970년이 시작되었을 때 아무 것도 ERA를 저지할 수 없는 것처럼 보였다.

수정안을 위한 페미니스트들의 지원이 점증하게 된 중요한 계기는 NOW가 이 계획을 받아들인 것이다. 이에 따라 NOW가 자동차노동자연합에 주기로 했던 기부금을 철회했다. 물론 2년 뒤에 자동차노동자연합과 NOW는 다시 결합했다. 동시에 좀더 덜 호전적인 페미니스트 조직들이 이에 연대했다. 이것은 부분적으로 1964년 인권법의 제7장이 이미 언외(言外)로 주들의 보호입법을 무효로 만들었기 때문이다. 주의 노동법이 여성을 보호하기보다는 어떻게 규제하고 있는지를 보여주는 연구가 있었다(Freeman 1975, 212). 1969년에 여성국에서는 새로운 국장 엘리자베스 쿤츠의 지도 하에 수정안의 지지를 표명했고 이것은 1963년 케네디가 만든 여성의 지위에 관한 시민자문위원회와 1969년 만들어진 여성의 권리와 책임에 관한 닉슨 프로젝트팀의 지지를 이끌어내었다. 1970년 8월 26일 여성들의 대대적인 공격이 있었는데 이것은 수정안 제19조의 50회 기념일을 축하하는 것이었으며 ERA를 요구하는 것이었고 새로운 페미니즘의 단결과 효율성에서 높은 점수를 얻었다고 할 수 있다.

하원 사법위원회 House Judicial Committe는 20년 동안 수정안을 협의했다. 페미니스트들의 압력이 점점 팽창하는 상황에서 하원의원인 마르타 그리피스는 마침내 ERA를 상임위원회로부터 진전되도록 했다. 프리맨이 지적했듯이 특별히 그리피스는 특정 위원회 의장들에게 자기가 베풀었던 많은 호의를 상기시켰다. 그녀는 또한 의회 직원들이 'ERA를 위한 전국 특별위원회' National Ad Hoc Committee for the ERA를 구성하는 것을 도와주었다. 이 단체 는 NFBPWC와 더불어 의회에 대해 막강한 로비를 행사했다. 일단 수정안이 사법위원회에서 통과되자 하원에서는 순조롭게 진행되었지만 상원에서의 저항은 계속되었다.

그동안 ERA운동이 점차적으로 추진력을 모아갔다. 급진주의 페미니스트 그룹, 정부 내에 있는 여성들, 코먼 코즈 Common Cause, 민주행동을 위한 미 국인 Americans for Democratic Action 등을 포함한 15개 이상의 전국조직을 포 용하면서 ERA는 직접 로비활동을 벌였고 또한, 프리먼에 의하면, 의회의 중 요한 의원들에게는 1달에 1,500통의 편지를 보냈다. 1971년 10월 의회는 다 시 ERA를 압도적인 다수결로 통과시켰다. 1972년 3월 상원 사법위원회 내 헌법수정에 관한 소위원회에서 샘 얼빈 상원의원의 의사방해에도 불구하고 상원에서는 84 대 8로 ERA을 승인했다.

15년 동안 무관심하게 지나치다가 왜 갑자기 연방의회에서 이렇게 적극 적으로 지지하게 되었을까? 주된 이유는 여성운동단체의 압력이었다. 무엇 보다도 직접적인 압력이 중요했다. 그뿐만 아니라 여론이라는 간접적인 영 향도 중요했다. 1970년대 초 여론조사에 의하면 다수가 여권 확장을 지지했 다(Boles 1979). 그러나 이런 압력은 의원들에게 승인을 받아야 했다. 프리맨 은 주장하기를, ERA는 의원들의 마음에 들었는데 첫째로 그것이 "단순하고 직선적이어서 미국의 전통적 가치와 맞았고" 정당에 대한 충성심과 상충되 지도 않았으며 다른 것을 희생할 필요도 없었기 때문이었다. 둘째로는 ERA 가 인권 정책결정의 영역으로 들어간다고 생각되어졌다. 이런 분야의 문제 에서는 의원들에게 가장 중요하게 영향을 미치는 것은 자신들의 선거구이 다. 여기에서 ERA를 위한 엄청난 로비가 있어서 반대세력이 이를 따라오지 못했다. 반대세력은 기습공격에 무너졌고 분열되었다(Freeman 1975, 216).

수정안은 여전히 주들의 승인을 받아야 했다. 볼스는 1972년 ERA에 대한 지지가 어느 정도였는가 하는 점에서 두드러지는 사실은 주들의 승인이 자 동적으로 이루어지지는 않았다는 것을 지적했다. 확실히 3개월 내에는 19개 주에서, 그리고 1년이 되자 30개 주에서 승인했다. 그러나 그 이후에는 극적으로 일들이 천천히 진행되었다. 1977년까지 필요한 38개 주의 승인 가운데 35개 주의 승인밖에 얻지 못했고 이 중에 3개 주에서는 승인을 취소했는데 이런 행동의 합헌성은 확실하지 않다.

ERA의 반대파는 신속하게 의회에서 이 수정안이 통과되는 것에 반대했다. 가장 중요한 전국조직은 스톱-ERA(Stop-ERA: ERA를 저지하기 위한 전국위원회)로서 1972년 말에 조직되었고 존 버스 소사이어티 John Birth Society[23]의 전회원이었던 필리스 쉐플리 여사가 주도했다. 이미 1973년 초에 회원이 수천이었고 26개 주에 지부가 있었는데 특히 남부와 중서부에 많이 분포되어 있었다. 이 단체는 1971년에 설립된 재키 데이비슨의 여성의 행복 Jacquie Davidson's Happiness of Women이라는 단체의 도움을 받았는데 이 단체는 지부와 함께 주부연맹을 만들었고 1972년 말에는 전국 50개 주에 걸쳐 1만명의 회원을 가지고 있었다(Boles 1979). 반대캠페인은 존 버스 소사이어티나 미국 보수주의자연합과 같은 수많은 우익조직의 지원을 받았다. 그리고 낙태문제와 더불어 ERA를 신우파는 표적이 되는 문제로 인식했다. 몇몇 ERA 지지자들은 FBI, 보험회사, 남부의 섬유회사들이 자신들의 반대자들에게 자금을 지원하지 않나 의심했지만 확실한 증거를 제공하지는 못했다. 그러나 ERA에 반대하는 사람들은 이미 언급했던 비거리 Viguerie의 놀라운 편지쓰기 조직 덕분에 급속히 불어났다.

그럼에도 불구하고 볼스가 지적하듯이 반대는 우선 주 수준에서 거세었지만 전국적인 조절은 별로 없었다. 주 캠페인에서 강조한 것은 직접적으로 정책결정자들에게 접근하기보다는 자신들의 지지자들이 의원들에게 편지를 쓰도록 설득하는 것과 여론에 영향을 주는 것이었다. 이들이 사용한 논리가 외관상으로는 '합리적으로' 보였지만—수정조항안은 모호하고 필요하지도 않고 부적절하다는 것이었다. 더 나아가 심지어 이 문제는 개별 주가 스스로 결정할 문제라고 주장했다—반대하는 대부분의 경우는 이치에 맞지 않게 상당히 감정적이었다. ERA가 가족생활의 위협이나 동성애 결혼을 지지하는 것으로, 또는 어린이들에게는 남녀공동의 기숙사 또는 남녀공동의 공중화장

---

23) 미국의 극우단체(역자주).

실로 그려졌다. 여성이 군대에도 갈 수 있다는 것 또한 강조되었다.

ERA에 반대했던 여성들은 어떤 여성들이었을까? 이 문제에 관한 두 연구 (Tedin et al. 1977; Arrington and Kyle 1978)에서의 결론은 서로 통하는데 ERA 에 반대했던 여성들은 전형적인 주부였고 ERA의 지지자들에 비해서 교육적인 혜택을 덜 받은 사람들이었으며 정치적으로는 보수적이며 종교적인(텍사스주 표본집단의 66%가 원리주의 교회에 속해 있었다) 여성들이라는 것이다. 아마도 가장 충격적인 것은 그들은 이전에는 한번도 정치적으로 활동적이지 않았던 사람들이라는 것이다. ERA는 그들을 선동하여 이런 (여성답지 않은) 행위를 하게 한 그들의 가치에 대한 분명한 위협이었던 것이다.

ERA의 지지자들은 반대파의 심각성을 즉각적으로 이해하지 못했다. 수정조항이 의회에서 승인된 이후에 ERA 인준이사회가 만들어졌는데 이것은 직원도 없고 예산도 아주 적은 바람막이 제휴였다. 주의 인준절차가 늦어지고 있다는 것이 분명해지자 새로운 전국동맹인 'ERA-미국'이 만들어져서 1976 년 1월 워싱턴 시에서 사무실을 열었다. 그러나 "이 단체는 기대되는 중심적인 역할을 수행할 만한 자원이 없어서 1978년에는 일차적으로 운영위원회의 역할과 수정조항에 대한 정보를 교환하는 곳의 역할을 했다"(Boles 1979, 66). 다른 한편으로 모든 중요한 전국적인 페미니스트 조직은 ERA 캠페인을 지지했다. 프리맨에 의하면 '1978년 NOW가 인준절차가 상한선인 1979년까지 달성될 수 없을 것이라는 것을 실감했을 때 NOW는 이 문제를 최우선과제로 하기로 결정했다. 한편으로는 2명의 페미니스트 법과대학생이 상한선을 연기할 수 있는 방법을 찾아보면서 모든 헌법적인 선례에 대항하자고 제안했는데 처음에는 심각하게 받아들여지지 않았다. 다른 한편으로 일단 설득이 되자 NOW의 지도부는 대중의 지지를 동원하는 것—1978년 ERA행진에 10만명의 여성이 참여했다—과 하원의원을 설득하는 일을 동시에 추진하기로 했다(Freeman 1982). 하원의원인 엘리자베스 홀츠맨과 마가렛 헥클러가 처음으로 이 문제에 착수하는 데 동의했고, 게르츠그가 주장했듯이(1984) 상한선을 연기하는 의회의 동의를 얻어내는 데 성공했다(NOW가 처음에 원했던 7년으로는 아니었다). 이것은 의회 내 여성 코커스의 확실한 성과였다.

이렇게 숨을 돌릴 수 있는 여지가 있었음에도 불구하고 ERA에 찬성하는 로비는 새로운 상한선이었던 1982년 6월까지 필요한 수만큼의 주에서 인준을 받을 수 없었다. 1982년 초 여전히 35개 주만이 이를 인준했다. 남아 있는 주들은 보수주의자들의 태도가 강해지고 있을 때 강경한 보수주의였다. 미국 여성들의 다수는 이제 성차별의 존재를 광범위하게 인식하고 있고, 25개의 조직만이 공개적으로 ERA를 반대하고 있는 반면 170개의 전국적인 조직이 ERA를 지지하고 있었다. 그렇지만 하원의원들이 신경을 써야 하는 선거구에서 효과적으로 캠페인을 벌인 것은 Stop-ERA였고, 미국의 연방정치제도가 지방분권적이어서 ERA는 난국을 해결하기가 어려웠다. 1983년 평등권수정안은 의회에 새로 발의가 되었지만 6표 때문에 통과되지 못하였다. 한 페미니스트 관찰자는 "1980년대에는 미국 헌법에 모든 시민을 위한 평등권이 쓰여지는 것을 볼 것"(Rawalt 1983, 73)이라고 확신했지만, 이런 낙관주의는 아직도 시기상조인 것이다.

인준을 얻는 데 실패한 것은 의심할 바 없는 퇴보이다. 그러나 페미니스트들은 평등권을 위해 특히 평등한 고용의 권리를 위해 계속해서 캠페인을 전개했다. 아마도 공격의 중앙선은 동일임금문제로 다시 돌아왔다. 칸과 그룬 Kahn and Grune(1982)은 1970년대 말 임금의 형평을 위한 전국적인 운동의 등장을 자세히 설명하고 있다. 그 목표는 1964년 법에서 동일임금이라는 개념을 비교할 수 있는 가치가 있는 일에 대한 동일임금이라는 정의로 대치하는 것이었다. 이는 동일임금이라는 것이 여성의 임금을 향상하기 위한 근거로서 사용될 수 있는 가능성이 전체적으로 소진되었기 때문이었다. 인권법의 제7장은 첨부된 베네트 수정조항 덕분에 적용범위가 확대되었다. 이 법은 임금을 보호하기 위해서 고안된 것이었다. 그러나 1981년 6월 군더 대 워싱턴 대법원의 소송에서 겉으로 보기에 유리한 판결에도 불구하고 이 법은 차별이 있었다는 것을 증명하기 위해서 어떤 증거를 제출해야 하는지가 분명하지 않았다. 카터 대통령 재직시 EEOC, 여성국 그리고 OFCCP는 모두 임금의 형평문제를 다루었고 사실 OFCCP는 레이건 행정부가 들어섰을 때 새로운 규제를 막 내놓으려 했는데 레이건 행정부는 그것을 연기시켰다.

캠페인이 발전함에 따라 전국위원회가 1980년 만들어졌다. 지도부에는 13개 조직의 대표들이 포진해 있었는데 이 위원회는 '일하는 여성'이나 '여성

노동조합위원회', 페미니스트 법률가 등과 같이 캠페인에 동조적인 노동조
직과 전략을 조절하는 일을 담당하기로 하였다. 이에 대한 반발로 조직적인
반대가 등장하였다. 많은 조합들이 캠페인에 반대했고 고용주들은 고용평등
자문이사회를 만들어서 고용평등정책에 저항해온 그들의 집단적인 경험을
한 곳으로 모으려고 했다. 1985년까지 50개 주 중에서 46개 주에 이와 유사
한 조직들이 이 이사회의 형식을 따르고 있었다.

　　임금의 형평성이 반대를 야기했지만 아직까지는 ERA보다는 훨씬 덜 논쟁
적이며 현대적인 언어로 설명되는 자유주의 페미니즘의 변형으로 보인다.
여성 의원 코커스가 보험, 은퇴, 세금법, 고용, 의료보험 등의 영역에서의 차
별을 시정하기 위해서 고안되었고 또 그렇다는 것이 알려지자, 여성문제 코
커스가 의회에서 발의한 경제적 형평성 관련 법안은 그다지 논쟁적으로는
보이지 않았다.

　　그러나 영국에서처럼 경기침체와 레이건 행정부의 정책 때문에 몇몇의
개혁주의 페미니스트들은 고용평등의 문제를 좀더 폭넓게 다루어야 한다는
것을 확실히 깨달았다. 제1장에서 언급했듯이 '빈곤의 여성화'에 대해서 점
차 관심을 가지게 되었고 페미니스트들은 활동을 통해서 가난한 여성들의
특별한 문제를 알릴 필요가 있다고 이해하게 되었고 이로써 '빈곤의 여성화'
에 상응하는 이해를 하게 되었다. '여성을 위한 더 확대된 기회' Wider Op-
portunities for Women라는 단체는 스스로 가난한 여성을 훈련시키고 재고용
프로그램을 마련하였고, 동시에 이런 일을 정부기관들이 하도록 압력을 행
사했다(Fleming 1983). 마찬가지로 많은 페미니스트들은 여성의 고용 전망과
가정 내 책임 사이의 상호 의존성에 대해서 이해하였다. 그들은 일을 조직하
는 대안적 방법들에 관심을 가지게 되었다(Stoper 1982 참조). 그들은 유동시
간제 형태이거나 시간제 근무의 범주를 확장하는 시범을 보였는데 특별히
의회와 개별 주 의회가 이것을 지지했다. 그러나 페미니스트들은 이런 것들
이 단독으로 여성들에게 내재되어 있는 근본적인 약점들을 해결해주지는 못
할 것이라고 이해한다.

4) 고용평등을 위한 정책결정: 비교적인 관점

영국과 미국에서의 고용평등을 위한 정책결정은 어떻게 비교될까? 각각의 경우에 정부와 정치제도의 맥락에서 정책결정 과정이 형성되었다. 낙태문제에서처럼 영국에서는 입법을 위한 압력이 의회에 초점을 맞추었는데 물론 TUC를 통해서 직접적으로 정부 자체에 영향을 행사하기도 했지만 중요한 초점의 대상은 의회였다. 미국의 경우에는 일차적으로 주 의회에, 그리고 연방의회에, 대통령에, 그리고 법원에 초점을 맞추었다. 이 입법 단계에서 양당제도의 차이점이 낙태문제에서보다도 더 중요했다. 영국에서는 기회균등은 양대 정당의 원내 정당이 그것을 채택하느냐를 둘러싼 정당문제였다. 물론 그렇다고 그것 때문에 당내의 내분이 일어나지는 않았다. 그 결과 원외 로비는 미국에서보다 훨씬 덜 중요했다.

그러나 제도적인 맥락의 차이가 정책의 세련화와 집행에 있어서 가장 결정적이었다. 그렇다고 할 수 있는 이유는 우선 영국의 정책은 의식적으로 미국의 선례를 따랐다. 특별히 EOC는 EEOC를 근거로 했다. 미한이 지적했듯이 제도적인 이식은 성공적으로 이루어지지 못했는데 그 이유는 영국과 미국 정부의 전통이 특별히 2가지 측면에서 달랐기 때문이다. 하나는 사법부의 역할이고 다른 하나는 관료제의 기본정신이다. 기회균등을 진작시키기 위해서 채택된 기구들은 판결에 상당히 의존하고 있었다. 그러나 미국에서는 법원이 법을 해석함으로써 정책을 결정하도록 기대하는 반면 영국에서는 이런 명백한 전통은 존재하지 않았다. 이것은 산업재판소를 포함한 영국의 법원이 법을 적용하는 데 특히 성차별금지법을 적용하는 데 있어 지나치게 신중하고 심지어는 꺼리는 것처럼 보이는 것도 이런 이유 때문이다. 미국의 법률제도 중에서 영국에는 없는 점을 2가지 더 짚고 넘어가야겠다. 사법부는 의회에서의 논쟁을 촉발시킬 수 있는데 이 논쟁을 통해서 입법의 숨은 의도가 분명히 드러나게 된다. 그리고 한 개인만이 아니라 그 개인들이 속한 계급을 위해서 기소할 수 있는 권리를 미국의 사법부는 가지고 있다(Meehan 1982, 14-15).

또한 미국의 정부관료제는 영국의 그것보다 훨씬 더 명백하게 '정치적'이다. 최초로 만들어진 EEOC는 약했고 오직 자신의 피보호집단-흑인-의 열성에 의해서 움직였다. 그러다 점점 혁신적인 세력이 되었다. 가장 중요한 것은 EEOC 내에 있던 개개의 여성들은 성평등에 대해 좀더 공격적인 입장을 요구하고 이를 합법화하려는 여성들의 로비를 효과적으로 활성화하는 일을 도왔다. EOC의 법률적인 권한은 막강했다. 그러나 처음에 이 위원회의 구성은, 페미니스트들은 거의 없이 '조합주의적' 관심을 반영하고 있었다. 둘째로 EOC는 '민주적으로' 선출된 정책결정자들과 '중립적'인 직원들 사이의 분명한 구분을 가정하는 영국적 전통을 이어받았다. 바이른과 러벤더스키는 말하기를 이런 중립성은 '적대적인 정치', 즉 상반되는 프로그램을 가진 양대 정당이 교대로 정권을 이어가는 것에 대한 수세적인 반응이었음에 틀림없다는 것이다(Byrne and Lovenduski 1978). 그러나 미한은 실제로 노동당과 보수당 정부가 각각 EOC를 다루는 방법에는 별다른 차이가 없었다고 지적했다. 활발하지 못한 위원들과 직원들은 중립적이어야 한다는 기대의 결과, 많은 직원들은 위원들보다도 더 페미니스트였지만 실망했고 인원의 교체율이 극도로 높았다. 그러나 위원들이든 직원들이든 개인적으로 최근까지 페미니스트 로비를 동원하는 것을 진지하게 고려하지 않았고 지도부 내에서의 접촉을 돈독히 하는 일을 선호했다.

　더 나아가서 두 나라에서 낙태와 고용평등문제를 위해 사용된 이익이라는 관점에서 이 두 정책 사이의 대조적인 모습을 찾아볼 수 있다. 낙태문제에 동원된 중요한 단체는 여성 자신들을 제외하고는 교회와 의료인 집단이다. 영국과 미국에서 중요한 의료연맹은 궁극적으로 낙태법 개정의 편에 섰는데 그것은 그들이 여성들의 선택권을 인정해서 그랬다기보다는 자신들이 결정해야 할 직업적인 권리에 대해서 간섭당하는 것을 싫어했기 때문에 그랬다고 보는 것이 정확하다(Shapiro 1982 참조).

　궁극적으로 '재분배적인' 문제로서의 기회균등 문제는 조직화된 기업가와 노동자에 관한 문제였다. 노동을 지지한다는 것은 동일임금입법의 과정에 있었던 두 국가에서 다 중요했다. 1960년대에 기업가조직도 노동자조직도 전국적인 차원에서 기회균등원칙에 반대하지 않았다. 그러나 미국에서는 사업가의 이익을 위한 압력으로부터 인권법 제7장의 개정 원안이 나오게 되

었다. 미국상공회의소는 나중에 EEOC의 강화에 반대했다. 우리는 또한 1980
년대 임금의 형평성에 대한 고용주들의 반대가 점점 거세졌다는 것을 지적
했다. 지방수준에서 양국 고용주와 조합이 모두 입법을 집행하는 일에 종종
비협조적이었던 것을 알 수 있다. 이것은 남성이 지불하는 희생의 대가가 있
어야만 여성들의 고용기회가 개선될 수 있다는 조치에 대한 남성이 주도하
는 조합의 이중성을 반영하는 것이다. 장기적으로 작업장이 좀더 경쟁적이
되므로 고용주들에게는 더 많은 이익이 되겠지만, 단기적으로 고용주들은
알력이 최소화되기를 원한다.

  미국과 영국 모두에서 동일임금과 심지어 기회균등은 활동적인 페미니스
트의 압력 없이 입법화되었다. 완전한 철폐의 위험은 거의 없었지만 페미니
스트들은 효과적인 집행을 위해서 운동을 전개해야만 했다. 논쟁의 여지가
있지만, 여기에서 미국의 페미니스트들은 영국의 페미니스트들보다 더 성공
적이었다. 특별히 영국이 정부 내의 페미니스트들과 외부의 여성조직들 사
이에 일종의 정책연계망을 발전시키지 못한 반면 미국에서는 1960년대 중반
이래로 눈에 보이게 이를 발전시켰다. 지금까지도 EEC는 자신들의 지침이나
관련된 조치들을 통해서 여성의 고용권리를 위한 새로운 귀중한 수단을 제
공하고 있지만 영국의 여성조직들은 그것을 적극적으로 이용하지 못하고 있
다(Meehan 1985). 이것은 부분적으로 집행기구의 서로 다른 행정적 스타일
때문이며 더 나아가 영국 페미니스트 운동에 있어서 개혁주의 페미니스트적
인 요소가 상당히 부족하기 때문이라고 할 수 있다.

  끝으로 기회균등을 위한 정책결정에 있어서 집행단계는 낙태법 개정에서
보다 훨씬 더 중요하다. 의심할 바 없이 입법 그 자체만으로도 교육적이고
정당화적인 효과가 있다. 그러나 효과적인 집행이 없다면 여성 노동자들의
일반적인 냉소주의를 강화시키기만 할 것이다. 양국에서 모두 의원들은 고
용평등원칙에 대해서 찬성했다. 이것은 대체로 이 원칙이 그들에게 아무런
희생을 요구하지도 않으며 지배적인 정치이데올로기와도 부합하기 때문이
었다. 그들은 법 집행을 집행기구에 일임했는데 이 집행기구들은 초기에, 상
이한 이유로 상당히 불리한 위치에 있었다. 이렇게 됨으로써 그들은 자신들
에게 속한 경제적 이익을 묵시적으로 인식하게 되었다. 미국과 영국의 차이

점이라면 아마도 정치적으로 활동적인 페미니스트들이 무엇을 얻을 수 있었는가에 달려 있었다.

서양 민주국가들에서 고용평등 정책결정 과정과 유사한 정책들을 면밀히 연구하는 것은 아직은 여의치 않지만 다른 서구 국가들간에 고용평등 정책결정과정을 비교해보는 것은 가능하다. 모든 EEC 회원국가들은 EEC의 지침을 적용해야 하는 압력을 받고 있다. 그러나 그들은 그들 국가가 기존에 가지고 있던 정책의 성격이 서로 다르고 EEC 압력에 대한 반응도 다르며 집행기구의 성격도 서로 다르다.

프랑스에서는 1982~83년에 이베트 루디 Yvette Roudy가 여성권리부 장관에 있을 때 가장 진전된 법안들을 내놓았다. 새 법들에서는 행동조치를 준비하면서, 300인 이상의 고용인을 가진 고용주들에게 남성과 여성 고용인들의 지위를 비교한 연례보고서를 제출하도록 요구했다. 1984년에는 기회균등위원회(남녀간 직업적 평등을 위한 고위위원회 Conseil Supérieur de l'Egalité Professionelle entre les Hommes et les Femmes)가 이 법들의 적용을 감시하기 위해서 만들어졌다. 이탈리아에서는 1970년대의 고용법이 EEC의 권고에 맞추기 위해서 제안되었다. 그러나 그 집행은 우선적으로 단체협상 과정에 의해서 결정되었는데 그것은 많은 경제적인 계획 기능을 지역기구들에 위임함으로써 보강되는 형태였다. 1984년 노동부에서 기회균등을 위한 전국위원회를 만들었다. 서독은 EEC 조치에 천천히 반응했다. 1980년에 한 법이 통과되었는데 그것은 노동시장에서의 평등촉진법이었지만 적절하지 않다고 많은 사람들이 생각했다. 지역 Länd 차원에서는 평등권리기구가 함부르크를 필두로 해서 1979년부터 생겨났다. 이것은 앞의 것보다는 효율적이라고 평가되지만 여전히 제재조치가 부족하다. 다른 한편으로 네덜란드에서는 "성평등기구가 1970년대에 만들어졌는데 1980년대 초까지 유럽에서 가장 광범위하고 포괄적이었다"(Lovenduski 1986a, 276).이것의 진전과정은 전체적으로 무난하지만은 않았다. 국무장관은 1977년 정책을 조정하기 위해서 크라이제벨트 여사를 임명했는데 그녀가 자신의 책임소관에 접근하는 태도 때문에 많은 여성운동이 그녀를 적대시했다.

사실 모든 EEC 국가들은 고용평등정책을 적용하고 몇몇 집행기구도 만들었다. 영국과 아일랜드, 프랑스에서만 특별히 기회균등위원회가 만들어졌다. 영국의 EOC는 이론적으로 가장 강력하다. 그러나 일반적으로 아일랜드의 것이 가장 효과적이라는 데 사람들은 동의한다. 그러나 EEC를 통한 결과는 상당히 실망스러운 것인데 상대적으로 적은 소송이 제기되었고 이익과 제도의 뿌리깊은 타성을 극복하는 데 어려움이 있었고 긍정적인 행동조치의 방향으로 나아가려고 하는 데 대해 고용주 측에서는 일반적으로 꺼려했다(Loven-duski 1986a; Vallance and Davies 1986).

다른 문제와는 달리 고용평등문제에서는 스칸디나비아도 결코 이상적이지는 않았지만 좋은 대조를 보여준다. 유럽의 다른 지역이 성차별을 금지한다는 '부정적인' 측면을 강조한 데 비해서 스칸디나비아에서는 정책이 대체로 고용평등이라는 좀더 긍정적인 모델에 근거했다. 우리는 이미 지적하기를 전통적인 개혁주의적 페미니즘이 내전의 기간 동안 자신들의 활동성을 그대로 유지했었다고 말했다. 1960년대 초에는 특별히 사회민주당의 여성분과는 좀더 효과적인 평등정책을 실시하라고 압력을 넣었다. 1950년대부터 국가가 노동력 부족을 경험하고 있고 결과적으로 노동조합이 일찍이 여성의 고용기회문제를 기꺼이 다루려고 하며 게다가 고용평등정책을 통해서 여성들의 가정 내 역할문제까지도 내포하고 있다고 사람들이 인정하자 이런 상황은 스칸디나비아 여성들에게는 많은 원조가 된 셈이다. 사실 1970년대에는 이런 입법에 별로 호소하지 않았다. 평등이사회들이 1972년과 1976년 사이 5개 북구 국가들에서 만들어졌지만 이 이사회들 내에 고용주와 노동조합이 완전히 대표되었고 단체협약에서 이사회의 권고를 반영하는 사람들도 이들이었다. 1976년 스웨덴에서 사회민주당정부가 무너지면서 이런 접근이 좀 달라지기 시작했다. 그 후임자였던 중도파 정부가 들어섰을 때인 1979년 남녀평등에 관한 법이 통과되었다. 이 법에는 성차별을 금지하는 조치가 포함되어 있고 노동법원에서 주로 이를 집행했다. 또한 판결에 따르면 고용주들이 기회의 평등을 진작시킬 것이 요구되었다. 이런 적극적인 프로그램의 집행은 기회균등옴부즈만과 기회균등위원회의 책임이었지만 노동조합과 고용주조직 사이의 기존의 단체협약을 무효로 할 수는 없었다.

에두아르가 지적하기를, 이런 정책들의 효과를 평가한 연구는 아직까지는 상대적으로 적다(Eduards et al. 1985). 스칸디나비아 여성들도 또한 침체의 영향을 느끼고 있다. 실업률이 남성에서 보다 훨씬 빨리 급증하고 있다. 바로 그렇게 여성을 개인으로서 동일하게 취급해야 한다는 것을 이해할 뿐만 아니라, 적극적인 행동이나 가정 내의 책임을 재분배하고 경감시키는 조치 등의 방법으로 여성에게 특별한 대우를 해야 한다는 점을 이해하고 있다는 것만으로도 스칸디나비아의 평등고용정책이 대부분의 서유럽 국가들보다는 훨씬 진전되어 있다.

3. 페미니즘과 1980년대의 정책결정

이 장의 결론은 1970년대 페미니즘이 정책결정자들로부터 진정한 그리고 귀중한 자원과 권력을 이끌어냈다는 것과 그 과정은 느리면서도 험난했다는 것, 그리고 이 과정 중에 끊임없이 비슷한 일이 되풀이되었다는 것이라면 페미니즘은 1980년대 자신들의 정책요구를 추구할 때 훨씬 적대적인 환경을 만났다. 이것은 일차적으로 여성의 경제적 기회를 침식하는 경제침체 때문인데 이로 인해 여성들의 삶의 가능성들은 협소해졌고, 여성들은 실망했고, 아마도 페미니스트들 사이의 분열이 심화되었고 평등권정책을 집행하는 데 정부가 더욱 주저했다. 이에 덧붙여서 정치적인 후퇴가 합쳐졌다. 가장 두드러진 곳은 미국인데 미국에서는 ERA와 낙태에 대한 반대가 '도덕적 다수'뿐만 아니라 신우파의 중요한 강령이 되었고 레이건 행정부의 정책은 이들의 주장에 대한 어느 정도의 모방이었다. 이런 정치적인 반동은 가족의 신성함과 취약함을 중심으로 한 논증에 기초하고 있다. 이런 주제는 영국의 신우파에 대한 분석에서도 나타난다. 데이비드는 페르디난느 마운트를 인용하고 있는데, 마운트는 그의 책 『전복되는 가족』 *The Subversive Family*에서 페미니스트의 가족에 대한 접근(가족생활을 유지시키려는 국가의 개입에 대해서 반대하고 있다)을 공격하고 있다. 그는 내각의 은밀한 '가족정책그룹'에 충고했다. 그의 충고 가운데 몇몇은 1982년 언론을 통해 보도되었는데 그것은 엄마들이 가족을 돌보는 책임감을 선호하고 있고 엄마들이 집에 있는 것을 장려하는 것이었다(David 1986, 152). 나는 그러나 터처 Tusscher(1986)와 데이비드 David(1986)가 주장하듯이 영국에서 반페미니즘이 어느 정도 신우파 이데올로기의 독특한 요소라는 것이나 그들의 태도가 보수당 정부에 침투하고 있다는 견해를 당연하게 생각하는 것에는 동의하지 않는다. 현재의 보수당 정부가 취하고 있는 일련의 조치들을 볼 때 여성의 권리가 줄어들기는 하였지만 그것이 보수당 정부의 중요한 목표는 아니다. 패트릭 잰킨은 "만약 좋으신 하나님이 우리들에게 나가서 일할 동등한 권리를 주었다면 그는 남자와 여자를 만들지는 않았을 것이다"(Gardiner 1983, 95에서 인용)라고 말해서 많은 사람들에게 인용되었다. 그러나 다른 장관들은 기회의 평등원칙을 좀 더 존중하고 있는 것으로 보인다.

1970년대를 통해 고통스럽게 얻어져서 지켜져왔던 입법적인 발전이 겉으로 보기에 저항하기 어려운 침식을 겪고 있는 것을 현재 목격하고 있는 페미니스트들에게는 몇몇 장관이 기회균등의 원칙을 존중하는 듯이 보인다는 사실만으로는 충분한 위안이 되지 못한다. 자연히 많은 사람들은 더 이상의 입법적인 변화를 요구하는 것에 의문을 제기한다. 성차별금지법은 특별히 실망스러운 것이었다. 어떤 종류의 반차별법이라도 악명 높게 법 초안도 어렵고 집행하기도 어렵다. 왜냐하면 그것이 "사법(私法)의 평등하고 보편적인 주체를 넘어서서 개인들과 집단들 사이의 불평등의 사회학적인 실체를 만나고 있기"(Cotterell. Vallance and Davies 1986, 115에서 인용) 때문이다. 그러나 정책이 형식적 평등을 넘어서야만 여성이 그들의 '이중적인' 역할의 자리에서 불평등의 제도적 원인을 해결할 수 있는데, 만약 정책이 이를 넘어서지 못한다면 여성에게는 지금의 상황과 거의 차이가 없을 것이다.

이것은 다시 우리를 원래의 문제, 즉 페미니즘을 위한 가장 최선의 전략에 관한 문제로 돌아오도록 한다. 이것이 결론에서 우리가 다루는 관심사 중의 하나이다.

결론

    나는 이 책에서 논의하고 있는 여성과 정치의 관계에 대한 해석이 유일하며 통합된 것이라고는 생각하지 않는다. 이 책의 일차적인 목적은 통합된 해석을 제공하는 것이기보다는 복잡하고 때로는 감정적인 이 문제를, 그리고 이 문제를 둘러싼 다양한 논쟁을 독자들에게 소개하는 것이다. 그래도 어쨌든 일단의 잠정적인 결론이 나타났다.

    나는 우선 정치학과 페미니즘이 상호간에 도움이 될 것이라고 제안했다. 첫째로 페미니즘이 정치학에 줄 수 있는 도움은 다양한 방법을 통해서 가능하다. 그렇다고 페미니즘 자체가 유일하고 응집력이 높으며 포괄적인 세계관이라고 말하는 것은 아니다. 또는 페미니즘이 그렇게 될 수 있는 잠재력을 가졌다고 말하는 것도 아니다. 그러나 페미니즘 내에 배태하고 있는 다양한 인식들은 전통적인 정치학이 가지고 있는 남성적인 편견을, 그리고 그 편견의 개념적인 귀결을 보완할 수 있고 더 나아가 바로잡을 수도 있다.

    정치학은 공공정치에 있어서 여성의 역할에 많은 관심을 두어야만 한다. 풀뿌리정치 수준에 있어서 여성의 참여에 관한 판에 박힌 인식은 변하고 있고 때에 따라 뿌리째 흔들리고 있다. 이제는 여성이 남성에 비해 보다 적게 투표하지 않는데 특별히 나이와 교육이라는 매개변수를 고려할 때는 더욱 그렇다. 풀뿌리정치 수준 이외의 다른 전통적인 정치참여율에서도 성차가 여전히 나타나고 있기는 하지만 결코 변하지 않는 것은 아니다. 시간이 지남에 따라 그 차이의 폭이 좁아지고 있는 경향이다. 그리고 미국에서는 다양한 측면에서 거의 무시할 수 있는 수준이 되었다. 게다가 덜 전통적인 정치활동의 영역에서는 여성들이 의미 있는－측정에 있어서는 어려움이 있지만－역할을 해내고 있다. 여성은 전통사회에서는 정치적 영향력을 있는 비공식적 방법을 통해 간접적으로 참여해왔지만, '특별'행동, 1960년대부터 '공동체행동', 산업행동, 평화운동, 혁명적·민족주의적 운동, 더 나아가 테러리스트 정치에도 여성들이 참여하고 있으며 여성조직을 통해서 간접적으로도 참여하고 있다.

아직까지도 남편이 자기 아내의 정치행위를 결정한다고는 하지만 딸이 아버지의 견해를 따른다는 주장은 근거가 미약하다. 더 중요한 것은 여성이 보수적이라고 흔히 이야기하지만 보수적이라는 개념이 모호하다. 여성의 보수성을 보수당에 투표하는 것이라고 한정하더라도, 더 이상 꼭 그렇지는 않다. 사실 미국, 스칸디나비아, 아마도 영국에서도 오히려 반대방향으로의 '성간 격차' gender gap가 두드러지고 있다는 징조가 보인다. 정치를 개인화하는 여성의 경향은 최근 의문시되고 있다. 한편으로 여성이 여전히 남성보다 더 도덕적이라고 인식되는 한, 페미니스트들은 여성의 정치 개인화가 자동적으로 여성이 정치적으로 순진하기 때문이라는 것을 의미하지는 않는다고 지적한다. 여성이 남성에 비해 더 비정치적이라는 주장은 훨씬 이치에 맞다. 그러나 그렇다고 하더라도 이런 관찰이 정치를 지나치게 협의로 본 결과라고 할 수 있다.

표면상 페미니스트적인 일단의 설명에서는 전통적인 정치학의 해석, 즉 여성의 정치적 행위에 대한 적절한 설명으로서 사회화를 강조하는 해석을 되풀이하지만 다른 부류의 페미니스트들은 상황적이고 심지어는 구조적이기도 한 제약요인의 중요성을 강조한다. 이에 덧붙여 현재의 공공정치의 성격 자체가 얼마나 여성들로 하여금 풀뿌리 참여를 주저하게 하는지를 강조하는 연구자도 있다.

제2기 여성운동 이전에도 정치적 리더십에서 여성의 과소대표가 이미 명백했지만 이런 과소대표가 어느 정도인지를 측정하고 '문제'로서 간주하게 된 것은 오늘날이다. 더 많은 데이터가 나타남에 따라 권력과 연결된 자리일수록 여성의 과소대표는 반비례해서 나타나고 있음이 점점 더 분명해지고 있다. 동시에 스칸디나비아와 같은 국가에서는 다른 국가에 비해 여성이 많이 참여하고 있으며, 거의 모든 지역에서—영국, 미국의 의회는 우려가 되는 예외이지만—여성의 공직점유율과, 리더십 충원의 저장소가 되는 정치적 역할과 직업에 관계하는 여성의 수가 서서히 그러나 꾸준히 증가하고 있다.

몇몇의 페미니스트들은 여성의 정치적 성취에 대해 어린시절 사회화의 영향력을 다시 강조한다. 그러나 다른 사람들은—내 생각에는 이것이 더 설득력이 높은 것 같다—상황적인 제약요인과 현재의 주어진 성별 분업, 즉 어머니로서의 역할을 강조한다. 다른 한편으로 기존의 정치제도 자체의 성격이 여성들에게 아마도 중요한 억제요인이 된다. 정치 제도화는 사적인 영역과 그 속에서의 역할에 여전히 얽매어 있는 여성들에게 문제가 된다. 선출되기 위한 기준, 정치적인 승진의 사다리과정, 충분히 예상할 수 있는 남성적 편견 그리고 분명한 차별 등이 계속해서 여성의 이익에 반해서 작용하고 있다. 마지막으로 여성 정치인들의 행동도 암시해주는 바가 크다. 초기에는 여성 정치인들을 '선천적으로' 여성의 책임을 다하지 않는 사람들로 인식했는데 지금은 남성 정치인과 여성 정치인 사이에는 스타일과 정향에서 의미 있는 차이가 거의 없는 것으로 보인다.

이렇게 정치학은 여성의 전통적인 정치 참여에 관한 가정들을 수정해야만 했다. 페미니즘은 덜 전통적인 정치활동도 연구하도록 요구했다. 더 나아가서 급진주의 페미니즘은 실제로 정치가 무엇인지를 재정의하도록 정치학에 도전했다.

정치를 순수하게 자의식적인 활동으로 보는 견해는 페미니즘의 문제제기에 의해 한계가 있음이 지적되었다. 남성 지배, 가부장제의 개념을 발전시키면서 (물론 오늘날에도 이 개념을 이론화하는 방법이 아직까지 불완전하지만) 여성들은 눈에 보이는 정치과정의 근본적인 틀이 되는 권력관계—이 경우에는 남녀간의 권력관계—의 중요성에 대해서 관심을 가지게 되었다. 예를 들어 여성들의 정치 참여를 남성 지배의 '제도적' 성격에 대한 평가 없이는 이해할 수 없다는 것이다.

전통적인 정치사상에 대한 페미니스트의 가장 두드러진 비판은 그것이 가정하고 있는 2개의 분리된 영역에 관한 것이다. 즉, 사적이고 비정치적인 영역과 공적이면서 정치적인 영역의 구별에 관한 비판인 것이다. 그렇다고 이 가정이 가지고 있는 실제적이고 이데올로기적인 의미를 부인하는 것은 반드시 아니다. 우리가 보았듯이, 이 가정은 여성의 공적인 정치로부터의 배제를 이데올로기적으로 정당화하는 데 사용되고 있고 다른 한편 공·사 영역의 분리에 의해 실제로 여성을 좁은 가정영역에 가두어둠으로써 여성의 정치 참여에 대한 사실상의 중요한 제어장치가 되고 있다. 여성의 사적 영역에서의 역할이 그들의 공적 기여를 제한하고 정의할 뿐만 아니라 공공정책은 여성들의 '사적' 의무를 확인해주고 있다. 지금까지도 스웨덴, 동독, 쿠바를 제외한 세계의 대부분의 국가에서 공공정책은 여성의 일차적인 책임을 어린 이들을 돌보고 가정을 돌보는 것으로 상정하고 이것을 강화한다. 유사하게 공공정책은 여성의 생식력과 성성 sexuality을 규제하려고 한다. 낙태는 아직도 제한되어 있고 영국과 미국에서는 논쟁이 진행중이다. 산아제한을 위한 효과적이고 현대적인 수단이 대부분의 사회주의 국가에서는 아직도 공급부족 상황이다.

페미니즘은 여성의 정치 참여에 대한 우리들의 인식을 확대시키는 것으로 만족하지 않는다. 페미니즘은 이 분야의 중요한 개념적인 한계를 지적한다. 그럼에도 불구하고 캐롤은 페미니즘의 급진적인 비판이 정치학의 주류에, 심지어는 페미니스트를 자칭하는 정치학자들 자신들에게도 별로 받아들여지지 못했다는 회의적인 반응을 보인다(Carroll 1979). 러벤더스키도 "현대의 학문풍토에서 작은 비극 가운데 하나는 여성학의 한 제한된 지류가 일차원적인 학문분야에 의해 흡수되는 일이 발생하고 있는 것이다"라고 주장했다. 사회학과 비교해보면 페미니스트 의식은 정치학에서 비교적 늦게 나타나게 되었다고 그녀는 주장한다. 이렇게 출발이 늦었기 때문에 또한 아마도 여성 정치학자들 지위가 불안정했기 때문에 페미니스트 학자들은 자신들의 분야에서 초기에는 성차별주의를 폭로하는 일에 관심을 기울이는 경향이 있었고 이제는 새로운 자료를 모으는 일이 관심을 가지고 있지만 그 자료 역시 전통에 의해 명명된 변수들을 중심으로 이루어지고 있는 상황이다(Lovenduski

1981, 83). 1980년대 중반에 미한은 아직까지도 정치학이 여성의 권리와 역할에 관한 문제를 다루는 데 있어 뒤쳐져 있음을 발견했다(Meehan 1985, 121).

이런 비평들에 동의하면서, 덜 전통적인 영역에서의 여성의 정치참여에 관한 연구가 주로 정치학자들에 의해서 이루어진 것이 아니라 사회학자, 인류학자들에 의해서 이루어졌다는 것을 우리는 알게 되었다. 여성에 대한 공공정책의 영향에 관한 대부분의 연구는 역사가들, 사회정책을 공부하는 사람들, 그리고 법률가들에 사이에서 이루어졌다. 정치운동으로서의 페미니즘조차도 프리먼(1975)을 제외하고는 다른 정치학자들로부터 별로 관심을 얻지 못했다. 페미니스트 사상의 영향은 아마도 정치철학과 정치사상의 영역에서 가장 컸을 것이다(Okin 1980; Elshtain 1981; Jagger 1983 참조). 전체적으로 페미니즘은 정치학을 단지 아주 서서히 변화시키고 있을 뿐이다.

그 당연한 결과로서 여성과 정치라는 연구영역에는 해야 할 일이 많이 있다. 미래의 페미니스트 정치학자들과 남성들에 의해서 이루어지리라고 희망한다. 이익집단과 같은 풀뿌리 정치의 재래적인 형태에서는 여성의 참여는 거의 알려진 것이 없다. 그리고 비전통적인 정치 참여는 전체적으로 알려진 것이 더 없다. 의회에서의 여성의 과소대표에 대해서는 너무 많이 강조되었고 관료제와 단체조직 내에서의 여성의 역할에 대해서는 충분한 강조가 이루어지지 못하고 있다. 지난 몇 년 사이에 여성에 대한 공공정책을 비교하고 일반화하는 연구들이 나타났고, 이런 공공정책이 결정되는 과정에 대한 비교연구와 일반화가 이루어졌다(Meeham 1985; Lovenduski and Outshoorn 1986). 그러나 이 분야에 아직도 훨씬 더 많은 연구가 나와야 한다.

페미니스트들을 위해 정치학이 주는 교훈은 그 역에 비해 어느 면에서는 그렇게 분명하지 않다. 페미니즘에 도움이 되는 것은 정치학이 분명하게 다루고 있는 것보다는 정치학에서 강조하는 것과 정치학의 관점이다. 그 중에서도 정치학은 공공정책을 중시하고 공공정책을 분석하는 틀을 제공하고 있다.

비정치적인 사적 영역이 여성과 관련되어 있다는 인습이 주어져 있는 상황에서 정치학은 공공정치가 일차적으로 남성들에 관한 것이라는 암시하고 있을 수도 있다. 그러나 앞에서 살펴보았듯이 정책결정은 사실상 여성의 지위를 상당 부분 형성해왔다는 것을 알 수 있었다. 19세기 영국에서는 결혼, 생산과 성성, 그리고 어머니와 주부로서의 여성 역할, 수입, 교육, 고용가능성 등에서의 여성의 권리에 관한 법과 정책은 모두 여성에게 어린이 양육과 가정에 대한 책임을 떠맡겼고, 여성을 남성에 종속시키려는 생각을 가지고 있었다. 뒤이은 정책의 변화에 의해 남성에 대한 여성들의 직접적인 의존은 줄었다. 그러나 국가가 남편 역할의 몇 측면을 떠맡았다. 정책의 변화 덕택에 여성들 자신이 스스로 점차 생산력과 성성을 통제할 수 있게 되었다. 그러나 아직까지도 여성들은 본질적으로 자신들의 가정에서의 역할에 도전해야 한다. 사실 1970년대의 가족법의 개정을 연구했던 브로피와 스마트에 의하면 그 정책 변화들도 여전히 어머니로서 여성의 책임감을 예상하고 있다는 것이다(Brophy and Smart 1981). 영국에서와 다른 곳에서 여성지위의 개선이 이루어진 것은 여성의 '권리'에 대해서 인식했기 때문이 아니라 어린이의 건강과 복지, 그리고 이것과 관련해서 인구의 '질', 개개 가족의 안정 때문이고 혹시 그것이 아니라면 '가족·가계(家系)제도'의 안정 그리고 경제와 방위를 위한 인적 필요조건에 대한 절대적인 고려 때문이라고 보는 것이 정확하다. 제3세계의 많은 국가에서 서구를 인식하는 태도에 따라 또는 '서구화'에 따라 이와 유사한 정책적 변화들도 나타나게 되었다. 정책결정이 남성 지배적인 성격을 가지고 있었기 때문에 정책 변화가 심지어 전쟁중이나 혁명기간 중에도 결코 남성의 특권적인 위치를 위험하게 하지는 않는다.

이런 맥락에서 페미니스트들은 여성이 공공정치에서 과소대표되고 있는 것에 대해 관심을 가져야 할 필요가 있다. 정치학은 오늘날 이런 과소대표의 범위를 증거로써 충분히 입증하고 있다. 또한 정치학은 할당제 덕택에 그리고 비례대표의 정당명부제도를 채택함으로써, 또는 여성 코커스나 기타 등등을 통해서 정치에 들어온 여성들의 수가 증가되었다는 사실을 보여준다(제3장 '여성을 위한 전략' 참조). 명백한 것은, 여성 수의 증가만으로는 충분하지 않다는 것이다. 왜냐하면 여성 정치인들이 반드시 남성들보다 더 페미니스트라고 보기는 어렵기 때문이다. 그러나 영국에서 1970년대에 활발한 여성운동을 배경으로 해서 여성 의원들이 많은 정책분야에서 그들의 성을 위해 중요한 성과를 올릴 수 있었던 것을 밸런스는 보여주었다(Vallance 1979). 유사하게 '상대적'으로 강세인 유럽의회의 여성 진출이 여성을 위한

정책에 어떤 영향을 주었는지 밸런스와 데이비스(1986)는 보여주었다.[1]

이런 점에서 오늘날의 여성운동의 목표가 혁명인지 개혁인지 하는 문제가 제기된다. 앞장의 분석을 통해서 '개혁주의' 페미니스트 정치가 극적인 승리는 얻지 못했던 것을 알 수 있다. 특히 영국과 미국에서의 낙태정책과 평등권 그리고 고용기회 문제는 소규모의 진보를 보았으며 그것은 일시적이었다. 다른 한편으로 개혁주의 정치가 없었다면, 진보가 조금이라도 이루어질 수 있었을까? 심지어 여성해방을 지지하는 큰 물결이 있었고 공공정책에서 우선순위가 변했다 하더라도 기회가 나타났을 때 절호의 기회를 만들었던 개혁주의 페미니즘은 필요했다. 여성의 지위가 오늘날 더 악화되었고 만약 페미니스트 운동가와 정치가들이 후퇴를 감시하고 저항하려고 계속해서 노력하지 않는다면, 우리는 그것이 얼마나 나빠졌는지 알지도 못할 것이다.

좀더 추상적인 수준에서 보면, 여성을 진정으로 '해방하는' 사회조직 내에서의 변화가 사실상의 혁명이라고 말해주는 경우가 있다. 발전된 자본주의는 가족·가계제도에 의존하고 있을지도 모른다. 그 사회 속에서 여성의 전통적인 역할은 그 사회를 유지하기 위해 사회질서를 재생산해내는 것이다. 물론 이것은 현존하는 사회주의 사회에서도 대체로 사실인 것 같다. 혁명적 페미니스트는 현재의 제도 내에서는 어떠한 실질적인 개혁도 이루어질 수 없다고 주장할지도 모른다. 왜냐하면 혜택받지 못한 집단이 권리를 얻는다는 것은 다른 집단의 희생이 있을 때에만 가능하기 때문이다. 또 개혁은 억압적인 정권을 피상적으로 좀더 용납할 수 있도록 만듦으로써, 억압적인 정권의 생명을 충분히, 효과적으로 연장시키고 있을 뿐이기 때문이다(Harding 1976 참조). 그러나 개혁과 혁명이 반드시 양립할 수 없는 것은 아니다. 시몬느 드 보부아르는 프랑스 여성해방운동과 벌인 비슷한 논쟁에 답해서 다음과 같이 썼다. "내 견해로는 정부로부터 개혁조치를 얻어내는 것은 혁명으로 가는 길에서의 한 단계가 될 수 있는데, 단 그 길에서 개혁이 멀어지지 않도

---

1) 여성 의원들의 의회 진출에 있어서 유럽의회는 각국의 의회보다도 훨씬 앞서 있다. 유럽연합 15개국의 국내 의회에서의 여성 의원비율은 평균 20.3%이지만 유럽의회에서의 여성 의원 점유율은 현재 26.8%인데 총 626명 가운데 168명이 여성 의원이다(1999년 6월의 총선 결과―역자주).

록 하는 한, 그리고 이 개혁들이 더 진전된 요구를 위한 기초가 되도록 하는 한에서만 그렇게 될 수 있다"(Simone de Beauvoir 1977, 11). 이것은 페미니스트들의 목표에 관한 한 특별히 진실일 수 있다. 파이어스톤의 묘사에 따르면, 순수하게 페미니스트적이기만한 혁명은 상상하기가 어렵고 현실과 상당히 멀리 떨어져 있다. 다른 한편으로 만약 페미니스트들이 여성해방을 좀더 광범위한 사회혁명의 맥락에서 계획한다면 그래서 좌파의 모든 제도와 단체를 포함해서 현존 사회의 남성 지배적인 성격 하에서 혁명을 진행한다면 페미니스트의 가치가 이미 광범위하게 받아들여지고 여성의 지위가 향상된 상황에서만 여성은 자신들의 계획의 정당성과 중추성을 확립할 수 있을 것이다.

그러므로 특별히 페미니스트에게는 개혁과 혁명 사이의 선택은 사람들이 생각하는 것만큼 그렇게 근본적이지는 않다. 동시에 이 책에서 살펴본 주장과 알게 된 사실들 덕분에 우리는 여성운동이 당면한 3가지의 딜레마를 발견하게 된다. 하나는 페미니스트 활동이 많은 여성을 배출해내고 그들의 사고방식들이 점점 다양해짐에 따라, 우리가 서로 다른 지역과 사회집단에서의 여성 상황에 대해 자세히 알게 됨에 따라, 여성 경험의 어마어마한 다양성을 마주하게 되며 하나의 단순한 페미니스트 분석과 전략의 한계성을 느끼게 된다. 우리는 이런 다양성을 환영해야 하지만 어느 정도 여성으로서 공유하고 있는 문제에 천착해야 한다. 조직이라는 점에서 보면, 운동의 극단적인 분권화와 구조적 융통성 덕택에 이것이 쉽게 이루어진다.

이 첫번째 문제의 입장에서 보면, 두번째 문제―가장 적절하고 당면한 정치적인 전략―의 선택 가능성은 이미 제한된다. 그러나 페미니즘과 여성의 대의(大義)는, 현재로서는 좌파와의 일종의 연대를 통해서 가장 진전될 것 같다고 나는 주장했다. 좌파의 지나친 남성 우월주의에도 불구하고, 국가사회주의 제도의 페미니즘에 대한 적대감에도 불구하고, 좌파가 현재 정당 내에서 여성의 증대에 관심이 있든지 혹은 의원 후보로서의 여성수의 증가, 고위관료, 지방정부 직위에서의 여성의 대표성을 개선하려는 조치 등에 관심이 있든지 없든지 혹은 고용, 어린이 보호, 낙태 혹은 강간과 같은 영역에서 여성의 권리를 진작시키기 위한 정부의 정책과 재정적 지원 등에 관심이 있든지 없든지 간에, 좌파와의 동맹은 페미니즘에게 가장 실제적인 기회를 제공하는 것으로 보인다. 그러나 이것은 자율적인 페미니스트 조직을 해체하자거나 독립적인 페미니스트의 정체성을 포기하자는 것을 의미하는 것은 결단코 아니다. 프랑스 페미니스트들의 경험은 좌파와의 연대가 수반할 수 있는 위험을 경고해주는 가장 최근의 경험이다.

만약 오늘날 좌파가 페미니스트의 요구에 좀더 귀를 기울인다고 하더라도, 좌파는 어머니로서의 일과 가정 내의 책임과 관련된 여성의 근본적인 문제에 도전하는 것에는 별로 관심을 두지 않는다. 앞에서 남성 지배에 관한 상이한 이론들을 평가하면서, 생물학적인 성차에 적절한 무게가 두어져야 한다고 나는 주장했다. 그러나 이런 차이가 물론 성적인 불평등을 야기하거나 혹은 이를 정당화하는 것으로 이해해서는 안된다. 특별히 남성은 그들의 재생산적인 기능에 근거해서 여성들의 사회적 역할을 정의할 수 있었다. 여성들에게는 주로 공적인 역할을 수행한다는 의미로 가정영역이 맡겨졌다. 어린이들에 대한 여성의 책임은 여성들이 일을 할 수 있는 나이와 여성들이 얻을 수 있는 자격을 결정함으로써 지도적인 정치적 지위에 여성이 '공급'되는 데 아마도 가장 중요한 장애요인이 되었다. 다른 한편으로 여성정책의 가장 일관성 있고 지속적인 결론은 여성의 어머니로서의 역할을 지지하는 것이었다.

사회가—또는 아마도 '남자가'라고도 할 수 있다—생물학적인 재생산에 있어서 여성의 역할을 자녀양육과 연결시키는 방법은 페미니스트들에게 세 번째 문제, 아마도 그들의 가장 결정적인 딜레마, 즉 그들이 원하는 것이 무엇이고 그것을 어떻게 얻을 수 있을지를 이해해야 할 필요성이라는 문제에 직면하게 한다. 그들은 우선 여성의 어머니로서의 성격을 미화하기로 결심할 수 있다. 이것은 '문화적' 급진주의 페미니즘과 보수적인 페미니즘에서 받아들이기 쉬운 접근법이다. 이것은 여성옹호적이고 분리주의적인 철학과 전략의 근거가 되고 있으며 또한 프리단(1983)이 주장하듯이, 사회에서 선한 것이 무엇인가라는 질문에 대해 근본적인 장(場)으로서 가족으로 돌아가는 출발점이며 남성과 새롭게 더욱 이해하는 동반자관계의 시작이다(베버리지의 그림자?). 나에게 특별히 후자의 견해는 현재의 경제적·정치적 상황을 고려해볼 때 잠재적으로 위험해 보인다. 그것은 페미니스트의 가치가 사회에 대체로 수용되는 정도를 과대평가하고 페미니스트의 성취에 대한 1980년대의 위협을 과소평가하고 있는 것이다.

대안적으로 여성들은 남성들과 잠재적으로 같거나 또는 남성들과 마찬가지로 훌륭하다고 주장하면서 어머니로서의 역할이 가지는 한계에 대항해서 날카롭게 반응할 수 있다. 이것이 제2기 페미니즘의 초기 단계에 있던 많은 급진주의적 페미니스트, 예를 들어 미국과 프랑스의 페미니스트들의 반응이었다(Duchen 1986; Eisenstein 1984 참조). 그러나 그것은 주된 문제를 회피하고 있다는 것이 곧 분명해졌다. 어머니임을 거부하는 것은, 헤인 Hein(1976)이 주장하듯이 여성의 전통적인 활동에 대한 남성들의 과소평가를 받아들이는 것이다. 또한 오클리는 "어린이를 낳고 양육하고 그들과 감정적인 연결을 가지고 다른 사람들에 대해서 책임을 지고 하는 것이 인간이 되기 위해서, 즉 남성과 동등하게 되기 위해서 여성이 벗어나야만 하는 능력인가?"(Oakely 1979, 394)라고 의문을 제기하였다. 좀더 근본적으로, 사회의 미래가 그것을 원하고 있고 대부분의 남성과 여성이 그것을 원하고 있기 때문에 여성들은 계속해서 어린아이들을 낳게 될 것이라는 사실을 우리는 인정해야만 한다. 여성해방은 이 사실은 받아들여야 하고 어떤 현실적인 전략 안에서 이것을 구축해야만 한다.

이런 사실이 세번째 선택 가능성을 제안하는 것이다. 이 가능성은 아마도 가정생활에서와 공적 생활 모두에서, '양성구유'(兩性具有) 또는 역할공유를 지시하는 것이다. 이것이 가장 전망이 있는 접근법이라도 그것을 어떻게 실현할 수 있을지 하는 것에 관한 문제가 여전히 남아 있다. 아담스와 윈스톤은, 필수적인 당면 문제는 여성의 이중적인 역할에 어떻게 대응하느냐 하는 것이라고 주장한다. 그들은 장기적인 해결방안이 가정 내의 역할공유에 남성을 끌어들이는 것이라면, 여성들의 지위는 '남성의' 공적인 영역에서 여성들이 보다 성공적으로 경쟁할 수 있도록 함으로써만이 개선될 수 있다고 믿었다. 산후휴가, 육아를 위한 준비, 자유로운 산아제한정책 등등을 통해서 여성들이 가정 내의 책임과 바깥에서의 고용을 조합하는 것을 더 쉽게 이룰 수 있음에 틀림없다. 공적 생활과 가족에 대한 여성들의 기여가 반박의 여지 없이 인정받게 됨에 따라 남성들이 가정의 일을 나누어서 해야 한다는 점증하는 압력에 직면하게 될 것이다. 하나의 장애는 이 접근법에 따라 남성들이 양보하게 될 때 단기적으로 여전히 양육과 가정일의 지위는 낮아지게 되고 그렇게 되면 그 일들은 남성들에게 덜 매력적으로 보이게 될 것이라는 것이다(Adams and Winston 1980). 여기에는 명백한 모순이 있는데 그것은 여성들이 '부모됨'과 가족생활의 가치를 주장하면서 동시에 자신들의 가정 내의 부담을 줄이는 정책을 요구하는 것 사이에 존재하는 모순이다. 그러나 이런 입장에 대한 타당한 비평은(Banks 1981, 237; Eisenstein 1984 참조), 기존의 남녀 간 활동의 구조와 범위를 우리가 아직 초월하지 못했고, '일'의 조직, 일과 가정 사이의 분화, 그리고 '가족'의 본성이 모두 완전히 근본적으로 바뀌는 지금과는 다른 사회적·경제적 질서를 고안해내는 데 아직 실패했다는 것이다. 항상 그랬듯이 우리는 현재의 제도 속에 구체화되어 있는 비합리적인 성격, 자원을 낭비하는 측면, 그리고 인간다운 정신을 인식할 수 있다는 것과, 당면한 바로 이 시점에서 여성들의 선택 가능성을 개선하거나 또는 그들의 더 이상의 침식을 저지하는 것 사이의 균형을 이루어야만 한다.

참고문헌

Adams, C. T. and Winston, C. T., 1980, *Mothers at Work*, New York and London: Longman.

Ahmed, L., 1982, "Feminism and Feminist Movements in the Middle East, a Preliminary Exploration: Turkey, Egypt, Algeria, People's Democratic Republic of Yemen," *Women's Studies International Forum*, vol.5, no.2.

Ainad-Tabet, N., 1980, "Participation des Algériennes à la vie du pays," in Souriau ed.

Alexander, S., 1976, "Women's Work in Nineteenth Century London: a Study of the years 1820-50," in Mitchell and Oakley eds.

Allin, P. and Hunt, A., 1982, "Women in Official Statistics," in Whitelegg et al. eds.

Altbach, E. H., 1984, "The New German Women's Movement" in Altbach et al. eds.

Altbach, E. H., Clausen, J., Schultz, D. and Stephan, N. eds., 1984, *German Feminism: Readings in Politics and Literature*, Albany: State University of New York Press.

Amundsen, K., 1971, *The Silenced Majority*, New Jersey: Prentice-Hall.

Andersen, K., 1975, "Working Women and Political Participation, 1952-1972," *American Journal of Political Science*, vol.19, no.3.

Ardill, S. and O'Sullivan, S. 1986, "Upsetting An Applecart: Difference, Desire and Lesbian Sadomasochism," *Feminist Review*, no.23.

Arrington, T. S. and Kyle, P. A., 1978, "Equal Rights Amendment Activities in North Carolina," *Signs*, vol.3, no.3.

Ashworth, G., 1982, "International Linkages in the Women's Movement," in P. Willetts ed., *Pressure Groups in the Global System: The Transnational Relations of Issue-Orientated Non-Governmental Organisations*, London: Francis Pinter.

Atkins, S. 1986, "The Sex Discrimination Act 1975: The End of a Decade," *Feminist Review*, no.24.

Aviel, J. E. 1981, "Political Participation of Women in Latin America," *Western Political Quarterly*, vol.34, no.1.

Bamberger, J., 1974, "The Myth of Matriarchy: Why Men Rule in Primitive Society," in Rosaldo and Lamphere, eds.

Bandarage, A., 1984, "Women in Development: Liberalism, Marxism and Marxist-Feminism," *Development and Change*, vol.15, no.3.

Banks, O., 1981, *Faces of Feminism*, Oxford: Martin Robertson.

Barker, D. L., 1978, "The Regulation of Marriage: Repressive Benevolence" in Wakeford and Yuval-Davis, eds.

Barnes, S. H. and Kaase, M., eds., 1979, *Political Action*, Beverly Hills: Sage.

Barrett, M., 1980, *Women's Oppression Today*, London: Verso.

Barrett, M. and McIntosh, M., 1979, "Christine Delphy: Towards and Materialist Feminism?" *Feminist Review*, no.I.

Barrett, M. and McIntosh, M., 1985, "Ethnocentrism and Socialist-Feminist Theory," *Feminist Review*, no.20.

Barrett, M. et al. 1986, "Feminism and Class Politics: A Round-Table Discussion," *Feminist Review*, no.23.

Bashvekin, S., 1985, "Changing Patterns of Politicization and Partisanship Among Women in France," *British Journal of Political Science*, vol.15, no.1.

Baude, A., 1979, "Public Policy and Changing Family Patterns in Sweden, 1930-1977," in Lipman-Blumen and Bernard, eds.

Baxter, S. and Lansing, M., 1980, *Women and Politics: The Invisible Majority*, University of Michigan.

Beck, P. and Jennings, M. K., 1975, "Parents as 'Middlepersons' in Political Socialization," *Journal of Politics*, vol.37, no.1.

Beckwith, K., 1985, "Feminism and Leftist Politics in Italy: The Case of UDI-PCI Relations," *West European Politics*, vol.18, no.4.

Beechey, V., 1977, "Some Notes on Female Wage labour in the Capitalist Mode of Production," *Capital and Class*, no.3.

Beechey, V., 1979, "On Patriarchy," *Feminist Review*, no.3.

Beechey, V., 1983, "What's So Special about Women's Employment? A Review of Some Recent Studies of Women's Paid Work," *Feminist Review*, no.15.

Benston, M., 1969, "Political Economy of Women's Liberation," *Monthly Review*, vol.21, no.4.

Bentzon, K., 1977, "Comparing Women and Men's Political Attitudes and Behaviour in Denmark," European Consortium for Political Research.

Berkin, C. R. and Lovett, C., eds., 1981, *Women, War and Revolution*, New York and London: Holmes & Meier.

Bernard, J., 1979, "Women as Voters: From Redemptive to Futurist Role," in Lipman-Blumen and Bernard, eds.

Bevs, T. H., 1978, "Local Political Elites: Men and Women on Boards of Education," *Western Political Quarterly*, vol.13, no.3.

Bhavnani, K. and Coulson, M., 1986, "Transforming Socialist-Feminism: the Challenge of Racism," *Feminist Review*, no.23.

Bishop, N., 1979, "Abortion: the Controversial Choice," in Freeman, ed.

Black, J. H. and McGlen, N. E., 1979, "Male-Female Political Involvement Differentials in Canada, 1965-74," *Canadian Journal of Political Science*, vol.12, no.3.

Blay, E. A., 1979, "The Political Participation of Women in Brazil: Female Mayors," *Signs*, vol.5, no.1.

Blondel, J., 1965, *Voters Parties and Leaders*, London: Penguin.

Boals, K., 1975, "Political Science," *Signs*, vol.1, no.1.

Boles, J. K. 1979, *The Politics of the Equal Rights Amendment*, New York and London: Longman.

Boneparth, E., 1977, "Women in Campaigns: From Lickin' and Stickin' to Strategy," *American Politics Quarterly*, vol.5, no.3.

Boneparth, E., ed., 1982, *Women, Power and Policy*, New York: Pergamon.

Boserup, E., 1970, *Women's Role in Economic Development*, New York: St Martin's Press.

Bouchier, D., 1979, "The Deradicalisation of Feminism: Ideology and Utopia in Action," *Sociology*, vol.13, no.3.

Bouchier, D., 1983, *The Feminist Challenge*, London: Macmillan.

Boulding, E., 1976, *The Underside of History: A View of Women Through Time*, Boulder, Colorado: Westview Press.

Bourque, S. and Grossholtz, J., 1974, "Politics an Unnatural Practice: Political Science Looks at Female Participation," *Politics and Society*, vol.4, no.4.

Brennan, T. and Pateman, C., 1979, "Mere Auxiliaries to the Commonwealth: Women and the Origins of Liberalism," *Political Studies*, vol.27, no.2.

Breugel, I., 1979, "Women as a Reserve Army of Labour: a Note on Recent British Experience," *Feminist Review*, no.3.

Bristow, S. L., 1980, "Women Councillors—An Explanation of the Under-representation of Women in Local Government," *Local Government Studies*, vol.6, no.3.

Brooke, 1978, "The Retreat to Cultural Feminism" in Redstockings.

Brophy, J. and Smart, C., 1981, "From Disregard to Disrepute: The Position of Women in Family Law," *Feminist Review*, no.9.

Brown, B., Freeman, A., Katz, H. and Price, A., 1977, *Women's Rights and the Law: The Impact of the Era on State Laws*, New York: Praeger.

Brown, J. K., 1975, "Iroquois Women: An Ethnohistoric Note," in Reiter, ed.

Brownmiller, S., 1975, *Against Our Will: Men, Women and Rape*, London: Secker & Warburg.

Bunster-Burotto, X., 1986, "Surviving Beyond Fear: Women and Torture in Latin America," in Nash and Safa, eds.

Butalia, V., 1985, "Indian Women and the New Movement," *Women's Studies International Forum*, vol.18, no.2.

Butler, D. and Stokes, D., 1974, *Political Change in Britain*, London: Macmillan.

Butler, D. and Kavanagh, D., 1980, *The British General Election of 1979*, London: Macmillan.

Byrne, E., 1978, *Women and Education*, London: Tavistock.

Byrne, P. and Lovenduski, J., 1978, "Sex Equality and the Law in Britain," *British Journal of Law and Society*, vol.5, no.2.

Byrne, P. and Lovenduski, J., 1983, "Two New Protest Groups: the Peace and Women's Movements," in H. Drucker, P. Dunleavy, A. Gamble and G. Peale, eds., *Developments in British Politics*, London: Macmillan.

Caine, B., 1982, "Feminism, Suffrage and the Nineteenth Century English Women's Movement," *Women's Studies International Forum*, vol.5, no.6.

Caldwell, L., 1981, "Abortion in Italy," *Feminist Review*, no.7.

Caldwell, L., 1986, "Feminism and Abortion Politics in Italy," in Lovenduski and Outshoorn, eds.

Cambridge Women's Studies Group, ed., 1981, *Women in Society: Interdisciplinary Essays*, London: Virago.

Campbell, A., Converse, P., Miller. W. and Stokes, D., 1960, *The American Voter*, New York: John Wiley.

Carroll, B., 1979, "Political Science, Part I: American Politics and Political Behaviour," *Signs*, vol.5, no.2.

Carroll, S. J., 1984, "Women Candidates and Support for Feminist Concerns: The Closet Feminist Syndrome," *Western Political Quarterly*, vol.37, no.2.

Cartledge, S., 1980, "Together Again?," *Spare Rib*, November.

Cassell, J., 1977, *A Group Called Women: Sisterhood and Symbolism in the Feminist Movement*, New York: David McKay.

Castles, F., 1981, "Female Legislative Representation and the Electoral System," *Politics*, no.3.

Cavendish, R., 1982, *Women on the Line*, London: Routledge & Kegan Paul.

Chaney, E., 1979, *Supermadre*, University of Texas.

Charzat, G., 1972, *Les Françaises Sont-elles des Citoyennes?*, Paris: Denöel Gonthier.

Cherpak, E., 1978, "The Participation of Women in the Independence Movement in Gran Colombo, 1780-1830," in Lavrin A., ed., *Latin American Women*, Westport: Greenwood Press.

Christy, C. A., 1985, "American and German Trends in Sex Differences in Political Parti-
cipation," *Comparative Political Studies*, vol.18, no.1.

Cockburn, C., 1977, "When Women Get Involved in Community Action," in Mayo, ed.

Constantini, E. and Craik, K., 1977, "Women as Politicians: the Social Background,
Personality and Political Careers of Female Party Leaders," in Githens and Prestage,
eds.

Cook, B. B., 1977, "Sex Roles and the Burger Court," *American Politics Quarterly*, vol.5,
no.3.

Cook, B. B., 1979, "Judicial Attitudes and Decisions on Women's Rights: Do Women
Judges Make a Difference?," unpublished paper presented to International Political
Science Association Round Table on Sex Roles and Politics.

Coote, A., 1979, "Equality: A Conflict of Interests," *New Statesman*, 31 August.

Coote, A. and Campbell, B., 1982, *Sweet Freedom*, London: Picador.

Coote, B., 1985, "Woman a One Per Cent," *The Observer*, 21 July.

Costa, M. D. and James, S., 1972, *The Power of Women and the Subversion of the Community*,
Bristol: Falling Wall Press.

Costain, A. N., 1982, "Representing Women: The Transition from Social Movement to
Interest Group," in Boneparth, ed.

Coveney, L. et al., 1984, *The Sexuality Papers*, London: Hutchinson.

Coultas, V., 1981, "Feminists Must Face the Future," *Feminist Review*, no.7.

Crewe, I., 1979, "Who Swung Tory?," *The Economist*, 12 May.

Croll, E., 1978, *Feminism and Socialism in China*, London: Routledge & Kegan Paul.

Currell, M., 1974, *Political Woman*, London: Croom Helm.

Currell, M., 1978, "The Recruitment of Women to the House of Commons," unpublished
paper to the UK Political Studies Association Conference.

Dahl, T. S. and Snare, A., 1978, "The Coercion of Privacy: A Feminist Perspective" in
Smart, C. and Smart, B., eds., *Women, Sexuality and Social Control*, London: Routledge
& Kegan Paul.

Dahlerup, D. and Gulli, B., 1985, "Women's Organisations in the Nordic Countries: Lack of Force or Counterforce?," in Haavio-Mannila et al. eds.

Daly, M., 1978, *Gyn/Ecology(The Metaethics of Radical feminism)*, London: The Women's Press.

Darcy, R. and Schramm, S., 1977, "When Women Run Against Men," *Public Opinion Quarterly*, vol.41, no.1.

David, M., 1980, *The State, the Family and Education*, London: Routledge & Kegan Paul.

David, M., 1986, "Moral and Maternal: The Family in the Right," in R. Levitas, ed., *The Ideology of the New Right*, London: Polity Press.

Davies, M., ed., 1985, *Third World: Second Sex*, London: Zed Books.

Davin, D., 1976, *Woman-Work: Women and Party in Revolutionary China*, Oxford University Press.

Davis, E. G., 1971, *The First Sex*, New York: G. P. Putnam.

De Beauvoir, S., 1977, "Introduction" to de Pisan and Tristan, eds.

Decter, M., 1973, *The New Chastity and Other Arguments Against Women's Liberation*, London: Wildwood Howe.

Deere, C. D., 1986, "Rural Women and Agrarian Reform in Peru, Chile and Cuba," in Nash and Safa, eds.

De Giry, A., 1980, "Les Femmes et la Politique en Grèce," in Souriau, ed.

De la Chungara, D. B., 1985, "Women and Organisation" in Davies, ed.

Delamont, S., 1980, The Sociology of Women, London: George Allen & Unwin.

Delazay, Y., 1976, "French Judicial Ideology in Working-Class Divorce," in Barker. D. L. and Allen, S., eds., *Sexual Divisions and Society: Prices and Change*, London: Tavistock.

Delmar, R., 1972, "What is Feminism?," in Wandor, M., ed., The Body Politic, London: Stage 1.

Delphy, C., 1977, *The Main Enemy*, London: Women's Research and Resources Centre Publications.

De Pisan, A. and Tristan, A., 1977, *Histoires du MLF*, Paris: Calmann-Lèvy.

Devaud, M. S., 1968, "Political Participation of Western European Women," *Annuals of the American Academy of Political and Social Science*, vol.375.

Diamond, I., 1977, *Sex Roles and the State House*, New Haven and London: Yale University Press.

Diaz, G., 1985, "Roles and Contradictions of Chilean Women in the Resistance and Exile," in Davies, ed.

Dobash, R. E. and Dobash, R., 1980, *Violence Against Wives*, Newton Abbot: Open Books.

Dowse, R. and Hughes, J., 1971, "Girls, Boys and Politics," *British Journal of Sociology*, vol.22, no.1.

Dowse, R. and Hughes, J., 1972, *Political Sociology*, London and New York: John Wiley.

Draper, P., 1975, "!Kung Women: Contrasts in Sexual Egalitarianism in Foraging and Sedentary Contexts," in Reiter, ed.

Duchen, C., 1986, *Feminism in France: From May '68 to Mitterand*, London: Routledge & Kegan Paul.

Durham, M., 1985, "Family, Morality and the New Right," *Parliamentary Affairs*, vol.38, no.2.

Duverger, M., 1955, *The Political Role of Women*, New York: UNESCO.

Edholm, F., Harris, O. and Young, K., 1977, "Conceptualising Women," *Critique of Anthropology*, vol.3, nos 9 and 10.

Edholm, F., 1982, "The Unnatural Family," in Whitelegg et al., eds.

Eduards, M. L., 1981, "Sweden," in Lovenduski and Hills, eds.

Eduards, M. L., 1986, "Equality Policy Contradictions — the Case of Sweden," unpublished paper presented for the European Consortium of Political Research at Goteborg.

Eduards, M. L., Halsaa, B. and Skjeie, H., 1985, "Equality, how Equal?: Public Equality Policies in the Nordic Countries," in Haavio-Mannila et al. eds.

Einhorn, B., 1980, "Women in the German Democratic Republic: Reality Experiences and Reflected," unpublished paper presented to the UK Political Studies Association Conference.

Eisenstein, H., 1984, *Contemporary Feminist Thought*, London: Unwin.

Eisenstein, Z. ed., 1979, *Capitalist Patriarchy and the Case for Socialist Feminism*, New York: Monthly Review Press.

Elshtain, J. B., 1974, "Moral Woman and Immoral Man: A Consideration of the Public-Private Split and its Political Ramifications," *Politics and Society*, vol.4, no.4.

Elshtain, J. B. 1975, "The Feminist Movement and the Question of Equality," *Polity*, vol.7, no.4.

Elshtain, J. B. 1981, *Public Man, Private Women*, Oxford: Martin Robertson.

Elshtain, J. B. 1982, "Feminism, Family and Community," *Dissent*, Fall.

Encel, S., Mackenzie, N. and Tebbutt, M., 1975, *Women and Society*, London: Malaby Press.

Engels, F., 1972, *Origin of the Family, Private Property and the State*, New York: Pathfinder Press.

Epstein, C. F., 1981, "Women and Power: The Roles of Women in Politics in the United States," in Epstein and Coster, eds.

Equal Opportunities Commission, 1981, *Fifth Annual Report*, 1980, Manchester.

Ergas, Y., 1982, "Feminism and the Italian Party System: Women's Politics in a Decade of Turmoil," *Comparative Politics*, vol.14, no.3.

Etienne, M. and Leacock, E., eds., 1980, *Women and colonization: Anthropological Perspectives*, New York: Praeger.

Evans, J., 1980, "Women in Politics: A Reappraisal," *Political Studies*, vol.28, no.2.

Evans, J. et al., eds., 1986, *Feminism and Political Theory*, London: Sage.

Evans, R. J., 1977, *The Feminists: Women's Emancipation Movements in Europe, America and Australasia, 1840-1920*, London: Croom Helm.

Evans, S. 1979, *Personal Politics: The Roots of Women's Liberation in the Civil Rights Movement and the New Left*, New York: Knopf.

Fawcus, S., 1981, "Abortion and the Cuts," in Feminist Anthology Collective, ed.

Feminist Anthrology Collective, ed., 1981, *No Turning Back: Writings from the Women's Liberation Movement 1975-80*, London: The Women's Press.

Finch, S. et al. 1986, "Socialist-Feminists and Greenham," *Feminist Review*, no.23.

Finkelstein, C. A., 1981, "Women Managers: Career Patterns and Changes in the United States," in Epstein and Coser, eds.

Firestone, S., 1970, *The Dialectic of Sex*, London: Paladin.

Flannery, K. and Roelofs, S., 1984, "Local Government Women's Committees" in J. Hooland, ed., *Feminist Action* 1, London: Battle Axe Books.

Fleming, J., 1983, "Wider Opportunities for Women: The Search for Equal Employment," in Tinker, ed.

Flora, C. B. and Lynn, N. B., 1974, "Women and Political Socialization: Considerations of the Impact of Motherhood," in Jaquette, ed.

Francis, J. G. and Peele, G. 1978, "Reflections on Generational Analysis: Is There a Shared Political Perspective Between Men and Women?," *Political Studies*, vol.26, no.3.

Francome, C., 1984, *Abortion Freedom: A Worldwide Movement*, London: George Allen & Unwin.

Fraser, A. S., 1983, "Insiders and Outsiders: Women in the Political Arena," in Tinker, ed.

Freeman, J., 1975, *The Politics of Women's Liberation*, New York and London: Longman.

Freeman, J., 1979, "The Women's Liberation Movement: Its Origins, Organizations, Activities and Ideas," in Freeman, ed.

Freeman, J., 1982, "Woman and Public Policy: an Overview," in Boneparth, ed.

Freeman, J., ed., 1979, *Women: A Feminist Perspective*, California: Mayfield.

Friedan, B., 1963, *The Feminist Mystique*, London: Penguin.

Friedan, B., 1983, *The Second Stage*, London: Abacus.

Friedl, E., 1967, "The Position of Women: Appearance and Reality," *Anthropological Quarterly*, vol.4, no.3.

Froggett, L., 1981, "Feminism and the Italian Trade Unions: L'Acqua in Gabbia: A Summary and Discussion," *Feminist Review*, no.8.

Gallagher, A., 1977, "Woman and Community Work," in Mayo, ed.

Gallagher, M., 1984, "166 Who Rule: The Dail Deputies of November 1982," *Economic and Social Review*, vol.15, no.4.

Gardiner, J. "Women, Recession and the Tories," in S. Hall and M. Jacques, eds., *The Politics of Thatcherism*, London: Lawrence & Wishart.

Gardiner, J., Himmelweit, S. and McIntosh, M., 1980, "Women's Domestic Labour," in Malos, E., ed., *The Politics of Housework*, London: Allison & Busby.

Gehlen, F., 1969, "Women in Congress: Their Power and Influence in a Man's World," *Transaction*, vol.6, no.11.

Gehlen, F., 1977, "Women members of Congress: A Distinctive Role" in Githens and Prestage, eds.

Gelb, J., forthcoming, "Social Movement 'Success': A Comparative Analysis of Feminism in the US and UK," in C. Mueller and M. F. Katzenstein, eds., *Changing Paradigms: New Theoretical Perspectives for the Women's Movements of Western Europe and the United States*.

Gertzog, I. N., 1984, *Congressional Women: Their Recruitment, Treatment and Behavior*, New York: Praeger.

Giele, J. Z., 1977a, "Introduction: Comparative Perspectives on Women," in Giele and Smock, eds.

Giele, J. Z., 1977b, "United States: A Prolonged Search for Equal Rights," in Giele and Smock, eds.

Giele, J. Z. and Smock, A. C., eds., 1977, *Women: Roles and Status in Eight Countries*, New York: John Wiley.

Githens, M., 1977, "Spectators, Agitators or Lawmakers: Women in State Legislatures," in Githens and Prestage, eds.

Githens, M. and Prestage, J., 1977, "Introduction," in Githens and Prestage, eds.

Githens, M. and Prestage, J., eds., 1977a, *A Portrait of Marginality: The Political Behavior of the American Woman*, New York: David McKay.

Gittell, M. and Shtob, T., 1980, "Changing Women's Roles in Political Volunteerism and Reform of the City," *Signs*, vol.5, no.3.

Goldberg, S., 1979, *Male Dominance: The Inevitability of Patriarchy*, London: Abacus.

Goldstein, L. F., 1979, "Sex and the Burger Court: Recent Judicial Policy Making toward Women," in Palley and Preston, eds.

Goode, W. J., 1963, *World Revolution and Family Patterns*, Glencoe, Illinois: Free Press.

Goodin, J. M., 1983, "Working Women: The Pros and Cons of Unions," in Tinker, ed.

Goodin, R. E., 1982, "Banana Time in British Politics," *Political Studies*, vol.30, no.1.

Goot, M. and Reid, E., 1975, *Women and Voting Studies: Mindless Matrons or Sexist Scientism*, Beverly Hills: Sage.

Gordon, L., 1977, *Woman's Body, Woman's Right*, London: Penguin.

Gough, K., 1975, "The Origin of the Family," in Reiter, ed.

Gould, C. C. and Wartofsky, M. W., eds., 1976, *Women and Philosophy*, New York: G. P. Putnam.

Greenberg, H. 1977, "The ERA in Context: Its Impact on Society," in Brown et al.

Greenstein, F., 1965, *Children and Politics*, Yale University Press.

Greenwood, K. and King, L., 1981, "Contraception and Abortion," in Cambridge Women's Studies Group, ed.

Gregory, J., 1982, "Equal Pay and Sex Discrimination: Why Women Are Giving Up the Fight," *Feminist Review*, no.10.

Gruberg, M., 1968, *Women in American Politics*, Wisconsin: Acadaemia Press.

Gyford, J., 1985, *The Politics of Local Socialism*, London: George Allen & Unwin.

Haavio-Mannila, E., 1981, "Women in the Economic, Political and Cultural Elites in Finland," in Epstein and Coser, eds.

Haavio-Mannila, E., 1981a, "Finland," in Lovenduski and Hills, eds.

Haavio-Mannila, E., et al. eds., 1985, *Unfinished Democracy: Women in Nordic Politics*, New York and Oxford: Pergamon.

Hall, J., 1981, "West Germany," in Lovenduski and Hills, eds.

Halligan, J. and Harris, P., 1977, "Women's Participation in New Zealand Local Body Elections," *Political Science*, vol.29, no.2.

Hanisch, C., 1978, "The Liberal Takeover of Women's Liberation," in Redstockings.

Hamner, J., 1978, "Violence and the Social Control of Women," in Wakeford and

Yuval-Davis, eds.

Harding, S. G., 1976, "Feminism, Reform or Revolution?," in Gould and Wartofsky, eds.

Hargadine, E., 1981, "Japan," in Lovenduski and Hills, eds.

Hayler, B., 1979, "Abortion," *Signs*, vol.5, no.2.

Hecht, D. and Yuval-Davis, N., 1978, "Ideology without Revolution: Jewish Women in Israel," *Khamsin*, no.6.

Hein, H., 1976, "On Reaction and the Women's Movement," in Gould and Wartofsky, eds.

Heiskanen, V., 1971, "Sex Roles, Social Class and Political Consciousness," *Acta Sociologica*, vol.14, nos.1-2.

Heitlinger, A., 1979, *Women and State Socialism*, London: Macmillan.

Hendessi, M., 1986, "Fourteen Thousand Women Meet: Report from Nairobi, July 1985," *Feminist Review*, no.23.

Hernes, H. M., 1984a, "Women and the Welfare State. The Transition from Private to Public Dependence," in H. Holter, ed., *Patriarchy in a Welfare Society*, Norway: Universitetsforlaget.

Hernes, H. M. 1984b, *The Role of Women in Voluntary Associations and organisations, Part 3 of The Situation of Women in the Political Process in Europe*, Strasbourg: Council of Europe.

Hernes, H. M. and Voje, K. 1980, "Women in the Corporate Channel in Norway: A Process of Natural Exclusion?," *Scandinavian Political Studies*, vol.3, no.2.

Hernes, H. M. and Hänninen-Salmelin, E., 1985, "Women in the Corporate System" in Haavio-Mannila et al. eds.

Heron, E. 1980, "The Mystique of Motherhood," *Time Out*, 21-27 November.

Higgins, P. J. 1985, "Women in the Islamic Republic of Iran: Legal, Social and Ideological Change," *Signs*, vol.10, no.3.

Hightower, N. V., 1977. "The Recruitment of Women for Public Office," *American Politics Quarterly*, vol.5, no.3.

Hills, J., 1978, "Women in the Labour and Conservative Parties," unpublished paper presented to the UK Political Studies Association Conference.

Hiss, J., 1981a, "Britain," in Lovenduski and Hills, eds.

Hiss, J., 1981b, "Candidates, the Impact of Gender," *Parliamentary Affairs*, vol.34, no.2.

Hills, J., 1982, "Women Local Councillors — A Reply to Bristow," *Local Government Studies*, vol.8, no.1.

Himmelweit, S., 1980, "Abortion: Individual Choice and Social Control," *Feminist Review*, no.5.

Holden, A., 1980, "How the 'Steel Magnolia' Blossomed in the White House: A Profile of Rosalynn Carter," *Observer Magazine*, 3 August.

Holland, B., ed., 1985, *Soviet Sisterhood*, London: Fourth Estate.

Hoskyns, c., 1985, "Women's Equality and the European Community," *Feminist Review*, no.20.

Hough, J., 1977, "The Impact of Participation: Women and the Women's Issue in Soviet Policy Debates," in *The Soviet Union and Social Science Theory*, Harvard University Press.

Humphries, J., 1981, "Protective Legislation, the Capitalist State, and Working Class Men: The Case of the 1842 Mines Regulation Act," *Feminist Review*, no.7.

Hunter, E. 1979, "A Woman's Place in the House — Or Is It?," *New Statesman*, 22 June.

Husbands, C., 1986, "Race and Gender," in H. Drucker, P. Dunleavy, A. Gamble and G. Peele, eds., *Developments in British Politics* 2, London: Macmillan.

Iglitzin, L., 1974, "The Making of the Apolitical Woman: Femininity and Sex-Stereotyping in Girls," in Jaquette, ed.

Iglitzin, L., 1977, "A Case Study in Patriarchal politics: Women on Welfare," in Githens and Prestage, eds.

Iglitzin, L. and Ross, R., eds., 1976, *Women in the World*, Oxford and Santa Barbara: Clio Books.

Inglehart, M., 1981, "Political Interest in West European Women: A Historical and Empirical comparative Analysis," *Comparative Political Studies*, vol.14, no.3.

Jackson, M., 1984, "Sexology and the Social Construction of Male Sexuality," in Coveney et al.

Jacobs, M., 1978, "Civil Rights and Women's Rights in the Federal Republic of Germany Today," *New German Critique*, no.13.

Jaggar, A., 1976, "Abortion and a Woman's Right to Decide," in Gould and Wartofsky, eds.

Jaggar, A., 1983, *Feminist Politics and Human Nature*, Sussex: Harvester Press.

Jancar, B. W., 1978, *Women Under Communism*, Johns Hopkins University Press.

Jaquette, J., 1973, "Women in Revolutionary Movements in Latin America," *Journal of Marriage and the Family*, vol.35, no.2.

Jaquette, J., 1974, "Introduction," in Jaquette, ed.

Jaquette, J., ed., 1974, *Women in Politics*, New York: John Wiley.

Jaquette, J., 1976, "Female Political Participation in Latin America," in Iglitzin and Ross, eds.

Jayawardena, K., 1983, "The Feminist Challenge in the 18th Century," in Mies and Jayawardena.

Jayawardena, K., 1986, *Feminism and Nationalism in the Third World*, London: Zed Press.

Jeffreys, S., 1984, "Free from All Uninvited Touch of Man: Women's Campaigns around Sexuality, 1880-1914," in Coveney et al.

Jennings, M., K. and Farah, B. G., 1980, "Ideology, Gender and Political Action: A Cross-national Survey," *British Journal of Political Science*, vol.10, no.2.

Jennings, M., K. and Langton, K. P., 1969, "Mothers versus Fathers: The Formation of Political Orientations among Young Americans," *Journal of Politics*, vol.31, no.2.

Jennings, M., K. and Niemi, R, G., 1971, "The Division of Political Labour Between Mothers and Fathers," *American Political Science Review*, vol.65, no.1.

Jenson, J., 1985, "Struggling for Identity: The Women's Movement and the State in Western Europe," *West European Politics*, vol.18, no.4.

Jones, H. J., 1975, "Japanese Women in the Politics of the 70s," *Asian Survey*, vol.15, no.7.

Kahn, W. and Grune, J. A., 1982, "Pay Equity: Beyond Equal Pay for Equal Work," in Boneparth, ed.

Katzenstein, M. F., 1978, "Towards Equality? Cause and Consequence of the Political Prominence of Women in India," *Asian Survey*, vol.18, no.5.

Katzenstein, M. F., 1984, "Feminism and the Meaning of the Vote," *Signs*, vol.10, no.1.

Kearney, R. N., 1981, "Women and Politics in Sri Lanka," *Asian Survey*, vol.21, no.76.

Kelley, J. and McAllister, I., 1983, "The Electoral Consequences of Gender in Australia," *British Journal of Political Science*, vol.13, no.3.

Kelley, R. M. and Boutilier, M., 1978, *The Making of Political Woman: A Study of Socialization and Role Conflict*, Chicago: Nelson Hall.

Kincaid, D. D., 1978, "Over his Dead Body: A Positive Perspective on Widows in the US Congress," *Western Political Quarterly*, vol.31, no.1.

King, E. C., 1977, "Women in Iowa legislative Politics," in Githens and Prestage, eds.

Kinsley, S., 1977, "Women's Dependency and Federal Programs," in Chapman, J. R. and Gates M., eds., *Women Into Wives: The Legal and Economic Impact of Marriage*, Beverly Hills: Sage.

Kirkpatrick, J., 1974, *Political Women*, New York: Basic Books.

Klein, E., 1984, *Gender Politics*, Harvard University Press.

Kolker, A., 1983, "Women Lobbyists," in Tinkers, ed.

Kuhn, A. and Wolpe, A., eds., 1978, *Feminism and Materialism*, London: Routledge & Kegan Paul.

Kyle, P. and Francis, M., 1978, "Women at the Polls: The Case of Chile, 1970-71," *Comparative Political Studies*, vol.11, no.3.

Lafferty, W., 1978, "Social Development and Political Participation: Class, Organization and Sex," *Scandinavian Political Studies*, vol.1, no.4.

Land, H., 1980, "The Family Wage," *Feminist Review*, no.6.

Lane, R., 1959, *Political Life*, Glencoe, Illinois: Free Press.

Lapidus, G. W., 1978, *Women in Soviet Society*, University of California Press.

Lawrence, E., 1977, "The Working Women's Charter Campaign," in Mayo, ed.

Lawrence, J., 1985, "Feminist Leaders See Change Coming in Women's Movement," *The*

Kentucky Advocate, 23 June.

Lazarsfeld, P. R., Berelson, B. and Gaudet, H., 1968, *The People's Choice*, Columbia University Press.

Lee, M. M., 1976, "Why Few Women Hold Public Office: Democracy and Sex Roles," *Political Science Quarterly*, vol.91, no.2.

Lees, S., 1986, "Sex Race and Culture: Feminism and the Limits of Cultural Pluralism," *Feminist Review*, no.22.

Leibowitz, L., 1975, "Perspectives on the Evolution of Sex Differences," in Reiter, ed.

Leis, N., 1974, "Woman is Groups: Ijaw Women's Associations," in Rosaldo and Lamphere, eds.

lepper, M., 1974, "A Study of Career Structures of Federal Executives: A Focus on Women," in Jaquette, ed.

Levy, D. G. and Applewhite, H. B., 1980, "Women of the Popular Classes in Revolutionary Paris, 1789-1795," in Berkin and Lovett, eds.

Lewis, Jane, 1979, "The Ideology and Politics of Birth Control in Inter-War England," *Women's Studies International Quarterly*, vol.2, no.1.

Lewis, J., 1983a, "Introduction," in Lewis, ed.

Lewis, J., 1983b, "Dealing with Dependency: State Practices and Social Realities, 1870-1945," in Lewis, ed.

Lewis, J. ed., 1983c, *Women's Welfare: Women's Rights*, London: Croom Helm.

Lewis, Jill, 1981, "'Women's Liberation Ltd—The French Controversy," *Spare Rib*, July.

Lewis, P., 1971, "The Female Vote in Argentina, 1958-65," *Comparative Political Studies*, vol.3, no.4.

Lidington, J. and Norris, J., 1978, *One Hand Tied Behind US: The Rise of the Women's Suffrage Movement*, London: Virago.

Likimani, M., 1985, *Passbook Number F. 47927: Women and Mau Mau in Kenya*, London: Macmillan.

Lipman-Blumen, J. and bernard, J., eds., 1979, *Sex Roles and Social Policy*, Beverly Hills: Sage.

Lipset, S. M., 1963, *Political Man*, New York: Anchor Books.

Little, K., 1973, *African Women in Towns*, Cambridge University Press.

Loach, L., 1985, "Local Government: What have Women Got to Lose?" *Spare Rib*, February.

Lobban, G., 1978, "The Influence of the School on Sex-Role Stereotyping," in Chetwynd, J. and Hartnett, O., eds., *The Sex Role System*, London: Routledge & Kegan Paul.

London Women's Liberation Campaign for Legal and Financial Independence and Rights of Women, 1979, "Disaggregation Now! Another Battle for Women's Independence," *Feminist Review*, no.2.

Loughran, C., 1986, "Armagh and Feminist Strategy: Campaigns Around Republican Women Prisoners in Armagh Jail," *Feminist Review*, no.23.

Lovenduski, J., 1981, "Towards the Emasculation of Political Science," in D. Spender, ed., *Men's Studies Modified*, Oxford: Pergamon.

Lovenduski, J., 1986a, *Women and European Politics: Contemporary Feminism and Public Policy*, Brighton: Harvester Press.

Lovenduski, J., 1986b, "Parliament, Pressure Groups, Networks and the Women's Movement: the Politics of Abortion Law Reform in Britain, 1867-83," in Lovenduski and Outshoorn, eds.

Lovenduski, J. and Hills, J., 1981a, "Conclusion," in Lovenduski and Hills, eds.

Lovenduski, J. and Hills, J., eds., 1981b, *The Politics of the Second Electorate*, London: Routledge & Kegan Paul.

Lovenduski, J. and Outshoorn, J., eds., 1986, *The New Politics of Abortion*, London: Sage.

Lowi, T. J., 1964, "American Business, Public Policy, Case-Studies and Political Theory," *World Politics*, vol.16, no.4.

Lynn, N. B., 1979, "American Women and the Political Process," in Freeman, ed.

Lynn, N. and Flora, C., 1977, "Societal Punishment and Aspects of Female Political Participation: 1972 National Convention Delegates," in Githens and Prestage, eds.

McCourt, K., 1977, *Working-Class Women and Grass-Roots Politics*, Indiana University Press.

McDonagh, R. and Harrison, R., 1978, "Patriarchy and Relations of Production," in Kuhn and Wolpe, eds.

McIntosh, M., 1978, "The State and the Oppression of Women," in Kuhn and Wolpe, eds.

McIntosh, M., 1979, "The Welfare State and the Needs of the Dependent Family," in Burman, ed.

Mackerras M., 1977, "Do Women Candidates Lose Votes?," *Australian Quarterly*, vol.49, no.3.

McWilliams, N., 1974, "Contemporary Feminism, Consciousness-raising and Changing Views of the Political," in Jaquette, ed.

Manderson, L., 1977, "The Shaping of the Kaum Ibu(Women's Section) of the United Malays National Organization," *Signs*, vol.3, no.1.

Marsh, A. and Kaase, M., 1979, "Background of Political Action," in Barnes and Kaase, eds.

Marsh, D. and Chambers, J., 1981, *Abortion Politics*, London: Junction Books.

Mayo, M., ed., 1977, *Women in the Community*, London: Routledge & Kegan Paul.

Mazumdar, V., ed., 1979, *Symbols of Power: Studies on the Political Status of Women in India*, Delhi: Allied Publishers.

Mead, M., 1935, *Male and Female*, London: Penguin.

Means, I. N., 1976, "Scandinavian Women," in Iglitzin and Ross, eds.

Meehan, E., 1982, "Implementing Equal Opportunity Policies: Some British-American Comparisons," *Politics*, vol.2, no.1.

Meehan, E., 1985, *Women's Rights at Work: Campaigns and Policy in Britain and the United States*, London: Macmillan.

Meehan, E., 1986, "Women's Studies and Political Studies," in Evans et al. ed.

Merck, M., 1978, "The City's Achievement: The Patriotic Amazonomachy and Ancient Athens" in Lipshitz, S., ed., *Tearing the Veil*, London: Routledge & Kegan Paul.

Miliband, R., 1977, *Marxism and Politics*, Oxford University Press.

Mies, M., 1983, "Marxist Socialism and Women's Emancipation: the Proletarian Women's Movement in Germany 1860-1919," in Mies and Jayawardena.

Mies, M. and Jayawardena, K., 1983, *Feminism in Europe: Liberal and Socialist Strategies*, The Hague: Institute of Social Studies.

Millet, K., 1972, *Sexual Politics*, London: Abacus.

Milne, R. S. and Mackenzie, H. C., 1958, *Marginal Seat, 1955*, London: Hansard Society.

Minces, J. 1982, *The House of Obedience: Women in Arab Society*, London: Zed Press.

Mitchell, J., 1974, *Psychoanalysis and Feminism*, London: Penguin.

Mitchell, J., 1976, "Women and Equality," in Mitchell and Oaklev, eds.

Mitchell, J. and Oakley, A., eds., 1976, *The Rights and Wrongs of Women*, London: Penguin.

Molyneux, M., 1979a, "Women and Revolution in the People's Democratic Republic of Yemen," *Feminist Review*, no.1.

Molyneux, M., 1979b, "Beyond the Domestic Labour Debate," *New Left Review*, no.116.

Molyneux, M., 1985, "Family Reform in Socialist States: The Hidden Agenda," *Feminist Review*, no.21.

Morgan, D., 1975, *Suffragists and Liberals*, Oxford: Basil Blackwell.

Moses, J. C., 1976, "Indoctrination as a Female Political Role in the Soviet Union," *Comparative Politics*, vol.8, no.4.

Mossuz-Lavau, J., 1986, "Abortion Policy in France under Governments of the Right and Left, 1973-84," in Lovenduski and Outshoorn, eds.

Mossuz-Lavau, J. and Sineau, M., 1981, "France," in Lovenduski and Hills, eds.

Mossuz-Lavau, J. and Sineau, M., 1983, *Enquete sur les Femmes et la Politique en France*, Paris: Presses Universitaires de france.

Mossuz-Lavau, J. and Sineau, M., 1984, *Women in the Political World in Europe, part 2 of The Situation of Women in the Political Process in Europe*, Strasbourg: Council of Europe.

Muni, S. D., 1979, "Women in the Electoral Process," in Mazumdar, ed.

Murphy, I., 1973, *Public Policy on the Status of Women*, Lexington Press.

Muray, N., 1979, "Socialism and Feminism: Women and the Cuban Revolution," *Feminist Review*, nos. 2 and. 3.

Nash, J., 1977, "Women in Development: Dependency and Exploitation," *Development and Change*, vol.8, no.2.

Nash, J. and Safa, H., eds., 1986, *Women and Change in Latin America*, Massachusetts: Bergin and Garvey.

Navarro, M., 1977, "The Case of Eva Perón," *Signs*, vol.3, no.1.

Nelson, B., 1984, "Women's Poverty and Women's Citizenship: Some Political Consequences of Economic Marginality," *Signs*, vol.10, no.2.

Nelson, C., 1975, "Public and Private Politics: Women in the Middle Eastern World," *American Ethnologist*, vol.1, no.3.

Nielson, H. J. and Sauerberg, S., 1980, "Upstairs and Downstairs in Danish Politics: An Analysis of Political Apathy and Social Structure," *Scandinavian Political Studies*, vol.3, no.1.

Norderval, I., 1985, "Party and Legislative Participation among Scandinavian Women," *West European Politics*, vol.8, no.4.

Norris, P., 1985a, "The Gender Gap in Britain and America," *Parliamentary Affairs*, vol.38, no.2.

Norris, P., 1985b, "Women's Legislative Participation in Western Europe," *West European Politics*, vol.8, no.4.

Norris, P., 1985a, "Conservative Attitudes in Recent British Elections: An Emerging Gender Gap?," *Political Studies*, vol.34, no.1.

Norris, P., 1985b, "Women in Congress: A Policy Difference?," *Politics*, vol.6, no.1.

Northcutt, W. and Flaitz, J., 1985, "Women, Politics and the French Socialist Government," *West European Politics*, vol.8, no.4.

Oakley, A., 1972, *Sex, Gender and Society*, London: Maurice Temple Smith.

Oakley, A., 1979, "The Failure of the Movement for Women's Equality," *New Society*, 23 August.

O'Brien, M., 1981, *The Politics of Reproduction*, London: Routledge & Kegan Paul.

O'Donovan, K., 1979, "The Male Appendage—Legal Definitions of Women's," in Burman, ed.

Okin, S. M., 1980, *Women in Western Political Thought*, London: Virago.

O'Laughlin, B., 1974, "Mediation of Contradiction: Why Mbum Women Do Not Eat

Chicken," in Rosaldo and Lamphere, eds.

O'Neill, W. L., 1969, *The Woman Movement: Feminism in the United States and England*, London: George Allen & Unwin.

Ortner, S., 1974, "Is Female to Male as Nature is to Culture?," in Rosaldo and Lamphere, eds.

Orum, A. M., Cohen, R. S., Grasmuck, S. and Orum, A. W., 1974, "Sex, Socialization and Politics," *American Sociological Review*, vol.39, no.2.

Outshoorn, J., 1986, "The Rules of the Game: Abortion Politics in the Netherlands," in Lovenduski and Outshoorn, eds.

Palley, H. A., 1979, "Abortion Policy Since 1973: Political cleavage and its Impact on Policy Outputs," in Palley and Preston, eds.

Palley, M. L. and Preston, M. B., eds., 1979, *Race, Sex and Policy Problems*, Lexington: Lexington Books.

Papanek, H., 1977, "Development Planning for Women," *Signs*, vol.3, no.1.

Parker, J., 1981, "Facilitating in Britain," *Spare Rib*, September.

Parkin, F., 1968, *Middle Class Radicalism*, Manchester University Press.

Parr, c., 1983, "Women in the Military," in Tinker, ed.

Peers, J., 1985, "Workers by Hand and Womb—Soviet Women and the Demographic Crisis," in Holland, ed.

Perrigo, S., 1986, "Socialist-Feminism and the Labour Party: Some Experiences from Leeds," *Feminist Review*, no.23.

Petchesky, R., 1979, "Dissolving the Hyphen: A Report on Marxist-Feminist Groups 1-5," in Eisenstein, ed.

Pharr, S. J., 1977, "Japan: Historial and Contemporary Perspectives," in Giele and Smock, eds.

Phillips, M., 1980, *The Divided House*, London: Sidgwick & Jackson.

Place, H., 1979, "Sex Roles in Women's Employment Opportunities in New Zealand," unpublished paper presented to the International Political Science Association Round Table on Sex Roles and Politics.

Pomper, G., 1975, *Voter's Choice*, New York: Dodd Mead.

Pope, B. C., 1980, "Revolution and Retreat: Upper-Class French Women after 1789," in Berkin and Lovett, eds.

Randall, V. 1986a, "Women and the Left in Western Europe: a Continuing Dilemma," *West European Politics*, vol.9, no.2.

Randall, V., 1986b, "The Politics of Abortion in Ireland," in Lovenduski and Outshoorn, eds.

Randall, V. and Smyth, A., forthcoming, "Bishops and Bailiwicks: Obstacles to Women's Political Participation in Ireland," *Economic and Social Review*.

Rawalt, M., 1983, "The Equal Rights Amendment," in Tinker, ed.

Redstockings, 1978, *Feminist Revolution*, New York: Random House.

Reed, E., 1975, *Women's Evolution*, New York: Pathfinder Press.

Reif, L. L. 1986, "Women in Latin American Guerilla Movements: a Comparative Perspective," *Comparative Politics*, vol.18, no.2.

Reiter, R., 1975, "Men and Women in the South of France: Public and Private Domains," in Reiter, ed.

Reiter, R., ed., 1975, *Toward an Anthropology of Women*, New York: Monthly Review Press.

Reiter, R., 1977, "The Search for Origins," *Critique of Anthropology*, vol.3, nos.9&10.

Rendel, M., 1978, "Legislation for Equal Pay and Opportunity for Women in Britain," *Signs*, vol.3, no.4.

Rich, A., 1977, *Of Women Born*, London: Virago.

Richards, J. R., 1980, *The Sceptical Feminist: A Philosophical Enquiry*, London: Routledge & Kegan Paul.

Rights of Women Europe Group, 1980, "The EEC and Women—A Case Study of British and European legislation on Equal Pay," unpublished paper presented to the UK Political Studies Association Women's Group Conference.

Riley, D., 1979, "War in the Nursery," *Feminist Review*, no.2.

Riley, D., 1981, "Feminist Thought and Reproductive control: the State and 'the Right to Choose'," Cambridge Women's Studies Group, ed.

Robarts, S., 1981, *Positive Action for Women*, London: National Council for Civil Liberties.

Robinson, D. A., 1979, "Two Movements in Pursuit of Equal Employment Opportunity," *Signs*, vol.4, no.3.

Rodrigues, A., 1985, "Mozambican Women After the Revolution," in Davies, ed.

Rogers, B., 1983, *The Domestication of Women*, London and New York: Tavistock.

Rosaldo, M., 1974, "Woman, Culture and Society: A Theoretical overview," in Rosaldo and Lamphere, eds.

Rosaldo, M. and Lamphere, L., eds., 1974, *Woman, Culture and Society*, Stanford University Press.

Rose, J., 1983, "Femininity and its Discontents," *Feminist Review*, no.14.

Rose, R., 1974, "Britain: Simple Abstractions ad Complex Realities," in Rose, R., ed., *Electoral Behaviour*, London: Collier-Macmillan.

Rossi, A., 1965, "Equality between the Sexes: an Immodest Proposal," in Lifton, R. J., ed., *The Woman in America*, Boston: Houghton Mifflin.

Rossi, A., 1971, "Sex Equality: The Beginnings of Ideology," in Thompson, M., ed., *Voices of the New Feminism*, Boston: Beacon Press.

Rowbotham, S., 1972, "The Beginnings of Women's Liberation in Britain," in Wandor, ed.

Rowbotham, S., 1973, *Woman's Consciousness, Man's World*, London: Penguin.

Rowbotham, S., 1974, *Hidden From History*, London: Pluto Press.

Rowbotham, S., 1979, "The Women's Movement and Organizing for Socialism," in Rowbothan et al. eds.

Rowbotham, S., 1984, interview with Jean McCrindle, "More than Just a Memory: Some Political Implications of Women's Involvement in the Miners' Strike, 1984-85," *Feminist Review*, no.23.

Rowbotham, S., Segal, L. and Wainwright, H., eds., 1979, *Beyond the Fragments*, London: Merlin Press.

Rubin, G., 1975, "The Traffic in Women: Notes on the 'Political Economy' of Sex," in Reiter, ed.

Rupp, L., 1977, "Mother of the Volk: The Image of Women in Nazi Ideology," *Signs*, vol.3, no.2.

Sabrowsky, J., 1979, *From Rationality to Liberation*, Westport: Green-wood Press.

Sachs, A. and Wilson, J. H., 1978, *Sexism and the Law*, Oxford: Martin Robertson.

Safilios-Rothschild, J., 1974, *Women and Social Policy*, New Jersey: Prentice-Hall.

St Clair, D., 1981, "The New Right: Wrong Turn USA," *Spasre Rib*, September.

Salaff, J. and Merkle, J., 1970, "Women in Revolution: the lessons of the Soviet Union and China," *Berkeley Journal of Sociology*, vol.15,

Sanday, P., 1974, "Female Status in the Public Domain," in Rosaldo and Lamphere, eds.

Sapiro, V., 1979, "Sex and Games: On Oppression and Rationality," *British Journal of Political Science*, vol.9, no.4.

Savara, M., 1985, "Report of a Workshop on 'Women, Health and Reproduction'," in Davies, ed.

Sayers, J., 1982, *Biological Politics*, London: Tavistock.

Schlaeger, H., 1978, "The West German Women's Movement," *New German Critique*, no.13.

Schmidt, S., 1977, "Political Participation and Development: The Role of Women in Latin America," *Journal of International Affairs*, vol.30, no.2.

Schmink, M., 1981, "Women in Brazilian 'Abertura' Politics," *Signs*, vol.7, no.1.

Schoenberg, S. P., 1980, "Some Trends in the Community Participation of Women in their Neighbourhoods," *Signs*, vol.5, no.3.

Schultz, D., 1984, "The German Women's Movement in 1982," in Altbach et al. eds.

Scott, H., 1974, *Does Socialism Liberate Women?*, Boston: Beacon Press.

Seccombe, W., 1974, "The Housewife and Her Labour Under Capitalism," *New Left Review*, no.83.

Segers, M. C., 1979, "Equality, Public Policy and Relevant Sex Differences," *Polity*, vol.11, no.3.

Seligman, L., Kim, C. and Smith, R., 1974, *Patterns of Recruitment*, Chicago: Rand McNally.

Sertel, Y., 1980, "La Femme Turque dans la Vie Politique," in Souriau, ed.

Shabad, G. and Andersen, K., 1979, "Candidate Evaluations and Women," *Public Opinion Quarterly*, vol.43, no.1.

Shapiro, R., 1982, "Life: A Doctor's Right to Choose," *Spare Rib*, January.

Sharara, Y. P., 1978, "Women and Politics in Lebanon," *Khamsin*, no.6.

Shover, M., 1975, "Roles and Images of Women in World War I Propaganda," *Politics and Society*, vol.5.

Sigelman, L., 1976, "The Curious Case of Women in State and Local Government," *Social Science Quarterly*, vol.56, no.4.

Siltanen, J. and Stanworth, M., 1984, "The Politics of Private Woman and Public Man," in Siltanen and Stanworth, eds.

Siltanen, J. and Stanworth, M. eds., 1984, *Women and the Public Sphere*, London: Hutchinson.

Silver, C. B., 1977, "France: Contrasts in Familial and Societal Roles," in Giele and Smock, eds.

Silver, C. B., 1981, "Public Bureaucracy and Private Enterprise in the USA and France: Contexts for the Attainment of Executive Positions by Women," in Epstein and Coser, eds.

Simms, M., 1981, "Australia," in Lovenduski and Hills, eds.

Sinkonnen, S., 1977, "Women's Increased Political Participation in Finland: Real Influence or Pseudodemocracy?," unpublished paper presented to the European Consortium of Political Research Workshop.

Sinkommen, S., 1985, "Women in Local Politics," in Haavio-Mannila et al. eds.

Skard, T., 1981, "Progress For Women: Increased Female Representation in Political Elites in Norway," in Epstein and Coser, eds.

Skard, T. and Haavio-Mannila, E., 1985a, "Mobilization of Women at Elections," in Haavio-Mannila et al. eds.

Skard, T. and Haavio-Mannila, E., 1985b, "Women in Parliament," in Haavio-Mannila et al. eds.

Skocpol, T., 1979, *States and Social Revolutions*, Cambridge University Press.

Skold, C. B., 1981, "The Job He Left Behind: American Women in the Shipyards During World War II," in Berkin and Lovett, eds.

Slocum, S., 1975, "Woman the Gatherer: Male Bias in Anthropology," in Reiter, ed.

Smith, R., 1982, *Women in the Press*, Report prepared for the Equality Working Party of the national Union of Journalists.

Smock, A. C., 1977, "Ghana: From Autonomy to Subordination," in Giele and Smock, eds.

Smock, A. C. and Yousseff, N. H., 1977, "Egypt: From Seclusion to Limited Participation," in Giele and Smock, eds.

Snell, M., 1979, "The Equal Pay and Sex Discrimination Acts: Their Impact in the Workplace," *Feminist Review*, no.1.

Souriau, C., ed., 1980, *Femmes et Politique Autour de la Méditerranée*, Paris: L'Harmattan.

South, J., 1985, "And at the End of the Day Who is Holding the Baby?," *New Statesman*, 15 November.

Sowerwine, C., 1982, *Sisters or Citizens? Women and Socialism in France Since 1876*, Cambridge University Press.

Spender, D., 1980, *Man Made Language*, London: Routledge & Kegan Paul.

Stacey, J., 1983, "The New Conservative Feminism," *Feminist Studies*, vol.9, no.3.

Stacey, M. and Price, M., 1981, *Women, Power and Politics*, London: Tavistock.

Statistics Sweden, 1985, *Women and Men in Sweden*, Stockholm.

Stephenson, J., 1975, *Women in Nazi Society*, London: Croom Helm.

Stiehm, J., 1976, "Algerian Women: Honor, Survival and Islamic Socialism," in Iglitzin and Ross, eds.

Stiehm, J., 1979, "Women and Citizenship: Mobilization, Participation, Representation," unpublished paper presented to the International Political Science Association Congress.

Stoper, E., 1977, "Wife and Politician: Role Strain Among Women in Public Office," in Githens and Prestage, eds.

Stoper, E., 1982, "Alternative Work Patterns and the Double Life," in Boneparth, ed.

Stoper, E. and Johnson, R. A., 1977, "The Weaker Sex and the Better Half: The Idea of Women's Moral Superiority in the American Feminist Movement," *Polity*, vol.10, no.2.

Tabari, A., 1980, "The Enigma of Veiled Iranian Women," *Feminist Review*, no.5.

Tatalovich, R. and Daynes, B. W., 1981, *The Politics of Abortion: A Study of Community Conflict in Public Policymaking*, New York: Praeger.

Tedin, K., Brady, D., Buxton, M., Gorman, B. and Thompson, J., 1977, "Social Backgrounds and Political Differences between Pro- and Anti-ERA Activists," *American Politics Quarterly*, vol.5, no.3.

Tedin, K., Brady, D. and Vedlitz, A., 1977, "Sex Differences in Political Attitudes and Behaviour: The Case for Situational Factors," *Journal of Politics*, vol.38, no.2.

Tension, E., 1981, "You Don't need a Degree to Read The Writing On the Wall," in Feminist Anthology Collective, ed.

Thalberg, I. 1976, "Reverse Discrimination and the Future," in Gould and Wartofsky, eds.

Thiercelin, R., 1980, "Les Femmes Espagnoles et la Politique," in Souriau, ed.

Threlfell, M., 1985, "The Women's Movement in Spain," *New left Review*, no.151.

Tiger, L., 1969, *Men in Groups*, New York: Random House.

Tinker, I., 1976, "The Adverse Impact of Development on Women," in I. Tinker, M. Bransen and M. Buvinic, eds., *Women and World Development*, New York: Praeger.

Tinker, I. ed., 1983, *Women in Washington*, California and London: Sage.

Tolchin, S., 1977, "The Exclusion of Women from the Judicial Process," *Signs*, vol.2, no.1.

Toner, b., 1977, *The Facts of Rape*, London: Arrow.

Toubia, N., 1986, "Arab Women's Call to Unveil the Mind," *Spare Rib*, October.

Tusscher, T., 1986, "Patriarchy, Capitalism and the New Right," in Evans et al. eds.

Uhlaner, C. J. and Schlozman, K. L., 1986, "Candidate Gender and Congressional Campaign Receipts," unpublished paper.

Vallance, E., 1979, *Women in the House*, London: Athlone Press.

Vallance, E., 1984, "Women Candidates in the 1983 General Election," *Parliamentary Affairs*, vol.37, no.3.

Vallance, E. and Davies, E., 1986, *Women of Europe: Women MEPs and Equality Policy*, Cambridge University Press.

Verba, S. and Nie, N., 1972, *Participation in America*, New York: Harper & Row.

Verba, S. and Nie, N. and Kim, J., 1978, *Participation and Political Equality*, Cambridge University Press.

Vibhuti et al. 1985, "The Anti-Rape Movement and Issues Facing Autonomous Women's Organisations in India," in Davies, ed.

Vickers, J. M. and Brodie, M. J., 1981, "Canada," in Lovenduski and Hills, eds.

Wainwright, H., 1979, "Introduction," in Rowbotham et al. eds.

Wakeford, J. and Yuval-Davis, N. eds., 1978, *Power and the State*, London: Croom Helm.

Walsh, B., 1984, "The Influence of Turnout on the Results of the Referendum," *Economic and Social Review*, vol.15, no.3.

Walter, E. V., 1969, *Terror and Resistance*, Oxford University Press.

Wandor, M., ed., 1972, *The Body Politic*, London: Stage 1.

Wandor, M., 1981, "Where to Next?" *Spare Rib*, April.

Watt, I., 1984, "Industrial Radicalism and the Domestic Division of Laobour," in Siltanen and Stanworth, eds.

Weber, M., 1981, "Italy," in Lovenduski and Hills, eds.

Webster, P., 1975, "Matriarchy: A Vision of Power," in Reiter, ed.

Weinbaum, B. and Bridges, A., 1979, "The Other Side of the Paycheck: Monopoly Capital and the Structure of Consumption," in Eisenstein, ed.

Weiner, T. S., 1978, "Homogeneity of Political Party Preferences between Spouses," *Journal of Politics*, vol.40, no.1.

Welch, S., 1977, "Women as Political Animals? A Test of Some Explanations for Male-Female Political Participation Differences," *American Journal of Political Science*, vol.21, no.4.

Welch, S., 1978, "Recruitment of Women to Public Office," *Western Political Quarterly*, vol.31, no.3.

Wells, A. S. and Smeal, E. C., 1974, "Women's Attitudes Toward Women in Politics," in Jaquette, ed.

White, C., 1980, "Women and Socialist Development: Reflections on the Case of Vietnam," unpublished paper presented to the UK Political Studies Association Conference.

Whitehead, L., 1975, "An Attempt to Rehabilitate 'The State'," unpublished paper presented to the UK Political Studies Association Conference.

Whitelegg, E. et al., eds., 1982, *The Changing Experience of Women*, Oxford: Martin Robertson, in Association with the Open University.

Whyte, M. K., 1978, *The Status of Women in Pre-industrial Societies*, Princeton University Press.

Wickham, A., 1980, "Engendering Social Policy in the EEC," *m/f*, no.4.

Wilson, E., 1977, *Women and the Welfare State*, London: Tavistock.

Wilson, E., 1980, *Only Half-Way to Paradise: Women in Postwar Britain 1945-1968*, London: Tavistock.

Wolchik, S., 1981, "Eastern Europe," in Lovenduski and Hills, eds.

Wolf, M., 1974, "Chinese Women: Old Skills in a New Context," in Rosaldo and Lamphere, eds.

Wolin, S., 1960, *Politics and Vision*, Boston: Little, Brown.

Wolpe, A., 1978, "Education and the Sexual Division of Labour," in Kuhn and Wolpe, eds.

Yishai, Y., 1979, "Abortion in Israel: Social Democrats and Political Responses," in Palley and Preston, eds.

Yuval-Davis, N., 1980, "The Bears of the Collective: Women and Religious Legislation in Israel," *Feminist Review*, no.4.

Zald, M. N. and Ash, R., 1966, "Social Movement organizations: Growth, decay and Change," *Social Forces*, vol.44.

각국 의회에서의 여성의원들의 대표성

순위	국가명	하원 혹은 단원				상원			
		선거일	의석수	여성수	여성비율	선거일	의석수	여성수	여성비율
1	스웨덴	1998.9	349	149	42.7%	-	-	-	-
2	덴마크	1998.3	179	67	37.4%	-	-	-	-
3	핀란드	1999.3	200	74	37.0%	-	-	-	-
4	노르웨이	1997.9	165	60	36.4%	-	-	-	-
5	네덜란드	1998.5	150	54	36.0%	1999.5	75	20	26.7%
6	아이슬란드	1999.5	63	22	34.9%	-	-	-	-
7	독일	1998.9	669	207	30.9%	2000.1	69	41	59.8%
8	남아프리카	1999.6	400	120	30.0%	1999.6	90	17	31.5%*
9	뉴질랜드	1999.11	120	35	29.2%	-	-	-	-
10	보스니아·헤르체고비나	1998.9	42	12	28.6%	1998.9	15	0	0
11	아르헨티나	1999.10	257	72	28.0%	1998.12	72	4	5.6%
12	쿠바	1998.1	601	166	27.6%	-	-	-	-
13	오스트리아	1999.10	183	49	26.8%		64	13	20.3%
14	투르크메니스탄	1999.12	50	13	26.0%	-	-	-	-
〃	베트남	1997.7	450	117	26.0%	-	-	-	-
15	세이쉘레스	1998.3	34	8	23.5%	-	-	-	-
16	벨기에	1999.6	150	35	23.3	1999.6	71	20	28.2%
17	스위스	1999.10	200	46	23.0%	1999.10	46	9	19.6%
18	오스트레일리아	1998.10	147	33	22.4%	1998.10	76	23	30.3%
19	모나코	1998.2	18	4	22.2%	-	-	-	-
〃	나미비아	1994.12	72	16	22.2%	1999.11	26	2	7.7%

<부록 1> 계속

20	중국	1997-98	2979	650	21.8%	-	-	-	-
21	스페인	1996.3	348	75	21.6%	1996.3	257	34	13.2%
22	라오스	1997.12	99	21	21.2%	-	-	-	-
23	캐나다	1997.6	301	62	20.6%		105	32	30.5%
24	북한	1998.7	687	138	20.1%	-	-	-	-
25	코스타리카	1998.2	57	11	19.3%	-	-	-	-
26	포르투갈	1999.10	230	43	18.7%	-	-	-	-
27	기아나	1997.12	65	12	18.5%	-	-	-	-
28	영국	1997.5	659	121	18.4%		666	4	0.6%
29	멕시코	1997.7	500	91	18.2%	1997.7	128	22	17.2%
30	우간다	1996.6	279	50	17.9%	-	-	-	-
31	에스토니아	1999.3	101	18	17.8%	-	-	-	-
32	리투아니아	1996.10	137	24	17.5%	-	-	-	-
33	에콰도르	1998.5	121	21	17.4%	-	-	-	-
34	르완다	1994.11	70	12	17.1%	-	-	-	-
35	라트비아	1998.10	100	17	17.0%	-	-	-	-
36	엘살바도르	1997.3	84	14	16.7%	-	-	-	-
〃	룩셈부르크	1999.6	60	10	16.7%	-	-	-	-
37	탄자니아	1995.10	275	45	16.4%	-	-	-	-
38	도미니크공화국	1998.5	149	24	16.1%	1998.5	30	2	6.7%
39	수리남	1996.5	51	8	15.7%	-	-	-	-
40	앙골라	1992.9	220	34	15.5	-	-	-	-
41	바하마	1997.3	40	6	15.0%	1997.3	16	5	31.3%
〃	체코	1998.6	200	30	15.0%	1998.11	81	9	11.1%
42	에리트리아	1994.2	150	22	14.7%	-	-	-	-

<부록 1> 계속

43	짐바브웨	1995.4	150	21	14.0%	-	-	-	-
44	자마이카	1997.12	60	8	13.3%	1997.12	21	5	23.8%
〃	생키트와 네비스	1995.7	15	2	13.3%	-	-	-	-
〃	산마리노	1998.5	60	7	13.3%	-	-	-	-
〃	미국	1998.11	435	58	13.3%	1998.11	100	9	9.0%
45	폴란드	1997.9	460	60	13.0%	1997.9	100	11	11.0%
46	슬로바키아	1998.9	150	19	12.7%	-	-	-	-
47	필리핀	1998.5	217	27	12.4%	1998.5	23	4	17.4%
48	말리	1997.7	147	18	12.2%	-	-	-	-
49	세네갈	1998.5	140	17	12.1%	199.1	60	11	18.3%
〃	우루과이	1999.10	99	12	12.1%	1999.10	31	3	9.7%
〃	베네수엘라	1998.11	206	25	12.1%	1998.11	57	5	8.3%
50	아제르바잔	1995.11	125	15	12.0%	-	-	-	-
〃	콩고	1998.1	75	9	12.0%	-	-	-	-
〃	아일랜드	1997.6	166	20	12.0%	1997.8	60	11	18.3%
51	콜롬비아	1998.3	161	19	11.8%	1998.3	102	13	12.7%
52	이스라엘	1999.5	120	14	11.7%	-	-	-	-
53	볼리비아	1997.6	130	15	11.5%	1997.6	27	1	3.7%
〃	튀니지	1999.10	182	21	11.5%	-	-	-	-
54	피지	1999.5	71	8	11.3%	1994.2	32	3	9.4%
55	케이프 베르드	1995.12	72	8	11.1%	-	-	-	-
〃	이탈리아	1996.4	630	70	11.1%	1996.4	326	26	8.0%
55	생루치아	1997.5	18	2	11.1%	1996.5	11	2	18.2%
〃	트리니다드토바고	1995.11	36	4	11.1%	1995.11	31	9	29.0%
56	프랑스	1997.5	577	63	10.9%	1998.9	321	19	5.9%

<부록 1> 계속

57	불가리아	1997.4	240	26	10.8%	-	-	-	-
〃	칠레	1997.12	120	13	10.8%	1997.12	48	2	4.2%
〃	페루	1995.4	120	13	10.8%	-	-	-	-
58	바르바도스	1999.1	28	3	10.7%	1999.1	21	7	33.3%
59	카자흐스탄	1999.10	77	8	10.4%	1999.9	39	5	12.8%
〃	시리아 아랍공화국	1998.11	250	26	10.4%	-	-	-	-
60	잠비아	1996.11	158	16	10.1%	-	-	-	-
61	니카라과	1996.10	93	9	9.7%	-	-	-	-
62	도미니카	1995.6	32	3	9.4%	-	-	-	-
〃	온두라스	1997.11	128	12	9.4%	-	-	-	-
63	말타	1998.9	65	6	9.2%	-	-	-	-
64	방글라데시	1996.6	330	30	9.1%	-	-	-	-
〃	사오톰 프린씨프	1998.11	55	5	9.1%	-	-	-	-
65	가나	1996.12	200	18	9.0%	-	-	-	-
〃	인디아	1999.9	543	49	9.0%	-	-	-	-
66	몰디비아	1998.3	101	9	8.9%	-	-	-	-
67	기네	1995.6	114	10	8.8%	-	-	-	-
〃	시에라레온	1996.2	80	7	8.8%	-	-	-	-
68	가봉	1996.12	120	10	8.3%	1997.1	91	10	11.0%
〃	헝가리	1998.5	386	32	8.3%	-	-	-	-
〃	말라위	1999.6	193	16	8.3%	-	-	-	-
69	캄보디아	1998.7	122	10	8.2%	1999.3	61	?	?
〃	사모아	1996.4	49	4	8.2%	-	-	-	-
70	부르키나파소	1997.5	111	9	8.1%	1995.12	176	21	11.9%

<부록 1> 계속

71	마다가스카르	1998.5	150	12	8.0%	-	-	-	-
72	몽골리아	1996.6	76	6	7.9%	-	-	-	-
73	슬로베니아	1996.11	90	7	7.8%	-	-	-	-
〃	우크라이나	1998.3	450	35	7.8%	-	-	-	-
74	러시아	1999.12	441	34	7.7%		178	1	0.6%
75	모리티우스	1995.12	66	5	7.6%	-	-	-	-
76	마케도니아	1998.10	120	9	7.5%	-	-	-	-
77	중앙아프리카공화국	1998.11	109	8	7.3%	-	-	-	-
77	로마니아	1996.11	343	25	7.3%	1996.11	143	2	1.4%
78	조르지아	1999.10	235	17	7.2%	-	-	-	-
79	안도라	1999.10	28	2	7.1%	-	-	-	-
〃	과테말라	1999.11	113	8	7.1%	-	-	-	-
80	벨리즈	1998.8	29	2	6.9%	1993.6	8	3	37.5%
81	우즈베키스탄	1999.12	250	17	6.8%	-	-	-	-
82	이라크	1996.3	250	16	6.4%	-	-	-	-
83	그리스	1996.9	300	19	6.3%	-	-	-	-
84	베넹	1999.3	83	5	6.0%	-	-	-	-
〃	부르군디	1993.6	117	7	6.0%	-	-	-	-
85	네팔	1999.5	205	12	5.9%	-	-	-	-
86	브라질	1998.10	513	29	5.7%	-	-	-	-
87	카메룬	1997.5	180	10	5.6%	-	-	-	-
〃	태국	1996.11	393	22	5.6%	-	-	-	-
88	사이프러스	1996.5	56	3	5.4%	-	-	-	-
89	알바니아	1997.6	155	8	5.2%	-	-	-	-

<부록 1> 계속

90	유고슬라비아	1996.11	138	7	5.1%	1998.3	40	4	10.0%
91	적도기네	1999.3	80	4	5.0%	-	-	-	-
92	이란	1996.3	266	13	4.9%	-	-	-	-
〃	키리바티	1998.9	42	2	4.8%	-	-	-	-
〃	스리랑카	1994.8	225	11	4.9%	-	-	-	-
93	생뱅상그러나딘	1998.6	21	1	4.8%	-	-	-	-
94	일본	1996.10	500	23	4.6%	1998.7	252	43	17.1%
95	벨라루스	1996.11	110	5	4.5%	1997.2	63	19	30.2%
96	싱가포르	1997.1	93	4	4.3%	-	-	-	-
97	터키	199.4	550	23	4.2%	-	-	-	-
98	리히텐슈타인	1997.2	25	1	4.0%	-	-	-	-
99	레소토	1998.5	79	3	3.8%	1998.5	33	9	27.3%
〃	모리타니아	1996.10	79	3	3.8%	1998.4	56	0	0
100	한국	1996.4	299	11	3.7%	-	-	-	-
101	아이티	1995.6	83	3	3.6%	1997.4	27	?	?
〃	케냐	1997.12	224	8	3.6%	-	-	-	-
102	알제리아	1997.6	380	12	3.2%	1997.12	144	8	5.6%
103	아르메니아	1999.5	131	4	3.1%	-	-	-	-
〃	스와질랜드	1998.10	65	2	3.1%	1998.10	30	4	13.3%
104	타지키스탄	1995.2	181	5	2.8%	-	-	-	-
105	파라과이	1998.5	80	2	2.5%	1998.5	45	8	17.8%
106	챠드	1997.1	125	3	2.4%	-	-	-	-
107	레바논	1996.8	128	3	2.3%	-	-	-	-
108	부탄		150	3	2.0%	-	-	-	-

<부록 1> 계속

108	이집트	1995.11	454	9	2.0%	-	-	-	-
〃	에티오피아	1995.5	543	11	2.0%	1995.05	108	?	?
〃	감비아	1997.1	49	1	2.0%	-	-	-	-
〃	솔로몬 아일랜드	1997.8	49	1	2.0%	-	-	-	-
109	파푸아 뉴기니	1997.6	109	2	1.8%	-	-	-	-
110	키르지스탄	1995.2	70	1	1.4%	1995.2	35	4	11.4%
111	니제르	1999.11	83	1	1.2%	-	-	-	-
112	예멘	1997.4	301	2	0.7%	-	-	-	-
113	모로코	1997.11	325	2	0.6%	1997.12	270	2	0.7%
114	지부티	1997.12	65	0	0	-	-	-	-
〃	요르단	1997.11	80	0	0	1997.11	40	3	7.5%
〃	쿠웨이트	1999.7	65	0	0	-	-	-	-
〃	미크로네시아	1999.3	14	0	0	-	-	-	-
〃	나우루	1997.2	18	0	0	-	-	-	-
〃	파라우	1996.11	16	0	0	1996.11	14	1	7.1%
〃	투발루	1998.3	12	0	0	-	-	-	-
〃	아랍에미레이트	1997.12	40	0	0	-	-	-	-
〃	바누아티	1998.3	52	0	0	-	-	-	-

* 남아프리카: 이 수치에는 36석의 특별의석이 포함되어 있지 않다.

출처: http://www.ipu.org/wmn-e/classif.htm 2000년 2월 1일 검색.

<부록 2>   유럽의회의 여성의원 비율(1999년 6월 선거결과)

국가	의석수	당선여성 의원수	당선여성 의원비율	여성의원수	여성의원 비율
오스트리아	21	8	38.1%	8	38.1%
벨기에	25	8	32.0%	7	28.0%
덴마크	16	6	37.5%	6	37.5%
핀란드	16	7	43.8%	7	43.8%
독일	99	36	36.4%	36	36.4%
그리스	25	4	16.0%	4	16.0%
아일랜드	15	5	33.3%	5	33.3%
이탈리아	87	9	10.3%	9	10.3%
룩셈부르크	6	0	0%	2	33.3%
네덜란드	31	10	32.3%	10	32.3%
포르투갈	25	5	20.0%	5	20.0%
스페인	64	22	34.4%	22	34.4%
스웨덴	22	11	50.0%	11	50.0%
영국	87	21	24.1%	21	24.1%
프랑스	99	35	40.2%	35	40.2%
합계	626	187	29.9%	188	30.0%

출처: http://www.db-decision.de/english/eu 2000년 1월 29일 검색.

<부록 3>   여성운동 관련 단체

미국

AWSA American Woman's Suffrage Association 미국여성참정권 연합

CSW Commission on the Status of Women 여성지위위원회

EEOC Equal Employment Opportunity Commission 고용기회균등위원회

HRW Human Rights for Women 여성을 위한 인권

IS International Socialist 국제사회주의

IMG International Marxist Group 국제마르크스주의단체

LWV League of Women Voters 여성유권자 연맹

NAWSA National American Woman's Suffrage Association 전미여성참정권 연합

NCWW National Commission on Working Women 전국여성노동자위원회

NHR National Housewives Register 전국가정주부 등록운동

NJAC National Joint Action Committee 전국연합행동위원회

NOW National Organization of Women 전미여성조직

NWHN National Women's Health Network 전국여성보건네트워크

NWLC National Women's Law Centre 전국여성법률센터

NWPC National Women's Political Caucus 전미여성정치연맹

NWSA National Woman Suffrage Association 전국여성참정권 연합

NYRW New York Radical Women 뉴욕급진여성

WAP Women Against Pornography 포르노그라피에 반대하는 여성

WAVAW Women Against Violence Against Women 여성에 대한 폭력에 반대하는 여성

WCTU Women's Christian Temperance Union 여성기독교 절제회

WEAL Women's Equality Action League 여성평등행동연맹

WPG Women's Peace Groups 여성평화단체

WWN Washington Women's Network 워싱턴여성네트워크

영국

BWLM   British Women's Liberation Movement 영국여성해방운동

BWTUL   British Women's Trade Union League 영국여성노동조합연맹

EOC   Equal Opportunity Council 기회균등위원회

EPOC   Equal Pay and Opportunity Council 동일임금과 기회균등위원회

ILP   Independent Labour Party 독립노동당

LTC   London Trades Council 런던조합협의회

LWLW   London Women's Liberation Workshop 런던여성해방워크숍

NAC   National Abortion Campaign 전국낙태캠페인

NARAL   National Associaltion for the Repeal of Abortion Laws 낙태법철폐연합

NSWS   National Society for Women's Suffrage 여성참정권을 위한 전국협회

NUEC   National Union of Equal Citizens 전국평등시민 연합

NUWSS   National Union of Women's Suffrage Societies 전국여성참정권 단체연합

NWAF   National Women's Aid Federation 전국여성지원연합

OWAAD   Organization of Women of African and Asian Descent 아프리카·아시아 후예기구

PIVAW   Poronography is Violence Against Women 포르노그라피는 여성에 대한 폭력

SPUC   Society for the Protection of Unborn Child 태아보호협회

TUC   Trades Union Congress 영국노동조합회의

WFL   Women's Freedom League 여성자유연맹

WIRES   Women's Information, Referral and Enquiry Service 여성에 대한 정보·소개·문의 서비스

WSPU   Women's Social and Political Union 여성 사회·정치연합

WRRC   Women's Reproduction Rights Campaign 여성의 재생산권 캠페인

WWC   Working Women's Charter 여성노동자헌장

프랑스

AWSA   Arab Women's Solidarity Association 아랍여성연대협회

FR   Femmes Revolutionniares 여성혁명가

MLA   Mouvement pour la Liberté de l'Avortement et pour la Contraception 낙태의

자유와 피임을 위한 운동

MLF	Mouvement de Libération des Femmes 여성해방운동
MWR	Ministry of Women's Rights 여성권리부
PCF	Parti communiste Français 프랑스공산당
PFUF	Parti Féministe Unifié Français 프랑스 페미니스트 통합당
PS	Parti socialiste 사회당
SOS	Femmes Alternatives 긴급여성대피소

독일

ACWL	Action Council for Women's Liberation 여성해방을 위한 행동위원회
SU	Suffrage Union 투표권연합
WL	Women's League 여성연맹

네덜란드

AWS	Association for Women's Suffrage 여성투표권연합
CROK	Committee to Save the Society for the Unborn Child 태아구조위원회
WWE	We Women Demand 우리 여성은 원한다

이탈리아

MLD	Movimento Liberazione Donna 여성해방운동
PCI	Italian Communist Party 이탈리아 공산당
UDI	Uniona Donne Italinae 이탈리아 여성동맹

기타

CWA	Chinese Women's Association 중국 여성연합
WAF	Women's Action Forum 여성행동포럼(아시아권)
NFLRW	National Front for the Liberation and Rights of Women 여성해방과 권리를 위한 민족전선(멕시코)

김민정 정치학 박사. 연세대·아주대 강사.
김은경 연세대학교 대학교 정치학과 박사과정. 한국여성개발원 연구원.
이중천 연세대학교 대학교 정치학과 박사과정.
이동윤 연세대학교 대학교 정치학과 박사과정. 동 대학교 동서문제연구원 연구원.

풀빛신서 172

여성과 정치

초판 인쇄   2000년 2월 10일
초판 발행   2000년 2월 15일

지은이   비키 랜달
옮긴이   김민정 외
펴낸이   홍 석

펴낸곳   도서출판 풀빛
등 록   1979년 3월 6일 제8-24호
주 소   120-193
          서울특별시 서대문구 북아현3동 176-46 2층
전 화   02-363-6972(영업) 02-362-8900(편집)
팩 스   02-393-3858
통신ID   pulbitco(하이텔·천리안·나우누리)

ⓒ 김민정 외, 풀빛 2000

ISBN 89-7474-069-9   93340

값 18,000원

* 잘못된 책은 바꾸어 드립니다.
* 옮긴이와의 합의에 의해 인지를 생략합니다.